语言生活皮书

中国语言生活状况报告
（2022）

国家语言文字工作委员会　组编

顾　　　问	许嘉璐	赵沁平	郝　平	李卫红	杜占元
审　　　订	陈章太	戴庆厦	陆俭明	邢福义	周庆生
名　誉　主　编	李宇明				

编　委　会

主　　　编	郭　熙				
副　主　编	杨尔弘	汪　磊	余桂林	方小兵	赫　琳
常　务　编　委	侯　敏	苏新春	周洪波		
委　　　员	（按音序排列）				
	陈瑞端	郭　浩	何山华	何婷婷	贺宏志	李　佳
	李　强	王春辉	王丹卉	王宇波	易　军	张日培
	赵蓉晖	赵世举	赵小兵	周　荐	祝晓宏	邹　煜

作　　　者	（按音序排列）					
	白　娟	曹　欢	曹　婉	戴　蕾	戴曼纯	戴瑜殷
	戴宗杰	邱　婧	杜宜阳	方小兵	何山华	何婷婷
	赫　琳	洪　婕	侯仁魁	黄妙玲	黄晓春	惠天罡
	江静仪	李　波	李　楠	李　强	梁德惠	林　皓
	刘婧妤	刘朋建	邱丽君	尚雪娇	苏新春	田　怡
	田　源	通拉嘎	汪　磊	王海兰	王莉宁	王绿源
	王梦焰	王瑄奇	王宇波	卫酉祎	邬美丽	夏　历
	谢　芳	徐梦真	许冰蕊	许小颖	禤健聪	杨尔弘
	杨　静	仰国维	姚桂林	银　晴	于建波	张丹阳
	张日培	张未然	张　翼	章哲铭	赵春燕	赵学清
	周道娟	朱君辉	祝晓宏	庄卉洁	邹　煜	左逸菲

策　　　划	教育部语言文字信息管理司
执　　　行	国家语委中国语言资源开发应用中心（商务印书馆）

"语言生活皮书"说明

"语言生活皮书"由国家语言文字工作委员会组织编写,旨在贯彻落实《国家通用语言文字法》,提倡"语言服务"理念,贯彻"大语言文字工作"发展新思路,为语言文字事业更好服务国家发展需求做贡献。

"语言生活皮书"分A、B、C、D、E五个系列,各自连续编号发布出版。其中,A系列为《中国语言文字事业发展报告》("白皮书"),B系列为《中国语言生活状况报告》("绿皮书"),C系列为《中国语言政策研究报告》("蓝皮书"),D系列为《世界语言生活状况报告》("黄皮书"),E系列为语言文字规范草案("规范类")。

《中国语言生活状况报告》("绿皮书"),2004年筹编,2006年出版,是国家语委最早组编的语言生活皮书,目前还出版了相应的英文版、韩文版、日文版和俄文版,并附带编纂了具有资政功能的《中国语言生活要况》。2016年,《中国语言文字政策研究发展报告》(后更名为《中国语言政策研究报告》,"蓝皮书")出版。2016年,《世界语言生活状况》和《世界语言生活报告》(后合并更名为《世界语言生活状况报告》,"黄皮书")出版。2017年,《中国语言文字事业发展报告》("白皮书")的出版,标志着国家语委的"白、绿、蓝、黄"皮书系列最终形成。

这些皮书各有侧重,相互配合,相得益彰。"绿皮书"主要反映我国语言生活的重大事件、热点问题及各种调查报告和实态数据,为语言研究和语言决策提供参考和服务。它还是其他皮书的"底盘",在人才、资源、观念等方面为其他皮书提供支撑。"白皮书"主要宣传国家语言文字方针政策,以数据为支撑,记录、展示国家语言文字事业的发展成就。"蓝皮书"主要反映中国语言规划及相关学术研究的实际状况,并对该领域的研究进行评论和引导。"黄皮书"主要介绍世界各国和国际组织的语言生活状况,为我国的语言文字治理和语言政策研究提供参考借鉴，并努力在国际语言生活中发出中国声音。

"语言生活皮书"是开放的，发布的内容不仅局限于工作层面，也吸纳社会优秀成果。许嘉璐先生为"语言生活绿皮书"题字。国家语委历任领导都很关心"语言生活皮书"的编辑出版工作。相关课题组为皮书做出了贡献，一些出版单位和社会人士也给予了支持与关心。在此特致谢忱！

国家语言文字工作委员会

构建信息无障碍社会

——《中国语言生活状况报告（2022）》代序

李宇明

中国正在修筑三条无障碍道路：机场、高铁、高速公路和村村通工程、城市无障碍环境建设，修建起交通无障碍的现实之路；5G、互联网、物联网、智能手机等广泛应用和户户通广播电视、宽带网络广覆盖，修建起电波传输无障碍的电信之路；推广国家通用语言文字、与信息特殊人群沟通、人与机器沟通等，修建起信息无障碍的语言之路。现实之路、电信之路和语言之路，构筑起国家新征程的宽阔大道。

大力推广国家通用语言文字，以实现汉语方言区、民族语言地区和特别行政区的信息沟通无障碍。国家认同、文化传承、教育普及、经济发展、社会进步等，皆与国家通用语言文字的推广关系密切，语言之力，语言之利，不可低估。今日，推广国家通用语言文字仍然意义重大且任务繁重，在西部地区、农村、民族地区仍是具有"攻坚意义"的重点。要结合乡村振兴战略抓推普，用现代信息技术助推普，依靠教育从根本上解决推普问题，通过推普帮助改变个人的精神风貌和地区的社会经济面貌。还要帮助港澳地区的民众学习普通话，帮助台湾同胞了解普通话和规范字，以减少内地与港澳、大陆与台湾地区的信息沟通障碍。与此同时，更要重视国家通用语言文字的普及质量，特别是提升教育、政务、新闻出版、窗口行业等重点领域、重点人群乃至全民的书面语水平。在中华民族形成、发展的数千年历史上，书面汉语发挥了重要作用，汉族在与多民族相互交往和共同生活生产中，在共同使用汉语（特别是书面汉语）的过程中，逐渐形成了共同的文化基因和集体记忆，形成了中华民族共同体。随着有声媒体的发展，口语的作用逐渐重要起来，但是在普通话普及率已经超过80%的今天，高水平地使用国家通用书面语，应成为推广国家通用语言的重要任务。

通过精准语言服务，构建与信息特殊人群沟通的"信息无障碍"通道。我国正在步入老龄化社会，全国有149市已进入深度老龄化阶段。老年人语言器官逐渐退化，眼耳手脑逐渐笨拙，运用现代语言技术能力较弱，需要全社会有"语言适老化"意识，帮助他们过好老年语言生活。随着人口流动，农村人不断来到城市，这些"农民工"或"新市民"，由于语言能力和信息获取渠道等原因，需要社会给以特殊的语言服务。随着中国的发展，外国人也不断到中国来，他们在中国的学习、工作、生活、游览等，也需要得到语言帮助。因听障、视障、智障等而导致的语言障碍者，需要通过语言康复维持其获取信息的神经生理通道，需要通过手语、盲文教育等建构获取信息的手段，需要主流社会利用各种媒体向他们提供分众化信息，帮助打破信息孤岛的封闭，分享社会信息和中华文明。在疫情、灾难、事故等突发事件中，信息特殊人群可能成为容易受到伤害的弱势人群，需要特殊的应急语言服务。

人类正在进入信息时代，语言载体不仅有平面媒体、有声媒体、网络媒体，而且这些媒体正快速融合为多模态的融媒体。人类交际方式更多采用"人-机-人交际"。人工智能的发展，有希望使计算机获得人类的语言智能，机器翻译、机器文摘、机器写作等都已进入实用阶段，社交机器人、智能助手将成为人类的语言交际伙伴。如此时代，必须把人与机器的无障碍沟通问题提上日程。要全力支持语言信息处理的发展，抢占语言智能的制高点；要及早开展信息化教育，提升人对语言智能的观念适应和行为适应。

除此之外，通过国人的外文教育和海外华文教育、国际中文教育等，方便中外信息沟通，减少中外信息交流障碍，这也是信息无障碍建设的一个方面。构建信息无障碍社会，是"书同文"历史传统的现代提升，是满足人民美好生活需要的语言重任，是现代化强国的一种指标，应成为我们的自觉追求。

（本文原载于《语言战略研究》2022年第2期）

目　录

第一部分　特稿篇 ··· 001

国务院办公厅关于全面加强新时代语言文字工作的意见 ················· 003
在第24届全国推广普通话宣传周开幕式上的讲话 ························· 011
全面提升科研工作创新力服务力引领力影响力　保障和引领语言文字
　事业高质量发展 ·· 014

第二部分　专题篇 ··· 023

中国共产党的百年语言文字事业 ··· 025

第三部分　工作篇 ··· 033

中共中央、全国人民代表大会、国务院、国家监察委员会及相关部委
　公文中有关语言文字的内容 ·· 035
国家语言文字工作 ··· 051

第四部分　领域篇 ··· 061

粤港澳大湾区数字经济行业语言能力需求调查 ······························· 063
长三角数字政务中的语言服务 ··· 070
延安红色旅游语言服务调查 ··· 076
四川理塘县中扎村藏民语言生活观察 ·· 087
《〈中华人民共和国国歌〉国家通用手语方案》发布实施 ············· 096
智能手语主播新进展 ··· 104
智能信息平台语言服务适老化调查 ··· 111
厦门"河南村"语言生活状况调查 ··· 118

目　　录

城市化进程中"新市民"的语言生活……………………………………… 127
在粤巴西人语言使用及语言服务需求调查………………………………… 137
国际中文教育（2021）……………………………………………………… 145
多方助力海外华语传承……………………………………………………… 152
中国语言资源保护工程二期规划概况……………………………………… 159
地铁播报语言调查…………………………………………………………… 165
少数民族辞书发展状况……………………………………………………… 171

第五部分　　热点篇……………………………………………………… 177

中文进太空…………………………………………………………………… 179
乡音乡语助力党史教育……………………………………………………… 185
网络"清朗"行动提升语言文明…………………………………………… 191
疫苗标语留下珍贵记忆……………………………………………………… 198
反诈宣传语　出新又入心…………………………………………………… 207

第六部分　　字词语篇…………………………………………………… 219

字词盘点：记录过往，书写未来…………………………………………… 221
2021，新词语中的社会新生态……………………………………………… 227
2021，流行语里的中国与世界……………………………………………… 235
2021，网络用语中的草根百态……………………………………………… 244
登上火星的"祝融"………………………………………………………… 251

第七部分　　港澳台篇…………………………………………………… 257

普通话在香港的使用发展状况……………………………………………… 259
澳门高校语言生活观察……………………………………………………… 265
《台湾社会变迁基本调查计划》中的语言调查…………………………… 278

第八部分　　参考篇……………………………………………………… 287

联合国50年来的语言理念与实践…………………………………………… 289
中东欧国家语言教育规划与国家安全……………………………………… 296

字母词语言政策国别比较……………………………………… 303
全球手语立法现状和趋势………………………………………… 310
"语言政策与规划"类国际期刊扫描（2021）………………… 317

附　录……………………………………………………………… 331

2021年语言生活大事记…………………………………………… 333
2021年度媒体用字总表…………………………………………… 343
2021年度媒体高频词语表………………………………………… 343
2021年度媒体成语表……………………………………………… 343
2021年度媒体新词语表…………………………………………… 343
图表目录…………………………………………………………… 344
术语索引…………………………………………………………… 350

后　记……………………………………………………………… 358

Contents

Part I Special Reports 001
    Opinions Issued by General Office of the State Council on Comprehensively
        Strengthening the Chinese Language Affairs in the New Era 003
    Speech at the Opening Ceremony of the 24th National Publicity Week for
        the Promotion of Putonghua 011
    Systematically Enhancing Innovation, Service, Leadership and Influence
        of Language Research to Ensure and Lead the High-Quality Development
        of Chinese Language Affairs 014

Part II Focused Reports 023
    The Development of Language Affairs Reflected in CPC's Centennial
        Course 025

Part III Work Summaries 033
    Regulations and Guidelines Concerning Language and Character Use in the
        Official Documents of the CPC Central Committee, the State Council, the
        State Supervision Commission and Some Ministries and Commissions in
        2021 035
    The Work on the National Standard Speech and Written Language
        in 2021 051

Part IV Relevant Domains 061
    A Survey of Language Proficiency Needs in the Digital Economy Industry
        in the Guangdong-Hong Kong-Macao Greater Bay Area 063
    Language Services in Digital Government in the Yangtze River Delta ... 070
    A Survey of Language Services in Yan'an Red Tourism 076

Observations on the Language Life of Tibetans in Zhongzha Village, Litang County of Sichuan Province ········· 087
The Scheme for *The National Anthem of the People's Republic of China in Chinese National Sign Language* Issued and Implemented ········· 096
New Advances in Intelligent Sign Language Hosts and Hostess ········· 104
Survey on the Elderly-Friendly Language Services in Intelligent Information Platforms ········· 111
A Survey of Language Life in Xiamen's "Henan Village" ········· 118
The Language Life of "New Citizens" in the Process of Urbanization ········· 127
Survey on Language Use and Language Service Needs of Brazilians in Guangdong ········· 137
International Chinese Language Education (2021) ········· 145
Multi-Party Support for Overseas Chinese Language Heritage ········· 152
Overview of the Second Phase of the Chinese Language Resources Protection Project ········· 159
Survey on the Language Use of Subway Announcements ········· 165
Development of Ethnic Minority Dictionaries ········· 171

Part V Hot Topics ········· 177
Chinese Language Marching into Space ········· 179
The Local Dialects and Accents Advancing Education of Communist Party History ········· 185
Internet "Clearing" Campaign to Enhance Language Civilization ········· 191
Vaccine Slogans Leaving Precious Memories ········· 198
Anti-Fraud Slogans: Innovative and Heartfelt ········· 207

Part VI Words and Expressions ········· 219
Marks of Life Left in Words and Expressions of 2021 ········· 221
New Social Situation Reflected in New Words of 2021 ········· 227
China and the World Seen from the Catchwords of 2021 ········· 235
Grassroots Culture Reflected in Internet Expressions in 2021 ········· 244
China's Rover "*Zhurong*" Landing on Mars ········· 251

Part VII   Hong Kong, Macao and Taiwan 257
    The Development of Putonghua Use in Hong Kong 259
    Observations on Language Life in Macao Universities 265
    Language Analysis in *Basic Survey Plan of Social Change in Taiwan* ... 278

Part VIII   International Experience 287
    Five Decades of UN Language Beliefs and Practices 289
    Language Education Planning and National Security in Central and Eastern European Countries 296
    Comparison of Language Policies on Lettered Words in Different Countries 303
    Status and Trends of Global Sign Language Legislation 310
    A Scanning of Six International Journals on Language Policy and Planning (2021) 317

Appendices 331
    Language Life Events in 2021 333
    Glossary of Media Words in 2021 343
    Glossary of High-Frequency Media Words in 2021 343
    Glossary of Media Idioms in 2021 343
    Glossary of Emerging Media Words in 2021 343
    List of Figures and Tables 344
    Index of Subjects 350

Postscript 358

第一部分

特 稿 篇

国务院办公厅关于全面加强新时代语言文字工作的意见

国办发〔2020〕30号

各省、自治区、直辖市人民政府，国务院各部委、各直属机构：

语言文字是人类社会最重要的交际工具和信息载体，是文化的基础要素和鲜明标志。语言文字事业具有基础性、全局性、社会性和全民性特点，事关国民素质提高和人的全面发展，事关历史文化传承和经济社会发展，事关国家统一和民族团结，是国家综合实力的重要支撑，在党和国家工作大局中具有重要地位和作用。新中国成立以来，特别是党的十八大以来，在党和国家的高度重视下，我国的语言文字事业取得了历史性成就。同时，国家通用语言文字推广普及仍不平衡不充分，语言文字信息技术创新还不适应信息化尤其是人工智能的发展需求，语言文字工作治理体系和治理能力现代化水平亟待提升。为全面加强新时代语言文字工作，经国务院同意，现提出如下意见。

一　总体要求

（一）指导思想

以习近平新时代中国特色社会主义思想为指导，全面贯彻党的十九大和十九届二中、三中、四中全会精神，按照党中央、国务院决策部署，坚持以人民为中心的发展思想，以推广普及和规范使用国家通用语言文字为重点，加强语言文字法治建设，推进语言文字规范化、标准化、信息化建设，科学保护各民族语言文字，构建和谐健康语言生活，传承弘扬中华优秀语言文化，提升国家文化软实力，为铸牢中华民族共同体意识、建设社会主义现代化强国贡献力量。

（二）基本原则

——**坚持服务大局、服务人民**。立足我国发展新的历史方位，聚焦国家发展战略，加强顶层设计，充分发挥语言文字的政治、社会、文化、育人和对外交流功能，提高语言文字工作服务国家发展大局的能力，推进语言文字工作治理体系和治理能力现代化，服务人民群众学习使用语言文字和提升科学文化素质的需求。

——**坚持推广普及、提高质量**。坚定不移推广国家通用语言文字，加大民族地区、农村地区国家通用语言文字推广普及力度，提高普及程度，提升普及质量，增强国民语言能力和语言文化素养。

——**坚持遵循规律、分类指导**。准确把握我国语言国情，遵循语言文字发展规律，牢固确立国家通用语言文字的主体地位，树立科学语言文字观，改革创新、稳中求进、因地制宜、分类施策，妥善处理好各类语言文字关系，构建和谐健康语言生活。

——**坚持传承发展、统筹推进**。充分发挥语言文字的载体作用，深入挖掘中国语言文字的文化内涵。处理好传承优秀传统文化与适应现代化建设需求的关系。完善体制机制，优化资源配置，形成多方合力。

（三）主要目标

到2025年，普通话在全国普及率达到85%，语言文字规范化、标准化、信息化水平进一步提高，语言文字科技水平和创新能力明显提升，中华优秀语言文化得到更好传承弘扬，与人民群众需求相适应的语言服务体系更加完善。

到2035年，国家通用语言文字在全国范围内的普及更全面、更充分，普通话在民族地区、农村地区的普及率显著提高，国家语言文字事业取得长足发展，基本实现新时代语言文字工作治理体系和治理能力现代化。

二 坚定不移推广普及国家通用语言文字

（四）大力提高国家通用语言文字普及程度

按照"聚焦重点、全面普及、巩固提高"的新时代推广普通话工作方针，

分类指导，精准施策。聚焦民族地区、农村地区，聚焦重点人群，加大国家通用语言文字推广力度，继续推进国家通用语言文字普及攻坚，大幅提高民族地区国家通用语言文字普及程度和农村普通话水平，助力乡村振兴。创新开展全国推广普通话宣传周和常态化宣传活动，增强全社会规范使用国家通用语言文字的意识。开展全国普通话普及情况调查和质量监测。建设一批有示范引领作用的国家语言文字推广基地。

（五）坚持学校作为国家通用语言文字教育基础阵地

加强学校语言文字工作，全面落实国家通用语言文字作为教育教学基本用语用字的法定要求。坚持把语言文字规范化要求纳入学校、教师、学生管理和教育教学、评估评价等各个环节，开展学校语言文字工作达标建设。建立完善学生语言文字应用能力监测和评价标准。大力提高教师国家通用语言文字核心素养和教学能力。加强教材建设，确保国家通用语言文字规范标准的贯彻落实。建设书香校园，提高学生国家通用语言文字听说读写能力和语文素养。除国家另有规定外，学位论文应当使用国家通用语言文字撰写。

（六）全面加强民族地区国家通用语言文字教育

在民族地区中小学推行三科统编教材并达到全覆盖，深入推进国家通用语言文字授课，确保少数民族初中毕业生基本掌握和使用国家通用语言文字、少数民族高中毕业生熟练掌握和使用国家通用语言文字。严把教师准入关，民族地区少数民族教师资格申请人普通话水平应至少达到三级甲等标准，并逐步达到二级乙等以上标准。加强民族地区教师国家通用语言文字教育教学能力培训。加强学前儿童普通话教育，学前学会普通话。开展"职业技能+普通话"能力提升培训，提高民族地区青壮年劳动力的普通话应用水平。充分利用现代化信息技术，提高民族地区国家通用语言文字教育教学质量。

（七）提升国民语言文字应用能力

学校、机关、新闻出版、广播影视、网络信息、公共服务等系统相关从业人员，国家通用语言文字水平应达到国家规定的等级标准。开展国家通用语言文字示范培训，提高教师、基层干部等人群国家通用语言文字应用能力。开发普通话学习资源。推进普通话水平测试，完善国家通用语言文字应用能力测评体系。开展国民语言教育，提升国民语言文化素养，提高国民语言能力。

三 加快推进语言文字基础能力建设

（八）加强语言文字规范化标准化建设

加大行业系统语言文字规范化建设力度，强化学校、机关、新闻出版、广播影视、网络信息、公共服务等领域语言文字监督检查。将语言文字规范化要求纳入行业管理、城乡管理和文明城市、文明村镇、文明单位、文明校园创建内容。加强对新词新语、字母词、外语词等的监测研究和规范引导。加强语言文明教育，强化对互联网等各类新媒体语言文字使用的规范和管理，坚决遏阻庸俗暴戾网络语言传播，建设健康文明的网络语言环境。加强地名用字、拼写管理。鼓励有条件的地方开展城市、区域语言文字规范化建设工作。不断完善语言文字规范体系和标准体系。建立国际中文教育相关标准体系。做好规范标准的发布实施、推广宣传、咨询服务和评测认证工作。

（九）推动语言文字信息技术创新发展

发挥语言文字信息技术在国家信息化、智能化建设中的基础支撑作用，提升语言文字信息处理能力，推进语言文字的融媒体应用。大力推动语言文字与人工智能、大数据、云计算等信息技术的深度融合，加强人工智能环境下自然语言处理等关键问题研究和原创技术研发，加强语言技术成果转化及推广应用，支持数字经济发展。加强语言文字信息化平台建设，建设好全球中文学习平台，提供优质学习资源和信息服务资源。

（十）加强语言文字科学研究

支持语言文字基础研究和应用研究，鼓励学科交叉，完善相关学科体系建设。加强语言文字科研基地、平台建设，完善科技创新体系布局，提高研究水平和决策咨询能力，加强国家语言文字智库建设。提升科研工作管理水平，加强语言文字科研成果转化。

四　切实增强国家语言文字服务能力

（十一）研究制定国家语言发展规划

加强国家语言发展规划，将国家通用语言文字推广普及、语言文字规范化标准化信息化建设、民族语文教育、语言资源保护利用、外语教育、国际中文教育、语言人才培养等统一规划、统一部署。完善高校多语种外语教育规划和语种结构，培养和储备复合型语言人才。加强语言产业规划研究。坚持政府引导与市场运营相结合，发展语言智能、语言教育、语言翻译、语言创意等语言产业。

（十二）提高服务国家战略的能力

围绕国家需求，探索创新服务国家战略的语言文字政策和举措。加强粤港澳大湾区、自由贸易试验区、"一带一路"建设等方面的语言服务。定期开展语言专项调查，为制定国家战略规划提供支撑。开展语言生活状况监测。加强国家应急语言服务。

（十三）满足人民群众多样化语言需求

建立语言服务机制，建设国家语言志愿服务队伍。提升城乡社区语言服务能力，提高少数民族进城务工经商人员语言文化服务质量。编制发布国内外语言政策和语言生活状况报告。加快手语和盲文规范化、标准化、信息化建设，加快推广国家通用手语和国家通用盲文，加强手语、盲文学科建设和人才培养，为听力、视力残疾人提供无障碍语言文字服务。为来华旅游、留学、工作、居住人员提供语言服务。

五　积极推进中华优秀语言文化传承发展

（十四）传承弘扬以语言文字为载体的中华优秀文化

实施中华经典诵读工程，加强中华优秀语言文化的研究阐释、教育传承、资源建设及创新传播。推动社会各界和各级各类学校开展中华经典诵写讲活动，加强中小学经典诗文教育、规范汉字书写教育。实施经典润乡土计划，助力乡村振兴战略。推动以甲骨文为代表的中华优秀传统文化传承发展，发挥古文字在中华文明传承发展中的作用。推进中华思想文化术语传播。加强地名文化遗产保护。培养更多学贯中西、融通中外的语言文化学者。加强中国当代学术和文化的外译工作，提高用外语传播中华文化的能力。

（十五）深化与港澳台地区语言文化交流合作

支持和服务港澳地区开展普通话教育，合作开展普通话水平测试，提高港澳地区普通话应用水平。加大与港澳台地区青少年语言文化交流力度，组织开展中华经典诵读展演、语言文化研修等活动。加强与港澳台地区在科技术语、中文信息技术、语言文字科学研究和人才培养等方面的交流合作。加强台湾地区语言文字政策研究。

（十六）保护开发语言资源

大力推进语言资源的保护、开发和利用。科学保护方言和少数民族语言文字。加强民族文字教材管理，提升民族语文教学质量。建设完善国家语言资源数据库，促进语言资源的开放共享。建设网络中国语言文字博物馆。推进中国语言资源保护工程建设，打造语言文化资源展示平台等标志性成果。

六　大力提升中文国际地位和影响力

（十七）加强国际中文教育和服务

加强国际中文教师队伍建设。吸引更多海外中文教师来华攻读中文国际教育相关硕士博士学位。构建全球普通话水平测试体系。完善国际中文教育考试标准。加强中文在海外华文学校的推广应用，加强海外华文教师培训。大力提升中文在学术领域的影响力，提倡科研成果中文首发。推动提高中文在国际组织、国际会议的使用地位和使用比例。促进汉语拼音的国际应用。

（十八）拓展语言文字国际交流合作

拓展双边和多边语言政策和语言文化交流合作。推动中华经典诵读海外传播，打造交流品牌。建立与重点国家语言文字工作机构的政策、规划交流机制。推动将语言文字交流合作纳入政府间人文交流机制、"一带一路"文化交流与合作建设工程。

七　加强组织保障

（十九）加强党对语言文字工作的领导

把坚持和加强党的领导贯穿语言文字工作全过程。各级政府要高度重视语言文字工作，切实把语言文字工作纳入政府议事日程和相关工作绩效管理目标，建立健全工作机制、配足配齐工作人员。综合运用法律、行政、教育、科技等手段，履行政府依法监管语言文字应用和提供语言文字公共服务的职责，加快推进语言文字工作治理体系和治理能力现代化。把语言文字工作纳入各级政府履行教育职责评价体系，省级人民政府语言文字工作重要事项要及时向国家语委报告。强化县乡两级国家通用语言文字工作职能。

（二十）完善语言文字工作体制机制

国家语委统筹全国语言文字工作。健全完善"党委领导、政府主导、语委统筹、部门支持、社会参与"的管理体制，建立分工协作、齐抓共管、协调有效的工作机制。各级教育（语言文字）部门要积极发挥牵头协调、统筹推进作用。相关职能部门要依法履行语言文字工作职责，将语言文字规范要求纳入队伍建设、行业规范、监督检查等范围。健全国家语委委员会议、咨询委员会等议事机制。创新社会参与语言文字事业机制。探索多元化、多渠道、多层次经费投入机制。鼓励通过社会捐赠等方式支持语言文字事业。

（二十一）夯实语言文字工作法治基础

贯彻落实国家通用语言文字法。推动完善语言文字法律制度，制定相关配套规章。依法加强管理，确保国家通用语言文字作为机关的公务用语用字，作为学校、新闻出版、广播影视、公共服务等领域的基本用语用字。指导地方根据国家通用语言文字法的规定，完善相关地方性法规。将语言文字规范化要求纳入相关行业法规规章和规范标准。推动开展国家通用语言文字法执法检查。健全语言文字依法管理和执法监督协调机制。将语言文字法律法规的学习宣传纳入普法规划和普法教育内容。

（二十二）加强语言文字工作队伍建设

加强语言文字系统干部队伍培养培训，提高语言文字工作治理能力和水平。开展普通话水平测试员、相关行业从业人员语言文字培训。完善人才培养和使用机制，建设高质量语言文字科研人才队伍。健全激励机制，依法依规表彰奖励为语言文字事业发展作出突出贡献的组织和个人。

国务院办公厅

2020 年 9 月 14 日

（本文有删减）

在第24届全国推广普通话宣传周开幕式上的讲话

教育部党组书记、部长　怀进鹏

今天我们相聚美丽的鄂尔多斯，举行第24届全国推广普通话宣传周开幕式。首先，我谨代表教育部和全国推广普通话宣传周领导小组，向全国语言文字工作者，向所有关心支持国家语言文字事业的同志们、朋友们，表示衷心的感谢和诚挚的问候！

语言文字工作是关系党和国家工作全局的一件大事，党中央、国务院始终高度重视。党的十八大以来，习近平总书记多次作出重要指示批示，为新时代语言文字工作特别是推广普及国家通用语言文字指明了前进方向，提供了根本遵循。

自1998年国务院批准设立全国推广普通话宣传周起，24年来，推普周已经成为推广普及国家通用语言文字工作的重要平台，在推广普及国家通用语言文字、增强社会用语用字规范意识、传承弘扬中华优秀语言文化等方面发挥了重要作用。2020年，我国普通话普及率达到80.72%，实现了基本普及的目标，创下了统一的多民族国家实现国家通用语言文字基本普及的成功范例。今年是中国共产党成立100周年，也是"十四五"开局之年，本届推普周的主题是"普通话诵百年伟业，规范字写时代新篇"。站在新的历史起点上，我们要深刻领悟习近平总书记重要指示批示精神，坚决落实党中央、国务院决策部署，推动语言文字工作创新发展。

一是坚持以服务铸牢中华民族共同体意识为主线。在不久前召开的中央民族工作会议上，总书记强调，铸牢中华民族共同体意识是新时代党的民族工作的"纲"，强调要推广普及国家通用语言文字，科学保护各民族语言文字，尊重和保障少数民族语言文字学习和使用。中华民族是56个民族组成的多元一体大家庭。文化认同是最深层次的认同，是民族团结之根、民族和睦之魂。国家通用语言文字是在各民族交融发展的基础上形成的，是各民族共享的中华文化符号和中华民族形象，是铸牢中华民族共同体意识的文化基因。我们要充分认识到，**推广普及国家通用语言文字是构筑中华民族共有精神家园的必然要求**，有利于促进各民族交往交流交融，促进各民族像石榴籽一样紧紧抱在一起，促进民族团结进步，共同维护好国家安全和社会稳定。**推广普及国家通用语言文字是推动各民族共同走向社会主义现代化的关键举措**，有利于各族群众接受更好的教育、学习先进文化和科学技术，进一步畅通流动通道、降低沟通成本，给更多人创造致富机会，实现各民族共同发展、共同富裕。**推广普及国家通用语言文字是加强和完善党的全面领导的重要基础**，有利于党的声音更清楚、更直接地传递到基层一线、千家万户，推动全国各族人民坚定维护党中央权威和集中统一领导，切实做到感党恩、听党话、跟党走。

二是坚持以推广普及国家通用语言文字为核心任务。全国语言文字会议提出到2025年全国范围内普通话普及率达到85%的目标，确定了"聚焦重点、全面普及、巩固提高"的推普工作新方针，制定了一系列重点举措。下一步，我们**要抓住重要领域和关键环节**，聚焦民族地区、农村地区，加大青壮年劳动力"职业技能＋普通话"培训；"从娃娃抓起"，全面加强各级各类学校国家通用语言文字教育教学，稳步推进国家统编三科教材的使用；做好教育者的教育，加大教师国家通用语言文字教育教学能力培训；推动相关法律修订，进一步确立国家通用语言文字的主体地位。**要拓展推普思路和途径**，充分发挥语言文字"以文化人、以文育人"的重要作用，大力传承弘扬中华优秀语言文化，创新举办"中国诗词大会"等语言文化品牌活动，加大优质语言文化资源建设力度，推进文化浸润，助力乡村振兴，为增强人民群众的文化自信提供有力支撑。**要创新宣传手段和方式**，以推普周为重要抓手，充分利用各类媒体和网络平台，增强与社会的沟通能力，教育引导各族群众提高认识、统一思想，以语言通促进民心通。

三是坚持以构建大语言文字工作格局为关键抓手。语言文字事业具有基础性、全局性、社会性和全民性的特点，涉及国家治理和经济社会发展的方方面面，需要坚持在党的全面领导下，上下齐心、左右协同。**要抓好系统谋划**。《国家语言文字事业"十四五"发展规划》即将发布。各地要结合实际，坚持稳中求进，推进规划各项任务落实。**要抓好协同推进**。长期以来，国家语委各委员单位从本领域职责出发，协同发力，以学校、党政机关、新闻媒体、公共服务行业四大领域为重点，积极开展国家通用语言文字推广普及、语言文字规范化标准化等工作，取得显著成效。刚才人力资源和社会保障部、广电总局两个部门作了代表性发言，工作很有特色，取得了成效。今年7月，国务院办公厅批准成立了由30个部门组成的新一届国家语委，各地也相应调整了本省份语言文字工作机制。各级教育部门要主动作为，积极争取各委员单位的支持，动员社会力量，推动落实"党委领导、政府主导、语委统筹、部门支持、社会参与"的管理体制，形成全社会共同推广普及国家通用语言文字的良好氛围。**要抓好责任落实**。坚持问题导向、目标导向、效果导向，把语言文字工作纳入省级政府履行教育职责督导评价体系。省级语委语言文字工作报告制度已建立，各地也相应建立了市（县）工作报告制度。希望各级语委不断提高执行力，狠抓落实，切实履行语言文字工作主体责任。

今年"两会"期间，习近平总书记在参加内蒙古代表团审议时强调，要认真做好推广普及国家通用语言文字工作，全面推行使用国家统编教材。刚才内蒙古自治区在致辞中介绍了地方语言文字工作情况，这两天我也到一些学校和社区进行了调研，了解到内蒙古深入贯彻落实中央有关要求，在推广普及国家通用语言文字、推行使用国家统编教材等方面取得积极进展和阶段性成效。希望你们再接再厉，全面推进学生中华民族共同体意识教育，深入推进国家通用语言文字教育教学，加强民族团结进步教育，促进各民族交往交流交融，为构筑中华民族共有精神家园、共同走向社会主义现代化打下坚实基础。

同志们、朋友们，全面建设社会主义现代化国家的新征程已经开启。面对新使命新要求，我们要紧密团结在以习近平同志为核心的党中央周围，增强"四个意识"、坚定"四个自信"、做到"两个维护"，不断提高政治判断力、政治领悟力、政治执行力，牢记"国之大者"，永葆初心、牢记使命，知重负重、稳中求进，推动语言文字事业改革发展迈上新台阶，服务党和国家工作大局，服务高质量教育体系建设，为实现中华民族伟大复兴作出新的更大贡献。

全面提升科研工作创新力服务力引领力影响力 保障和引领语言文字事业高质量发展*

教育部副部长、国家语委主任 田学军

教育部、国家语委历来高度重视语言文字科学研究，将其作为语言文字事业改革发展的重要保障。2021年是"十四五"开局之年，《国家语言文字事业"十四五"发展规划》《国家语委"十四五"科研规划》发布在即。在这个关键时间节点，总结"十三五"、部署"十四五"时期国家语委科研工作，这对保障和引领语言文字事业高质量发展，具有重要意义。

一 国家语委科研工作发挥显著作用

党的十八大以来，特别是"十三五"时期，国家语委科研工作深入贯彻落实习近平总书记关于语言文化的重要论述，以服务国家重大战略实施和国家语言文字事业发展为宗旨，坚持问题驱动和需求导向，巩固基础研究、强化应用研究、推动决策咨询研究，不断提升创新能力和服务水平，成为保障国家语言文字事业发展的重要力量。

第一，服务国家战略需求。聚焦脱贫攻坚，围绕"推普助力脱贫攻坚的路径方略""推普助力铸牢中华民族共同体意识"等重大课题开展研究，举办"中国语言扶贫与人类减贫事业论坛"系列学术活动，发布《语言扶贫宣言》，出版《语言扶贫问题研究》丛书，引导语言学界积极投入国家扶贫事业。为国家重大区域发展战略提供语言服务，在京津冀、长三角等区域布局研

---

* 本文是田学军同志2021年11月9日在国家语委"十四五"科研工作会议上的讲话摘要。

究基地，设立重大科研项目，深入开展区域语言状况调查、语言规划和语言服务研究。聚焦"一带一路"沿线国家的语言政策、语言状况和需求开展专项课题研究，设立丝路语言文化研究中心、东北亚语言研究中心，举办"一带一路"语言文化系列高峰论坛。开展两岸语言文字学术交流系列活动，促进两岸文化交流。

第二，推动文化传承发展。围绕国家重大文化工程强化科学研究，广泛调动战线参与，打造了一系列重大标志性成果，助力文化强国建设。深入贯彻落实习近平总书记致甲骨文发现和研究120周年贺信精神，推动古文字研究等冷门"绝学"有人做、有传承、有发展。推动甲骨文入选联合国教科文组织《世界记忆名录》，举办纪念甲骨文发现120周年座谈会、国际学术研讨会。2020年，会同中央宣传部等6部门启动实施古文字与中华文明传承发展工程，全面系统开展甲骨文等古文字研究。汇聚清华大学、复旦大学、吉林大学等12所高校、科研院所和故宫博物院等4家文博单位优势力量，组建古文字工程协同攻关创新平台。科学保护各民族语言文字，聚焦中国语言资源保护工程一期建设，设立1715个项目，调动北京语言大学、中央民族大学等350多家单位、1000多个团队、4500多名研究人员，建成目前世界上规模最大的语言资源库。广泛汇聚学界力量实施中华经典诵读工程，建设中华经典资源库。实施中华思想文化术语传播工程，委托北京外国语大学成立专家委员会，选译反映国家和民族话语体系中最核心、最本质的思想文化术语，向"一带一路"沿线国家和地区提供语种版权。

第三，强化社会服务功能。依托科研成果转化形成语言文字规范标准20多项，建设"百年语言文字规范标准文献数字化系统"。设立信息化研究专项，建设一系列资源库服务社会应用。委托北京师范大学建成"汉字全息资源应用系统"，从形、音、义、用、码五大维度，较为全面地呈现古今汉字的属性体系，助力中华优秀语言文化传承弘扬、服务教育现代化。同时，发挥国家语委科研机构技术和资源优势，出版8个语种对照的冬奥体育项目名词专书并建成向全球公众开放的查阅平台，在冬奥历史上是第一次，获国际奥委会专家和北京冬奥组委高度评价，将申请为冬奥文化遗产，服务未来更多冬奥盛会。为新冠肺炎疫情防控提供语言服务，组织北京语言大学、武汉大学、华中师范大学等高校及商务印书馆等单位第一时间研发"抗击疫情湖北方言通""疫情防控外语通",筹建"国家应急语言服务团"。坚持服务特殊人群需求,立项推进手语盲文规范标准建设和语言障碍、语言康复研究,发布《国家通用手语常用词表》《国家通用盲文方案》等重要标准。

第四,促进基础理论创新。引导学界立足语言国情,聚焦社会发展中的语言文字问题,深化基础理论研究,逐步形成"语言生活""语言战略""国家语言能力"等本土特色理论,为事业发展提供理论支撑。一大批专家学者以服务国家和社会为宗旨,致力于通过接地气的学术研究,推动解决国家、社会等层面的语言文字问题,成为服务事业发展的重要力量。在理论创新的基础上,国家语委连续15年发布语言生活系列皮书、举办"汉语盘点"等活动,推动北京、广州、上海等地发布地方语言生活皮书,语言文字应用研究所持续打造《语言文字应用》等重要理论研究平台,引导构建和谐语言生活,在国内外产生重要影响。

第五,深化国际交流合作。发挥学术交流作用,展示我国语言文字事业发展成就、优秀语言文化和语言科技成果。会同联合国教科文组织举办首届世界语言资源保护大会,推动发布联合国教科文组织首个以"保护语言多样性"为主题的重要永久性文件《岳麓宣言》。支持举办三届中国北京国际语言文化博览会和系列学术论坛,近百位国际组织代表和外国驻华使节参加有关活动。与俄罗斯、法国、东盟各国举办语言文化论坛。在海外出版英、俄、日、韩文版《中国语言生活状况报告》。与法国文化与通讯部签署《关于语言政策交流合作协议》。实施高端专家来华交流项目,邀请40余位国际知名专家学者来华交流。

二 加快构建国家语委科研工作体系

国家语委科研工作立足实际、勇于探索、守正创新,已日益发展为涵盖规划引领、科研立项、机构建设、人才培养、合作交流等多位一体、有机配合的科研工作体系,走出了一条特色鲜明的发展道路。

第一,国家语委科研项目品牌日益凸显。制定实施《国家语委"十三五"科研规划》,除甲骨文、语保工程等专项外,设立451个面上项目,实施优秀成果后期资助计划,围绕中国共产党建党百年历程中语言文字政策及实践、国家语言能力建设、中文国际传播等设立重大项目，产出研究成果2300多项。通过设立委托专项形式，联合国家语委委员单位、地方语委开展科学研究。例如，联合交通运输部开展应对老龄化社会的交通标志字体优化和设计；联合中国残联利用科研推动构建手语和盲文标准体系，更好地保障残疾人特殊语言文字权益；支持河北语委开展冬奥会语言环境分析及对策研究；重庆语委立足自身实际设立研究专项，解决当地经济发展中语言文字需求和问题等等，有效推动语言文字工作更好地服务行业和地方发展。

第二，融中心、基地和智库为一体的研究型基地框架基本成型。加强顶层设计，实施《语言文字智库测评指标体系》，统筹区域分布和功能定位谋划布局，分层级、成体系建设24家研究型基地，覆盖东中西部和事业发展主要任务。这些基地产出国家语言资源动态流通语料库等一系列具有广泛影响的标志性成果，建成国家语委语言资源网等一批基础资源库，形成"国家语言战略高峰论坛"等一批学术品牌。向有关部门提交高质量资政报告200余篇，打造《国家语委专家建议》资政平台，促成《语言战略研究》创刊4年即成为语言政策与规划研究的主阵地。语情研究中心、外语战略中心、语言能力中心等入选权威智库索引。这些基地已成为国家语委组织高水平科学研究、实施重大工程、培养专业人才、开展合作交流的重要支撑平台。

第三，矢志爱国、素质优良、结构合理的科研骨干队伍不断壮大。依托重大文化工程和专项工作等设立专家委员会、组织专家团队，覆盖近6000名专家学者，不断完善国家语委科研专家库。构建系统化、跟踪式的国家语委"三班一盟一论坛"中青年人才培养框架，培养优秀后备人才600余名。"三班一盟一论坛"包括：连续举办语言文字应用研究优秀中青年学者研修班，与国家民委共同开展民族语文应用研究中青年学者研修班，联合国家留学基金委举办语言文字中青年学者出国研修班，建设中青年学者协同创新联盟，定期举办学术论坛。

第四，科研管理服务水平持续提升。深入贯彻落实科研管理"放管服"，进一步扩大科研项目经费管理自主权、减轻科研人员事务性负担。创新实施项目研究核心成果、结项集中鉴定等制度。依托国家开放大学、华中师范大学建设国家语委科研网和科研创新服务平台，构建覆盖科研全过程的信息化服务体系，为战线提供优质科研服务，得到广泛好评。

三 准确把握国家语委科研工作面临的新形势新要求

语言文字是经济发展、社会进步的重要保障,是民族团结、国家统一的文化根基,是国家主权、国家安全的重要支撑。语言文字工作是党和国家事业发展的基础性工作,党中央、国务院始终高度重视。党的十八大以来,习近平总书记多次作出重要指示批示,为新时代语言文字工作指明了前进方向,提供了根本遵循。在不久前召开的中央民族工作会议上,习近平总书记强调,要推广普及国家通用语言文字,科学保护各民族语言文字,尊重和保障少数民族语言文字学习和使用。我们要深入学习贯彻习近平总书记关于语言文化的重要论述,贯彻落实全国语言文字会议精神,推动新时代语言文字事业高质量发展。国家语委科研工作要根据新形势新要求在以下四个方面着力加强。

第一,创新力亟待提升。当前,以信息技术、人工智能为代表的新兴科技快速发展,人类正在进入一个"人机物"三元融合的万物智能互联时代。语言生活正在发生重大变化,语言文字由单纯的人使用变成人和机器共用,使用场景由现实向虚拟空间延伸,网络语言生活纷繁复杂。这些新现象新问题,亟需理论解答和实践创新。近些年,我国语言文字科学研究积极借鉴国外理论,丰富了现代语言学理论和实践。但也存在一些问题,有的直接套用或简单验证国外理论,缺乏对中国语言文字自身规律的探索。同时,面对愈加复杂的需求和问题,传统的研究理念和方法已显得捉襟见肘,亟需探索跨学科协同创新。

第二,服务力亟需加强。去年,我们召开了新中国成立以来第四次、新时代第一次全国语言文字会议,对事业发展作出全面部署。即将发布的《国家语言文字事业"十四五"发展规划》明确了2025年和2035年发展目标。语言文字事业发展任重道远。

全国语言文字会议召开后,有的地方增加了人员、保障了经费,有的地方进一步理顺了工作机制,但语言文字工作部门的力量仍然相对薄弱。如何"以小博大",干出大作为、成就大事业,仅靠行政主管部门是远远不够的,需要各方参与,学界是关键力量。近些年,学界资政服务意识持续提升,各大科研基金中语言文字应用研究项目的比例持续提高,但仍然无法满足事业高质量发展需要。还存在着优秀资政成果少,顶尖专家少;资政氛围不够,一些单位对

语言文字工作的重要程度认识不够，对语言文字科研支持作用重视不够；地方语委开展科研工作的保障不足、积极性不高等问题。这些都需要我们持续加大科研工作服务力度。

第三，引领力需要突破。探索未来是科研的主要目的之一。高质量科研因关注问题、思考未来在前，是把握时代发展脉搏和事业发展趋势的先导。例如，各地目前使用的计算机辅助普通话水平测试系统，技术来源是国家语委"十五"科研项目，语保工程前身是国家语委2008年启动的科研专项。可以说，事业取得的很多开拓性进展，离不开富有前瞻性和预见性的科学研究。立足新发展阶段，贯彻新发展理念，构建新发展格局，科研既要保障事业发展，更要发挥引领作用，在关键领域为事业发展提供新思路、新方法、新突破。

第四，影响力仍需增强。当今世界正经历百年未有之大变局，国际环境错综复杂，不稳定性不确定性明显增强。讲好中国故事，传播好中国声音，展示真实、立体、全面的中国，为我国改革发展稳定营造有利的外部舆论环境，离不开语言文字铺路搭桥、增进中外民心相通。当前，中外语言文化交流还需要进一步深入，中国语言学话语体系的国际影响力还不够，缺乏世界领先的研究成果。从国内发展看，去年，通过调研240所高校和科研单位了解到，有的还未将国家语委科研项目纳入考核评价体系，有的对国家语委科研项目和科研机构保障还不够，国家语委科研工作影响力需要进一步提升。

四 大力推动国家语委科研工作高质量发展

"十四五"时期，国家语委科研工作要深入贯彻习近平总书记关于语言文化的重要论述，贯彻落实全国语言文字会议精神，以服务党和国家发展大局、满足人民美好生活需要为宗旨，以推进科研工作高质量发展为主题，以全面提升创新力、服务力、引领力、影响力为目标，构建更加科学完善的工作体系，保障新时代国家语言文字事业高质量发展。

第一，胸怀"国之大者"，增强服务国家意识。习近平总书记指出，一切有理想、有抱负的哲学社会科学工作者都应该立时代之潮头、通古今之变化、发思想之先声，积极为党和人民述学立论、建言献策，担负起历史赋予的光荣使命。去年，习近平总书记在科学家座谈会上强调，科技创新要坚持面向世界科技前沿、面向经济主战场、面向国家重大需求、面向人民生命健康。语言文字战线要深入学习贯彻习近平总书记提出的科技创新"四个面向",胸怀"国之大者",与国家共命运,与时代同步伐,服务国家改革发展大局。

要重视基础理论研究,坚定用中国范式、中国理论解决中国问题的学术自信,合理吸收借鉴国外理论有益成分,立足中国实际,提出新观点、构建新理论、打造新学说。要充分认识语言文字事业的基础性、全局性、社会性和全民性特点,不断增强服务国家的意识和能力,加强研究成果向施政对策的转化,提升资政建言水平,弹好学术研究与社会服务的"二重奏"。

第二,坚持规划引领,攻关重大关键问题。 自2001年国家语委科研规划领导小组成立以来,坚持每五年发布科研规划,推动科研工作持续发展,取得良好成效,这也成为语言文字事业发展规划的重要基础和先导。去年,国家语委启动"十四五"科研规划的编制工作,充分吸收80余家战线单位和近400位专家学者意见建议,明确了8个主要研究方向和8个重大研究专题,涵盖"国家通用语言文字推广普及水平和质量提升研究""聚焦立德树人根本任务的语言教育创新研究""中华文明传承发展中的中华优秀语言文化传承弘扬研究""人类命运共同体构建中的语言文化交流互鉴研究"等重大关键问题。

语言文字战线要深入贯彻落实《国家语委"十四五"科研规划》,立足事业全局、放眼未来发展,积极参与科研工作。希望有关高校、科研机构和专家学者紧密围绕科研规划开展研究,为事业全面发展提供智力支持和决策支撑。国家语委科研规划领导小组要聚焦重大研究专题,进一步优化资源配置,组织实施一批重大文化工程和科研项目,形成一批重大标志性成果,推动关键领域和重大问题研究取得突破。

第三,推进学科发展,深化创新人才培养。 今年9月,习近平总书记在中央人才工作会议上强调,要深入实施新时代人才强国战略,发现和培养更多具有战略科学家潜质的高层次复合型人才,打造大批一流科技领军人才和创新团队,造就规模宏大的青年科技人才队伍。我们要深入贯彻落实习近平总书记的重要讲话精神,进一步加强国家语委人才工作。要制定实施国家语委优秀中青年专家培养计划,支持一批创新团队和优秀中青年人才围绕国家重大需求,立足学术前沿,开展创新研究。继续实施并进一步丰富"三班一盟一论坛"中青年人才培养框架,加快培养事业发展急需紧缺人才。落实《关于全面推进新时代国家语委研究型基地高质量发展的意见》，坚持"一机构、一方向、一特色、一品牌"，加强设点布局，强化智库功能，建设一批适应国家重大战略和事业发展需求的科研基地，培养一批结构优化、业务精良的高水平学术团队，打造一批标志性研究成果。

推进语言学学科体系建设，支持提升语言学学科地位。紧盯新兴交叉领域，推进语言学与其他学科的交叉融合发展，探索语言学相关实验室建设。支持国家语委研究基地依托单位开展"一流学科"建设和人才培养。加强人工智能等新技术应用，促进语言学研究方法现代化、系统化和科学化。

第四，创新话语体系，推动国际交流合作。 要立足中国实践，深入挖掘和弘扬中国语言学学术思想和优良学术传统，注重时代性、鲜活性，打造融通中外的新概念、新范畴、新表述，完善具有中国特色的语言学话语体系。出台加强新时代语言文字国际交流合作的指导性文件，加大科研工作的国际交流合作力度。继续实施语言文字中青年学者出国研修项目、高端专家来华交流项目、学术外译项目和政策经典文献翻译项目，跟踪国际学术研究前沿，积极推动科研成果中文首发。在"引进来"的同时，推动语言文字优秀专家、标志性成果和中国语言学话语体系"走出去"，与国外语言学界开展广泛的对话和交流，提升语言文字科研国际影响力，为世界语言学发展作出中国学者的贡献。发挥学术活动重要载体作用，推动与不同国家和地区开展语言文化交流互鉴，向世界阐释推介具有中国特色、体现中国精神、蕴藏中国智慧的优秀语言文化。

第五，强化组织领导，凝聚工作合力。 要深入贯彻落实党中央、国务院关于完善科研管理、提升科研绩效的系列文件精神，探索建立柔性管理制度，深化科研成果评价体系改革，激发科研创新活力。建立健全科研经费投入长效机制，持续加大立项规模和经费支持力度。要打造学术精品，推动重大标志性成果、高质量资政成果、交叉领域成果的产出和转化。支持各类学术平台建设和国际化发展。要加强资政建言机制建设，打造《国家语委专家建议》等资政平台品牌。

国家语委委员单位要积极参与、持续支持国家语委科研工作，加强行业和领域语言文字问题研究。科研规划领导小组各成员单位要进一步加大支持力度，在科研立项、机构建设、人才培养、国际合作交流等方面给予政策和资源倾斜。科研规划领导小组办公室要充分发挥职能作用，统筹协调各方力量，与相关科研主管部门加强合作，提升协同创新和重大攻关能力，做大科研工作"朋友圈"、画好"同心圆"。

各地语委要将科研作为重要任务，开展具有地方特色和实效的语言规划和语言服务研究，结合实际发布地方语言生活状况报告。要加强区域联动，京津冀、长三角、粤港澳等区域所涉省级语委要带头加强交流合作，共同推动区域语言需求和问题研究。要结合国家语委科研专家库建设地方专家库，采取实际举措支持本地语言学科发展、机构建设和人才培养。

高校要进一步重视语言文字科研工作，要不断丰富新时代高校语言文字工作内涵，建立健全高校语言文字工作体制机制。高校是科研的主阵地，要加强制度创新和管理创新，切实解决语言文字科学研究、智库建设和人才培养中遇到的人财物以及考核晋升等方面的问题，将语言文字资政服务成果纳入考核评价体系。有关高校和单位要加强对国家语委科研项目和科研机构的支持力度。

科研肩负着国家重任和事业发展的未来。国家语委科研工作要坚持以习近平新时代中国特色社会主义思想为指导，深入学习贯彻习近平总书记关于语言文化的重要论述，增强"四个意识"、坚定"四个自信"、做到"两个维护"，不断提高政治判断力、政治领悟力、政治执行力，胸怀"国之大者"，牢记初心使命，不断提升语言文字科学研究能力和水平，保障和引领国家语言文字事业高质量发展，为实现"两个一百年"奋斗目标和中华民族伟大复兴的中国梦作出新的更大贡献！

第二部分

专 题 篇

中国共产党的百年语言文字事业

中国共产党在团结带领中国人民进行百年奋斗的伟大历程中，始终站在历史和时代发展的潮头，围绕把中国革命、建设、改革事业不断推向前进，坚定引领中国语言文字事业发展的前进方向和伟大实践，成功推进几千年来最为深刻而广阔的变革和发展，前所未有地发展了中国最广大人民的语言和文化权益，前所未有地解放和发展了社会生产力，谱写了中华文明发展史上的辉煌篇章，创造了人类文明发展史上的伟大奇迹。

一 新民主主义革命时期党的语言文字事业

新民主主义革命时期，中国共产党和中国共产党人始终是中国语文生活变革发展的积极倡导者、推动者和实践者，提出"用工人和农民所听得懂以及他们接近的语言文字""要向人民群众学习语言""提高人民的民族文化与民族觉悟"等重要理念。

党在创立时期、大革命时期，积极倡导和推动白话文运动、国语运动、文艺大众化运动、新文字运动。1915年9月陈独秀担任主编的《青年杂志》（第二卷起改名《新青年》）创刊，成为新文化运动、白话文运动的主阵地。1918年12月陈独秀、李大钊创办《每周评论》，成为宣传实践白话文、宣传科学社会主义的重要阵地。1921年瞿秋白受苏联文字拉丁化运动影响写出了《拉丁化中国字》草稿。1925年10月中共中央执行委员会扩大会议作出《宣传问题议决案》，提出"我们的鼓动应当使群众了解……所以应当用极通俗的言语文字"。

土地革命时期、抗日战争时期和解放战争时期，党在革命根据地、抗日根据地和解放区积极兴办教育，开展识字教育、推行新文字、扫除文盲。1927年9月《江西省革命委员会行动纲领》提出"不让一个工农分子是文盲"。1931年9月中国新文字第一次代表大会通过了吴玉章、林伯渠等起草的《中国汉字拉丁化的原则和规则》。1933年10月中央苏区文化教育大会通过《消灭文盲决议案》。1939年4月《陕甘宁边区抗战时期施政纲领》提出"发展民众教育,消灭文盲,提高边区成年人民之民族意识与政治文化水平"。1940年2月毛泽东同志在《新民主主义论》中指出"文字必须在一定条件下加以改革,言语必须接近民众"。1940年10月,陕甘宁边区冬学委员会成立,1941年11月陕甘宁边区新文字协会成立。1946年1月中国共产党代表团在政治协商会议上提出《和平建国纲领草案》,明确提出"普及城乡小学教育,扶助民办学校,推广社会教育,有计划的消灭文盲"。

新民主主义革命时期党的语言政策与实践,开启了语言文字走近广大民众、惠及广大民众的历史进程,结束了我国两千年来言文分离的历史,打破了存续了数千年的语言和文化阶层壁垒,为我们党宣传教育大众、团结发动大众进行革命斗争发挥了巨大作用,为党在新中国成立后的语言文字政策与实践做了广泛深入的探索和积累。

二 社会主义革命和建设时期党的语言文字事业

社会主义革命和建设时期,党中央把握我国基本国情、语情和经济社会发展需要,明确语言文字工作的主要任务,推进简化汉字、推广普通话、制定和推行《汉语拼音方案》、扫除文盲为主线的语言文字事业改革发展实践。

党领导确立国家基本语言政策和制度,指明了新中国语言文字事业的前进方向。党中央强调"应该从六亿人口出发来考虑文字改革的问题""扫除文盲是我国文化上的一场大革命,也是国家进行社会主义建设的一项极为重要的政治任务"。1950年9月第一次全国工农教育会议提出"开展识字教育,逐步减少文盲"。1954年9月第一届全国人大第一次会议通过的《宪法》规定"各民族都有使用和发展自己的语言文字的自由"。1958年1月,毛泽东主席在《工作方法六十条(草案)》中指出"一切干部要学普通话",周恩来总理在全国政协作《当前文字改革的任务》报告。

党领导建立语言文字工作机构,确立了新中国语言文字工作体制机制。1949年10月成立中国文字改革协会,1952年3月成立中国文字改革研究会,1952年10月成立中央人民政府扫除文盲工作委员会,1953年10月成立中央文字问题委员会,1954年11月设立中国文字改革委员会,1956年1月成立中央

推广普通话委员会。各地、各行业部门也相继设立了相关工作机构。

党领导推进语言文字工作各项主要任务，提高广大人民群众的科学文化素质。 1955年10月召开全国文字改革会议，部署文字改革和推广普通话工作。1956年1月中共中央发出《关于文字改革工作问题的指示》，国务院公布《汉字简化方案》；2月《国务院关于推广普通话的指示》发布。1956年至1960年举办九期普通话语音研究班，1958年至1979年举办五次全国普通话教学成绩观摩会。1956年3月《中共中央、国务院关于扫除文盲的决定》提出"在全国范围内积极地有计划有步骤地扫除文盲"。推广普通话运动、扫盲运动在全国轰轰烈烈开展。汉语拼音迅速得到推广和应用，在识字教学、普通话学习中发挥了重要作用。

党领导制定推行一系列基础性语言文字规范标准，为少数民族创制和改进文字。 1955年确定了"以北京语音为标准音"的普通话。1956年1月启动普通话审音工作，陆续发表审音成果。1955年12月《第一批异体字整理表》发布。1958年2月第一届全国人大第五次会议通过《汉语拼音方案》。1978年9月批准改用《汉语拼音方案》作为我国人名地名罗马字母拼写法的统一规范。1951年至1958年为壮、布依、彝、苗、哈尼、傈僳、纳西、侗、佤、黎等10个民族设计了14种拼音文字方案，帮助傣、景颇、拉祜等3个民族改进了文字方案。

社会主义革命和建设时期党的语言政策与实践，使我国数以亿计劳动人民摆脱文盲状态、学会了普通话，实现了"在文化上的翻身"，为国家发展奠定了坚实的社会基础和文化基础，走出了一条符合我国国情和发展道路的语言文字事业发展之路。

三 改革开放和社会主义现代化建设新时期党的语言文字事业

改革开放和社会主义现代化建设新时期，党统筹国内国际两个大局，围绕促进语言文字规范化、标准化、信息化、法制化建设，推进语言文字事业与时俱进、开拓创新，迈上新的台阶。

健全完善语言文字政策和法规制度。 1982年12月"国家推广全国通用的普通话"载入宪法。1986年1月召开全国语言文字工作会议，确定了新时期语言文字工作方针。1997年1月召开的全国语言文字工作会议提出"到2010年，普通话在全国范围内初步普及，汉字社会应用基本规范"。党的十七届六中全会提出"大力推广和规范使用国家通用语言文字，科学保护各民族语言文字"。2000年10月第九届全国人大常委会第十八次会议通过国家通用语言文字法。一系列涉及语言文字的法律、法规和部门规章公布施行，语言文字工作迈入依法规范管理的新阶段。

全面加强语言文字规范化标准化建设，推动语言文字信息化取得重大突破。《普通话异读词审音表》《汉语拼音正词法基本规则》《现代汉语常用字表》《信息交换用汉字编码字符集·基本集》等一系列规范标准发布实施，语言文字规范标准日益完善，在文化教育、印刷出版、信息处理等各方面发挥了重要作用。攻克了汉字计算机输入输出难题，研制开发出汉字激光照排系统，成功化解了信息化时代汉字生存和发展面临的巨大挑战，为世界信息化发展作出重要贡献。建成全国语言文字工作网络体系、国家语言资源监测数据库等基础性信息平台。

大力推广和积极普及国家通用语言文字。1997年1月国务院批准每年9月的第三周在全国开展"推广普通话宣传周"活动，1994年起在全国开展普通话水平测试，2000年启动城市语言文字工作评估。发布《普通话水平测试管理规定》《普通话水平测试大纲》《汉字应用水平等级及测试大纲》。废止《第二次汉字简化方案（草案）》。加强学校普及普通话和用字规范化工作。积极稳妥纠正社会用字混乱现象，巩固汉字简化成果，提高全社会文字应用的规范化水平。

积极发展外语教育。1978年起外语考试对所有高考考生开放。积极推进大中小学英语教学，发布教学大纲、课程标准和教学要求。推动多语种外语教育发展。培养大量外语人才。

完善语言文字工作体制机制。1985年12月原中国文字改革委员会改名为国家语言文字工作委员会。1998年7月国家语言文字工作委员会并入教育部，对外保留牌子。2000年成立国家语委咨询委员会，2001年成立国家语委21世纪第一届科研规划领导小组、语言文字规范（标准）审定委员会。开展语言文字使用情况调查研究。表彰语言文字工作先进集体和个人。

改革开放和社会主义现代化建设新时期党的语言政策与实践，为加快我国教育、科技、文化事业发展，提高人民群众科学文化水平，推进国家信息化发展，促进社会生产力发展，促进改革开放，发挥了不可替代的基础性保障支撑作用。

四 中国特色社会主义新时代党的语言文字事业

中国特色社会主义进入新时代，以习近平同志为核心的党中央统筹把握中华民族伟大复兴战略全局和世界百年未有之大变局，围绕决胜全面建成小康社会和服务国家发展需要，推进新时代语言文字事业高质量发展，取得历史性成就，开创崭新发展局面。

党的十八大以来，习近平总书记多次对语言文字工作作出重要指示批示，强调"要推广普及国家通用语言文字，科学保护各民族语言文字，尊重和保障少数民族语言文字学习和使用"，"要搞好民族地区各级各类教育，全面加强国家通用语言文字教育，不断提高各族群众科学文化素质"，强调"新形势下，要确保甲骨文等古文字研究有人做、有传承"，"掌握一种语言就是掌握了通往一国文化的钥匙"。习近平总书记的重要指示批示，深刻阐明了语言文字事业在铸牢中华民族共同体意识、坚定文化自信、服务国计民生、构建人类命运共同体中的基础性地位与作用，为推进新时代语言文字事业高质量发展提供了根本遵循和行动指南。党的十九届五中全会提出"提高民族地区教育质量和水平，加大国家通用语言文字推广力度"。《中共中央关于党的百年奋斗重大成就和历史经验的决议》提出"全面推行国家通用语言文字教育教学"。2020年9月《国务院办公厅关于全面加强新时代语言文字工作的意见》印发，2020年10月全国语言文字会议召开，对当前和今后一个时期语言文字事业改革发展作出部署。

坚定不移推广普及国家通用语言文字，广泛开展推普助力脱贫攻坚行动，加强学前儿童普通话教育、青壮年农牧民和基层干部普通话培训，提高教师国家通用语言文字教育教学能力，加强各级各类学校普通话教育教学。全国普通话普及率超过80%，普通话普及质量大幅提升，实现国家通用语言文字在全面范围内基本普及、语言交际障碍基本消除的历史性目标。在中小学推行使用国家三科统编教材。实施国家通用语言文字普及提升工程和推普助力乡村振兴计划。创新开展国家通用语言文字推广宣传。加强国家通用语言文字教育教学研究。普通话水平测试累计突破1亿人次。

大力推进语言文字规范化标准化信息化建设,发布《通用规范汉字表》《国际中文教育中文水平等级标准》等系列语言文字规范标准,推进《通用规范汉字表》配套规范、《中小学生普通话水平测试等级标准》等面向基础教育的规范标准、国际中文教育系列标准研制,推动构建国家标准、国家语委规范、地方标准等多层级语言文字规范标准体系。加强社会语言文字应用依法监管治理。促进语言文字信息处理及智能技术发展。建设全球中文学习平台、国家语委语言资源网、汉字全息资源应用系统等信息化平台。

积极推动中华优秀语言文化传承弘扬和创新发展,实施中华经典诵读工程、中国语言资源保护工程、中华思想文化术语传播工程、古文字与中华文明传承发展工程。打造中国汉字听写大会、中国诗词大会、中国成语大会等系列品牌活动。发布"中小学语文示范诵读库"。巩固拓展内地与港澳、大陆与台湾的语言文化交流合作。推进中外语言文化交流合作,2014年6月世界语言大会在苏州举办,发布《苏州共识》;2018年9月世界语言资源保护大会在长沙举办,通过《岳麓宣言》。甲骨文入选《世界记忆名录》。国际中文教育蓬勃发展,70多个国家将中文纳入国民教育体系。中华思想文化术语系列图书面向"一带一路"沿线28个国家和地区出版32个语种。

加快提升语言文字治理能力和服务水平,健全"党委领导、政府主导、语委统筹、部门支持、社会参与"的管理体制,建立省级语委语言文字工作报告制度。建立外语中文译写规范和中华思想文化术语传播部际联席会议制度。2021年7月国务院办公厅批准成立新一届国家语言文字工作委员会组成机构。启动国家语言发展规划研究编制工作。推进国家语言文字推广基地建设,构建国家语委研究型基地集群,建设高水平语言文字人才队伍。提升科研管理水平,充分发挥科研工作保障引领作用。开展语言助力抗击新冠肺炎疫情行动。实施北京冬奥会语言服务行动计划。开展语言生活监测和研究。推广国家通用手语和国家通用盲文。

中国特色社会主义新时代党的语言政策与实践,为我国全面建成小康社会、实现第一个百年奋斗目标发挥了有力助推保障作用,奠定了新时代语言文字事业继续奋进前行的坚实基础,必将在实现第二个百年奋斗目标、实现中华民族伟大复兴的历史进程中发挥更大作用。

五　中国共产党领导语言文字事业的宝贵经验

一百年来，中国共产党始终坚持马克思主义立场观点方法，坚持以马克思主义中国化的理论创新成果指导语言文字事业，在实践中探索积累了党领导语言文字事业发展的宝贵经验。

一是坚持党的全面领导。中国共产党引领语言文字事业百年沧桑巨变，变革之大、成就之大、惠及人口之众、影响之广泛而深远，在中国历史上、人类历史上，都是前所未有的。党领导语言文字事业发展的百年光辉历程、成功实践和历史成就，充分彰显了党坚定的人民立场、坚定自信、非凡智慧魄力和强大凝聚力号召力，响亮回答了中国共产党为什么能、马克思主义为什么行、中国特色社会主义为什么好。历史和现实都无可辩驳地证明，坚持党的全面领导是发展好中国语言文字事业的根本保证。

二是坚持以人民为中心。一百年来，党始终坚持马克思主义语言观、群众观，维护人民群众在语言文字学习、使用、发展中的主体地位。始终坚持人民至上的价值追求，把维护好发展好最广大人民的语言权益，满足人民的语言教育和语言服务需求，促进人的全面发展，增进民生福祉，作为发展语言文字事业的根本出发点和落脚点。始终坚持充分依靠人民群众的智慧和力量推动语言文字事业发展，人民群众的积极性、主动性、创造性得到最大限度的发挥，发展成果更多更公平地惠及全体人民，赢得了最广大人民群众的拥护和支持。

三是坚持实事求是，遵循规律。一百年来，党始终坚持实事求是的思想路线，坚持一切从实际出发，正确认识和把握我国基本国情、语情和语言文字事业特点及发展规律，认识和遵循语言文字的发展规律。始终坚持理论联系实际来制定和形成正确的语言文字方针政策制度，坚持语言文字主体性与多样性的辩证统一，推动语言文字的规范化、标准化及其健康发展，保护和开发语言资源，维护社会语言文字生活的和谐健康。始终坚持在实践中检验和发现真理，勇于坚持真理、修正错误，以科学精神认识、判断和解决语言文字事业改革发展实践中的矛盾和问题，正确引领语言文字事业改革发展实践。

四是坚持与时俱进，守正创新。一百年来，中国共产党始终坚持顺应时代发展、社会变革和科技进步要求，与时俱进推进语言文字政策、理念、制度、标准的发展和完善，不断推进语言文字工作体制机制创新、实践创新、科技创新，把握中国语言文字事业发展的历史主动。始终坚持守正和创新相统一，坚定走中国特色社会主义语言文字事业发展道路，坚持以人民为中心发展语言文字事业，语言文字基本政策和制度保持长期稳定，语言规划与时俱进，语言文字事业长远目标与阶段性任务有机衔接，语言文字规范标准的科学性与实用性、继承性与时代性协调统一，使党和国家意志、人民群众意愿、语言语用发展达到高度统一。

五是坚持融入中心，服务大局。一百年来，党始终坚持把语言文字事业融入党和国家事业发展全局，在各个历史时期，党的语言文字事业始终紧紧围绕党的奋斗目标，坚定不移贯彻执行党的路线方针政策，坚定服从和服务党的中心任务与战略安排，为中国革命、建设、改革事业发挥有力助推作用、提供有力保障支撑，作出了不可替代的重要贡献。党的语言文字事业始终坚守党的理想信念，践行党的根本宗旨，牢记初心，担当使命，接续奋斗，统筹规划、部署、推进事业改革发展，不断提升服务党和国家事业发展全局的能力和水平，在中华民族从站起来、富起来到强起来的伟大飞跃中，书写了语言文字事业的壮美史篇。

百年恰是风华正茂。站在新的历史起点上，奋力推进新时代语言文字事业改革发展，要深入学习贯彻习近平新时代中国特色社会主义思想，坚定不移坚持党的全面领导，弘扬伟大建党精神，始终坚持并不断丰富发展党领导语言文字事业的宝贵经验，统筹中华民族伟大复兴战略全局和世界百年未有之大变局，深刻认识我国社会主要矛盾变化带来的新特征新要求，深刻认识错综复杂的国际环境带来的新矛盾新挑战，立足新发展阶段，完整准确全面贯彻新发展理念，主动服务和融入构建新发展格局，推动语言文字事业高质量发展，为实现第二个百年奋斗目标、实现中华民族伟大复兴的中国梦作出新的更大贡献。

（刘朋建）

第三部分

工作篇

中共中央、全国人民代表大会、国务院、国家监察委员会及相关部委公文中有关语言文字的内容

一　中共中央

（一）中共中央《关于党的百年奋斗重大成就和历史经验的决议》（11月11日）

全面推行国家通用语言文字教育教学。

（二）中共中央宣传部、教育部、科技部印发《关于推动学术期刊繁荣发展的意见》的通知（中宣发〔2021〕17号，5月18日）

鼓励中文学术期刊提供论文英文长摘要、外文学术期刊提供论文中文长摘要，加强期刊外文或双语学术网站建设。

支持学术期刊根据学科发展和学术交流需要创办外文或双语学术期刊。

（三）中共中央办公厅、国务院办公厅关于印发《关于推动现代职业教育高质量发展的意见》的通知（10月12日）

探索"中文＋职业技能"的国际化发展模式。

（四）中共中央宣传部、司法部、民政部、农业农村部、国家乡村振兴局、全国普法办公室关于印发《乡村"法律明白人"培养工作规范（试行）》的通知（11月8日）

具有一定文化程度、语言表达能力和接受教育能力。

二　全国人民代表大会

（一）《中华人民共和国国民经济和社会发展第十四个五年规划和2035年远景目标纲要》（2021年3月11日第十三届全国人民代表大会第四次会议批准）

建设中文传播平台，构建中国语言文化全球传播体系和国际中文教育标准体系。

提高民族地区教育质量和水平，加大国家通用语言文字推广力度。

（二）《中华人民共和国个人信息保护法》（中华人民共和国主席令第91号，8月20日）

第十七条　个人信息处理者在处理个人信息前，应当以显著方式、清晰易懂的语言真实、准确、完整地向个人告知下列事项……

三　国务院

（一）国务院关于印发"十四五"残疾人保障和发展规划的通知（国发〔2021〕10号，7月8日）

制定实施《第二期国家手语和盲文规范化行动计划（2021—2025年）》，加快推广国家通用手语和国家通用盲文。

将科技助残纳入科技强国行动纲要，促进生命健康、人工智能等领域科学技术在残疾人服务中示范应用，开展残疾预防、主动健康、康复等基础研究，扶持智能化康复辅助器具、康复设备、盲文数字出版、无障碍等领域关键技术研究和产品推广应用。

推动建立从中职、高职到本科、硕士、博士等较为完整的残疾人服务相关专业人才培养体系，鼓励有条件的职业院校和普通本科院校增设康复治疗、康复工程技术、特殊教育、手语、盲文等相关专业，加强残疾人服务从业人员职业能力建设和职称评定，加快培养残疾人康复、教育、就业、托养照护、文化、体育、社会工作等专业人才队伍。

（二）国务院关于印发中国妇女发展纲要和中国儿童发展纲要的通知（国发〔2021〕16号，9月8日）

持续巩固女性青壮年扫盲成果，加大普通话推广力度。完善扫盲工作机制，加强国家通用语言文字教育，消除女童辍学现象，杜绝产生女性青壮年新文盲。普通话培训及各类职业培训向欠发达地区妇女和残疾妇女等群体倾斜。深化扫盲后的继续教育。

鼓励支持家庭开展亲子游戏、亲子阅读、亲子运动、亲子出游等活动。

加强亲子阅读指导，培养儿童良好阅读习惯。分年龄段推荐优秀儿童书目，完善儿童社区阅读场所和功能，鼓励社区图书室设立亲子阅读区。

加强网络语言文明教育，坚决遏阻庸俗暴戾网络语言传播。

加强学前幼儿普通话教育，推进学前学会普通话。

在特殊教育学校大力推广国家通用手语和国家通用盲文。

公共图书馆单设儿童阅览区，公共图书馆盲人阅览区为盲童阅读提供便利，鼓励社区图书室设立儿童图书专区。

（三）国务院关于印发"十四五"数字经济发展规划的通知（国发〔2021〕29号，12月12日）

推动智能计算中心有序发展，打造智能算力、通用算法和开发平台一体化的新型智能基础设施，面向政务服务、智慧城市、智能制造、自动驾驶、语言智能等重点新兴领域，提供体系化的人工智能服务。

（四）国务院关于印发"十四五"旅游业发展规划（国发〔2021〕32号，12月22日）

在此基础上，稳妥推进外籍（境外）人员来华邮轮旅游、自驾游便利化和通关便利化，进一步提升入境服务水平，优化境外预订、金融支付、网络服务、语言标识等，让来华游客在用卡、用网、用餐等方面更顺畅、更舒心。

（五）国务院关于印发"十四五"国家应急体系规划的通知（国发〔2021〕36号，12月30日）

建立突发事件预警信息发布标准体系，优化发布方式，拓展发布渠道和发布语种,提升发布覆盖率、精准度和时效性,强化针对特定区域、特定人群、特定时间的精准发布能力。

提升应急救援人员的多言多语能力,依托高校、科研院所、医疗机构、志愿服务组织等力量建设专业化应急语言服务队伍。

(六)国务院办公厅关于印发加快中医药特色发展若干政策措施的通知(国办发〔2021〕3号,1月22日)

在全国老中医药专家学术经验继承工作中,按程序支持符合条件的继承人以医古文代替外语作为同等学力申请中医专业学位考试科目。

(七)国务院办公厅印发全国一体化政务服务平台移动端建设指南的通知(国办函〔2021〕105号,9月29日)

优化政务服务平台移动端界面交互、内容朗读、提示、语音辅助等功能,积极为老年人提供大字版、语音版、简洁版移动政务服务应用,推出相关应用的"关怀模式""长辈模式",让老年人充分享受移动政务服务带来的便利。

(八)国务院办公厅关于印发"十四五"文物保护和科技创新规划的通知(国办发〔2021〕43号,10月28日)

优先发展边疆考古,重点加强新疆、西藏、东北和南岛语族考古研究。

(九)国务院办公厅关于转发教育部等部门"十四五"特殊教育发展提升行动计划的通知(国办发〔2021〕60号,12月31日)

加大力度推广使用国家通用手语和国家通用盲文。

四 国家监察委员会

(一)《中华人民共和国监察法实施条例》(国家监察委员会公告第1号,9月20日)

询问不通晓当地通用语言、文字的证人,应当有翻译人员。

五　相关部委

（一）教育部

1. 教育部、国家乡村振兴局、国家语委关于印发《国家通用语言文字普及提升工程和推普助力乡村振兴计划实施方案》的通知（教语用〔2021〕4号，1月7日）（全文附件）

2. 教育部关于印发《革命传统进中小学课程教材指南》《中华优秀传统文化进中小学课程教材指南》的通知（教材〔2021〕1号，1月8日）

语文是落实中华优秀传统文化教育的核心课程，要全面体现中华优秀传统文化蕴含的核心思想理念、人文精神和传统美德，引导学生理解和热爱国家通用语言文字，体悟中华优秀传统文化中蕴含的爱国情怀、中华精神、荣辱观念，提高审美情趣，厚植中华文化底蕴，坚定文化自信。

3. 教育部关于大力推进幼儿园与小学科学衔接的指导意见（教基〔2021〕4号，3月30日）

对生活情境中的文字符号感兴趣，愿意用图画、符号等方式记录自己的想法和发现。

鼓励幼儿自主阅读，保护他们对符号、文字的兴趣和敏感性。

大班下学期，教师有意识地运用文字和符号辅助幼儿记录和总结游戏的过程、想法，让幼儿感受文字符号在日常生活中的功能和意义。

鼓励儿童用图画、符号、文字等自己喜欢的方式，制订计划表或任务清单，指导和督促儿童按时完成，体会有计划做事的重要性。

指导儿童借助田字格把握汉字的笔画和间架结构，掌握正确的运笔方法，保持正确的书写姿势。

学习认识汉字的笔画和间架结构，初步掌握写字的基本笔画、笔顺规则。

加深他们的阅读兴趣和理解，鼓励幼儿根据情节、图书画面对故事结果进行预测或续编、创编故事；通过绘画、手工、搭建、表演等方式再现故事情节、人物关系，促进幼儿语言、情感、社会性等多方面的发展。

4. 教育部关于学习宣传贯彻习近平总书记重要指示和全国职业教育大会精神的通知（教职成〔2021〕3号，4月27日）

加强国际交流合作，在"留学中国"项目、中国政府奖学金项目中设置职业教育类别,探索"中文+职业技能"的国际化发展模式。

5. 教育部、财政部关于实施中小学幼儿园教师国家级培训计划(2021—2025年)的通知(教师函〔2021〕4号,4月30日)

将国家安全、法治教育、生态教育、国家通用语言文字、幼小衔接、少先队工作、预防校园欺凌等内容纳入教师校园长培训。

6. 教育部、国家发展和改革委员会、财政部、国家乡村振兴局关于实现巩固拓展教育脱贫攻坚成果同乡村振兴有效衔接的意见(教发〔2021〕4号,4月30日)

实施国家通用语言文字普及提升工程和推普助力乡村振兴计划。加大农村牧区、民族地区易地扶贫搬迁安置点国家通用语言文字推广力度,提高普及程度、提升普及质量。全面加强各级各类学校国家通用语言文字教育,开展学校语言文字工作达标建设,提升教师国家通用语言文字教育教学能力。加强学前儿童普通话教育,推动学前学会普通话工作。与职业教育培训相结合,支持开展农村地区青壮年劳动力、基层干部等普通话示范培训,充分调动和发挥国家通用语言文字示范基地作用,巩固拓展推普助力脱贫攻坚成果。繁荣发展乡村语言文化,结合中华经典诵读工程,实施经典润乡土计划、"家园中国"中华经典传承推广活动,创新传播方式,传承弘扬中华优秀文化。加大语言学习资源整合开发力度,完善全球中文学习平台,助力脱贫地区语言学习。

7. 国务院教育督导委员会办公室关于印发《2021年对省级人民政府履行教育职责的评价方案》的通知(国教督办〔2021〕2号,7月16日)

辅导员队伍建设、推行国家通用语言文字教育、教材建设和管理、深入开展民族团结教育等情况。

8. 国务院教育督导委员会关于印发《教育督导问责办法》的通知(国教督〔2021〕2号,7月20日)

贯彻落实党的教育方针和党中央、国务院教育决策部署不力,对学校思想政治教育不重视,履行规划、建设、投入、人员编制、待遇保障、监督管理、语言文字工作等教育职责不到位,严重影响本地区教育发展。

9. 教育部关于印发《中小学少数民族文字教材管理办法》的通知(教材〔2021〕4号,9月1日)(全文附件)

10. 教育部印发《国家义务教育质量监测方案(2021年修订版)》的通知

(教督〔2021〕2号,9月15日)

语文主要监测学生掌握语文基础知识情况、阅读能力和书面表达能力等。数学主要监测学生掌握数学基础知识和思维方法情况、运算能力、问题解决能力等。英语主要监测学生掌握英语基础知识情况,阅读、写作等综合语言运用能力等。

11. 普通话水平测试管理规定(中华人民共和国教育部令第51号,12月9日)(全文附件)

12. 教育部等九部门关于印发《"十四五"学前教育发展提升行动计划》和《"十四五"县域普通高中发展提升行动计划》的通知(教基〔2021〕8号,12月9日)

各省(区、市)部署开展幼儿园名称规范清理行动,对冠以"中国""中华""全国""国际""世界""全球"等字样,包含外语词,外国国名、地名,使用"双语""艺术""国学""私塾"等片面强调课程特色以及带有宗教色彩的名称,以及民办园使用公办学校名称或简称等进行清理整治,2022年6月前完成整改。

13. 教育部办公厅、财政部办公厅关于做好2021年"三区"人才支持计划教师专项计划有关实施工作的通知(教师厅函〔2021〕12号,6月11日)

选派教师普通话水平需达到国家规定标准,使用国家通用语言文字进行教学。

14. 教育部办公厅关于印发《〈体育与健康〉教学改革指导纲要(试行)》的通知(教体艺厅函〔2021〕28号,6月23日)

丰富评价内容,倡导开展多元性评价,注重对学生语言表达(是否能说出)、动作表现(是否能做对)、能力体现(是否能会用)等的多方面检验,完善评价方式,提升评价效果。

15. 教育部办公厅关于实施学前儿童普通话教育"童语同音"计划的通知(教语用厅函〔2021〕3号,8月2日)(全文附件)

16. 教育部办公厅关于做好2021年全国成人高校招生工作的通知(教学厅〔2021〕5号,8月13日)

附件1:2021年全国成人高校招生办法

使用国家通用语言文字授课的考生，在参加各科目考试时（外语科目除外），笔试一律用国家通用语言文字答题。

民族自治地区用少数民族语言文字授课的成人高校或系（科）的招生，由有关省级招生委员会自行命题、组织考试。

少数民族聚居地区使用民族语文授课的少数民族考生，报考使用国家通用语言文字授课的成人高校专业，汉语科目由教育部另行命题，不翻译成少数民族文字，考生使用国家通用语言文字答题；其他各科（包括外语试题导语）可翻译成相应的少数民族文字，用相应的少数民族规范语言文字答题。

17. 教育部办公厅关于开展"基础教育精品课"遴选工作的通知（教基厅函〔2021〕33号，8月24日）

注重制作规范。教学目标明确、教学过程完整、教学资源充足、摄制技术规范（见附件1），语言、文字、符号、单位等使用要符合规范，精品课（除外语课程外）应使用国家通用语言文字，不得有任何广告。

18. 教育部办公厅《关于举办2021年全民终身学习活动周的通知》（教职成厅函〔2021〕20号，9月8日）

线上线下互动，推动全民阅读学习。

持续开展书香社区、书香之家、读书之城、好书推荐、好书诵读、书友会、智能学习等线上线下活动。广泛开展微信读书、数字化阅读等活动，采用线上线下互动等多种活动方式，广泛组织社区居民积极参加读书活动，营造全民参与、全民阅读的浓厚氛围。以网络互联互通加强国家通用语言文字教育，加大在西部地区、民族地区传承中华优秀传统文化的阅读活动力度。

19. 教育部办公厅、科技部办公厅关于组织申报2021年校园足球外籍教师支持项目的通知（教体艺厅函〔2021〕42号，10月8日）

对工作经验丰富的足球外籍教师申请人，可适当放宽学历、年龄等要求。汉语水平优异者优先考虑。

20. 教育部关于印发《全国教育系统开展法治宣传教育的第八个五年规划（2021—2025年）》的通知（教政法〔2021〕13号，11月3日）

深入学习宣传教育及相关法律法规，宣传教育法、教师法、义务教育法、职业教育法、高等教育法、民办教育促进法、学位条例、国家通用语言文字法以及未成年人保护法和预防未成年人犯罪法等法律法规。

21. 教育部办公厅关于印发《"十四五"职业教育规划教材建设实施方案》的通知（教职成厅〔2021〕3号，12月3日）

支持非通用语种外语教材，艺术类、体育类职业教育教材，特殊职业教育教材等的建设。

（二）司法部

1. 司法部关于开展"乡村振兴—法治同行"活动的通知（司法通〔2021〕34号，5月18日）

适应少数民族、老年人、残疾人群体特点和法律服务需求，完善法律服务网无障碍功能，提供少数民族语言版、老年人大字版、视力残疾人语音版等服务。

2. 司法部、中央文明办关于印发《法律援助志愿者管理办法》的通知（12月31日）

为受援人提供外语、少数民族语言翻译、心理疏导等相关服务。

为有需要的残疾受援人提供盲文、手语翻译等无障碍服务。

（三）财政部

1. 财政部、教育部关于印发中央专项彩票公益金支持教育相关项目资金管理办法的通知（财教〔2021〕156号，8月10日）

通过集中培训、送培下乡等多种方式，对新疆、西藏、内蒙古、四川、甘肃、青海、云南等省份的有关民族地区农村（乡村、镇区、镇乡结合地区）幼儿园教师，开展国家通用语言文字应用能力培训，加快推进幼儿学会普通话工作。

（四）人力资源和社会保障部

1. 人力资源社会保障部、国家广播电视总局关于深化播音主持专业人员职称制度改革的指导意见（人社部发〔2021〕9号，1月14日）

通过个人述职、考核测评、民意调查等方式，全面考察播音主持专业人员在责任、品格、形象、语言、廉洁等方面的情况，引导播音主持专业人员坚定政治立场、强化社会责任、坚守道德底线，深入生活、扎根人民，不断增强脚力、眼力、脑力、笔力。

认真履行岗位职责，具备从事播音主持工作所需的专业知识、语言能力、实操业务技能和传播方法创新能力。

基本掌握播音主持基础理论和语言表达技巧，对本专业有关的科学文化知识和政策有一定了解。

具有实践能力，语言表达符合节目的基本要求，能对播音主持业务提出建设性意见。

掌握播音主持基础理论、专业知识和语言表达技巧；有较广泛的科学文化知识和一定的政策理论水平。

2. 人力资源社会保障部、国家新闻出版署关于深化出版专业技术人员职称制度改革的指导意见（人社部发〔2021〕10号，1月28日）

人力资源社会保障部会同国家新闻出版署可以单独划定从事少数民族语言文字出版工作的出版专业技术人员考试合格标准。

对长期在艰苦边远地区和少数民族地区从事出版工作的专业技术人员，以及在其他地区从事少数民族语言文字出版工作的专业技术人员，重点考察其实际工作业绩，适当放宽学历和科研能力要求。

3. 人力资源社会保障部、工业和信息化部关于深化工艺美术专业人员职称制度改革的指导意见（人社部发〔2021〕15号，2月7日）

支持工艺美术领域高技能人才参加职称评审，不将学历、论文、外语、计算机等作为高技能人才参加职称评审的限制性条件。

工艺美术专业人员职称评审对外语、计算机应用能力、论文等不作统一要求，由用人单位或评审机构根据需要自主确定。

4. 人力资源社会保障部、国家卫生健康委、国家中医药局关于深化卫生专业技术人员职称制度改革的指导意见（人社部发〔2021〕51号，6月30日）

对基层卫生专业技术人员的论文、科研和职称外语不作要求，重点评价基层医疗服务能力和水平。

5. 人力资源社会保障部、应急管理部关于印发《国家综合性消防救援队伍消防员招录办法》（人社部发〔2021〕58号，7月29日）

心理测试主要考察招录对象的心理承受和自我调节能力；面试主要考察招录对象的身体形态、仪容仪表、语言表达、交流沟通能力等内容。

（五）交通运输部

1. 交通运输部海事局印发《中国沿海航行船舶防范商渔船碰撞安全指引》（海安全〔2021〕93号，4月27日）

沟通时要充分考虑口音、语言表达等方面的局限，确保双方互相清楚对

方意图。

2. 交通运输部关于严格规范公正文明执法的意见（交法发〔2021〕53号，6月4日）

组织实施《交通运输行政执法风纪规范》（附件3），全面规范执法人员着装、仪容举止、用语和内务，抵制"慵、懒、散"等不良工作作风，杜绝风纪不严整、语言不文明、出勤不出力、在岗不在状态等突出问题。

严格恪守职业道德，禁止以恶劣态度、粗暴方式对待当事人，禁止使用轻蔑、歧视、侮辱等语言与当事人交谈。

交通运输行政执法人员在执行公务时，应当用语规范、准确、文明，语音清晰，语速适中，禁止使用歧视性、训斥性、威胁性语言和讲粗话、讲脏话，不得使用推卸责任的语言。

3. 交通运输部办公厅关于开展打造国内水路旅游客运精品航线试点工作的通知（交办水函〔2021〕2093号，12月24日）

提升旅游服务水平，按照要求配备符合专业技能水平和数量要求的服务人员，规范服务流程，熟练使用服务用语；外籍乘客多的航线，配备具备英语会话能力的服务人员，使用双语广播。

（六）商务部

1. 商务部、国家中医药管理局等7部门关于支持国家中医药服务出口基地高质量发展若干措施的通知（商服贸规发〔2021〕73号，4月27日）

支持基地加强中医药服务贸易人才培训，培养更多既懂中医药又懂外语及国际营销的复合型人才。

2. 商务部、中央宣传部等17部门关于支持国家文化出口基地高质量发展若干措施的通知（商服贸函〔2021〕519号，10月12日）

支持基地充分利用各类语言服务平台载体，为对外文化贸易业务开展提供高质量语言服务，降低文化折扣，提升文化传播效果。

（七）文化和旅游部

1. 文化和旅游部、中央文明办印发《2021年文化和旅游志愿服务工作方案》（文旅公共发〔2021〕30号，4月6日）

普及推广国家通用语言文字，提升民族地区文化场馆和旅游景区工作人员普通话水平，为少数民族群众提供语言援助和志愿服务。

2. 文化和旅游部印发《加强导游队伍建设和管理工作行动方案（2021—2023年）》（文旅市场发〔2021〕65号，6月10日）

研究在边境旅游相关地区试点实施区域内执业制度，加强外语导游储备，改进领队备案管理工作，研究盘活领队资源相关政策，解决旺季领队供给不足矛盾。

3. 文化和旅游部办公厅、国家广播电视总局办公厅关于联合举办首届全国旅游公益广告作品遴选暨展播活动的通知（办资源发〔2021〕66号，4月12日）

以方言或民族语创作的作品，一并报送作品普通话翻译文稿。

4. 文化和旅游部办公厅关于简化跨地区巡演审批程序的通知（办市场发〔2021〕181号，9月29日）

用外文演唱歌曲应提交中外文对照歌词；乐曲类节目应当提交音频资料；舞蹈、杂技类节目应当提供视频资料；戏剧、曲艺等语言类节目应当提交剧本。

5. 文化和旅游部办公厅关于开展2021年全国红色旅游五好讲解员培养项目的通知（办资源发〔2021〕218号，11月25日）

身心健康，仪表端正，综合素质高，有良好的语言表达和沟通能力，讲解服务规范，态度亲和。

（八）国家卫生健康委员会

1. 国家卫生健康委关于印发托育机构保育指导大纲（试行）的通知（国卫人口发〔2021〕2号，1月12日）

保育重点应当包括营养与喂养、睡眠、生活与卫生习惯、动作、语言、认知、情感与社会性等。

鼓励和协助幼儿自己进食，关注幼儿以语言、肢体动作等发出进食需求，顺应喂养。

第二章 目标与要求

对声音和语言感兴趣，学会正确发音。

学会倾听和理解语言，逐步掌握词汇和简单的句子。

2. 国家卫生健康委办公厅关于印发医疗机构药学门诊服务规范等5项规范的通知（国卫办医函〔2021〕520号，10月9日）

药师应当注意沟通技巧，注意特殊患者的沟通方式，如听力障碍患者、视力障碍患者、语言障碍患者等，对未成年人或无自主行为能力人员要与其监护人进行沟通。

（九）应急管理部

1. 应急管理部关于印发《消防救援机构办理行政案件程序规定》《消防行政法律文书式样》的通知（应急〔2021〕77号，10月15日）

办理行政案件，在少数民族聚居或者多民族共同居住的地区，应当使用当地通用的语言进行询问。

对不通晓当地通用语言文字的当事人，应当为其提供翻译。

对不通晓当地通用的语言文字的被询问人，应当为其配备翻译人员，并在询问笔录中注明翻译人员的姓名、住址、工作单位和联系方式。

询问聋哑人时，应当有通晓手语的人提供帮助，并在询问笔录中注明被询问人的聋哑情况以及翻译人员的姓名、住址、工作单位和联系方式。

（十）国家税务总局

1. 国家税务总局关于关心关爱老年人和残疾人等特殊人员做好纳税缴费服务工作的通知（税总纳服函〔2021〕297号，12月9日）

有条件的税务机关可结合本地纳税人缴费人群体特征，组建由税务人员、志愿者等组成的多语言服务团队或使用翻译辅助工具，在办税服务厅提供手语、方言、少数民族语言、外语等服务，为确有需要的残疾人、老年人、少数民族、外国人等提供便利。

（十一）国家市场监督管理总局

1. 化妆品生产经营监督管理办法（国家市场监督管理总局令第46号，8月2日）

化妆品的标签存在下列情节轻微，不影响产品质量安全且不会对消费者造成误导的情形，可以认定为化妆品监督管理条例第六十一条第二款规定的标签瑕疵：（一）文字、符号、数字的字号不规范，或者出现多字、漏字、错别字、非规范汉字的。

2. 市场监管总局关于进一步规范婴幼儿配方乳粉产品标签标识的公告（国家市场监督管理总局公告2021年第38号，11月12日）

婴幼儿配方乳粉产品标签应当符合食品安全法律、法规、标准和产品配方注册相关规定，标识内容应当真实准确、清晰易辨，不得含有虚假、夸大、使消费者误解的文字、图形或者绝对化的内容。

3. 食品生产经营监督检查管理办法（国家市场监督管理总局令第49号，12月24日）

有下列情形之一的，可以认定为食品安全法第一百二十五条第二款规定的标签，说明书瑕疵：（一）文字、符号、数字的字号、字体、字高不规范，出现错别字、多字、漏字、繁体字，或者外文翻译不准确以及外文字号、字高大于中文等的。

（十二）国家广播电视总局

1. 国家广播电视总局、应急管理部关于印发《应急广播管理暂行办法》的通知（广电发〔2021〕37号，6月7日）

少数民族地区的应急广播调度控制平台可具备少数民族语言播发功能。

（十三）国家体育总局

1. 体育总局办公厅、教育部办公厅关于印发《2022年普通高等学校运动训练、武术与民族传统体育专业招生管理办法》的通知（体科字〔2021〕222号，11月22日）

第十三条　文化考试科目为语文、数学、政治、英语四科，每科满分为150分，四科满分为600分，使用国家通用语言文字作答。

（十四）国家药品监督管理局

1. 国家药监局关于发布《化妆品新原料注册备案资料管理规定》的公告（国家药监局公告2021年第31号，2月26日）

第四条　化妆品新原料注册和备案资料应当使用国家公布的规范汉字。

2. 国家药监局关于发布《化妆品注册备案资料管理规定》的公告（国家药监局公告2021年第32号，2月26日）

化妆品注册备案资料应当使用国家公布的规范汉字。

产品中文名称中商标名使用字母、汉语拼音、数字、符号等的，应当提供商标注册证。

语言应当简明扼要，体现出质量控制关键点设置和日常执行管理要求。

3. 国家药监局关于发布《化妆品功效宣称评价规范》的公告（国家药监局公告 2021 年第 50 号，4 月 8 日）

除必须使用外文或其他字符的情形外，化妆品功效宣称依据的摘要应当使用规范汉字。

4. 国家药监局关于发布实施《化妆品标签管理办法》的公告（国家药监局公告 2021 年第 77 号，5 月 31 日）

中文标签应当使用规范汉字，使用其他文字或者符号的，应当在产品销售包装可视面使用规范汉字对应解释说明，网址、境外企业的名称和地址以及约定俗成的专业术语等必须使用其他文字的除外。

除注册商标之外，中文标签同一可视面上其他文字字体的字号应当小于或者等于相应的规范汉字字体的字号。

生产日期和保质期，生产日期应当使用汉字或者阿拉伯数字，以四位数年份、二位数月份和二位数日期的顺序依次进行排列标识。

化妆品标签存在下列情形，但不影响产品质量安全且不会对消费者造成误导的，由负责药品监督管理的部门依照《化妆品监督管理条例》第六十一条第二款规定处理：（一）文字、符号、数字的字号不规范，或者出现多字、漏字、错别字、非规范汉字的。

化妆品中文名称不得使用字母、汉语拼音、数字、符号等进行命名，注册商标、表示防晒指数、色号、系列号，或者其他必须使用字母、汉语拼音、数字、符号等的除外。

产品中文名称中的注册商标使用字母、汉语拼音、数字、符号等的，应当在产品销售包装可视面对其含义予以解释说明。

化妆品标签禁止通过下列方式标注或宣称：（三）利用商标、图案、字体颜色大小、色差、谐音或者暗示性的文字、字母、汉语拼音、数字、符号等方式暗示医疗作用或者进行虚假宣称。

5. 国家药监局关于发布《儿童化妆品监督管理规定》的公告（国家药监局公告 2021 年第 123 号，9 月 30 日）

标识"适用于全人群""全家使用"等词语或者利用商标、图案、谐音、字母、汉语拼音、数字、符号、包装形式等暗示产品使用人群包含儿童的产品按照儿童化妆品管理。

（十五）中国银行保险监督管理委员会

1. 中国银保监会办公厅关于银行保险机构切实解决老年人运用智能技术困

难的通知（银保监办发〔2021〕40号，3月26日）

各商业银行要开发手机银行APP的大字、语音、民族语言等服务，突出查询、转账及缴费等老年人常用功能，实现关键信息易读、主要功能易找、步骤易懂。

2. 财产保险公司保险条款和保险费率管理办法（银保监会令2021年第10号，8月16日）

命名符合规定，要素完备、文字准确、语言通俗、表述严谨。

3. 中国银保监会、上海市人民政府关于推进上海国际再保险中心建设的指导意见（银保监发〔2021〕36号，8月16日）

进一步发挥上海金融法院的职能作用，在涉及跨境再保险业务活动中，探索建立仲裁、诉讼的境内外对接机制，遵循国际惯例，在语言使用上提供更大便利。

4. 中国银保监会办公厅关于进一步规范保险机构互联网人身保险业务有关事项的通知（银保监办发〔2021〕108号，10月12日）

互联网人身保险业务告知文本由保险公司制定并提供，满足内容清晰明确、文字浅显易懂、表达简洁流畅的基本要求，减少生僻术语的使用。

（十六）国家移民管理局

1. 关于内地居民拼音姓名中字母"Ü"在出入境证件中打印规则的公告（国家移民管理局，9月29日）

关于《中国人名汉语拼音字母拼写规则》（国家标准编号：GB/T28039—2011）和关于机读旅行证件的相关国际通用规范，现就内地居民拼音姓名中字母"Ü"在出入境证件中的打印规则公告如下：

内地居民申办出入境证件，出入境证件上打印的持证人拼音姓名中，LÜ（吕等字）、NÜ（女等字）中的字母"Ü"应当转换为"YU"；LÜE（略等字）、NÜE（虐等字）中的字母"Ü"应当转换为"U"。

考虑到一些内地居民仍持用按旧规则打印制作的出入境证件，为避免因新旧证件、不同证件上的字母"Ü"转换规则不一致给持证人旅行或办理相关事务造成困难，国家移民管理机构可以根据申请人要求，在签发新的出入境证件时打印与申请人原有出入境证件一致的拼音姓名。

（许小颖）

国家语言文字工作

一 庆祝建党100周年

举办党的语言文字事业百年光辉历程展。为庆祝中国共产党成立100周年，国家语委举办党的语言文字事业百年光辉历程展。展览共展出包括档案、图书、实物、音视频资料在内的素材438件，分为"星火燎原""日月新天""与时俱进""奋勇逐梦"四个篇章。以新民主主义革命时期、社会主义革命和建设时期、改革开放和社会主义现代化建设新时期、中国特色社会主义新时代为纲，系统梳理百年来党引领语言文字事业蓬勃发展的光辉历程，全面呈现了党领导的语言文字政策和实践的变迁、发展进程，深入总结党领导语言文字事业服务国家发展大局的历史智慧和成功经验，展现了语言文字工作在服务国家发展大局方面发挥的重要作用和取得的显著成就，激励语言文字战线砥砺初心使命、勇担时代重任。展览先后在北京、河北、上海、江西、陕西等地巡展。

举办"全国大学生党史知识竞答大会"。教育部、国家语委联合中央广播电视总台、中共中央党史和文献研究院等共同制作"全国大学生党史知识竞答大会"，在央视综合频道黄金档播出。竞答大会围绕革命、建设、改革开放、中国特色社会主义新时代四个时期，通过党史讲述、知识竞答、专家点评等方式，综合歌、舞、演、讲等形式，结合增强现实（AR）、全息投影等技术，打造鲜活生动的"党史大课"。来自全国100所高校的100名在校大学生参与现场竞答，覆盖31个省（自治区、直辖市）和新疆生产建设兵团。节目录制、播出期间，2800所高校的1200余万师生在"云端"与现场选手同步竞答。节目播出后反响热烈，掀起高校党史学习教育新热潮，全媒体传播最高突破6.65亿次。

出版《人间正道是沧桑——百年红色印迹手绘本》。该书由国家语委组织编写、教育部高等学校社会科学发展研究中心执笔编写、商务印书馆出版，以党史脉络为纲，以革命旧址权威叙述和手绘作品为目，通过手绘近400处中国共产党发展历程中重要的革命旧址和对每一处革命旧址基本情况、相关史实、历史价值、文保情况的考证，生动描绘了中国革命发展历程。该书的出版实现了红色资源利用与党史学习教育相结合、美育与德育相融合、革命精神传承与爱国主义教育相统一，助力广大党员干部、青少年重温革命历史，赓续红色基因，坚定文化自信，牢记初心使命，是创新开展党史学习教育的有益实践，是利用红色资源深化"四史"教育的生动教材，是庆祝中国共产党成立100周年的重要成果。

二　加强规划布局和体制机制建设

持续推进语言文字法治化建设。推动修订国家通用语言文字法，广泛听取语言学家、法学家及相关单位和部门意见建议。指导推动内蒙古修订出台国家通用语言文字法实施办法。推动《信息技术产品语言文字使用管理规定》进入立法程序。修订颁布《普通话水平测试管理规定》，增加电子证书相关规定，针对视障、听障人员等特殊群体需求制定便民举措，进一步明确保障测试员、考务人员等的权益，以满足测试需求、便捷测试服务。截至2021年年底，全国参加普通话水平测试人次超过1亿。

健全语言文字工作体制机制。健全完善"党委领导、政府主导、语委统筹、部门支持、社会参与"的语言文字工作管理体制，强化国家语委统筹职能，推动国家语委各委员单位依法履职。经国务院批准，调整新一届国家语委，涵盖30个部门，委员全部由副部级或中管干部担任；印发国家语委委员单位职责分工，修订国家语委议事规则，召开2021年国家语委全体委员会议。建立省级语委语言文字工作报告制度，要求经省级语委主任签发后向国家语委报告，压实地方政府主体责任，推动各地履行语言文字工作职责。主办首届高校语言文字工作论坛，北京、天津等11家地方语委办负责同志和北京外国语大学等40余所不同区域、不同类型的高校代表参加，动员语言文字事业改革发展新力量。推动地方健全语言文字工作体制机制，北京、天津等14个省（直辖市）调整省级语委。其中，新疆将自治区民语委并入自治区教育厅、成立自治区语委，内蒙古将汉语委调整为语言文字工作委员会，广东恢复设立省语委，北京将市语委恢复为市级议事协调机构。吉林、黑龙江等省级语委办增加了专兼职人员。

印发《国家语言文字事业"十四五"发展规划》。坚持高位编规划、开门编规划、科学编规划，组织开展科学研究，广泛征求各方意见，历经40余次修改。规划编制过程中，坚持新发展理念，在发展目标、重点任务等方面对标高质量发展主题；坚持服务党和国家大局，把推广普及国家通用语言文字、服务铸牢中华民族共同体意识摆在核心位置；坚持系统观念，妥善处理当前与长远、继承和创新的关系。规划提出到2025年，国家通用语言文字推广普及程度进一步提高、语言文字规范化标准化信息化建设进一步加强、中华优秀语言文化传承弘扬进一步深入、与人民群众需求相适应的语言服务体系进一步完善的目标。规划以问题为导向，贯彻"坚持围绕中心、高质量发展，坚持统筹推进、科学发展，坚持遵循规律、创新发展，坚持巩固提高、全面发展"的原则，提出了"十四五"期间语言文字工作的六大任务、九大重点工程和计划。

印发《国家语委"十四五"科研规划》。对标国家"十四五"规划有关部署，对照《国家教育事业发展"十四五"规划》和《国家语言文字事业"十四五"发展规划》有关要求，扎实做好规划研制。研制过程中，先后召开27场专家座谈会，向国家语委委员单位、教育部有关司局和直属单位、地方语委和民语委等80余家单位，400余位不同领域专家学者征求意见建议。规划包括发展形势、总体要求、主要研究方向、重大研究专题、保障措施五个部分。全面总结"十三五"时期国家语委科研工作成就，研判"十四五"时期发展形势，深入分析问题和不足。明确以服务党和国家事业发展大局、满足人民美好生活需要为宗旨，以推进科研工作高质量发展为主题，以全面提升国家语委科研工作的创新力、服务力、引领力、影响力为主要任务，以8个主要研究方向为着力点，以8个重大研究专题为突破点，保障和引领新时代语言文字事业科学发展。

三　国家通用语言文字推广普及传播

加强学前儿童普通话教育。印发通知，对"十四五"时期学前儿童普通话教育工作作出总体部署。加强师资建设，中央彩票公益金专项支持面向内蒙古等7个省（自治区）8000名农村幼儿园教师的国家通用语言文字应用能力培训，教师培训后普通话水平成绩提升人数占比超过90%；启动实施"优师计划"，为中西部地区培养本科层次学前教育专业定向师范生、学前教育公费师范生。丰富资源建设，完善国家通用语言文字培训平台，开发、上线幼儿园普通话教育课程资源和配套学习资源并赠送民族地区。探索帮扶机制，开展"百园千师万家"结对帮扶，东西部近百所幼儿园、近千名幼儿教师、近万户幼儿家庭实现结对。扩大宣传影响,在《光明日报》刊发专家理论文章,录制"我和普通话的故事"公益宣传片;举办"我是中国娃 爱说中国话""小手拉大手"系列活动。

启动国家通用语言文字普及提升工程和推普助力乡村振兴计划。教育部、国家乡村振兴局、国家语委联合印发《国家通用语言文字普及提升工程和推普助力乡村振兴计划实施方案》,巩固推普脱贫攻坚成果同乡村振兴有效衔接,全面提高国家通用语言文字普及程度和质量。方案明确了"十四五"时期国家通用语言文字推广普及的指导思想、基本原则、工作目标,提出全国普通话普及率具体目标是:到2025年,全国范围内普通话普及率达到85%;基础较薄弱的民族地区普通话普及率在现有基础上提高6—10个百分点,接近或达到80%的基本普及目标。围绕国家通用语言文字普及不平衡不充分的突出问题,提出实施民族地区推普攻坚行动、推普助力乡村振兴计划、国家通用语言文字高质量普及行动"三大行动"。

实施加大国家通用语言文字推广力度"一地一策"。指导普通话普及率低于全国平均水平的10个省份实施"一地一策",召开集中调研暨工作推进视频会,作出工作部署。将"一地一策"纳入省级语委年度工作报告,督促省级政府和语言文字工作部门推动落实。实地调研内蒙古、西藏、湖北等相关省(自治区)落实中央关于教育重大决策部署情况,将强化语言文字工作体制机制建设和条件保障作为重点督查事项。目前,10个省份均已细化"一地一策"实施方案并推进落实。

创新举办第24届全国推广普通话宣传周活动。联合中央宣传部等九部门以"普通话诵百年伟业,规范字写时代新篇"为主题举办第24届推普周,制作发布海报、公益广告和宣传片,分别在内蒙古鄂尔多斯、江西南昌举办推普周开幕式、重点活动。教育部党组书记、部长、全国推普周领导小组组长怀进鹏,内蒙古自治区党委副书记、自治区主席王莉霞出席开幕式并讲话。增加国家民委为推普周领导小组成员单位,统筹领导小组九部门制定主题宣传活动清单,开展各具特色的宣传活动。推普周期间,教育部、国家语委推动30家国家语委委员单位协同发力,拓展推普大宣传格局。组织在《光明日报》刊发署名文章和系列专家理论文章;公布第二批62家国家语言文字推广基地名单,并指导基地开展一系列融媒体宣传活动;在"学习强国"平台开展专项答题等。中央广播电视总台、新华社、《人民日报》等主流媒体报道推普周情况,相关话题全网阅读播放量超过14亿人次。

加强国家通用语言文字培训。实施"国家通用语言文字示范培训计划",

聚焦地方及行业系统语言文字工作者、民族地区和农村地区的中小学幼儿园教师、青壮年劳动力等群体，开展4大类18项示范培训，全年累计开展培训超过3万人次，特别是面向公安、民政、文化和旅游行业系统干部等开展培训，宣传贯彻全国语言文字会议精神，解读国家语言文字法律法规、方针政策。重点面向中西部地区和民族地区开展国家通用语言文字规范标准宣传培训，共举办11期培训班，超过1500名干部、中小学和幼儿园骨干教师、教研员等参加。

进一步扩大全球中文学习平台影响力。 充分发挥全球中文学习平台的国家通用语言文字推广普及"科技引擎"和对外传播创新平台作用。助力乡村振兴战略，服务民族地区国家通用语言文字推广普及，平台上线"国家通用语言文字学习"版块，汇聚高质量学习资源、多样化学习方法和智能化学习路径，初步构建面向学前儿童、中小学生、大中专院校学生、教师以及农牧民的国家通用语言文字学习产品体系。平台累计发展用户550万人，覆盖全球182个国家和地区。有效服务海内外"停课不停学"，打造国际中文智慧教育云平台，与国内外50所学校合作建设应用示范校。立足长远推进全球中文学习联盟建设，成员单位增至31家，覆盖国内知名高校、科研单位和企业。2021年10月，平台作为国内唯一参展的语言学习平台，代表中国智慧教育亮相迪拜世博会，获广泛好评。观展者在亲身体验人工智能创新语言学习方法的同时，"一人带走一句中国话"，领略中文之美、中国文化之美。

四 语言文字规范化标准化信息化建设

加强规范标准规划和体制机制建设。 研究制定《国家语委"十四五"语言文字规范标准建设规划》，明确"十四五"时期语言文字规范标准建设目标任务。统筹开展语言文字标准化机构建设，完成全国语言文字标准化技术委员会重组，建立语言文字国际标准研究中心，加强中国语言文字规范标准研究中心建设，促进机构与机制的不断健全和完善。

完善语言文字规范标准体系。 发布实施我国首个面向外国学习者、全面描绘评价其中文语言技能和水平的《国际中文教育中文水平等级标准》，进一步掌握国际中文教育标准主导权。发布第十一、十二批外语词中文规范译名，推荐社会规范使用。服务国家通用语言文字推广应用，发布实施《通用规范汉字笔顺规范》，修订出版《现代汉语常用词表》，完成《中小学生普通话水平测试等级标准》研制。满足古籍印刷需要，以国家标准形式发布《古籍印刷通用字规范字形表》。组织编写《通用规范汉字易查易用手册》等宣传解读材料。

提升语言文字信息化服务能力。推动语言文字信息化关键技术的研究与应用，重点支持"中国语言资源知识图谱构建技术研究""国家语委语言资源网"等技术研发和资源建设，完成"中华经典诗词知识图谱构建技术""智能辅助阅读系统关键技术"等研究并推动应用。

五　中华优秀语言文化传承发展

古文字与中华文明传承发展工程实现良好开局。工程纳入中华优秀传统文化传承发展工程"十四五"重点项目。建立八部委协同机制，成立专家委员会，设立工程秘书处，搭建协同攻关创新平台，构建立体化组织架构。印发《"古文字与中华文明传承发展工程"实施办法》等系列文件，规范工程管理。在组织模式、资源配置、人才培养、学科建设等方面创新管理方法，建立适合古文字学科特点的考核标准和激励机制，有效激发专业人员的积极性和创造性。统筹制定工程五年实施计划，入选平台的16家高校和文博单位合力攻关，陆续推出《清华大学藏战国竹简》（拾壹）、《吉林大学藏甲骨集》等具有重要影响力的整理研究成果。实施"强基计划"，实现古文字学专业本硕博贯通培养。北京大学等高校涌现一批新的古文字学研究平台。完成35款中华精品字库研发并免费提供社会使用，满足社会大众对古文字的学习和使用需求。清华大学、复旦大学等高校专家通过央视等主流媒体平台，宣传讲解汉字与中华文明，编写《说解汉字一百五十讲》《古文字与语文教育》等普及读物。

持续深入实施中华经典诵读工程。联合中央广播电视总台举办第六季"中国诗词大会"，2021年春季在中央电视台播出，央视网传播累计视频播放、互动和阅读次数超3.7亿次。举办第三届中华经典诵写讲大赛，分为经典诵读、诗词讲解、汉字书写、师生篆刻4个赛项，社会广泛关注并积极参与，参赛总人数共计50余万，参赛作品46万余件。实施经典润乡土计划，开展以"百年征程传薪火，红色经典润乡土"为主题的系列活动。在"七一"、国庆等节庆日举办全国校园节庆日诵读融媒体直播活动。发布"中华经典资源库"第六期2500分钟高清视频资源。开展2021年度经典诵读网络专项培训和中华经典诵写讲骨干教师培训，培训10 456名中小学教师。全年开展约8000人次的港澳普通话培训测试，为600名港澳小学生举办线上语言文化夏令营。继续举办中华经典诵读港澳展演交流、海峡两岸与港澳大学生汉字创意设计大会等活动。开展海外中文教师经典诵写讲线上研修活动，42个国家近600名教师踊跃报名参加，推动中华经典海外传播和国际中文教育事业发展。

强化中华思想文化术语推广和传播。 持续推进思想文化术语研究阐释、传承教育和推广传播等工作并取得重要成果。研制专门工作方案，进一步促进中华思想文化术语的推广和传播。四大系列图书出版工作稳步推进，标志性成果《中华思想文化术语》（合订本）获得第五届中国出版政府奖图书奖提名奖和印刷复制奖。中华思想文化术语库进一步丰富，形成"图书+数据库"的立体化产品体系。持续推动术语传承教育，通过术语大赛、术语戏剧化课堂、术语有声课程、术语视频课程等形式，将术语内容融入日常教育和生活。加强术语系列产品的海外传播和推广，向"一带一路"沿线28个国家和地区输出32个语种版权。组织召开中华思想文化术语传播工程部际联席会，指导召开中华思想文化术语国际传播力建设学术研讨会。

高质量谋划和推进中国语言资源保护工程二期建设。 在总结语保工程一期建设经验基础上，召开中国语言资源保护工程建设推进会，授予20家单位和100名同志"中国语言资源保护奖"先进集体和先进个人称号。印发《中国语言资源保护工程二期建设规划》。强化布局和谋划，聚焦濒危的语言方言，开展61个点的语言资源调查采集。推动语保工程技术规范标准外译，不断提炼和推广富有中国特色的语言资源保护理念，落实《岳麓宣言》的共识和倡议。《中国濒危语言志》获第五届中国出版政府奖图书奖提名奖。持续推动《中国语言文化典藏》（第二辑）和《中国濒危语言志》（第二辑）出版，两部丛书均入选"十四五"时期国家重点出版物出版专项规划。工程建设纪实《语保故事》发布，收录100篇语保工程开展中发生的珍贵故事。

六　少数民族语言文字工作

组织翻译出版重要文献文件少数民族文字版。 组织翻译出版《习近平谈治国理政》第三卷、习近平总书记"七一"重要讲话、习近平《论中国共产党历史》等四种党史学习教育指定用书、十九届六中全会重要文件等重要文献文件少数民族文字版，助推民族地区和各族群众深入学习贯彻习近平新时代中国特色社会主义思想。

实施"各族群众互嵌式发展计划"试点项目。选取增量招收新疆籍少数民族务工人员较多的湖北、江苏、福建三地作为"各族群众互嵌式发展计划"试点,重点支持社区、企业、职业院校面向少数民族进城务工人员开展"职业技能+普通话"等多种形式的国家通用语言文字培训,提高面向少数民族进城务工经商人员的语言服务质量,帮助少数民族群众更好融入城市。

组织开展"我为群众办实事"语言志愿服务活动。依托12所高校大学生语言志愿服务团,通过国家通用语言文字和包括蒙古语、藏语、维吾尔语、哈萨克语、朝鲜语、彝语在内的多种少数民族语言(文字)提供形式多样的志愿服务:面向青壮年劳动力开展专业化普通话职业用语培训;分层分类对青少年儿童开展国家通用语言文字教育;举办少数民族进城务工经商人员及其子女国家通用语言文字培训班;开展经典诵读、诗词讲解、汉字书写活动;为少数民族患者提供就诊语言服务;在基层政务机构、火车站、客运总站等为办理相关业务的少数民族群众提供现场翻译、咨询、引导服务等,覆盖湖北、辽宁、吉林、云南、青海、浙江、内蒙古、四川、江苏、贵州、甘肃、新疆等12个省(自治区),在推动和帮助民族地区、农村地区各族干部群众和少数民族进城务工经商群众学好用好国家通用语言文字方面发挥了积极作用,有力促进各民族交往交流交融和铸牢中华民族共同体意识。

启动"中国少数民族古文字信息化建设与应用推广"调研项目。全国少数民族古籍整理研究室启动"中国少数民族古文字信息化建设与应用推广"调研项目,组织相关专家,赴云南、内蒙古等6省(自治区、直辖市)开展系列调研,访谈从事民族古文字文献研究的学者和电脑字符的制作者。调研共涵盖中国古今民族文字62种,并有重点地对40种文字的具体编码和字符情况进行较为详细的整理和分类,基本覆盖了中国少数民族古文字信息化建设的全部领域。推动"中华字库"工程第18包第19包项目(即民族文字专题包)正式进入产品制作阶段。在以上工作基础上,完成"中国民族古文字文献网"设计草案。

七 语言服务国家重大需求

服务国家重大活动。认真贯彻落实习近平总书记关于北京冬奥会、冬残奥会筹办工作的重要指示精神,密切对接北京冬奥会需求,整合国内外资源,统

筹各方力量，深入实施《北京冬奥会语言服务行动计划》。出版8个语种对照的《冬奥会体育项目名词》并建成向全球公众开放的冬奥术语平台，打造纸质书籍和网络在线平台融合出版、相互联动的新模式，是冬奥历史首次，获国际奥委会专家和北京冬奥组委高度评价，并作为北京冬奥会文化遗产将服务未来更多冬奥盛会。在冬奥会开幕倒计时100天时，举办《冬奥会体育项目名词》发布暨冬奥术语平台V3版交付仪式，引起社会积极反响。国际奥委会主席巴赫先生对该书给予充分肯定和高度评价，并在冬奥会期间亲笔题写赠语"Many thanks and congratulations to the National Language Commission"（非常感谢并祝贺国家语委）。此外，组织有关专家，依据语言文字规范标准，对参加北京冬奥会各代表团的中文名称笔画排序进行多次校核，协助北京冬奥组委解决开幕式各代表团按中文名称笔画顺序入场问题。指导北京市和河北省语言文字工作部门扎实推进冬奥会城市语言环境治理和冬奥语言文化宣传等工作。

服务区域发展战略及和谐语言生活构建。发布《粤港澳大湾区语言生活状况报告》，为粤港澳大湾区构建和谐语言生活和现代语言服务体系提供参考，服务国家区域发展战略需求。面向京津冀、长三角等区域加强语言规划研究。加强语言生活监测与研究，研制发布《中国语言生活状况报告》等语言生活系列皮书，引导社会语言生活。开展"汉语盘点2021"活动，发布年度十大网络用语、十大流行语、十大新词语，"治""建党百年""疫""元宇宙"分别当选年度国内字、国内词、国际字、国际词，活动总关注量超过3亿人次，引发社会广泛关注。

服务国家文化软实力提升。首届中国—东盟语言文化论坛成功举办，成为已举办14届中国—东盟教育交流周的创新内容，填补中国与东盟高层次语言文化交流的空白。在海外出版《中国语言生活状况报告》英、俄、日、韩文版，扩大我国语言文字事业国际影响力，俄罗斯联邦总统顾问托尔斯泰先生以俄联邦总统办公厅名义向俄文版第1卷首发仪式致贺信。商务部、中央宣传部、教育部、外文局联合开展语言出口服务基地建设，以促进语言服务产业发展，扩大语言服务出口规模。

八　语言文字科学研究

成立国家语委第三届科研规划领导小组，召开国家语委"十四五"科研工作会议，总结"十三五"、部署"十四五"时期科研工作。印发《关于全面推进新时代国家语委科研机构高质量发展的意见》，完善《语言文字智库测评指标体系》，优化《国家语委专家建议》工作机制，强化国家语委科研机构智库功能，促进特色发展，推动协同创新和内涵建设，全面提升科学研究和资政服务水平。完成2021年国家语委科研项目立项，聚焦我国语言文字工作治理体系、语言文字事业服务乡村振兴战略、海南自由贸易港语言服务、我国语言文字标准国际化方略等设立科研项目，攻关重大关键问题。建设国家语委科研网和科研创新服务平台，持续提升科研工作信息化水平。

（周道娟、李　强、杨　静）

第四部分

领 域 篇

砂の女

安部公房

粤港澳大湾区数字经济行业语言能力需求调查*

2021年12月，国务院印发《"十四五"数字经济发展规划》（国发〔2021〕29号），这是我国数字经济领域的首部国家级专项规划。粤港澳大湾区是我国数字经济发展程度较高的区域之一，数字经济催生了大量以语言能力为核心能力的新职业和新岗位。本文聚焦粤港澳大湾区数字经济企业招聘信息中的语言能力要求，把握大湾区数字经济的语言能力需求状况。

一　调查对象和方法

2021年11月，中国科学院《互联网周刊》、eNet研究院、德本咨询联合评选了"2021数字经济创新企业100强"。本报告选取排名前50的数字经济企业和香港十大电商平台，对其2021年间在官方网站发布的工作地点位于粤港澳大湾区的招聘信息进行全样本调查，统计分析招聘信息的"岗位要求"中关于语言能力的要求状况。报告共搜索60家企业官方网站的招聘信息，其中11家没有发布工作地点在大湾区的招聘信息。报告实际调查了49家企业的2546条招聘信息。这些招聘信息的工作地点分布于大湾区的"9+2"城市群（覆盖广州、深圳、珠海、东莞、惠州、佛山、中山、江门、肇庆九市和香港、澳门两个特别行政区）。其中，在珠三角九市的最多，2436条，占总数的95.68%；其次是香港，107条，占总数的4.20%；澳门最少，只有3条，占总数的0.12%。详见表4-1。

---

* 本文为2019年教育部人文社会科学研究青年基金项目"粤港澳大湾区语言服务体系建设研究"（19YJC740073）、国家语委"十三五"科研规划2019年度重大项目"粤港澳大湾区语言状况及规划研究"（WT135-58）、国家社会科学重大项目"'两个一百年'背景下的语言国情调查与语言规划研究"（21&ZD289）的阶段性成果。

表 4-1　工作地点在粤港澳大湾区的数字经济企业招聘信息数量及占比

工作地点	招聘信息数量/条	占比/%
香港	107	4.20
澳门	3	0.12
九市	2436	95.68
总数	2546	100.00

二　语言能力要求状况

（一）总体情况

语言是人类最重要的交际工具和信息载体，每个工作岗位任务的完成都需要语言的参与。招聘信息在岗位要求中提出语言能力要求，一方面表明语言能力对完成岗位任务的重要性，另一方面也可反映用人单位对语言能力的重视。[①] 本报告所指的语言能力包括沟通表达、语种和语言技术运用等能力。在2546条招聘信息中，有2253条明确提出了语言能力要求，占88.49%，说明语言能力是粤港澳大湾区数字经济领域对人才的基本要求之一。其中，工作地点在澳门的3条招聘信息全部提出语言能力要求；工作地点在香港的有102条提出语言能力要求，占95.33%；工作地点在珠三角九市的有2148条提出语言能力要求，占88.18%。详见表4-2。

表 4-2　提出语言能力要求的招聘信息数量及占比

工作地点	调查样本数量/条	有语言要求		无语言要求	
		数量/条	占比/%	数量/条	占比/%
香港	107	102	95.33	5	4.67
澳门	3	3	100.00	0	0.00
九市	2436	2148	88.18	288	11.82
总数	2546	2253	88.49	293	11.51

---

① 王海兰、刘栩妍、谭韵华《粤港澳大湾区医疗领域语言能力需求调查》，《中国语言生活状况报告（2021）》，北京：商务印书馆，2021年。

（二）沟通表达能力

沟通表达能力是语言能力的重要组成部分，在招聘信息中具体的表述有语言表达能力、沟通协调能力、商务谈判能力等。调查发现，共有1704条招聘信息提出了沟通表达能力要求，占有语言能力要求总数的75.60%。这些招聘信息都将沟通表达能力作为必备能力提出，其中有646条只提出了沟通表达能力要求，其余1058条还提出了语种能力或语言技术运用能力要求。就区域分布来看，工作地点在澳门的3条招聘信息全部提出了沟通表达能力要求，珠三角九市和香港分别有76.63%和53.92%的招聘信息提出沟通表达能力要求。详见表4-3。

表4-3 提出沟通表达能力要求的招聘信息数量及占比

工作地点	数量/条	在语言能力招聘信息中占比/%	在招聘信息中占比/%
香港	55	53.92	51.40
澳门	3	100.00	100.00
九市	1646	76.63	67.57
总数	1704	75.60	66.93

（三）语言/方言种类

招聘信息中涉及国家通用语言、英语、粤方言及其他语言/方言能力的共有804条，占有语言能力要求招聘信息的35.69%。各语言/方言能力需求状况见表4-4。总体来看，英语能力的需求量最大，共有516条提及，占有语言能力要求的64.18%；其次是国家通用语言能力，433条，占53.86%。从地域上看，香港有语言能力要求的招聘信息中，70%以上都提出了语种能力要求，其中90.54%提出了英语能力要求，82.43%提出了国家通用语言能力要求，31.08%提出粤方言能力要求；澳门全部招聘信息提出了语种能力要求；珠三角九市有语言能力要求的招聘信息中，33.85%提出语种能力要求，其中61.49%提出了英语能力要求，一半左右提出了国家通用语言能力要求，此外还有一定比例的招聘信息提出了粤方言能力和其他语言能力要求。值得注意的是，工作地在珠三角九市的招聘信息中，有53条提出其他语言能力要求，主要涉及日语、西班牙语、葡萄牙语、阿拉伯语，以及印度尼西亚语、越南语等东南亚语言。

表 4-4 各地招聘信息中语言/方言能力要求的数量及占比

工作地		语言/方言				
		语种能力①	国家通用语言②	英语	粤方言	其他语言
香港	数量/条	74	61	67	23	0
	占比/%	72.55	82.43	90.54	31.08	0.00
澳门	数量/条	3	3	2	1	0
	占比/%	100.00	100.00	66.67	33.33	0.00
九市	数量/条	727	369	447	11	53
	占比/%	33.85	50.76	61.49	1.51	4.28
总数	数量/条	804	433	516	35	53
	占比/%	35.69	53.86	64.18	4.35	6.59

（四）语言技能

部分招聘信息还明确提出了对中英文听说读写和综合能力等各项语言技能的要求。如表 4-5 所示。

表 4-5 各地招聘信息中中英文语言技能要求的数量及占比

工作地		中文语言技能					英语语言技能				
		听	说	读	写	综合	听	说	读	写	综合
香港	数量/条	4	30	2	32	7	4	32	7	20	32
	占比/%	6.56	49.18	3.28	52.46	11.48	5.97	47.76	10.45	29.85	47.76
澳门	数量/条	0	2	0	2	0	0	0	0	0	2
	占比/%	0.00	66.67	0.00	66.67	0.00	0.00	0.00	0.00	0.00	100.00
九市	数量/条	2	99	15	280	50	0	124	160	163	276
	占比/%	0.54	26.83	4.07	75.88	13.55	0.00	27.74	35.79	36.47	61.74
总数	数量/条	6	131	17	314	57	94	156	167	183	310
	占比/%	1.39	30.25	3.93	72.52	13.16	18.22	30.23	32.36	35.47	60.08

---

① 本列占比的计算方法为：本地区有语种能力要求的招聘信息数/本地区有语言能力要求的招聘信息数×100%，表示的是语种能力在语言能力中的重要性。

② 第 4、5、6、7 列占比的计算方法为：本地区有某种语言能力要求的招聘信息/本地区有语种能力要求的招聘信息数×100%，表示的是某种语言能力在语种能力中的重要性，即某种语言相对于其他语言来说的重要性。

在中文语言技能中，总体来看，对"写"，即书面表达能力要求最多，有314条信息提到要求具备中文写作能力，占提出中文能力要求的72.52%。工作地点在香港的招聘信息中，对中文"说"和"写"的能力要求最多，分别占提出中文要求的50%左右；工作地点在珠三角九市的，对中文"写"的要求最为突出，占提出中文要求的75.88%；工作地点在澳门的，同样注重对中文"说"和"写"的要求。

在英语语言技能中，英文的综合能力更被重视，共有310条信息提出该类要求，占提出英语能力要求信息的60.08%。工作地点不同，各条信息对英语各项技能的要求也略有差异。工作地点在香港的，侧重对英语"说"和"综合能力"的要求；在珠三角九市的，对"综合能力"的要求最为突出，占提出英语能力要求信息的61.74%，同时，超过35%的信息提出了对英语"读"和"写"的要求；工作地点在澳门的，则要求具备良好的英语综合能力。

（五）计算机能力

计算机能力虽然不属于语言能力范畴，但是与之密切相关。如语言技术的运用能力在两个领域都有交叉。数字经济发展离不开现代信息技术的支撑，数字经济就业岗位大多有计算机能力要求。

在调查的2546条招聘信息中，有1172条提出了计算机能力要求，占总数的46.03%，主要涉及计算机办公软件运用能力、编程设计能力和数据分析能力。详见表4-6。计算机办公软件运用能力包括使用微软Office办公软件进行文案编辑、整理的能力，其核心能力是语言能力。语言数据是最为重要的数据[1]，数据分析能力是数字素养的重要组成部分，与语言能力有交叉。因此数据分析能力应包括语言数据分析能力。编程设计能力同样也与语言能力有密切关系。调查显示，在3项计算机能力中，计算机办公软件运用能力和编程设计能力最为重要，提出计算机语言能力的信息中超过44%提出了这两项能力要求；此外近30%提出了数据分析能力要求。工作地点在香港的，提出计算机能力要求的信息中超过一半的提出要能熟练运用计算机办公软件。

---

[1] 李宇明《语言学与"新基建"和数字经济》，2020年7月18日，https://www.sohu.com/a/408357367_312708。

表 4-6 各地招聘信息中计算机能力要求的数量及占比

工作地	计算机能力					
	计算机办公软件运用能力		编程设计能力		数据分析能力	
	数量/条	占比/%	数量/条	占比/%	数量/条	占比/%
香港	35	57.38	23	37.70	8	13.11
澳门	0	0.00	1	100.00	0	0.00
九市	486	43.78	496	44.68	322	29.00
总数	521	44.45	520	44.37	330	28.17

三　思考与建议

以上考察结果表明，大湾区各地数字经济岗位都有语言能力要求，主要表现在沟通表达能力需求、语言/方言能力需求、语言技能需求、计算机能力需求等方面。就语言/方言能力看，英语能力要求排在首位，其次是国家通用语言能力，再次是粤方言能力。

为适应粤港澳大湾区数字经济发展和数字湾区建设需求，我们就提升大湾区数字经济人才的语言能力和语言服务水平，提出以下三点建议。

第一，建立行之有效的沟通表达能力、语言技能评价标准，为区域内高校相关专业加强对学生的教学训练提供指南，为企业提供依据。沟通表达能力是数字经济岗位的一项基本能力要求，包括口头表达能力和书面表达能力。近70%的招聘信息在岗位要求中明确提出需具备良好的沟通表达能力，远高于医疗领域招聘信息对沟通表达能力的要求。① 而沟通表达能力如何评价目前并没有一套成熟的标准，这给用人单位和应聘者都带来了不便。为此，应加强沟通表达能力测评研究，建立关于沟通表达能力的评价指标体系，尤其应考虑线上沟通表达能力的特点和发展。

第二，重视特定多语能力、语言数据能力的培养。大湾区数字经济对国家通用语言、英语能力需求旺盛，对粤方言能力亦有一定需求，同时对日语、阿拉伯语、西班牙语，以及越南语、印度尼西亚语等也有需求。随着大湾区开放程度的提升，横琴粤澳深度合作区和前海深港现代服务业合作区建设的推进，大湾区数

---

① 根据王海兰等《粤港澳大湾区医疗领域语言能力需求调查》一文提供的数据计算，医疗领域提出沟通表达能力要求的招聘信息约占总信息的13.10%。

字经济发展对具备"国家通用语言+英语+粤方言+其他语言"能力的人才需求量必将会增长，应重视适应大湾区发展的特定多语人才的培养。数字经济发展需要建设者具备较高的、全面的语言数据能力，包括语言数据采集、标注，语义挖掘，语言数据库建设等能力。

第三，重视并发挥市场在港澳推广国家通用语言文字中的作用，加强全区域的国家通用语言与劳动收入关系的实证研究，为语言规划部门推广国家通用语言文字提供依据。调查数据显示，国家通用语言能力已经成为港澳市民的一项重要人力资本，掌握国家通用语言能力可增加就业机会。建议加强关于港澳劳动力市场国家通用语言能力与劳动收入关系的研究，通过实证研究促进港澳市民对国家通用语言的认识。

（王海兰、江静仪、侯仁魁）

长三角数字政务中的语言服务*

推动长三角区域一体化、高质量发展，需要加强语言服务。近年来，上海、江苏、浙江、安徽根据《国务院关于加快推进全国一体化在线政务服务平台建设的指导意见》，分别建成包括电脑端和移动端（包括应用程序 APP、支付宝小程序和微信小程序）的在线政务服务平台（"一网通办"）。2021 年 12 月—2022 年 2 月，我们通过网络调查、参与式观察等方式，对长三角一市三省数字政务中的语言服务状况进行了考察。同时通过电话访问，我们了解了四地 12345 市民服务热线的语言服务情况。

一 信息无障碍服务

在电脑端，信息无障碍服务重点针对视障人士、行动障碍人士和阅读能力下降的老年人。调查发现，四地的"一网通办"官网均设有语音读屏、页面缩放、配色调整、辅助线、大字幕辅助屏、网站内容纯文本切换等无障碍浏览功能，并且在网站主页设置了一键进入无障碍浏览模式的功能按钮。个别功能上四地有差异，具体见表4-7。

在移动端，四地也均配置信息无障碍服务，但与电脑端的信息无障碍不同，移动端相关功能的实现主要依托智能手机中自带的辅助功能。为配合手机中这些自带功能的实现，移动端的政务应用程序主要提供三项语言服务：一是在搜索栏添加语音输入功能，将用户通过语音输入的内容自动在搜索栏转为文字；二是与语言输入相配合的智能检索，用户按住"话筒"按钮进行语音输入后，松开按钮即可自动检索并呈现模糊匹配后的结果，无须在输入后再点击"检索"；三是为应用程序中非文本内容添加文本描述，使手机的读屏功能可以更

---

* 本文为国家语委重点科研项目"智能时代的公共语言服务需求与资源建设研究"（ZDI135-108）、上海市教育科学研究项目"城市语言规划视角下上海市语言文字监测与评估体系构建研究"（C2021204）的阶段性成果。

有效地识别相关内容。

表 4-7　长三角四地"一网通办"官网信息无障碍功能配置

无障碍功能	上海	浙江	江苏	安徽
语音读屏	√	√	√	√
语速调节	√	√	√	√
指读或连读切换	√	√	√	√
页面前进/后退	×	×	√	√
页面缩放	√	√	√	√
配色调整	√	√	√	√
鼠标样式调整	√	√	√	√
辅助线	√	√	√	√
辅助屏/大字幕	√	√	√	√
显示为繁体字	×	×	√	√
显示拼音	√	√	√	√
全屏模式	×	×	×	√
纯文本模式	×	×	√	√

此外，上海的 12345 市民服务热线还开通了手语视频服务。听障人士通过下载指定的网络会议系统，输入专用会议号，即可接入视频会议，与 12345 的手语客服人员交流。

二　适老语言服务

本文的适老语言服务是指对数字化政务平台中的信息呈现与语言使用进行适老化改造，使之更适应老年人的使用习惯与服务需求。表 4-8 展示了四地政务服务平台的适老语言服务功能配置情况。

由表 4-8 可知，适老语言服务内容不仅在四地之间有所差异，在电脑端和移动端的功能配置也有所不同。例如：上海数字化政务平台的电脑端虽提供了适老语言服务功能，但并未提供涉老信息整合与语言表达简明化的服务；安徽的适老语言服务均需通过移动应用程序"皖事通"获取，无法在电脑端使用。

表 4-8　长三角四地政务服务平台的适老语言服务功能配置

适老语言服务功能		上海	浙江	江苏	安徽
电脑端	页面与字体放大	√	√	√	×
	涉老信息整合	×	√	√	×
	语言表达简明化	×	√	×	×
	语音输入	√	×	×	×
移动端	页面与字体放大	√	√	√	√
	涉老信息整合	√	√	√	√
	语言表达简明化	√	√	√	√
	语音输入	×	√	√	×

三　多语种信息服务

四地在多语种信息服务方面差异较大。表 4-9 展示了四地多语种信息服务的语种分布情况。

表 4-9　长三角四地多语种信息服务的语种分布

地点	电脑端	移动端	多语种语音客服（12345 热线）
上海	中文（简体）、英文	中文（简体）、英文	普通话、英语、日语、韩语、法语、德语、西班牙语、俄语
浙江	中文（简体、繁体）、英文、德文、法文、日文	中文（简体）	普通话、英语
江苏	中文（简体）	中文（简体）	普通话、英语
安徽	中文（简体）	中文（简体）	普通话

浙江政务服务网支持的语种最多，除主站点支持转换为繁体字外，还建设了英文、德文、法文、日文 4 个语种的政务网站。上海的"一网通办"在电脑端和移动端均设置了英文版，其中的信息以全英文形式呈现。除专门的英文版之外，在中文版中还设置了"涉外服务专窗"，汇总了涉外服务的相关信息内容。专窗中导航栏的文字同时以中英文呈现，其他具体信息内容仍以中文呈现。江苏、安徽的"一网通办"平台未见提供多语种信息。不过，江苏为苏州工业园开发了"一网通办"国际版，支持英文、韩文、日文 3 个语种。

已建成的多语种网站一般采取外文版网站独立建设的做法，外文版网站在版面设计和信息内容上与中文版网站截然不同。中文版政务网站一般兼备信息服务与业务办理两种功能，而目前外文版网站的定位更突出其信息服务与宣传窗口的功能，"网上办事"能力尚未真正凸显。不过，江苏苏州工业园的"一网通办"国际版除支持3种外语的政策汇编、办事指南、生活手册等信息类服务外，也可预约办理相关事务。

从信息服务角度看，多语种信息服务在内容丰富性与更新及时性方面与中文版政务网站也存在巨大差距。其中英文版网站的信息更新频率相对较高，除本省/市基本情况简介、政策法规宣介等内容的介绍外，还可提供动态新闻更新。其他语种的网站信息更新频率明显较低，不仅网站中呈现的本年度相关新闻动态极少，对本省概况与相关政策信息的介绍也较为陈旧，许多信息为10年乃至15年前发布，时效性较低。

在语音服务方面，上海的12345热线支持语种最多，且上海还设有专门的对外信息服务热线962288，支持英语、日语、韩语、德语、俄语、法语、西班牙语、意大利语、阿拉伯语、马来语、印度尼西亚语、土耳其语等十多个语种。

四　数字化政务平台中的智能客服

数字化政务平台中的智能客服主要指用以替代人工客服为用户提供政务咨询服务的自动问答程序。表4-10展示了四地智能客服语言功能的配置情况。

表4-10　长三角四地智能客服语言功能配置

语言功能	智能客服名称			
	智能客服"小申"（上海）	浙江省政务服务助理"小浙"（浙江）	智能问答（江苏）	智能客服（安徽）
文字输入	一次最多输入50字	一次最多输入100字	一次最多输入40字	一次最多输入50字
语音输入	普通话、英语	普通话	普通话	普通话
常用/热门服务关键词推送	√	√	√	√
表情符号	24种定制表情符号	×	×	×

四地的政务服务网站均设置智能客服。不过，目前的智能客服更像是一个基于有限关键词模糊匹配的检索系统，而非真正具有对话功能的聊天机器人。用

户在聊天窗口内输入相应关键词后,可即时收到与关键词相匹配的政策或服务信息,因此可以将其理解为一个更便于用户检索和查询的搜索引擎。

浙苏皖三地政务服务平台的智能客服目前仅支持普通话输入,不支持外语和其他方言。上海的政务服务平台的智能客服在以文字形式输入英文后可收到英文信息,但匹配的内容以英文新闻为主,政策文本匹配的精准度不高。

在智能客服的拟人化、情感表达与对话性等方面,上海政务服务平台的智能客服"小申"也别具特点,它是唯一可以在聊天窗口中输入表情的智能客服。上海政务平台为"小申"提供了24种定制化表情包,用户输入不同表情后可得到具备情感色彩的拟人化、口语化回复,且用户输入表情包得到的回复与输入相对应文字得到的回复也完全不同。输入表情包后得到的回复更加口语化,更具情感色彩,也更加贴近人在网络中的语言使用方式。例如:在聊天中输入意为"你好"的表情包,"小申"会回复"hello~~ 您好呀 ~~~",不仅使用了语气词,同时使用了"~"符号增强表达的生动性,也更贴近人们日常网络聊天时的表达习惯;但如果输入文字"你好",则会得到"您好,很高兴为您进行政务服务问答"这一更为正式也略显生硬的回答。再如:在聊天中输入意为"头秃"的表情包,"小申"会回复"今天的风力不小啊 ~~~"这一颇具幽默色彩的回复。这使得智能客服更接近一个真正的聊天机器人,而不仅仅是一个检索系统。

五 思考与建议

数字政务中的语言服务关乎企业和群众办事效率,关乎营商环境优化,关乎人民群众的获得感,关乎政府形象,应当予以高度重视。对照长三角一体化、高质量发展的总体要求和《长三角一体化发展规划"十四五"实施方案》中提出的"推进公共服务均等化""打造数字长三角"等具体任务,长三角数字政务中的语言服务未来需在以下四个方面着力。

(一)提升语言服务语种能力

长三角多语种外语需求强烈,要进一步打造"新时代改革开放新高地",需要全面加强外语服务;构建良好营商环境,尤其需要改进数字政务中的外语服务。应提升外语政务信息的时效性,为外国人在区域内投资经商、学习就业、居留生活及时准确地提供相关法律法规、规章制度等信息。应深入分析研判多语种外语需求,综合考量营商贸易量、居留人口数等因素,合理规划法制服务、营商服务、就业服务、出入境服务、生活服务等不同层面的信息服务语种，并推动四地服务语种的相对均衡。应使外语服务不仅发挥信息供给功能，而且能切实帮助外国人到政府"办事"。

（二）加强语言服务可达性探索

从国家要求长三角要打造"全国高质量发展样板区"的角度看，在信息无障碍服务和适老语言服务方面，仅仅是执行标准的"达标"还不够。目前设置的功能是否实用、是否符合现实需求、有没有新的需求，宜不断进行基于需求侧的语言服务可达性研究，以高于标准、引领标准的要求促进供给侧的改进与革新，在语言服务领域打造"样板"。

（三）提升语言服务智能化水平

长三角区域"科技创新优势明显"，数字龙头企业、人工智能科教资源丰富，而从表4-10的情况看，长三角数字政务平台未能充分发挥科技创新优势，未将语言智能技术的最新发展成果吸收进来、使用起来。应探讨有效机制，吸纳龙头企业等参与数字政务平台建设，将诸如阿里巴巴的智能语音客服、科大讯飞的语音识别等技术用好用足。

（四）探讨语言服务协同推进机制

调查发现，四地的数字政务语言服务在外语服务、手语服务、智能客服方面还很不均衡，在适老语言服务方面也还有较明显的差异，这暴露出语言服务区域整体性规划的缺位。在以"打破壁垒"为核心要义的"一体化"要求下，四地有关部门应积极协调、互通有无、扬长补短，探讨建立"中央厨房"式的多语种语言人才资源、技术资源的建设与调配机制，尤其需要关注四地共建共享的共有政务门户的语言服务建设。此次调查我们也注意到，长三角政务服务"一网通办"网站已经上线，但由于刚刚起步，在信息无障碍、适老化、外语服务等方面都还未启动建设，宜抓住该平台建设的契机，组织四地政务管理、语言文字、技术维护等部门，共同探讨推进区域整体性的数字政务语言服务规划。

（杜宜阳、张日培）

延安红色旅游语言服务调查

2021年,中国共产党成立100周年,全国各地掀起党史学习热潮,红色旅游迎来发展新机遇。延安是中国革命圣地,共有革命旧址445处,其中延安革命纪念馆、枣园革命旧址、杨家岭革命旧址等7处被确定为全国爱国主义教育示范基地。本报告以延安红色旅游服务领域为对象,调查、了解政府机构对语言服务的认识、服务机构及从业者的语言服务意识和语言能力和游客对语言服务的评价。

一 政府机构对语言服务的认识

通过对延安市文化和旅游局工作人员R某的访谈,我们大体了解了当地有关政府机构对语言服务的认识。

目前在政府网站上登记的红色旅游导游从业人员共有563人,其中持高级导游资格证1人,中级32人,初级530人。2021年完成导游资格证年审注册共400人,而每年真正从事导游工作的大概280人。

文旅局对红色旅游的语言规划方面没有单独的要求,只是依据国家旅游局的相关条例,每年组织一次导游讲解技能培训,推选优秀人员参与国家的各种比赛,如五好讲解员评比、红色旅游演讲赛等。近年来酒店服务员出现老龄化特征,年纪大的人普通话不够标准,文明用语水平一般,加上工作辛苦、工资较低,单位及政府对他们没有也不可能有语言服务能力方面的要求。

文旅局所进行的红色旅游广告宣传,主要是在西安机场、火车站投放固定广告牌;同时,文旅局还建立并使用官方网站,注册了微博、微信公众号、抖音等新媒体。

政府监督及游客投诉方面,近年来接到的旅游投诉主要是关于酒店服务人员态度不好、文明用语不好等。游客对导游的投诉相对较少。

总体来看,当地政府对红色旅游行业较为重视,但语言规划方面主要依赖国家标准,没有单独的"红色景区语言服务条例"等规定,对语言服务认识度不高。

二 服务机构及从业人员的语言服务

(一)服务机构的语言服务意识

我们曾对中国百强旅游投资企业的延安文化产业投资有限公司(简称延安文投)总经理Z某、某三星级酒店经理G某、红街某文旅纪念品商店负责人W某进行了访谈,以具体了解当地服务机构领导对语言服务的认识。

延安文投是主要从事红色文化演艺、红色培训等业务的国企,目前共有员工76人。在红色培训方面,分党政干部党性教育、非公经济党建、青少年思政教育三个模块,地方特色活动有邀请延安八一敬老院红军或红军后代讲述自己和父辈们鲜为人知的故事。他们仅要求红色培训的带班人员尽量使用普通话、文明用语;语言服务态度方面强调关怀式沟通接待,问候式关系维护。对其他人员则均无要求。

某三星级酒店以接待游客为主,要求前台使用普通话,对其他工作人员没有明确的要求,仅强调使用文明用语,不说脏话。

红街某文旅纪念品商店也只是要求员工对顾客语言态度好,用语文明。

总体来看,各服务机构语言服务意识不强,没有明确的旅游服务语言规定,对员工语言能力要求均不高,主要只强调服务态度及使用文明用语。

(二)从业者的语言服务情况

红色旅游相关从业者的语言服务态度、服务行为等,对游客红色旅游的体验感及红色文化教育功能的发挥具有重要影响,所以这部分是我们调查的重点。我们采用调查问卷和个别访谈方式,分别调查了导游、讲解员、服务员的语言能力、对语言服务的认识及提升语言服务的意识等。

1. 导游的语言服务

导游在红色旅游过程中承担着非常重要的语言服务角色,其话语既涉及日常的沟通,更关系到红色文化的讲解、传播。本调查共回收问卷90份,调查对象的基本情况如图4-1所示。

图4-1显示,导游行业女性较多,年龄以30至39岁为主,学历大专及以上占74.45%,从业者较为稳定,薪资收入与旅游淡旺季挂钩,收入区间以3001至5000元为多。

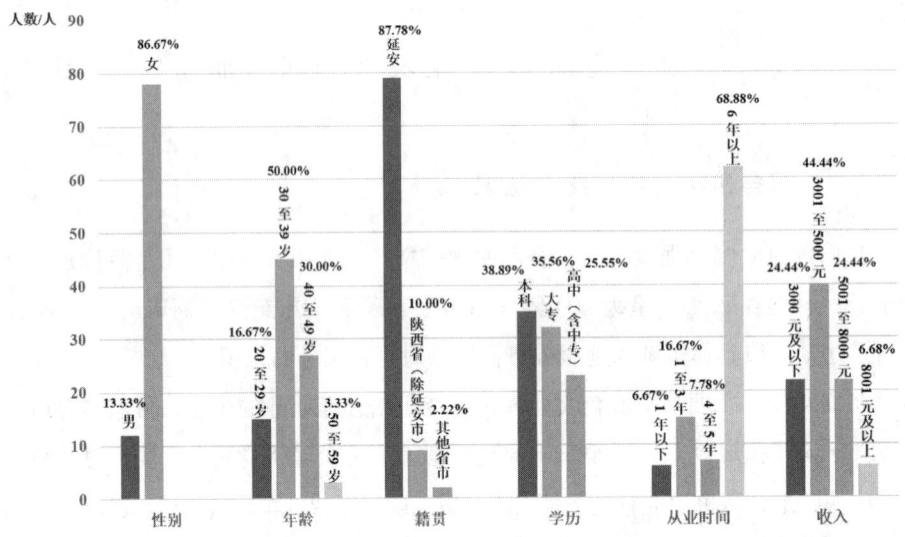

图 4-1 延安红色旅游行业导游基本情况统计①

表 4-11 延安红色旅游行业导游语言使用情况②

日常使用语言/方言	人数/人	百分比/%	工作使用语言/方言	人数/人	百分比/%	工作是否使用外语	人数/人	百分比/%
普通话	84	93.33	普通话	87	96.67	是	0	0.00
延安话	30	33.33	延安话	24	26.67	否	90	100.00
其他	2	2.22	其他	0	0.00			

由表 4-11 可知，普通话是导游的主要工作语言。有 97.77% 的导游认为标准的普通话重要；66.67% 的导游表示，在应聘时单位有普通话能力方面的要求。

外语的重要性在导游里没有得到普遍认可，仅有 16.67% 的人认为外语比较重要，这可能与目前红色旅游服务工作中外语的使用需求较少有关。

表 4-12 延安红色旅游行业导游普通话及外语水平

普通话水平	人数/人	百分比/%	外语水平	人数/人	百分比/%
很标准	42	46.67	很熟练	1	1.11
比较标准	41	45.56	比较熟练	5	5.56
一般	7	7.77	一般	32	35.56

① 本文柱状图上方百分比为各统计项所占总调查人数之比。
② 有些被调查者普通话和延安话都有使用，二者都选，因此总体百分比超过 100%。下文表 4-14、表 4-17 与此相同。

（续表）

普通话水平	人数/人	百分比/%	外语水平	人数/人	百分比/%
不太标准	0	0.00	不太熟练	30	33.33
很不标准	0	0.00	很不熟练	22	24.44

从表4-12来看，92.23%的导游认为自己的普通话水平在标准以上，仅有6.67%的人认为自己的外语水平在比较熟练以上。27.76%的被调查者表示所在单位经常有语言能力方面的业务培训。

调查显示，86.67%的人所在旅行社提倡并明确要求使用行业文明用语，66.67%的有禁用服务忌语的规定。表4-13是导游对文明用语和服务忌语使用态度调查的结果。

表4-13 延安红色旅游行业导游对文明用语和服务忌语的使用态度

选项	使用文明用语		禁用服务忌语	
	人数/人	百分比/%	人数/人	百分比/%
很有必要	59	65.56	47	52.22
有必要	18	20.00	25	27.78
无所谓	11	12.22	13	14.44
不太必要	2	2.22	5	5.56
很不必要	0	0.00	0	0.00

旅行社对使用行业文明用语的规定体现了一定的语言服务意识。虽然大多数导游都非常认可使用行业文明用语和禁用服务忌语，但调查地区及各旅行社并没有明确的行业文明用语或服务忌语的具体条例。

与一般旅游不同，据调查，为保证红色文化准确而有效地传播，延安一些红色旅游景点不允许导游现场讲解，讲解权利归专职讲解员。各红色景点讲解员讲解专业、收费低，多数导游偏向雇用讲解员，而自己主要承担游客的接待及日常互动交流的工作。

2. 讲解员的语言服务

延安各红色旅游景点的讲解形式主要包括讲解员讲解和电子解说。受疫情影响，各纪念馆暂不提供电子解说设备。讲解员服务的质量与水平直接影响着游客的参观质量和纪念馆、博物馆的形象。从红色旅游的功能、场合、目的来看，讲解员除了要具备一般讲解员的业务能力，还要注重讲解内容的历史还原、红色文化的传承性。讲解员的语言服务应更关注其教育性、传播性，而不是休闲娱乐性。

讲解员的语言使用与讲解词直接相关,我们也调查了讲解词的文本及运用情况。

(1)讲解员的语言使用

本调查共回收问卷167份,调查对象为延安各革命纪念馆、博物馆、革命旧址的讲解员,基本情况如图4-2所示。

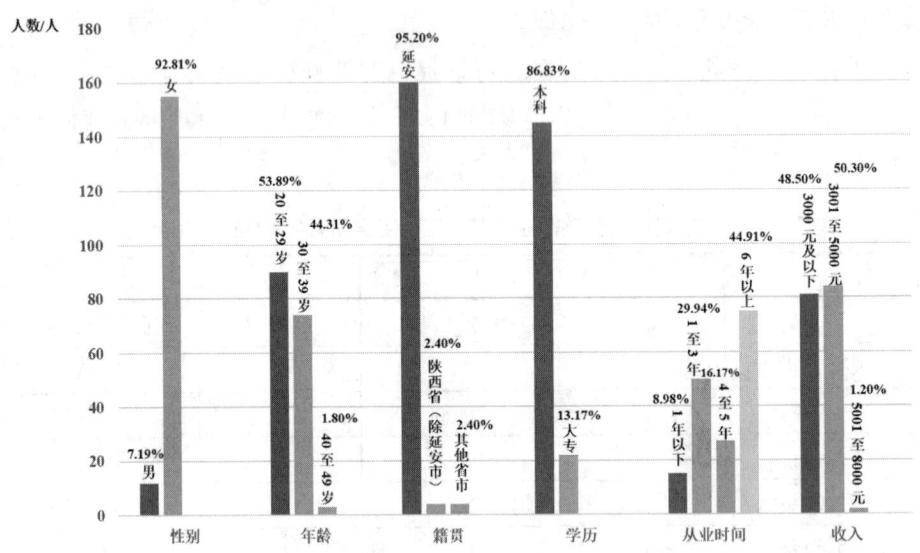

图4-2 延安红色旅游景点讲解员基本情况统计

图4-2显示,讲解员行业同样女性较多,以20至29岁、本科学历为主。总体来看,讲解员行业对从业人员要求较高,如在年龄、学历、普通话方面均有要求。

表4-14 延安红色旅游景点讲解员语言使用情况

日常使用语言/方言	人数/人	百分比/%	工作使用语言/方言	人数/人	百分比/%	工作是否使用外语	人数/人	百分比/%
普通话	159	95.21	普通话	167	100.00	是	2	1.19
延安话	40	23.95	延安话	17	10.17	否	165	98.80
其他	1	0.60	其他	0	0.00			

从表4-14来看,普通话是讲解员的主要工作语言。据调查,93.41%的人认为标准的普通话非常重要,92.81%的人指出在应聘时单位有明确的语言能力方面的要求。

表 4-15 延安红色旅游景点讲解员普通话及外语水平

普通话水平	人数/人	百分比/%	外语水平	人数/人	百分比/%
很标准	49	29.34	很熟练	0	0.00
比较标准	105	62.88	比较熟练	5	2.99
一般	13	7.78	一般	64	38.32
不太标准	0	0.00	不太熟练	44	26.35
很不标准	0	0.00	很不熟练	54	32.34

表 4-15 为讲解员普通话及外语水平调查结果。被调查者中 89.82% 的人所在单位要求普通话水平测试必须达到二级乙等及以上，97.60% 的人参加过普通话水平测试。相对来说，被调查者的外语水平不高，96.40% 的讲解员难以用英文进行解说。据了解，目前来延安的外国游客较少，即使偶尔有外国团前来参观，一般也会自带翻译，故而在日常工作中讲解员很少用到外语。

被调查者中 70.66% 的人表示所在单位经常组织讲解专业技能比赛，如红色故事演讲赛、红色革命讲解词创作比赛等；29.94% 的人所在单位开设有普通话、讲解规范、口部操等语言能力培训类课程。

表 4-16 延安红色旅游景点讲解员对文明用语和服务忌语的使用态度

选项	使用文明用语		禁用服务忌语	
	人数/人	百分比/%	人数/人	百分比/%
很有必要	99	59.28	121	72.46
有必要	51	30.54	33	19.76
无所谓	10	5.99	9	5.38
不太必要	7	4.19	4	2.40
很不必要	0	0.00	0	0.00

调查显示，98.20% 的讲解员所在单位规定使用行业文明用语，72.69% 规定禁用服务忌语。从表 4-16 来看，多数讲解员认为有必要使用文明用语，对禁忌用语也有较高认识，认为红色旅游的讲解工作要求尊重历史事实，具有严肃性，避免政治差错。多数被调查者表示在工作时的忌语有：歪曲历史事实的用语，不礼貌用语或催促游客之类的话语，禁止类的"不许、不能"等词。

（2）讲解词文本及运用

讲解词是红色旅游语言解说系统的主体，调查分析包括讲解词的文本及讲解词的运用。

讲解词文本方面，92.21% 的被调查者指出讲解词由单位统一指定，仅有

46.11%的人表示所在单位聘请了专门人员负责本单位讲解词的编辑、创作、翻译等工作。据调查,讲解词多为讲解员集体或专人创作,经审定、批准后可作为统一用稿。禁止不按规定讲解。

本调查搜集整理了延安革命纪念馆、凤凰山革命旧址、延安文艺纪念馆、西北局旧址、南泥湾大生产展览馆等10个红色景点的讲解词。总体来看,红色旅游景区的讲解词内容尊重历史,语言风格典雅,注重展现红色文化的历史真实性和政治严肃性。语言以叙述说明为主,依据展陈内容严谨地表达,语言庄重、多用长句和关联词。以上各景点均无针对不同游客的分类讲解词,在讲解词的编纂方面服务对象不明确,多以景点为出发点叙述,没有考虑到旅游者的不同特点。

讲解词的运用方面,目前主要以单向陈述为主,讲解员重视讲清历史来龙去脉,但针对性和趣味性较弱。笔者通过走访体验发现,讲解员在讲解过程中非常注重语言的韵律节奏,在语速、语调等技巧方面把握较好,但在将讲解词转换为生动语言,以提升红色文化吸引力方面做得还不够。与讲解词的编纂一样,讲解语言也没有以游客为中心,讲解员没有根据不同类型的游客使用不同风格的语言。

3. 服务员的语言服务

一线服务人员的语言服务态度、语言服务意识、语言服务能力对游客的红色旅游体验也有一定影响。

本调查共回收问卷51份,调查对象为延安3家酒店、4家餐厅的服务人员,他们的基本情况如图4-3所示。

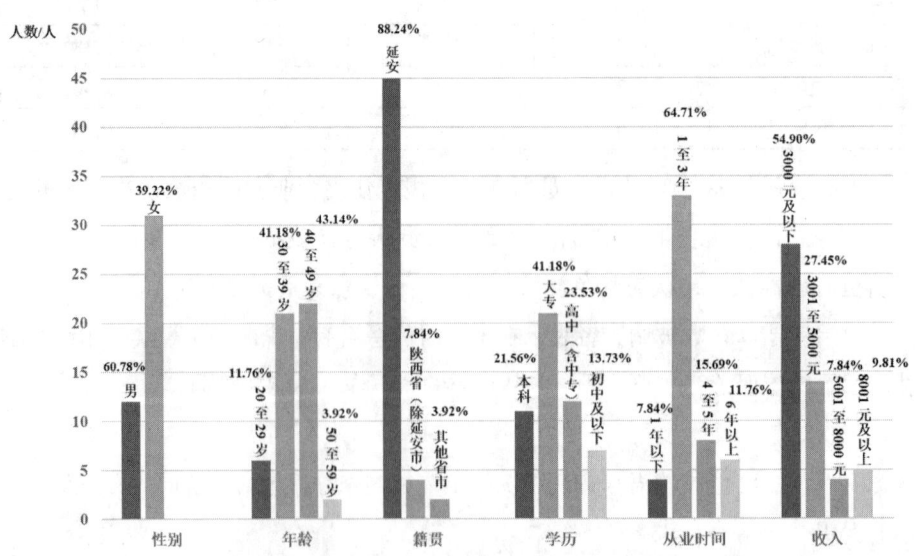

图4-3 延安红色旅游行业服务员基本情况统计

对比图 4-3 和图 4-1、图 4-2 可知，服务员相较于旅游行业的其他从业人员存在年龄大、学历低、收入低的倾向。被调查服务员的语言使用情况如表 4-17 所示。

表 4-17　延安红色旅游行业服务员语言使用情况

日常使用语言/方言	人数/人	百分比/%	工作使用语言/方言	人数/人	百分比/%	工作是否使用外语	人数/人	百分比/%
普通话	14	27.45	普通话	22	43.14	是	0	0.00
延安话	48	94.12	延安话	41	80.39	否	51	100.00
其他	0	0.00	其他	0	0.00			

从表 4-17 来看，普通话和方言都是服务员工作的主要语言。被调查者中仅有 29.41% 的人会外语。43.14% 的人在应聘时单位有明确的语言能力的要求。

表 4-18　延安红色旅游行业服务员普通话及外语水平

普通话标准程度	人数/人	百分比/%	外语水平	人数/人	百分比/%
很标准	4	7.84	很熟练	1	1.96
比较标准	18	35.30	比较熟练	0	0.00
一般	22	43.14	一般	3	5.88
不太标准	6	11.76	不太熟练	7	13.73
很不标准	1	1.96	很不熟练	4	7.84
			不会外语	36	70.59

整体来看，服务员的普通话标准度一般，外语水平较低，具体见表 4-18。

94.12% 的被调查者单位要求服务员使用行业文明用语，72.55% 的单位有禁用服务忌语的规定。表 4-19 是服务员对文明用语和服务忌语的使用态度调查的结果。

表 4-19　延安红色旅游行业服务员对文明用语和服务忌语的使用态度

选项	使用文明用语		禁用服务忌语	
	人数/人	百分比/%	人数/人	百分比/%
很有必要	28	54.90	16	31.37
有必要	20	39.22	10	19.61
无所谓	2	3.92	21	41.18
不太必要	1	1.96	3	5.88
很不必要	0	0.00	1	1.96

由表4-19可知,94.12%的服务员认为有必要使用行业文明用语。93.56%的被调查者认为正确、规范的语言使用对所在单位的发展(如赢得顾客好感、增加回头客)比较重要。

服务员所在单位有过语言培训的仅占11.72%,今后有参加语言培训计划的占21.42%。

三 游客对语言服务的评价

本节主要调查游客对红色旅游语言服务的认可度、满意度等。

调查共回收问卷53份,调查对象为参加红色旅游的单位团体(陕西省内某单位党建活动)游客32人、散客21人,他们的基本情况如图4-4所示。

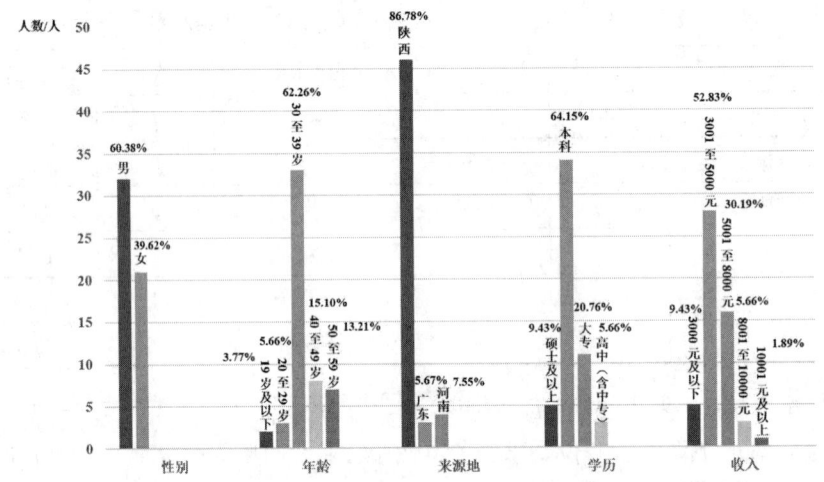

图4-4 参加延安红色旅游的游客基本情况统计

从图4-4来看,团体游客男性较多,以30至39岁、本科学历为主。

表4-20 游客对延安红色旅游满意度及"语言服务对了解红色文化是否有帮助"调查结果

此次红色旅游是否满意			语言服务对了解红色文化是否有帮助		
选项	人数/人	百分比/%	选项	人数/人	百分比/%
很满意	11	20.75	非常大	18	33.96
比较满意	23	43.40	比较大	21	39.62
一般	9	16.98	一般	8	15.10
不太满意	6	11.32	不太大	4	7.55
很不满意	4	7.55	不大	2	3.77

表 4-21 反映了游客对红色旅游行业使用文明用语和禁用服务忌语的态度。

表 4-21 游客对红色旅游行业使用文明用语和禁用服务忌语的态度

选项	使用行业文明用语		禁用服务忌语	
	人数/人	百分比/%	人数/人	百分比/%
很有必要	23	43.40	11	20.75
有必要	30	56.60	30	56.61
无所谓	0	0.00	12	22.64
不太必要	0	0.00	0	0.00
很不必要	0	0.00	0	0.00

调查显示，90.57%的游客认为红色旅游相关从业人员应该使用普通话。在服务语言失范调查中，56.70%的人介意服务人员工作时使用当地方言，100.00%的人介意从业人员语气态度不好。被调查者认为延安红色旅游语言服务能力特别需要提高的是"语气态度""普通话"及"文明用语"，具体数据如图4-5所示。

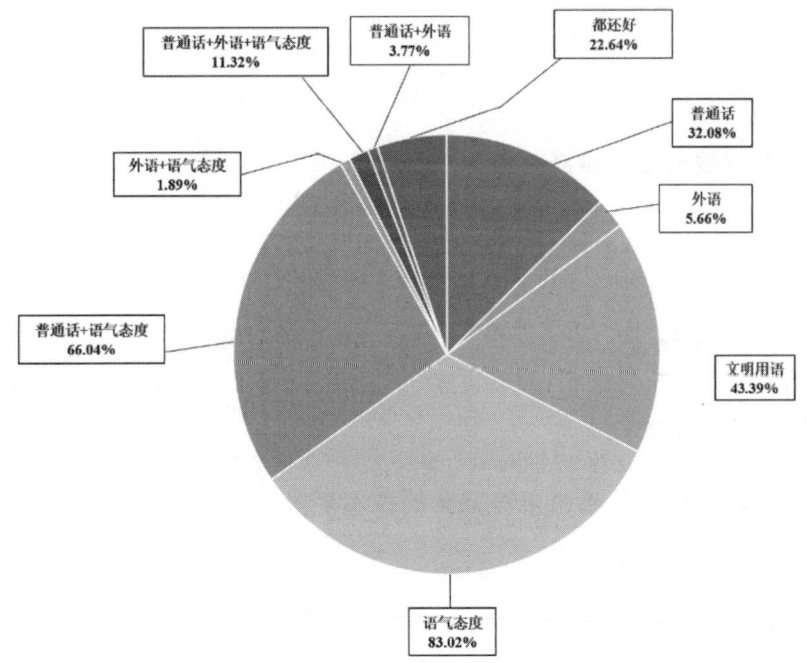

图4-5 游客认为延安红色旅游语言服务能力有待提高的方面

四 问题与建议

调查表明，延安红色旅游的语言服务无论从政府、机构还是从业人员来看，都还有提升的空间。

（一）完善红色旅游行业语言服务规范和标准

建党百年之际，红色旅游越来越受到社会的关注和重视，过去红色旅游重在加强公共交通、基础设施、景区环境等硬件方面建设，接下来应关注软实力方面的提升，其中加强语言服务建设就是重要一环。地方政府机构应立足于整个红色旅游服务行业管理的实际，着眼于提高全行业的服务水准，根据红色旅游的特点研制语言服务标准和行业公约，供从业者执行落实。

（二）重视红色文化的国际传播

随着中国和中国共产党在国际上影响力的不断提高，对中国红色文化感兴趣的国际友人会日益增多，我们也可以邀请更多的外国友人来体验红色文化。我们要未雨绸缪，加大相关外语人才的培养力度，组织专门的外语人才编写适合国际友人的外语讲解词，构建红色旅游双语语料库，为红色文化的国际传播做好各方面的准备。

（三）重视提升红色旅游从业人员的业务水平

目前，延安红色旅游从业人员的整体水平有待进一步提高。要进一步加强对导游和讲解员的业务培训，不仅包括提升其政治理论水平、红色文化理解水平，还应加强红色文化公益性、历史性和语言服务能力方面的培训。讲解员应具有根据不同类型游客采用不同语言风格和讲解方式的能力，从而提供更专业、更有针对性的红色文化语言服务。

（四）不断加强红色旅游语言服务的技术手段

可考虑多模态电子设备、语言翻译机、智能客服、智能讲解员等的使用，提高红色旅游的科技含量，以提升红色旅游的服务水平，扩大红色旅游在国内外的影响力。

（庄卉洁）

四川理塘县中扎村藏民语言生活观察

中扎村是四川省甘孜藏族自治州理塘县拉波镇的一个村庄,2018年被列入第五批中国传统村落名单,2021年被列入四川乡村振兴重点帮扶村名单。全村共有62户人家,常住人口200余人。除个别汉族外,基本上都是藏族。人口受教育程度较低,文盲率较高。村里藏传佛教信仰深厚,几乎每家都有一位成员出家。村民收入主要来源于传统种植业、畜牧业、采集业(冬虫夏草、松茸、黄芪等野生植物)和外出经商打工。

2019年和2021年,笔者跟随这个村落的村民邓珠降措一起来到中扎村,先后进行了两次实地调查,主要采用参与观察、深度访谈两种方法,先后对36位藏族村民做了访谈,其中男性26人,女性10人,年龄最小的6岁,最大的74岁。两次调查一共采集了52段访谈录音资料,还获取了96份语言景观资料和31份观察日志。笔者与邓珠降措有师生关系,凭此身份顺利融入社区,得到了村民的充分信任,从而保证了研究数据的真实性和可信度。图4-6为中扎村街景。

图4-6 中扎村街景①

---

① 本文照片均由周晓瑾拍摄。

一 语言景观

中扎村的语言景观可分为标语、标牌两类,都以汉藏双语为主。

(一)标语

标语中最引人瞩目的就是青山绿水间用白色石头堆砌的巨大标语。这些标语或是宣传口号,如"绿水青山就是金山银山""没有共产党就没有新中国",或是藏传佛教经文,最常见的就是藏文的六字箴言(唵、嘛、呢、叭、咪、吽)。宣传口号都是汉藏双语,佛教经文则全是藏语。这种大型玛尼堆(藏语称"朵帮",意为"垒起来的石头")标语在甘孜州地区很盛行。

村里还有一些固定或临时标语,基本上都是汉藏双语。固定标语粉刷或镌刻在墙上,主要分布在学校和村民活动中心广场。校园内建筑物外墙上有16处双语标语(见图4-7):

"春播""夏种""秋收""冬藏"

"健康""聪慧""高尚""快乐"

"办学理念:让每一个孩子健康快乐成长"

"办学目标:打造区乡'6+3'寄宿制精品学校"

"校训:为了一切师生,为了师生一切"

"校风:团结 进取 拼搏 创新"

"教风:爱岗 敬业 耐心 栽培"

"学风:尊师 守纪 勤奋 好学"

"老师 今天你教会了吗?"

"学生 今天你学懂了吗?"

有3处汉字标语:

"教育要面向现代化,面向世界,面向未来。——邓小平"(汉字手写体)

"让校园变成绿色家园,让祖国变成绿色宝库"(电子显示屏上)

"贫穷不读书贫穷难断,富贵不读书富贵不长"(校园外墙上)

图 4-7 中扎村校园标语

村民活动中心广场的围墙上有 7 处双语标语（见图 4-8）：

"社会主义核心价值观：人民有信仰，民族有希望，国家有力量"

"富强 民主 文明 和谐"

"自由 平等 公正 法治"

"爱国 敬业 诚信 友善"

"感党恩 听党话 跟党走"

"金色拉波"

"松茸之乡"

图 4-8 中扎村村民活动中心广场标语

临时标语主要是挂在建筑物外墙上的条幅，一共有 4 处，也都是汉藏双语（见图 4-9）：

"中国共产党根基在人民,血脉在人民,力量在人民!"
"防火需要您支持,森林渴望人呵护"
"愿绿色覆盖大地,让火苗远离森林"
"共建天蓝、地绿、水净美好家园"

图 4-9 中扎村临时标语

(二)标牌

中扎村的正式机构和店铺均挂有标牌。寺庙、派出所、卫生院、幼儿园、小学、村民委员会分别挂有 8 块汉藏双语的标牌(见图 4-10):

"嘎登伦珠寺"
"理塘县公安局拉波派出所"
"甘孜州理塘县拉波中心卫生院"
"拉波乡双语幼儿园"
"拉波乡中扎小学"
"中共理塘县拉波片区学校联合党支部"
"理塘县拉波镇中扎村村民委员会"
"中共理塘县拉波镇中扎村支部委员会"

邮政所标牌为中英双语:"中国邮政 CHINA POST"
活动中心广场围墙上有 1 块汉字标牌:"中扎村应急避险集中点"
店铺标牌除了一家超市的汉字标牌"福利来购物中心酒水饮料批发"外,其他 4 块都是汉藏双语(见图 4-11):

"悦来饭店"
"满堂红"
"朗仲小院主营:中餐小吃茶烧烤"

"达吉茶楼"

图 4-10　拉波乡双语幼儿园、拉波乡中扎小学、中共理塘县拉波片区学校联合党支部

图 4-11　达吉茶楼汉藏双语标牌

二　语言使用

藏语是藏民族的母语，是一种跨境分布的语言，也形成了丰富多彩的方言。有学者将藏语分为卫藏、康和安多三大方言。拉波镇一带的方言属于康方言的南部方言。村民习惯把拉波镇的方言称作"拉波话"，把理塘县城的藏语方言称作"理塘话"。拉波话和理塘话差别很大，却和邻县的"稻城话"接近，稻城县城的藏语方言被称作"稻城话"。因此，村民外出打工、购物或就医都首选稻城县城，而非理塘县城。他们都表示，这种方言不通的情况在我国涉藏地区很常见，事实上并不存在藏语通用语。

对僧侣群体来说，却存在着一种藏传佛教通用语，它可以在不同涉藏地区通行。这是一种特殊的藏语变体，必须经过专门训练才能掌握。一方面是因为它含有大量佛教词汇，另一方面它与藏传佛教的教育传承模式相关。藏传佛教格鲁派著名的三大寺庙（哲蚌寺、色拉寺、甘丹寺）是僧人们学习佛法的最高学府，学生来自不同藏语方言区，为了教学和生活方便，三大寺庙就逐渐出现了一种以拉萨方言为基础的藏传佛教通用语。它在三大寺庙略有不同，但可以实现互相交流。僧人们学成返乡，会继续使用这种通用语向其他僧人传授佛法，如此一来就形成了一种在涉藏地区通行、仅供僧侣群体使用的藏语变体。村民普遍认可上述说法。调查期间，曾有四川省稻城县、乡城县和云南省香格里拉市的一些僧人来访。十几位不同地方的僧人围坐在一起，交流极其顺畅。此时其他村民，不论男女老少，都只是安静地倾听，既是为了表示尊敬，也是因为语言无法沟通。

尽管村民们普遍汉语水平有限，但他们与外界交流最常用的语言还是普通话。僧人外出办事，比如去外地开会、陪村民看病等，一般也使用普通话。受藏语影响，大部分村民的普通话都带有口音，但和四川方言有明显区别。他们都声称自己说的是普通话，不是四川话。他们或多或少也会说一些四川话，但一般不主动和对方说四川话。他们认为四川话是一种非正式的语言，只能私下说一说，比如会在调侃别人时偶尔冒出一两句四川话。几乎听不到村民说大段的四川话，但能听到普通话对话。孩子与同辈之间用普通话交流，用拉波话和父母家人交流，这种语码转换场景很常见。

三　语言态度

村民笃信藏传佛教，尽管藏传佛教通用语使用范围很小，但它仍然被公认为是最尊贵的语言。访谈中经常听到村民说，"师父们说的话是最好听的藏语"。有一次笔者和几位村民在一起聊天，其中有一位是僧人。谈话气氛很活跃，大家也互相调侃。后来这位僧人开始念经咒，笔者观察到其他人立刻沉默下来，气氛马上庄重严肃起来。不过，村民不主张将宗教生活和世俗生活混为一谈。如果僧人在非宗教场合使用藏传佛教通用语，他们既不欣赏，也不支持。日常生活中他们还是认为"普通话是最有用的语言"，推崇使用普通话。

村民反复强调，"以后学好普通话最重要"。特别是那些有外出经历的村民，更能认识到学习汉语的重要性和迫切性。洛绒邓珠是邓珠降措的父亲。他是一位商人，可以说是中扎村乡村建设的领头人。走南闯北的经历让他深刻意识到汉语学习的重要性。自己工作繁忙脱不开身，就安排儿子先后在成都、北京脱产学习汉语3年。从国内外生活经验出发，他认为汉语学习最重要，藏语次之，英语最不重要。

村民普遍不重视英语学习。绝大多数归国藏胞即便在海外生活多年，也都只会一些简单的英语日常口语。邓珠降措从小在美国长大，英语能力接近母语水平。村民们对此不以为然，还有人批评他的藏语说得不地道。他有时会为此苦恼，感觉自己不被村民理解和接受。村中的学生们也坦然接受自己的"中式英语"，只把它当作考试、升学的工具。

四　语言困境

（一）乡村语言民生问题

出行难。村民最关心的就是与生活直接相关的民生问题。村中公路、电力、网络等基础设施建设已经比较完备。有公交线路站点，几乎每家都购买了汽车，距离稻城机场也只有一个多小时车程。可以说村民出行的硬件方面已经没有什么问题。然而很多村民对外出还是有畏难心理，因为又出现了一种新型"出行难"，那就是信息化引起的各种出行障碍。智能手机应用越来越广泛，可即便有了一部智能手机，下载软件、网上购票、预约酒店、手机支付，对于这些操作很多汉族人尚且需要求助他人，更何况这些藏族农牧民。新冠肺炎疫情暴发以来，各地反复查验健康码、行程记录、疫苗记录等，都让村民望而生畏。2021年调查期间疫情防控一度收紧，连去村中的超市都必须出示健康码。很多村民不会操作，就随身携带身份证，请店主帮忙记录身份信息。

看病难。外出看病更是难上加难。小病尚可在村里的卫生院解决，严重一些就要去县城。村民常去的医院是稻城县医院。笔者曾去稻城县医院做核酸检测，那里不需要提前预约，但从排队挂号到医生诊疗，整个过程必须使用汉语。从检查报告到诊疗结果，也全都是汉字。如果病人听不懂汉语，或者不认识汉字，根本不可能弄清病情。很严重的病，那就必须去成都了。疫情期间成都医院实行网上预约看病。去成都看病，对很多村民来说是一项艰巨的任务，从出行、食宿到就医，方方面面都需要求助亲友。而且，有些村民即便去了大医院，也听不懂医嘱，看不懂处方，往往最后还是耽误了治疗。

维权难。对很多村民来说，维护自己的合法权益也是一桩难事。他们大多不清楚有哪些维权渠道和维权方式。线上政务服务系统貌似便利，其实都建立在汉语读写基础上。即使找到线下办事人员，一般也被要求提供书面证明材料。村民一听到需要递交书面申请或证明，通常就直接选择放弃维权了。一些村民有资格申请助农免息贷款，听说手续烦琐就考虑放弃优惠了。

（二）乡村产业语言问题

乡村产业升级也是中扎村的一大难题。村民基本上还延续着传统的农牧业生活。一年当中有两段时间最忙碌：4月中旬至6月中旬采集冬虫夏草，7月至8月采集松茸。中扎村出产优质虫草和松茸，这两种产品价格昂贵，所以村民大部分收入都来源于此。调查期间，正赶上村民采集松茸。村里设有3个松茸收购点，收购价格每天上下浮动，基本保持在100元/斤。收购商都是拉波镇本地藏族人。他们每天把新鲜松茸运到稻城的松茸交易市场，卖给那里的藏族商人，每斤只赚几元钱。这些商人又把松茸批发销售给全国各地的商人，他们再以200—300元/斤的价格卖给消费者。成都等地的商人还把松茸出口到日本、韩国，其售价高达600—700元/斤。上述产销链（藏族农民—藏族收购商—藏族批发商—各地商人—消费者），村民们并非不了解，那他们为什么不跳过中间商，直接把松茸卖给消费者？除了市场渠道、物流仓储等因素外，语言障碍也是一个原因。笔者曾为一些村民演示网上直播，他们都表示："太复杂了，弄不懂。没办法跟汉族人直接打交道，还是这样比较省事。"图4-12为松茸收购点场景。

图4-12　松茸收购点

（三）乡村语言教育问题

国家大力推广通用语言文字，村民对这一政策不仅完全理解，而且绝对支持。但目前针对普通群众的乡村语言教育近乎空白，村民缺乏正规有效的学习渠道。除了在校学生，其他村民的汉语学习处于自发无序状态。学习质量低劣，发音、书写不规范比比皆是。有的使用小学语文课本，跟孩子学习汉语，有的寻求汉族朋友帮助，还有的用手机下载学习软件或浏览汉语短视频。

访谈对象无一例外，都表达了学习汉语的强烈愿望。他们的语言学习需求大体可以分为三种类型：有些人汉语水平较低，必须借助翻译交流，需要基础汉语学习，强调翻译服务；有些人汉语听说流利，但不能读写，需要发音矫正和读写训练；有些人汉语水平较高，有更高层次的学习要求，比如精读训练、中国国情和政策法规学习等。

五 思考与建议

2017年10月，党的十九大报告提出了实施"乡村振兴"的国家战略。从本次调查可以看出，中扎村乡村振兴任重道远。从语言规划角度看，藏语的这种客观现状，严重阻碍了藏民之间的语言互通，更不利于各民族之间的交往、交流、交融，以及铸牢中华民族共同体意识。因此，在我国涉藏地区推行国家通用语言文字具有重大深远的意义。

随着社会信息化和信息社会化，"知识就是力量"已经演进为"信息就是力量"。当代社会中知识的信息化主要表现为知识的符码化。以汉语使用为主体的科学技术力量，使得普通话在信息化语言市场中占有绝对优势。长期以来藏民较低的知识偿付能力，即较低的知识投资和智力投资程度，决定了大部分藏民在信息化语言市场中只能处于被动状态。中扎村的语言困境，实质上是现代化和后现代化的双重困境：一方面尚未掌握服务于国家现代化建设的通用语言文字，另一方面又遭遇了后现代化的信息爆炸和信息万能。

建议加大推广国家通用语言文字力度，扫除农民的语言文字障碍。具体来说，一是培养农民基本的听说读写能力，满足日常生活的语言需求；二是培养农民的语言文字信息处理能力，优先解决农民最关心、最直接、最现实的语言民生需求；三是积极发挥新乡贤作用，对乡村中的经济或文化精英人物精准培养，充分发挥他们在语言能力上的引领示范作用。

（赵春燕）

《〈中华人民共和国国歌〉国家通用手语方案》发布实施

2021年3月4日，在全国政协十三届四次会议开幕会上，全国政协委员、中国残疾人艺术团团长、国歌手语方案的手语示范者邰丽华用手语"演唱"了国歌，为大会增添了一抹和谐社会、文明社会、社会平等公正的色彩，这一幕经媒体报道后迅速登上微博热搜，不少网友感慨："无声的力量也能震撼人心！"[①]

《〈中华人民共和国国歌〉国家通用手语方案》（GF0024—2020）由教育部、国家语言文字工作委员会、中国残疾人联合会于2020年11月23日发布，2021年3月1日实施。这个方案首次以听力残疾人手语使用者为主体研制，通过规范使用手语"唱"国歌，让手语使用者切实体会到国歌的真实内涵，激发民众的爱国情感和奋进的巨大力量。它的研制和发布实施，结束了我国多年来由于没有国家规范的手语国歌，广大听力残疾人无法在正式场合统一使用规范手语"奏唱"国歌的历史。

一 研制背景

新中国自诞生之日起，就以《义勇军进行曲》为代国歌。直到1982年12月28日，天安门广场有了第一套规范的国旗升降仪式后，全国各地中小学校陆续开始每周举行升国旗仪式，各地特殊教育学校也自发教授聋人学生用手语表达国歌。但长期以来国歌手语表达方式未能统一，成为一项亟待解决的问题。

早在2001年，《中国手语》修订组在修订该书的过程中就关注到这个问题。当年修订组首次编制了国歌的手语表达方式，并在2003年1月出版的《中国手

---

① 《独家视频｜无声的力量也能震撼人心！全国政协委员邰丽华用手语"演唱"国歌》，央视网，2021年3月4日，https://news.cctv.com/2021/03/04/ARTI0kmRisspAfPaScpOvcXB210304.shtml。

语》修订版中予以增补呈现。因受当时研究条件的限制，该方案中的手语表达存在一些不符合手语语言规律的问题，尚不能完全准确地表达国歌原意，聋人手语使用者也不完全接受。加之该方案未上升为国家规范，客观上没有推行开，各地仍然各行其是，由此产生了许多不同的国歌手语版本，从而影响了国歌的政治严肃性，削弱了国歌的教育意义，规范统一国歌手语的工作效果不够理想。

2015年，中国残联、教育部、国家语委、国家新闻出版广电总局联合制定了《国家手语和盲文规范化行动计划（2015—2020年）》，其中的一项重要任务是研制国家通用手语标准规范，包括对国歌手语进行重新编制。鉴于课题的研究对象是聋人群体使用的语言，而中国聋人协会（以下简称中国聋协）是中国聋人的代表组织，具有广泛的群众基础，2016年12月，中国残联将编制国歌手语的任务郑重委托给中国聋协手语研究与推广委员会（以下简称中国聋协手语委）。接受任务后，中国聋协手语委联合河南财经政法大学共同承担研制工作。

二　研制过程

立项之后，课题组在中国残联和中国聋协的领导和支持下，组织全国12个省市聋人协会的手语信息采集组开展研究工作。历时两年的研制过程历经了调查研究、试点使用、形成方案与推广三个阶段。其间，国家手语和盲文研究中心的专家参与指导，许多特教学校和地方残联、聋协也联手协助。研制过程有曲折也有困难，其中三个难点问题的克服和解决起到了关键性的推动作用。

一是观念障碍。手语作为一种自然语言，有着自己独特的构词特点和句法规则，由于我国手语语言学研究工作相对滞后，在过去很长一段时间内，人们认为汉语每个字或每个词可用手势一个一个地对应表达，手语语序应该和汉语保持一致，这个观点类似把手语当成发电报的对译码一样，因而长期以来人们一直将手语视为汉语的辅助表现形式。方案中的手语语序打法，起初遭到一些聋校教师的质疑和反对，不理解的人们坚决反对所谓的颠倒的打法。课题组坚持用科学态度去对待，以手语语言学和翻译学为理论指导，积极给大家做手语语言学知识科普。随着时间的推移，反对的声音慢慢变温和了，这为后期达成共识打下了基础。

二是没有先例。这个课题是第一次研究如何按照手语语言规律，将国歌的内涵和意思，配合音乐节奏用手语准确地表达，没有可参照的先例。在调查研究阶段，我们动员了分布在北京、上海、辽宁、河南、湖北、江苏、浙江、福建、广东、江西、四川、甘肃等地的12个手语信息采集点，通过网络调查、视频访谈、集体会议等多种方式，开展广泛调查，最后收集到32份国歌手语视频材料。在此基础上，我们采用比较分析法，结合实际语料，对比不同地区国歌歌词的手语表达，分析其共性和差异，对每个词句的手语表达进行逐一分析，找出准确的译点，就这样一词一句编制，形成了初步方案，分别在沈阳和广州两个城市召开的全国性聋协工作会议上进行演示，集体讨论，并且征求了多个省市地区的聋协代表、社会工作者、特教学校教师及相关领导、专家的意见。整个研究过程咨询访谈超过百人，最后确定了全国共识度比较高的方案。

三是音乐调试。好的歌曲翻译在于旋律与歌词的完美结合，然而要将歌词用准确的手语表达出来，同时与旋律完美结合，绝非易事。我们课题组都是聋人，无法通过听觉器官感受到国歌的音乐韵律，如何将国歌手语和音乐配对是一个特别棘手的问题。例如，"起来！起来！起来！"这三个"起来"的词义在汉语中是一个意思，但这三个"起来"在旋律上运用了大三和弦三度递进音阶，把全曲推向了高潮。为了能体现出这个递进音阶的节律，我们把三个"起来"双手动作的幅度调整为由低到高逐渐递进的变化，将歌词的声音旋律转化为听力残疾人可见可表达的视觉形象，达到异曲同工之妙。此外，国歌中每一段歌词的节律有快慢变化，而手语表达的动作常会慢于或快于吐字的速度，这些问题都要根据音乐旋律进行反复调整。手语歌词和音乐旋律配合是一个非常重要的环节，如果这个环节不过关，会直接影响国歌手语的可唱性和欣赏性。为了解决这个问题，课题组联系了郑州工程技术学院手语翻译专业的师生，请他们专业协助，听人老师在旁边按照节奏打拍子，帮助听不见的我们掌握音乐韵律。经过反复地调整和磨合，最后课题组拿出了最理想的、切合韵律的手语动作。

三　主要特点

《〈中华人民共和国国歌〉国家通用手语方案》由三部分内容组成：一是相关术语原则使用说明；二是国歌国家通用手语全图；三是国歌歌词国家通用手语动作说明表，该表按照国歌歌词的顺序，详细说明每句歌词手语表达的规范动作。

与原《中国手语》修订版的国歌手语方案相比，新方案突出以下三个特点。

一是准确表达国歌内涵。课题组注重研究当前手语语言学和翻译学的科学理论，灵活地采用了直译和意译的翻译策略，力求让广大听力残疾人能从手语表达中准确地理解国歌真实内涵，感受到国歌所表达的国家和民族的共同心声，从而激发爱国情感。比如在"发出最后的吼声"这句歌词中，"吼声"本意是发怒时大声叫喊者的表情姿态。旧版是硬译，仅按照汉语词的本义打手语，无法让听力残疾人理解该歌词所表达的愤怒抗争的情感和意义。新方案采用意译方式，使用挥动双拳的手语动作，辅以愤怒的表情，形象地表现出"吼声"所表达的情感和意义。还有"我们万众一心，冒着敌人的炮火"也采用意译方式，用"双手互握，转动一圈"表达歌词"千万人团结一条心"的内涵；将"冒着"一词换成表示"不怕""勇于"意义的手语，更贴近歌词表达的"不怕牺牲，压倒敌人的勇气和力量"的含义。

二是符合手语自身的表达规律和语言特点。由于手语表达具有空间性和同时性的特点，在语法上包含了助词和语气词的意义，因此新方案里手语表达省略了"的""了""着"这些虚词，同时根据歌曲音乐表达的要求，适当地根据节奏加大或改变一些手语动作的幅度和速度，使句子增加语气感，使其更加符合手语自身的语言特点，同时也不背离国歌歌词的原意。

三是选用的手语动作易于学习、记忆和理解。课题组充分考虑了不同年龄聋人手语使用者以及手语爱好者的理解和接受能力，尽量选用易于学习、记忆、理解的手语动作。手形、位置、朝向、运动、表情等方面与《国家通用手语常用词表》保持一致。例如，"不愿""人们"这两个词，各有两个打法，一个是单词打法，一个是词组打法。单词打法的动作更为简单，易于学习掌握，新方案就选用单词打法。还有"炮"一词有5种不同的地方手语打法，新方案就选用《国家通用手语常用词表》中收录的通用打法，这样更有利于学习和推广使用。

四 背后故事

《〈中华人民共和国国歌〉国家通用手语方案》前后经过了两次专家组审议。

2018年4月，中国残联组织召开专家组审议会议，邀请教育部、国家语委、北京高级法院、北京师范大学、上海大学、厦门大学、北京东城区特殊教育学校、北京启喑实验学校,还有中国音乐家协会、中国残疾人艺术团的专家参与审议工作。这些专家,既有手语方面的,也有语言学、翻译学方面的,还有从事特殊教育、音乐艺术、法律工作方面的。与会专家代表对《国歌》手语方案给予了高度评价,充分肯定课题组进行的大规模语料调查、调研访谈、多次反复讨论修改等严谨做法,并从国家政策、法律、语言学、翻译学、教育学、音乐、舞蹈等多角度分析了《国歌》手语方案,提出了中肯的修订意见,指出要保证通过信、达、雅的传达,配合艺术的表现方式,让《国歌》手语更能体现它的准确性和艺术性。专家们都表示深受感动,并表达了对方案的由衷称赞。

2020年9月,国家语委语言文字规范标准审定委员会对方案组织审核。教育部副部长、国家语委主任田学军,教育部语言文字信息管理司司长田立新亲自挂帅,邀请了中央民族大学、北京师范大学、北京外国语大学、北京大学、北京联合大学的知名专家,和教育部语言文字信息管理司、语言文字应用管理司的领导参与审核。专家们极其认真,对方案逐字逐句审议,细致到示例图的位置是在左侧还是右侧、标注是否要加虚线等问题都关注到了。最初呈报的方案全名是《〈中华人民共和国国歌〉国家通用手语版》,专家提出将"手语版"改为"手语方案";还有文内有一项"使用说明",专家改为"使用要求",因为这是规范标准,用"方案""要求"更贴切。这么多专家的层层把关审订,保证了方案一步步臻于完善。也有专家由于不了解手语,提出一个疑问:"方案里用52个手势动作,表达国歌的84个汉字,是否会有不准确?"当时我们汇报的同志举出翻译家林语堂的"不求字字相应,但求意境相通"的翻译学理念,专家马上就理解了,大家达成了"为表现国歌雄壮有力的气势,不宜对歌词做机械的翻译"的共识。

方案确定之后,中国残疾人艺术团团长邰丽华受邀在国家手语和盲文研究中心及中国聋协手语委的共同指导下,按照方案亲自做手语示范,由华夏出版社完成后续的配乐拍摄和出版发行工作。拍摄过程也充满着艰辛。邰丽华团长为了做好这个示范,百忙之中往返北京师范大学十多次,一个动作一个动作地琢磨,手势到位,动作与曲子配合准确,最终拍出了满意的作品。

五 意义和影响

继《中华人民共和国国歌法》颁布实施，国家适时提出研制国歌手语规范标准方案，这是一项具有重要意义的举措。

第一，国歌是国家的象征，奏唱国歌可以激发公民对国家的热爱。用手语表达国歌是我国广大听力残疾人参与社会工作生活和对聋校学生进行爱国主义教育不可缺少的形式。《〈中华人民共和国国歌〉国家通用手语方案》将《国歌法》《残疾人保障法》赋予残疾人的权利和作为公民守法的责任统一起来，保障了听力残疾人"奏唱"国歌的权利，切实解决了多年来广大手语使用者在奏唱国歌的场合规范、统一、庄重地使用手语表达国歌的期盼，实现了通过"奏唱"国歌，对听力残疾人进行爱国主义教育的目的。

第二，规范标准的国歌手语在重要场合或重大活动中展示，在更大范围上带来了独有的震撼力和影响力。2021年3月1日《〈中华人民共和国国歌〉国家通用手语方案》开始实施，正好赶上了两会召开。邰丽华用手语"演唱"了国歌，这一幕通过媒体的宣传，加深了社会对听力残疾人这一特殊群体的关注和重视，增强了各地聋人朋友的民族自豪感和爱国激情。正如邰丽华所说，以往她在需要演唱国歌的场合中只能在心里默念歌词，而现在能够用国家通用手语方案来"唱"国歌，感觉特别幸福、自信。[①]

第三，国家对国歌手语的广泛宣传，可以扩大社会对手语的知晓度，重塑手语的语言概念，端正对手语的诸多认识，进一步推动手语学科专业建设、手语人才培养和基础研究能力，提升我国手语专业技能和社会服务的质量。

《〈中华人民共和国国歌〉国家通用手语方案》的颁布实施，是全国千万听力残疾人共同的政治愿望，是国家在听力残疾人群体中贯彻落实《国歌法》的重要举措。随着这项工作的深入普及，《〈中华人民共和国国歌〉国家通用手语方案》会产生更加深远的影响。

---

① 《邰丽华用手语"唱"国歌：有的手势练了上百次》，澎湃新闻，2021年3月6日，https://m.thepaper.cn/newsDetail_forward_11587422。

第四部分 领域篇

附：国歌国家通用手语全图① 及解读

中华人民共和国国歌

（义勇军进行曲）

进行曲速度　　　　　　　　　　　　　　　　　　　田汉　词
　　　　　　　　　　　　　　　　　　　　　　　　聂耳　曲

---

① 图片来源：《〈中华人民共和国国歌〉国家通用手语方案》，北京：华夏出版社，2021年。

《〈中华人民共和国国歌〉国家通用手语方案》发布实施

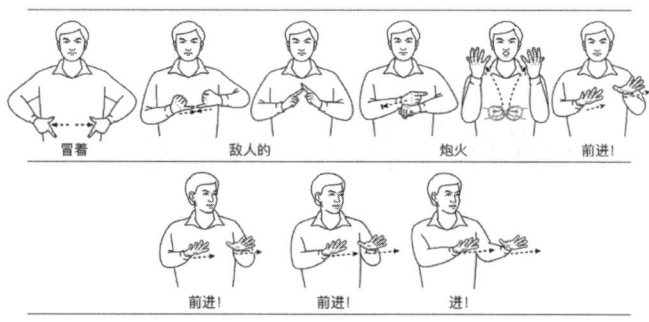

图 4-13　国歌国家通用手语全图

解读：

1. "起来，不愿做奴隶的人们！""把我们的血肉筑成我们新的长城""中华民族到了最危险的时候！"等句采用直译方法，手语语序与歌词语序一致。

2. "被迫着发出最后的吼声！"采用了意译方法。"吼声"本意是发怒时大声叫喊出的声音，但听力残疾人听不见，无法体会到那种喊声，可是眼睛可以看到呼喊者的表情姿态。所以如果按照词的本义来打手语，听力残疾人就无法理解该歌词所表达出的愤怒抗争的情感和意义。转而采用意译方式，使用挥动双拳的手语动作，辅以愤怒的表情，则形象地表现出"吼声"所表达的情感与含义。

3. "起来！起来！起来！"这三个"起来"的词义和国歌开头的"起来"一词是一个意思，但这三个"起来"在旋律上运用了大三和弦三度递进音阶，把全曲推向了高潮。直译不能充分体现出这个意境，因此该句也采用意译方式，通过三个双手"起来"动作的幅度由低到高逐渐递进的变化，将歌词的声音旋律转化为听力残疾人可见、可表达的生动视觉形象。

4. "我们万众一心，冒着敌人的炮火"也是意译。用"双手互握，转动一圈"表达歌词"千万人团结一条心"的内涵；将"冒着"一词换成表示"不怕""勇于"意义的手语，更贴近歌词表达的"不怕牺牲，压倒敌人的勇气和力量"的含义。

5. 最后一句"前进！前进！前进！进！"也采用意译。手语打法是双手一顿一顿用力往前移动四次，象征千百万中国人民勇往直前、保家卫国的民族气概，与国歌高昂的结尾相吻合。[①]

（仰国维、邱丽君）

[①] 《手语版国歌里的这些"小秘密"，你知道吗？》，《新京报》微信公众号，2021 年 3 月 6 日，https://mp.weixin.qq.com/s/SLTdHLoARRR8074FtCOvaw。

智能手语主播新进展

2021年11月,央视新闻联合腾讯打造的中央电视台首个智能手语主播正式亮相,从北京冬奥会开始为听障人士提供手语播报服务。智能手语主播是智能数字虚拟人在手语播报领域的最新应用,是采用语音识别、自然语言处理等人工智能技术构建的复杂而精确的手语翻译引擎,并具备高度可懂的手语表达能力和精准连贯的手语呈现效果的新一代数字虚拟人。2018年以来,爱奇艺、搜狗、百度、腾讯、长广千博科技等研发团队先后推出各自的智能手语主播。随着新技术的不断突破,我国加快了智能手语主播相关产品的落地和应用,正在从实质和源头上逐步解决手语播报这一难题。

一 发展概况

2018年11月,全球首个智能手语主播由爱奇艺技术团队发布,引爆了"2018中国网络视听大会"。该产品将人工智能技术与爱奇艺自制的虚拟偶像"奈奈"(见图4-14)结合,可以语音识别新闻中播报的内容,并自动转换成手语,为听障人士提供新的观影体验。智能手语主播"奈奈"率先在爱奇艺自制节目上落地,为听障人士带来了更多元、定制化的娱乐观看体验。2019年5月,爱奇艺与中国聋人协会等机构合作,推出第二代智能手语主播(见图4-15)。与卡通形象的第一代智能手语主播"奈奈"不同的是,第二代形象不再是二维的偶像,而是适合在正式场合进行新闻播报的三维主播形象,更能将眼神和神态模拟出来,在技术上有了明显进步。此外,第二代从第一代只能识别几十个词汇的手势,已发展到能识别上千个。但截至2021年年底,该款主播尚未得到广泛应用。

图 4-14　爱奇艺 3D 智能手语主播"奈奈"①　　图 4-15　"奈奈"升级版②

2020年12月，由长沙市广播电视台与长沙千博信息技术有限公司共同打造的"人工智能手语播报系统"在第六届全国节目交易会上发布，智能手语主播"千语"（见图 4-16）搭档智能广播主播，播报了大会议程。该系统运用人工智能手语翻译技术，通过将节目内容精准摘要，经人工智能手语云计算，输出为虚拟主播的手语动作画面，并以与节目视频合成的方式，最终形成带手语播报的电视节目。与会人员认为："人工智能技术在电视节目上的应用，不仅体现了新兴技术对媒体融合的助推作用，有利于电视文化产业的发展，还能帮助听障人群更好地获取新闻资讯、融入社会，彰显了主流媒体的公益情怀和社会责任，助力信息无障碍社会建设。"③

图 4-16　智能手语主播"千语"④

---

① 图片来源：《爱奇艺推出全球首个 AI 手语主播，让听障人士平等享受视频带来的乐趣》，爱奇艺，2018 年 11 月 28 日，https://www.iqiyi.com/common/20181203/b47c90918d000779.html。
② 图片来源：《AI 主播跨界"唱歌"，手语表达不输真人》，《中国青年报》百家号，2021 年 7 月 27 日，https://baijiahao.baidu.com/s?id=1706410566230225131&wfr=spider&for=pc。
③ 《AI 虚拟手语主播"千语"，担任全国节目交易会大会主持》，澎湃新闻，2020 年 12 月 2 日，http://m.thepaper.cn/baijiahao_10237007。
④ 图片来源：同上。

2021年5月,搜狗发布了手语人工智能合成主播"小聪"(见图4-17)。"小聪"集成了多项领先的人工智能技术,能够把较为复杂的语言转化成听障人士更容易理解的手语,即机器可以基于输入口语文本生成逼真度高、手语表达准确的3D数字人视频内容,从而具备超写实的逼真数字人效果、高可懂度的手语表达能力、高接受度的手语展现效果三大特点。

图4-17 智能手语主播"小聪"①

2021年11月,央视和腾讯共同打造的智能手语主播"聆语"(见图4-18)正式亮相,从2022年北京冬奥会开始为听障人士提供全年无休服务。从外形看,对比以往智能主播形象,"聆语"不仅高度还原真人发肤,且在立体感、灵活度、可塑性上都有大幅提升。腾讯的研发团队,基于《国家通用手语词典》规范建立了规模庞大的手语动作库,并结合动作捕捉设备和真实手语老师的双向调优,精修近10 000个手语动作,保证了手语表达的动作准确性,同时首创了4D扫描技术,使得智能手语主播的表情更自然生动,口型生成准确度高达98.5%。研发成员袁甜甜教授指出:"此次北京冬奥会,是实现手语识别落地的第一步,我们致力于实现手语识别项目在多个场景下的落地,助力听障人群和健听人群无障碍交流,并将这项技术推广到环境感知、微表情分析等众多领域。"

---

① 图片来源:《搜狗发布全球首个手语AI合成主播"小聪",帮助听障人士更好享受数字化生活》,环球网,2021年5月17日,https://3w.huanqiu.com/a/c36dc8/43ACEDPWy3L?agt=10;《手语"数字人"可帮助听障人士更好获取信息,年底规模应用》,搜狐科技,2021年5月25日,https://www.sohu.com/a/468218235_115565。

图 4-18 智能手语主播"聆语"①

二 应用进展

"千语"是目前应用最广的智能手语主播。截至 2021 年 10 月,该系统已在全国 28 个省、自治区、直辖市的 170 多家电视台或融媒体中心安装或使用。该系统拥有五大核心技术,包括国家通用手语大数据、手语动画引擎、语音识别、手势识别、自然语言处理等。系统搭载的国家通用手语的全套动作大数据,可满足广播电视机构的严格技术指标要求。"千语"属于 3D 建模虚拟人,高度还原真人发肤,形象逼真,拥有可控的身体动作。2020 年 6 月,"千语"在《长沙新闻》直播中正式亮相,并根据新闻播放的内容开始自行演示手语,这是智能手语翻译技术在全国城市电视台直播新闻节目中的首次运用。目前,"千语"仅在湖南省就已覆盖湖南电视台经济频道、湖南教育电视台、长沙电视台等 20 家电视台或融媒体中心,有效满足了湖南省 100 余万名听障人士在教育、就业、公共服务和娱乐社交等多方面获取信息的需求。②(图 4-19 左为《经视直播》使用"千语"进行手语播报的新闻画面。)

央视新闻智能手语主播"聆语"的落地应用引起了网民的热议。为了测试其效果,主持人朱广权与"聆语"在线比拼,视频刚刚上线播放量就突破百万。朱广权用超快语速的顺口溜挑战"聆语"的"手速",而"聆语"也凭过硬的专业能力轻松应战。在 2022 年北京冬奥会中,"聆语"上岗,用手语表达了见证中国

---

① 图片来源:《AI 主播来了,央视那些名嘴们要不香了?》,网易,2022 年 3 月 8 日,https://www.163.com/dy/article/H1UL422G0514A42S.html。

② 《湖南经视率先在省级电视媒体中应用人工智能手语电视播报系统》,湖南省广播电视局网站,2021 年 11 月 5 日,http://gbdsj.hunan.gov.cn/gbdsj/xxgk/gzdt/sjxx/202111/t20211105_20978572.html。

队获得冠军的激动心情,让 2700 万听障人士一同感受北京冬奥会的精彩,分享了胜利的喜悦(见图 4-20)。

图 4-19 "千语"在电视新闻中进行手语播报①

图 4-20 用手语播报北京冬奥会的"聆语"②

智能手语主播在各级各类媒体中的应用,是智能手语主播和新闻主播的全新组合,将推动电视手语栏目开播和发展,通过广电公共服务职能,实现主流社会资讯在听障人群中的更广泛传播,进一步扩大听障人士的信息渠道,帮助其了解社会发展动态,享受到无障碍信息的服务。同时,这类服务有利于营造教育、就业、公共服务和娱乐社交均等化文明氛围,助力无障碍城市建设,提升社会文明程度。

三 技术创新

爱奇艺科研团队发布的智能手语主播"奈奈"经过了多次迭代,其工作原理

---

① 图片来源:《AI 手语主播亮相中国新闻名专栏,助力湖北地区实现信息无障碍》,湖北经视,2021 年 8 月 4 日,https://weibo.com/ttarticle/p/show?id=2309404666524018278931&ivk_sa=32692。

② 图片来源:《相约冬奥,用"AI"聆听! 央视新闻 AI 手语主播正式亮相》,网易新闻,2021 年 11 月 24 日,https://www.163.com/news/article/GPIINKNR000189FH.html。

是通过自动语音识别技术，准确识别视频中的语音并转换为文字，然后使用自然语言处理技术将文字转换为手语内容，再通过虚拟偶像进行输出。

数字虚拟人写实度的大幅提升能够显著增加手语播报的真实感与亲切感，从而提高播报用户体验，提升大众的可接受度。经过测评，搜狗手语智能主播"小聪"的手语可懂度高达85%以上，能有效帮助听障人士克服理解障碍，达成信息有效传递。①

"千语"是国内较早实现与听障人士双向无障碍交流的软件，通过技术手段将汉语自然语言翻译成手语、手语翻译成语音。同时，结合字幕提示、"表情+唇语"、图文动画来表达自然语言语义，在手势语言的多维信息表现、手语计算语言学、计算动画架构上取得了显著的成效。

央视的"聆语"不仅采用语音识别、机器翻译等人工智能技术，其搭载的手语翻译引擎和自然动作引擎能自动翻译文字、音频和视频内容，并将手语实时演绎为表情动作，具备高可懂度的手语表达能力和精准连贯的手语呈现效果。"聆语"掌握《国家通用手语词典》的规范手语词汇，同时学习了百万量级的标准手语平行语料数据和超8500条影视级手语动作数据，其手语动作精准度达95%以上（见图4-21）。4D扫描技术使其表情自然生动，口型合成准确性达98.5%②（见图4-22）。

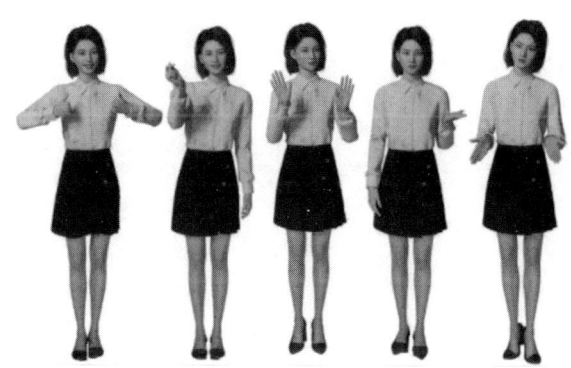

图4-21　央视智能手语主播"聆语"丰富的手势动作③

---

① 《搜狗发布全球首个手语AI合成主播"小聪"，帮助听障人士更好享受数字化生活》，环球网官方百家号，2021年5月17日，https://baijiahao.baidu.com/s?id=1700017766916330177&wfr=spider&for=pc。

② 《今天刷屏的"AI手语主播"背后原来有这些黑科技》，新浪财经，2022年2月4日，http://finance.sina.com.cn/jjxw/2022-02-04/doc-ikyakumy4193333.shtml。

③ 图片来源：《一手实录公开：朱广权的AI手语搭档是怎样"养成"的？》，澎湃新闻，2022年2月7日，https://m.thepaper.cn/baijiahao_16591279。

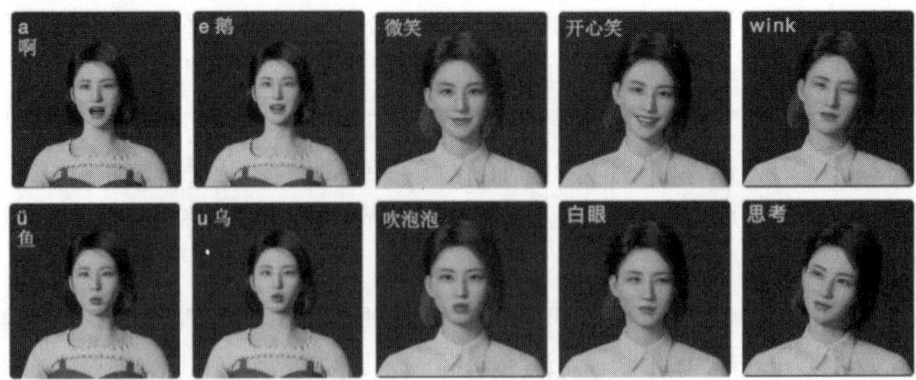

图 4-22　央视智能手语主播"聆语"的精准口型及丰富表情①

2021 年 10 月，国家广播电视总局发布的《广播电视和网络视听"十四五"科技发展规划》中首次明确指出，推动虚拟主播、动画手语广泛应用于新闻播报、天气预报、综艺科教等节目生产，创新节目形态，提高制播效率和智能化水平②。与此同时，《新一代人工智能发展规划》等多项政策，也加速了数字虚拟人底层技术的发展。手语信息化能够极大降低手语翻译成本，提高沟通效率，使听障人士获得极大便利，帮助他们更好地融入社会。

（谢　芳、王宇波）

---

① 图片来源：《一手实录公开：朱广权的 AI 手语搭档是怎样"养成"的？》，澎湃新闻，2022 年 2 月 7 日，https://m.thepaper.cn/baijiahao_16591279。

② 《【重磅】广电总局：推动虚拟主播广泛应用于新闻播报、综艺科教等节目生产》，电台工厂，2021 年 10 月 24 日，https://view.inews.qq.com/a/20211024A007VQ00。

智能信息平台语言服务适老化调查[*]

2020年11月15日，国务院办公厅印发《关于切实解决老年人运用智能技术困难的实施方案》，要求围绕老年人出行、就医、消费、文娱、办事等服务场景，对智能化产品与服务进行适老化改造。工业和信息化部随之发布《互联网应用适老化及无障碍改造专项行动方案》。互联网上智能信息平台提供的文字说明、语音播报等是适老化语言服务的重要内容。为此，我们围绕智能信息服务平台上的健康、消费、交通、缴费等应用场景，调查语言服务情况，了解老年人的体验与需求，为智能信息服务的适老化改造提供参考。

一 调查方案

本次调查的智能信息平台包括可通过手机访问的互联网网站、移动互联网应用程序（APP）等。调查的目标群体是60周岁以上、身体功能基本正常的汉语使用者，抽样地区为山东省德州市。

调查问卷主要由6个部分组成，共包含47个问题。

第一部分为调查对象的基本信息，包括性别、年龄段、语言能力、受教育程度等。调查对象在此环节回答"日常生活中是否使用手机上网"，若确认"不用"，则无须参与后续调查。

第二到第五部分是调查对象使用智能信息平台的情况，围绕健康、消费、交通、缴费等日常生活场景进行分类调查，调查内容包括使用情况、使用方式以及是否遇到过语言文字方面的问题等。具体而言：一是电子健康码、国务院客户端防疫行程卡、医院线上预约或挂号平台等健康类；二是手机支付、网上购物等消费类；三是线上订票、网约车、共享交通工具、电子地图等交通类；四是线上缴

---

[*] 本文为中国社会科学院大学第三届"人文之光"社科学子课外学术支持计划结项成果。感谢张瑞祥同学、王毅同学对调研工作的协助。

纳水、电、燃气、物业、电话等费用的生活缴费类。

第六部分聚焦智能信息平台提供的语言服务，包括文字内容、语音内容、输入方式等。本部分的问卷均为多选题，且允许开放性回答。调查对象可结合自身经历选择或填写所遇到的语言服务问题，并给出改进建议。

鉴于新冠肺炎疫情防控形势与要求，调查问卷采用线上填写方式，通过"问卷星"平台制作、发布与收集，并鼓励年轻人协助老年人完成答卷。问卷自2021年2月1日发放，至2月10日结束，共回收311份答卷。通过核查年龄等信息，最终获取有效答卷260份，男女性别比约为1∶1.32，与计划样本容量一致。其中，82.31%的人表示会在日常生活中使用手机上网。样本年龄分布情况见表4-22。

表4-22 智能信息平台语言服务适老化问卷调查样本的年龄分布

年龄段	60—64岁	65—69岁	70—74岁	75岁及以上	合计
数量/人	103	82	48	27	260
比例/%	39.62	31.54	18.46	10.38	100.00

二 语言服务的接受程度

（一）评估方法

我们根据使用智能信息平台时是否遇到过语言文字方面的问题，评估老年人对总体语言服务以及文字内容、语音内容、输入方式的接受程度。"易接受"的标准是调查对象认为"没问题"或"从没觉得不好理解/不方便"。具体观测方法为：将样本按照性别、年龄、语言能力、受教育程度等因素分为不同组别，对于某项评估内容，计算"易接受"群体在各组别内的占比及分布，并根据分布趋势线的斜率来评价某因素对语言服务接受度的影响程度。

经测算，老年人对各项语言服务的接受度均随年龄增长而下降、随语言能力或受教育程度提升而增加。性别也是影响因素之一，男女性老年人的差异主要表现在对总体语言服务的接受程度上，女性老年人中认为总体"易接受"的比例稍低。根据趋势线反映的影响程度，这4个因素对老年人的影响由大到小依次为：语言能力＞受教育程度＞性别＞年龄。

（二）影响因素

性别与年龄会带来一定影响，但在老年群体内部的差异跨度相对较小。语言能力和受教育程度是主要影响因素，也是我们提供适老化语言服务的努力方向。

1. 语言能力

语言能力主要包括听说普通话和读写汉字两个方面。从样本数据来看，老年人的语言能力直接影响语言服务接受度。能正常听说普通话、掌握汉字读写能力的老年人，近六成都对文字内容、语音内容和输入方式表示"易接受"；语言使用存在一定困难的老年群体中，认为语言服务各方面"易接受"的比例显著下降；而在听、说、读、写方面存在障碍的老年人，则全部倾向于"不易接受"。

对智能信息平台的语言服务接受度调查，是基于老年人使用手机上网的前提而言的。语言因素影响更明显的是，不用手机上网的老年群体中，绝大多数（91.30%）都是在普通话或汉字的使用方面存在困难甚至障碍的人；完全不识字的老年人，均未通过手机上网。可见，在当前的移动互联网终端生态下，掌握基本的普通话和汉字，是能够使用智能信息平台、享受语言服务的首要前提。

2. 受教育程度

根据样本数据，老年人的受教育程度和语言服务接受度基本呈正相关趋势，即老年人学历越高，越容易适应智能信息平台的语言服务。调查对象对智能信息平台的文字内容和输入方式反馈表明：受过高等教育的老年群体对输入方式的接受度高达67.50%，超六成表示文字内容也容易理解；而小学及以下文化程度的老年人对各项语言服务的接受程度都偏低，除了"字太小，看不清"这一普遍问题之外，该组老年人在使用智能信息平台时最常遇到的问题便是感到内容不好懂、输入不方便。

3. 性别与年龄

女性老年人对各项语言服务的接受程度均略低于男性老年人。受年龄因素影响最明显的是输入方式。

根据反馈，老年人在输入方面遇到的主要问题是"打字输入不方便"和"语音输入容易出错"。这两个问题尽管在各年龄段都普遍存在，但在70岁之后陡升（见图4-23）。

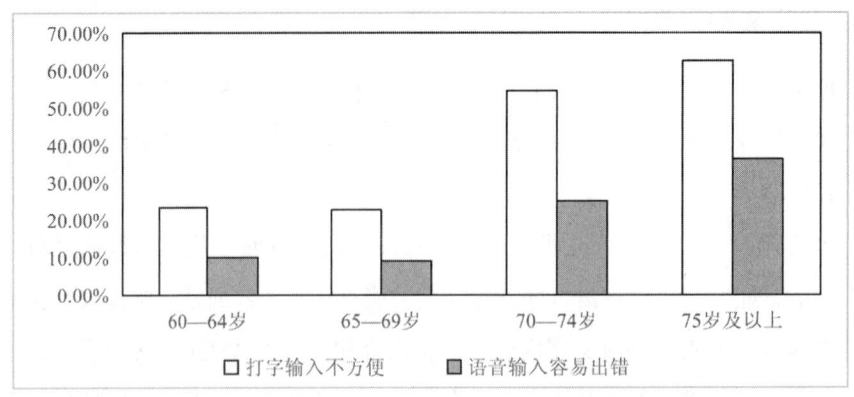

图 4-23 各年龄段老年人在输入方面遇到的问题比例

三 语言服务的问题反馈

(一)总体反馈

对于日常生活中使用的健康、消费、交通、缴费等智能信息平台,仅有 34.58% 的老年人认为语言服务总体没问题、易接受。大部分老年人使用相关语言服务时都遇到过问题,根据样本数据所反映的频率,常见的问题依次是:字太小,看不清;不懂外语;输入方式不方便;内容不好懂;语音播报声音太小,听不清。"不懂外语"是老年人在使用智能信息平台时的一个常见问题。

(二)专项问题

1. 文字内容

约半数老年人认为智能信息平台的文字内容不好理解;主要原因是"一些词语不好理解"或"句子复杂难懂",少量老年人表示"有不认识的字"。

对此,我们统计了问卷中各类智能信息平台的使用频率,见图 4-24。针对老年人最常用的三类平台,我们分别选取山东电子健康通行卡、微信支付和微信内置的生活缴费服务作为样本,收集以文字形式呈现的说明性内容与功能模块名称,对其词汇句法特征进行定性分析。

经考察,上述平台的文字内容普遍存在以下问题:(1)说明性内容多采用正式语体,表述形式不够通俗,不适用于日常生活语境,如例 a。(2)常出现一些新词语、专业术语、低频词甚至缩略词,影响文字内容的理解,如例 b 中的"入口"和"历史"是由本义隐喻而来的计算机术语,与通用语境下的词义不同,对此不了解的用户便容易产生理解偏差;而例 c 中"数据没有上传至数据库"亦是专业描述,不宜作为面向大众的回答。(3)长句、分句较多,句法结构复杂,还可能标点符号使用不当(如例 d)或夹杂非必要信息,导致语义逻辑难以厘清。这些情况都会增加老年人使用语言服务的认知成本。

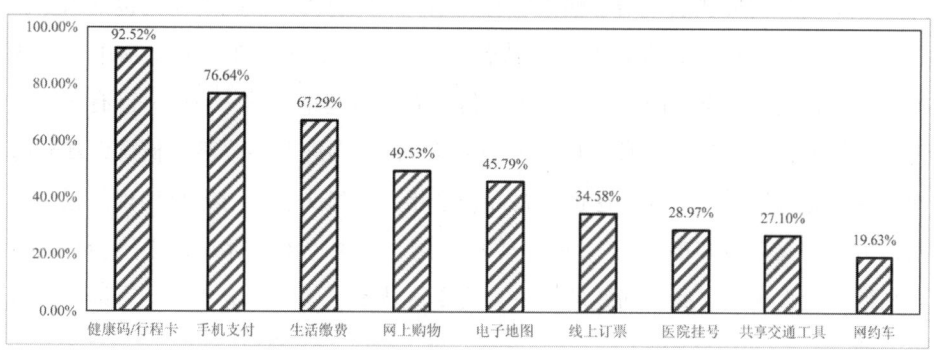

图 4-24　各类智能信息平台的老年人使用比例

a. 手机号将被授权给电力公司查询关联户号。

保存此号码供以后授权使用。

请你务必审慎阅读并充分理解《微信支付用户服务协议》和《财付通隐私政策》。

b. 你可以指定出现在"支付"内的服务。若选择关闭部分服务,相应服务<u>入口</u>将隐藏,但不会清空任何<u>历史</u>数据。

c. 问:第二针或第一针疫苗查询不到。

答:该问题是因为<u>接种数据没有上传至数据库</u>。

d. 14 天内是否被诊断为新冠肺炎确诊者、疑似患者、阳性感染者或从境外疫情高发地区返回或曾有发热、持续干咳、乏力症状。

2. 语音内容

样本群体中,53.27% 的老年人认为智能信息平台提供的语音内容也不好理解。主要原因是"语速太快",其次是"一些词语不好理解"和"句子复杂难懂",还有少数老年人表示是因为"发音不够清晰"或"听不太懂普通话"。

前面关于文字内容的问题,同样存在于语音内容。此外,调查显示,62.31% 的老年人在日常生活中更常使用方言;32.30% 的老年人只能勉强完成普通话的听与说,或者能听懂但自己不会说;另有 1 位高龄老年人表示"既听不懂,也不会说"。智能信息平台单一的普通话播报形式使得部分老年人听懂有困难。

3. 输入方式

约49.53%的老年人认为平台的输入方式不方便。输入不便的具体表现分别是：打字输入不方便，语音输入容易出错，不会使用语音输入，以及手写输入不方便。

对于老人们反映的"语音输入容易出错"，我们认为可能的原因包括以下两点：第一，主流语音识别技术只支持普通话识别，老年人在日常生活中多使用方言，或者发音不够标准。第二，也是目前尚未引起重视的一点——已有研究发现，老年人在词汇提取时常出现"舌尖现象"，即心理上知晓某个概念，却暂时找不到对应的词语来称说；这也导致部分老年人在口头表达时容易出现停顿、重复，语流中夹杂较多的"嗯""呃"等填充语。舌尖现象的存在，必然会给语音识别带来较大干扰。此类问题的解决，需要从技术层面针对老年人的言语特征做出改进。

4. 其他反馈

调查问卷最后设置了一道开放性多选题，希望得到老人们对智能信息平台语言服务的一些建议。其中，反馈最多的是"支持放大字号"，并且"尽量使用简单表达"。其次，25.23%的老年人希望能够支持文字转普通话语音，还有人期待文字转方言语音；约六分之一的建议是希望支持普通话或方言的语音输入。不少老年人对语音服务的接受程度乃至依赖程度更高。另外，超过20%的老年人建议"增加符号或图像辅助说明"，并且希望平台"支持人工服务"。

（三）观察实例

问卷调查反映出，老年人使用智能信息平台时确实存在对语言服务的特殊需求。我们另选样本，以老年人最常用的健康码平台为例，选择当地某大型综合商场的入口处为调查地点，采用观察法与访谈法对"老年人出示健康码"的实际场景进行定点随机调查。

1. 现象观察

根据当地防疫规定，进入公众场所需出示健康码。经过非介入式观察，2021年2月15日上午9点至11点时段内，该入口处共有54位老年人进入商场并登记防疫信息。登记方式有出示健康码和手写登记两种，可由本人或他人代为操作；三分之二的老年人都会选择本人出示健康码。从观察样本来看，超六成男性老年人是本人出示健康码，其中大概五分之三能够顺利出示，还有少量老年人会提前准备、直接出示。女性老年人使用健康码的意愿更高，但能够自己顺利出示的比例较低，大多数需要花费较长时间或由工作人员说明操作步骤。这与问卷调查中女性参与比例高但对语言服务接受度较低的趋势基本一致。

另外，我们还观察到，无论是否独立操作，不少老年人在使用过程中都会提出"看不清""找不到""记不住"等问题。

2. 访谈反馈

为进一步了解老人们遇到的实际问题，我们同该入口防疫岗的工作人员，以及不能顺利出示健康码（包括花费较长时间、需他人讲解或代为操作、选择手写登记）的老年人进行简短的开放型访谈。根据工作人员反馈，老年人第一次使用健康码时，通常会花费较长时间阅读与理解；大多数老年人都需要协助，主要是说明操作步骤。而根据老人们的反馈，根本问题在于难以理解操作界面的文字说明。不熟悉或忘记操作步骤时，男性老年人倾向于减省麻烦，直接手写登记或请他人代为操作；女性老年人会更顾虑个人信息安全，因而很少选择手写登记，更倾向于慢慢琢磨平台上的提示内容，或请工作人员协助。

结合观察及访谈结果来看，老年人使用健康码平台时，语言服务的主要问题是"看不清"与"看不懂"。放大字号是适老化改造的第一步，更简洁易懂的文字表达也是当务之急。

语言能力和受教育程度是影响老年人接受语言服务的重要因素。应重视老年人的汉语教育和智能技术教育，从技术上给老年人提供更便捷的交互环境，帮助老年人克服智能技术运用的困难，让老人们真正享受数字生活带来的种种便利。

（徐梦真、于建波、李　楠）

厦门"河南村"语言生活状况调查*

厦门思明区莲前街道的"前埔村"(2003年改制为"前埔社区"),在当地被称作"河南村",是一个典型的城中村。20世纪90年代起,厦门市出租车行业因收入较高、无户籍门槛,吸引了大量河南籍务工人员前来就业,前埔村因地理位置优越迅速成为河南籍司机们的聚居地。如今,他们举家在该地常年居住,已成为前埔村居民的主体,成年人主要是出租车司机,子女主要就读民办小学。该地逐渐成为一个由亲缘、地缘、业缘多重关系联结的功能链条较为完备的聚居区,原有世居村民和其他籍贯外来人员则成为村里的少数居民。

一 基本情况

(一)"河南村"社区人口概况

前埔社区居委会登记数据显示,截至2020年6月,社区辖区面积2.85平方公里,总人口35 269人。本地户籍人口3883人,主要是原前埔村失地农民。流动人口31 386人,河南籍最多(12 192人),还有福建籍(非本地,10 605人)、江西籍(1834人)、四川籍(1580人)等。

(二)调查工作

调查时间为2020年9月至2021年5月。调查对象为前埔社区的河南籍外来务工人群(下文称为"河南村"河南人)。调查方法主要有三种。问卷:选取位于前埔社区内的民办小学向科小学,向河南籍学生发放家庭问卷,每份问卷包括祖父母卷、父母卷和子女卷,子女卷对象是4—6年级学生。访谈:访谈对象包括居委会工作人员、向科小学师生、出租车司机、餐饮服务小店老板等。观察:

---

* 本文为厦门大学研究生田野调查基金项目"闽南河南籍新移民语言适应研究"(2020FG003)成果,并受到国家语言资源监测与研究教育教材中心研究生培养经费资助。

观察前埔社区的公共场所，如医院、餐饮店、菜市场等。

（三）"河南村"河南人基本面貌

本次调查共发放家庭问卷220套，收回有效问卷215套，回收率97.73%。按个人卷计算是384份，其中"祖父母卷"58份，"父母卷"215份，"子女卷"111份。

"河南村"河南人的家庭和个人样本信息见表4-23和表4-24。

表4-23 "河南村"河南人家庭样本信息（N=215）

家庭样本特征		数量/份	占比/%
婚姻组合①	纯河南籍	203	94.42
	河南籍+其他省籍	12	5.58
家庭户口②	农村户口	201	93.49
	城镇户口	14	6.51
家庭成员结构	"父母+子女"两代同住	142	66.05
	"祖父母+父母+子女"三代同住	73	33.95
家庭月收入	0—5000元（含）	107	49.77
	5000元（不含）—10 000元（含）	85	39.53
	10 000元以上	23	10.70

表4-24 "河南村"河南人个人样本信息（N=384）

个人样本特征		个人卷总样本		祖父母卷		父母卷		子女卷	
		数量/份	占比/%	数量/份	占比/%	数量/份	占比/%	数量/份	占比/%
性别	男	169	44.01	26	44.83	91	42.33	52	46.85
	女	215	55.99	32	55.17	124	57.67	59	53.15
年龄	0—19岁	111	28.91	0	0.00	0	0.00	111	100.00
	20—39岁	172	44.79	0	0.00	172	80.00	0	0.00
	40—59岁	87	22.65	44	75.86	43	20.00	0	0.00
	60—79岁	14	3.65	14	24.14	0	0.00	0	0.00
出生地	河南省	283	73.70	58	100.00	210	97.67	15	13.51
	厦门市	22	5.73	0	0.00	1	0.47	21	18.92
	其他地方	79	20.57	0	0.00	4	1.86	75	67.57

① 以"父母卷"中父亲和母亲的籍贯组合为准。
② 以"父母卷"中父亲的户口为准。

（续表）

个人样本特征		个人卷总样本		祖父母卷		父母卷		子女卷	
		数量/份	占比/%	数量/份	占比/%	数量/份	占比/%	数量/份	占比/%
教育程度	小学及以下	142	36.98	18	31.03	13	6.05	111	100.00
	初中	153	39.84	33	56.90	120	55.81	0	0.00
	高中/中专	64	16.67	7	12.07	57	26.51	0	0.00
	大专及以上	25	6.51	0	0.00	25	11.63	0	0.00
来厦门时年龄①	0—6岁	96	25.00	0	0.00	0	0.00	96	86.49
	7—13岁	23	5.99	0	0.00	8	3.72	15	13.51
	14—29岁	207	53.91	0	0.00	207	96.28	0	0.00
	30岁及以上	58	15.10	58	100.00	0	0.00	0	0.00
在厦门居住时长	5年以下	32	8.33	5	8.62	12	5.58	15	13.51
	5—9年	87	22.66	13	22.41	53	24.65	21	18.92
	10年及以上	265	69.01	40	69.97	150	69.77	75	67.57

表 4-23、表 4-24 显示，"河南村"河南人是一个主要来自农村、同乡联姻为主、以家庭为迁移单位、地域特色明显的外来务工群体。他们家庭结构稳定，两代同住占三分之二，三代同住占三分之一；家庭经济状况属中下水平，家庭主要成员学历较低，职业以出租车司机为主。这一群体虽然来厦时间长，类似新移民，但并无厦门户籍。

二 语言能力

调查中调查员请被调查者用"说得很好""说得较好""会说一些""能听懂一点""听不懂"来介绍自己来厦前后说河南话、普通话、闽南话的水平，再对 5 个等级赋值"5—1 分"来计算，得到结果见表 4-25。

数据显示，"河南村"河南人的语言能力具有以下特点：（1）河南话水平来厦后都略有下降，但仍讲得不错。（2）普通话水平在来厦后都有较大提升，都讲得不错。（3）都不会讲闽南话，只懂个别闽南词如"食饭"。概言之，"河南村"河

---

① 考虑到小学阶段是儿童语言习得关键期，7岁是儿童入读小学年龄，13岁是小学毕业年龄；又考虑到祖父母卷中来厦年龄全部为30岁及以上，因此将来厦门时的年龄划分为表中4组。

南人都已具备"河南话+普通话"的"双言能力",但是都不具备闽南话能力。

表4-25 "河南村"河南人来厦前后语言能力状况及变化趋势　　单位：分

选项		河南话	普通话	闽南话
祖父母卷 （N=58）	来厦前	4.95	3.34	1.02
	来厦后	4.93	3.76	1.22
	变化趋势	-0.02 ↓	0.42 ↑	0.20 ↑
父母卷 （N=215）	来厦前	4.85	4.21	1.02
	来厦后	4.81	4.42	1.51
	变化趋势	-0.04 ↓	0.21 ↑	0.49 ↑
子女卷 （N=111）	来厦前	4.26	4.56	1.33
	来厦后	4.27	4.72	1.35
	变化趋势	0.01 ↑	0.16 ↑	0.02 ↑

三　语言使用

以下是"河南村"河南人在家庭、学校、工作场所和社区公共场所的语言使用情况。

（一）家庭语言使用

家庭语言使用指被调查者与不同家人交流时的语言使用情况，调查结果见表4-26。

表4-26 "河南村"河南人家庭内部语言使用状况

选项		河南话		普通话		河南话+ 普通话		闽南话	
		数量/ 份	占比/ %	数量/ 份	占比/ %	数量/ 份	占比/ %	数量/ 份	占比/ %
祖父母卷 （N=58）	在家用语	10	17.24	4	6.90	44	75.86	0	0.00
	和儿女辈	53	91.38	5	8.62	0	0.00	0	0.00
	和孙辈	45	77.59	13	22.41	0	0.00	0	0.00
父母卷 （N=215）	在家用语	22	10.23	3	1.40	190	88.37	0	0.00
	和父母辈	203	94.42	12	5.58	0	0.00	0	0.00
	和配偶	185	86.05	30	13.95	0	0.00	0	0.00
	和儿女辈	119	55.35	96	44.65	0	0.00	0	0.00

（续表）

选项		河南话		普通话		河南话+普通话		闽南话	
		数量/份	占比/%	数量/份	占比/%	数量/份	占比/%	数量/份	占比/%
子女卷（N=111）	在家用语	11	9.91	15	13.51	85	76.58	0	0.00
	和祖父母辈	87	78.38	24	21.62	0	0.00	0	0.00
	和父母辈	60	54.05	51	45.95	0	0.00	0	0.00
	和兄弟姐妹	56	50.45	55	49.55	0	0.00	0	0.00

结合表4-26和入户访谈情况，发现河南话仍是河南籍家庭的主要用语，但普通话也经常用，只使用河南话或普通话的家庭很少。

（二）学校语言使用

子女卷还调查了随迁子女在学校和师生交流时的语言使用情况。调查结果见表4-27。

表4-27 "河南村"河南人随迁子女在学校的语言使用状况

选项		河南话		普通话		河南话+普通话		闽南话	
		数量/份	占比/%	数量/份	占比/%	数量/份	占比/%	数量/份	占比/%
子女卷（N=111）	学校用语	4	3.60	46	41.44	61	54.96	0	0.00
	和老师主要用语	4	3.60	107	96.40	0	0.00	0	0.00
	和同学主要用语	8	7.21	103	92.79	0	0.00	0	0.00

表4-27显示，河南籍学生在课堂和课间对老师只讲普通话；对同学主要讲普通话，但有54.95%的学生在课下有时会对同学讲河南话。这一现象与学校性质有关，向科小学由河南人创办，招收外来随迁子女，在读生约450人，河南籍学生约占一半；校内河南籍教职工超过一半。

（三）工作场所语言使用

河南籍外来务工人员主要从事出租车行业，少部分从事餐饮、教育托管等位于社区内的服务行业，他们工作时的语言使用情况见表4-28。

结合表4-28和实地调研，发现：（1）出租车行业中，河南籍司机往往组成同一车队，同事间交流主要讲河南话；对乘客主要讲普通话，也有个别人对乘客说河南话,认为"年龄大了习惯不好改,河南话人家也都能听懂"。(2)在餐饮等服务行业,被调查者在同事是河南人时主要讲河南话,有非河南同事时会混用河南话和普通话;对顾客主要讲普通话,遇到熟悉老乡时讲河南话。总体来讲,工作单位的老乡比例越高、工作地点越靠近社区商业街,被调查者在同事间讲河南话的越多;他们对河南籍顾客讲河南话,但对其他籍贯顾客主要讲普通话。

表4-28 "河南村"河南人在工作场所的语言使用状况

选项		河南话		普通话		河南话+普通话		闽南话	
		数量/份	占比/%	数量/份	占比/%	数量/份	占比/%	数量/份	占比/%
父母卷 (N=215)	工作场所[①]用语	1	0.47	77	35.81	137	63.72	0	0.00
	和同事主要用语	80	37.21	135	62.79	0	0.00	0	0.00
	和乘客/顾客主要用语	8	3.72	207	96.28	0	0.00	0	0.00

(四)社区公共场所语言使用

"河南村"社区公共场所的语言使用也很有特点,调查情况见表4-29。

表4-29 "河南村"河南人在社区公共场所的语言使用状况

选项		河南话		普通话		河南话+普通话		闽南话	
		数量/份	占比/%	数量/份	占比/%	数量/份	占比/%	数量/份	占比/%
祖父母卷 (N=58)	公共场所用语	2	3.45	5	8.62	51	87.93	0	0.00
	和陌生人主要用语	5	8.62	53	91.38	0	0.00	0	0.00
	和熟人主要用语	17	29.30	41	70.70	0	0.00	0	0.00
父母卷 (N=215)	公共场所用语	1	0.47	59	27.44	155	72.09	0	0.00
	和陌生人主要用语	3	1.40	212	98.60	0	0.00	0	0.00
	和熟人主要用语	95	44.19	120	55.81	0	0.00	0	0.00
子女卷 (N=111)	公共场所用语	0	0.00	39	35.14	72	64.86	0	0.00
	和陌生人主要用语	4	3.60	107	96.40	0	0.00	0	0.00
	和熟人主要用语	30	27.03	81	72.97	0	0.00	0	0.00

① 前期走访得知,河南人祖辈在厦门主要是照顾家庭,因此调查员只询问了父辈的工作场所用语。

表 4-29 数据显示，多数河南人在社区公共场所混用普通话和河南话，90%以上河南人对陌生人主要讲普通话，70%以上的河南人对熟人主要讲普通话。

"河南村"内前埔社区居委会的工作人员基本都是前埔村原住村民，内部交流时混用闽南话和普通话，和河南人交流时只讲普通话。前埔社区医院医护人员接待河南籍患者时都只讲普通话。而从事服务业的，如餐饮店和菜市场的河南籍店主招呼顾客时首选普通话，之后根据顾客用语回应普通话或河南话；同时接待不同籍贯顾客时主要讲普通话。超市一般在社区外围临街，河南籍店主对顾客主要讲普通话；小卖部一般在社区内，河南籍店主常和老乡在店里用河南话闲聊。

概括来讲，"河南村"河南人语言使用表现出以下特点：（1）在家主要讲河南话，也常用普通话。（2）在工作场所，同事中河南老乡越多、越深入社区内部，越常用河南话；对顾客主要讲普通话。（3）在学校，师生主要讲普通话，有少数河南学生课间讲河南话。（4）社区服务场所，在河南人主营场所常用河南话，反之常用普通话；和非河南人交流主要用普通话。

四 语言态度

调查时调查员请河南人从"好听、亲切"（情感）"权威、有身份"（声望）"用处多、容易"（实用）的角度用"1—5 分"来评价自己的语言使用，再对 5 个等级赋值"5—1 分"计算平均水平，得到的结果见表 4-30。

表 4-30 "河南村"河南人对河南话、普通话、闽南话的评价　　单位：分

评价项目		河南话	普通话	闽南话
祖父母卷 （N=58）	情感评价	4.92	4.10	1.63
	声望评价	4.46	4.48	1.81
	实用评价	4.56	4.44	1.57
	总评价	4.65	4.34	1.67
父母卷 （N=215）	情感评价	4.51	4.41	1.89
	声望评价	4.02	4.67	2.04
	实用评价	4.22	4.65	1.78
	总评价	4.25	4.57	1.91

（续表）

	评价项目	河南话	普通话	闽南话
子女卷 （N=111）	情感评价	4.35	4.57	1.68
	声望评价	4.00	4.69	1.85
	实用评价	4.04	4.70	1.47
	总评价	4.13	4.65	1.67

结合表4-30的数据和访谈内容，"河南村"河南人语言态度具有以下特点：（1）都很看重河南话和普通话，都不看重闽南话。（2）都认为河南话的情感和实用价值较高，声望较低。（3）都认为普通话的声望和实用价值较高，情感功能弱。（4）对闽南话的实用和情感评价低，但声望评价相对稍高，因为"和厦门本地人不咋来往""闽南话很难听懂"。

五 思考与建议

厦门"河南村"语言生活总体和谐，外来人口在这里既能够保有原籍方言文化踏实自信地生活，同时又能较好运用普通话在新环境自如地生活、工作和学习。但目前仍存在一些问题，比如村内仍有一部分外来人口和本地人口的普通话水平较低，外来人口对迁入地方言缺乏基本认知且语言态度消极等，这不利于不同方言区居民间的交流、理解和包容。在相对封闭且外来移民高度集中的城中村，这一现象不仅会阻碍外来人口向外获得更好的工作机会来提升社会经济地位，也不利于他们培养开放包容的心态以构建和谐社区，甚至危及城中村的和谐稳定发展。为此，提出如下建议。

1. 重视城中村推普工作，全面提升新住民的生活工作质量。 良好的普通话水平不仅可以促进外来人口之间、外来人口和本地人口之间的交流，还可以帮助外来务工群体获得更多发展机会。调查发现，年长的外来人口和本地人口普通话使用能力相对最弱，因此年长外来人口生活工作范围多局限于城中村，年长本地人口多留守村中但是较少和租户交流。所以，要充分认识到在推普成绩总体较好的城市目前仍然存在薄弱环节。城市推普工作今后应针对重点群体采取精准措施，全面提高各类群体的普通话水平。

2. 科学认识新住民原有方言的价值，发挥其社区治理功能。 方言是聚居区外来务工群体建立心理认同的重要基础，有助于稳定内部社交网络，同时从老家和聚居区获得支持，满足随迁老人和子女的社交需求，提升群体自我管理水平，进而加强社区治安和促进就业。因此要尊重外地人口使用方言的权利，发挥方言在城中村治理中的作用。

3.**适度了解本地方言文化，促进城中村新旧居民之间全面交融**。语言文化交流是打破本外地居民交际区隔的重要方式。适度举办具有本地方言文化特色的敦亲睦邻活动，不仅可以丰富聚居区本外地居民间的交流形式，促进人们对多言文化生活的开放包容心态，还可以增进聚居区外来人口对迁入地风土人情的感知理解，助其在心理文化层面融入当地。

（银　晴、苏新春）

城市化进程中"新市民"的语言生活*

20世纪80年代开始的城市新移民大军——"农民工"群体,经历了40余年的发展变化,群体中的一部分人已经脱离了最初意义上的农民工状态,社会上很多人称之为"新市民"。身份的转变,让这些新市民的语言生活面貌有了很大变化。本文根据户籍身份、购买住房、在城市居留年限、居留意愿等属性,将此类新市民与其前身城市化初期的农民工状态区别开来:有户籍身份或是在城市购买了住房,或是在城市里不间断居住了10年以上的农村进城务工人员,属于客观事实上的新市民;居住5年以上10年以内的农村进城务工人员,如果有明确的居留意愿,也属于新市民范畴。

一 新市民的语言使用

本次新市民语言使用情况的调查,采取判断取样的方式,对沈阳、太原、郑州、济南等省会城市中符合条件的调查对象进行取样,共获得有效问卷调查样本442份,访谈调查对象近百人,主要考察了新市民普通话、方言(家乡话)和外语的使用领域和使用频率。

(一)普通话和家乡话的使用

本次调查结果显示,除了和家人说话外,新市民的语言使用基本上都是以普通话为主。详见表4-31。

对于新市民而言,在城市生活的大部分场合普通话都扮演着重要角色,这一点与农民工时期的语言使用相比有了明显的变化。调查者此前的在京农民工的调查结果显示:农民工的语言使用是一种分工模式,家乡话主要在亲密的、非正式的场合使用,属于内部语言;普通话主要用于"非亲密""正式场合",属

---

* 本文为国家社会科学规划基金一般项目"新市民语言市民化的模式研究"(16BYY061)的阶段性成果。

于外部语言。① 而对于新市民而言，这种分工的界限已经变得模糊，新市民在亲密、非正式场合中，普通话的使用和家乡话的使用已经势均力敌，甚至出现超越之势。

表 4-31　新市民普通话和家乡话的使用频率　　　　　　　单位：%

使用场合	使用频率				
	全部用家乡话	以家乡话为主	两者差不多	以普通话为主	全部用普通话
与家人说话时	19.1	17.6	22.9	22.1	18.3
与朋友聊天时	9.2	12.2	22.9	34.4	21.4
与同乡的同事交谈时	10.7	16.8	21.4	29.0	22.1
与不是同乡的同事交谈时	5.3	8.4	19.8	41.2	25.2
与顾客（客户）交谈时	6.1	3.8	13.7	46.6	29.8
与陌生人说话时	6.1	6.1	16.0	45.8	26.0
在公共场所说话时	5.3	5.3	13.7	43.5	32.1

（二）外语的使用

本次调查结果显示，新市民的外语使用能力有限。只有小部分新市民偶尔会用到英语，而且使用场合有限，大多数情况下根本不会用到英语，使用最多的情况是在辅导孩子作业时。② 详见表 4-32。

表 4-32　新市民外语使用情况　　　　　　　单位：%

调查内容		占比
几乎用不到外语		68.7
用到英语的情况	使用场合1　辅导孩子作业时	21.4
	使用场合2　工作时	7.6
	使用场合3　阅读产品说明书时	7.6
	使用场合4　和外国人说话时	6.9
	使用场合5　观看或收听外语作品时	3.8

---

① 见夏历《在京农民工语言状况研究》，中国传媒大学博士学位论文，2007年，第33页。
② 本研究过程中，调查者对新市民其他语种的使用情况进行了询问，结果表明被调查者都处于未接触过其他语种的状态。

二 新市民的语言水平

本研究主要调查了新市民普通话的标准程度、方言的保有程度和外语的会说程度。

(一) 普通话水平

调查显示，新市民都能够用标准程度不一的普通话完成交际任务，普通话的标准程度处于一般标准及以上的情况占比较大，详见表4-33。

表4-33 新市民普通话水平情况　　　　　单位：%

调查内容	占比
非常标准，没有口音	5.3
比较标准，基本没口音	32.1
一般标准	35.9
不太标准，有些口音	23.7
非常不标准，口音浓重	3.1

与十几年前所做的农民工调查数据相比[①]，新市民普通话水平有一定程度的提升。新市民中"非常不标准，口音浓重"的比例有所降低，而"比较标准，基本没口音"的比例有所提升。

(二) 方言水平

与普通话水平相比，新市民的家乡话并未呈现出随着在城市居留时间的推移而保有水平受到明显影响的趋势，详见表4-34。

表4-34 新市民家乡话水平情况　　　　　单位：%

调查内容	占比
与来城市之前差不多	79.3
还会说，但说得不地道了	15.2
不太会说家乡话了	5.5
听不懂也不会说了	0.0
其他	0.0

---

① 具体数据参见夏历《城市农民工普通话水平调查研究》，《淮阴师范学院学报（哲学社会科学版）》2007年第3期，第378页。

在进一步的访谈中,很多新市民表示,虽然自己的家乡话没有太大的变化,但是在有些时候想不起一些家乡话的词语或是不太会用家乡话表达,会用普通话的词语或表达来代替。

(三)外语水平

调查显示,一半左右的新市民不会说外语(英语),也就是说一半左右的新市民的外语水平处于空白状态;会说外语(英语)的新市民的实际水平也停留在较低的程度,只是会说一些单词。详见表4-35。

表4-35 新市民外语水平情况　　　　　单位:%

调查内容	占比
不会说	48.3
会说一些单词	38.6
会说一些句子	13.1
会说大段英文	0.0
其他	0.0

三 新市民的语言态度

本次新市民语言态度调查主要考察新市民对普通话、方言和外语的主观评价,同时还关注新市民对自身普通话水平的期望程度,以及对方言消失、保护、抢救的看法等。

(一)对普通话的态度

1. 对普通话的主观评价

调查显示,绝大部分新市民对普通话的态度很明确,只有占比极少的新市民对普通话没有感觉。详见表4-36。

可以看出,新市民对普通话的态度已经比较理性,对普通话的工具性接受和认可度最高,对普通话的用处多的接受和认可度并不是很高,对于普通话的情感归属不强。这一点通过与以往所做的农民工的调查数据对比可以更清楚地看出,农民工对普通话的用处评价(94.52%)和情感评价(好听63.53%、亲切

57.35%)[1]带有非理性化的色彩,对于普通话的用处会处于一种放大化的认知状态和一种倾向性的情感认同。新市民不一样,他们在城市里生活了很多年,对于普通话的认知逐步回归到语言的本质属性工具性上,而对语言所承载的主观认知色彩则逐渐脱落。

表4-36 新市民对普通话的主观评价 单位:%

调查内容		占比
主观评价1	方便交流	72.4
主观评价2	用处多	40.0
主观评价3	好听	28.3
主观评价4	亲切	26.2
主观评价5	没感觉	0.7

2. 对自身普通话水平的期望程度

调查显示,一半以上的新市民对自身的普通话水平期望程度较高,尤其是对自身普通话水平期望为"很熟练、很标准"程度的新市民占比达到了五分之一。详见表4-37。

表4-37 新市民对自身普通话水平的期望程度 单位:%

调查内容	占比
很熟练、很标准	21.4
熟练且比较标准	29.7
能进行一般交际就行	24.8
没什么要求	22.1
其他	2.1

前文的分析显示,新市民对普通话的评价回归理性,结合这部分新市民对自身普通话水平的期望程度分析,可以看出新市民对于普通话的工具性认知的具体化。也就是说,新市民对于普通话这种交际工具需要达到什么样的程度才能满足自身发展的需要,有了更为明晰的认知。

(二)对家乡话的态度

本次调查着重考察了以下几个方面:新市民对家乡话的主观评价、新市民对

---

[1] 见夏历《在京农民工语言状况研究》,中国传媒大学博士学位论文,2007年,第87页。

自身保有家乡话的态度、对方言消失的看法、对方言抢救的看法以及对方言代际传承的态度等。

1. 对家乡话的主观评价

调查显示，家乡话对于新市民而言，仍是一种情感纽带。新市民在城市里听到家乡话时仍会感到很亲切，但是对于家乡话的归属感降低，觉得家乡话好听的新市民占比不到四分之一。详见表4-38。

表4-38　新市民对家乡话的主观评价　　　　　　　　单位：%

调查内容		占比
主观评价1	亲切	77.1
主观评价2	好听	24.8
主观评价3	有点土	5.7
主观评价4	没感觉	13.4

新市民对家乡话的归属感逐步降低，这一点通过"好听"一项的统计结果可以看出：新市民对家乡话的评价低于普通话的28.3%（见4-36），更低于之前的农民工的49.55%[①]。

2. 对自身和下一代保持住家乡话的态度

对于自身家乡话的保持情况，一半左右的新市民所持的态度属于很认同的状态，认为保持住家乡话是一件重要的事情；与此相对，占比不少的新市民对家乡话的代际传承持不明晰的态度，或是明确表示不希望子女保持家乡话。见表4-39。

表4-39　新市民对自己和下一代保持家乡话的态度　　　单位：%

自身	占比	下一代	占比
非常重要	26.8	非常希望	17.2
比较重要	23.6	比较希望	21.7
一般	40.8	一般	42.0
不太重要	3.2	不太希望	10.8
不重要	1.3	不希望	2.5
没想过	4.5	没想过	5.7

3. 对方言消失和抢救的看法

调查显示，对于家乡话的发展前景，一半的新市民处于没有明确意见的状

---

① 见夏历《在京农民工语言状况研究》，中国传媒大学博士学位论文，2007年，第108页。

态。与对"方言消失"态度相呼应,"家乡话需要抢救"的调查结果也是以"一般"这种不明晰的态度占主流。见表4-40。

表4-40 新市民对"方言是否会消失、需要抢救"的看法　　　单位:%

方言消失	占比	方言抢救	占比
完全同意	13.4	非常需要	19.7
基本同意	12.1	比较需要	18.5
一般	40.8	一般	38.9
基本不同意	14.0	不太需要	10.8
完全不同意	10.8	非常不需要	0.0
没想过	8.9	没想过	12.1

(三)对外语的态度

调查显示,新市民对英语在情感上没有更多的认同感,主要是意识到了英语的实用价值,一部分新市民认为说英语能够提升自身的形象。详见表4-41。

表4-41 新市民对英语的主观评价　　　单位:%

调查内容		占比
主观评价1	好听	14.0
主观评价2	亲切	6.4
主观评价3	有用	66.2
主观评价4	显得有文化	29.9
主观评价5	没感觉	6.4
主观评价6	其他	3.2

四 新市民的语言需求

立足于新市民群体的特色,从该群体融入城市的角度出发,本次调查还关注了新市民的普通话和外语学习需求、新词新语的获取需求、子女语言教育需求等相关内容。

(一)语言学习需求

新市民来到城市的时间相对较长,普通话已经能够满足工作和生活的需要,在这样的情形下,仍有三分之一的新市民表示愿意参加相关培训,表现出了对普通话进一步学习和提升其水平的愿望和需求;新市民对英语也有学习的意愿,一半左右的新市民表示希望参加英语培训;在新词新语的学习①上,大部分新市民持平常心态,基本上顺其自然,还有占比5%的新市民不希望学习新词新语,持排斥态度。详见表4-42。

表4-42 新市民语言学习需求情况　　　　　　　　　　　　　　单位:%

普通话学习需求	占比	外语学习需求	占比	新词新语学习需求	占比
非常希望	12.9	非常希望	38.0	非常希望	12.1
比较希望	20.2	比较希望	15.3	比较希望	17.8
一般	30.7	一般	25.2	一般	58.0
不太希望	12.9	不太希望	8.6	不太希望	2.5
不希望	1.8	不希望	0.6	不希望	2.5
没想过	21.5	没想过	12.3	没想过	7.0

(二)对子女语言教育的需求

调查结果显示,新市民对子女会说普通话和英语的期望值非常高,而且很一致,可以说新市民基本上都希望自己的子女会说普通话和英语。详见表4-43。

表4-43 新市民对子女会说普通话和英语的期望程度　　　　　　单位:%

普通话	占比	英语	占比
非常希望	72.4	非常希望	75.8
比较希望	17.8	比较希望	18.5
一般	7.4	一般	3.8
不太希望	0.0	不太希望	0.6
不希望	0.0	不希望	0.0
没想过	2.5	没想过	1.3

综上所述,新市民在城市里已经转变为以使用普通话为主,普通话水平集中在一般标准及以上的层面,对待普通话的主观认知更加体现出对语言工具性的认可,对普通话的认同感也趋于理性。新市民家乡话的使用频率降低,方言地道程

---

① 此项调查是在国家语言资源监测与研究中心发布的"年度中国媒体十大流行语""年度十大网络用语",以及《咬文嚼字》编辑部发布的"年度十大流行语"中选出词语,以了解新市民对当下语言生活的知晓、参与情况。

度略有下降；在心理上与家乡话渐行渐远，已不再觉得家乡话悦耳动听，认为不及普通话的悦耳程度，此时对家乡话的情感认同也不能和农民工时期相比。新市民外语的使用情况较少，使用的场合主要是子女教育领域，外语水平偏低，整体表现为会说一些单词的状态；对外语的功能价值认同度高，普遍认为外语有用。在语言需求上，一部分新市民表示对自身的普通话能力还有进一步提升的需求；大多数新市民在子女语言教育上表现出了对子女学好普通话和外语的强烈需求，这种表现在调查的各种项目中最为一致；在新词新语等体现新信息摄取的内容层面，新市民对新词新语的整体知晓程度不高，一半左右的新市民认知兴趣和学习需求平淡。

五 几点思考

（一）新市民语言市民化与城市化进程互相促进

新市民在其市民化过程中，语言面貌也发生很大变化，这为城市化整体进程和城市文明建设注入了新的内容。与此同时，新市民作为城市的新生力量，与乡村有着千丝万缕的联系，这决定了他们会为国家新农村文化建设起到示范和引领的作用，能够将城市化和新农村建设联结成为一体化的过程。

（二）新市民语言市民化进入新阶段

新市民的语言市民化是一个逐步推进的过程，基本上都经历了初步调整期、逐步适应期和深度融合期几个阶段。目前，前两个阶段已经基本完成，而后一个深度融合阶段还未能真正实现。因此，现阶段新市民语言市民化的重心应该是深度融合阶段的推进，这是一个值得思考的新内容。城市化进程，需要以更加包容开放的姿态，让这些新市民能够更深入地融入城市生活，使其能够拥有更多机会参与城市文明整体氛围建设。

（三）新市民语言市民化过程中需要积极的语言管理

新市民的语言面貌，体现和影响着中国民众整体的语言能力。其语言市民化过程也必然会产生一系列相关问题，如对方言资源价值的忽视甚至摒弃心理，语言市民化未能进入深度融合状态，交际中处于被动状态、语言表达能力不强，对子女语言教育指导的诉求不明或难以满足等。因此，从语言管理的角度出发，需要分层次、多方协同实现新市民语言的进一步市民化。这既需要国家层面的宏观调控，如出台提升国家公民语言能力的相关政策；也需要各地方语言文字工作委员会等相关部门，进行上下衔接的中观把握，如开展新市民语言服务等；还需要社区甚至是家庭等基层组织或结构单位，在微观层面开展具体工作，如进行家庭语言教育培训等。

（夏　历）

在粤巴西人语言使用及语言服务需求调查*

2021年9月5日,中共中央、国务院印发《横琴粤澳深度合作区建设总体方案》。方案明确了横琴粤澳深度合作区的四大战略定位,并提出要充分发挥澳门对接葡萄牙语(以下简称葡语)国家的窗口作用,支持合作区打造中国—葡语国家服务平台。巴西是金砖五国之一,也是世界上最重要的葡语国家之一。在粤巴西人已形成目前中国境内最大的巴西人聚居区,本文通过在粤巴西人社区的语言调查、观察和访谈,呈现他们的语言生活状态和语言服务需求,为"横琴方案"的实施提供决策参考。

一 调查概况

(一)在粤巴西人言语社区

20世纪90年代,巴西制鞋产业遭受危机,许多制鞋和皮革工厂转移到我国珠江三角洲地区。一批批制鞋业专家、高级技术工人及其家人漂洋过海,陆续来到广东从业、创业,在东莞和开平两地逐渐形成了相对集中的巴西人社区。初来东莞的巴西人大都从事制鞋业和皮革业相关工作,有一些巴西人相随来到中国从事一些服务性工作,如开巴西餐馆、给巴西孩子做葡语教师等;还有一些未成年的巴西人,跟随父母来到东莞,在当地的巴西社区学校、中国学校或国际学校上学。据巴西驻广州总领事馆估算,生活在东莞的巴西人前后大约有3000人,其社区规模是上海的两倍、北京的三倍。① 东莞巴西人言语社区为本文主要考察对象。

---

* 本文为2019年度广东省普通高校"服务乡村振兴计划"重点领域专项项目"粤港澳大湾区语言复杂性个案研究:以东莞巴西人言语社区为例"(2019KZDZX2031)的阶段性成果。
① 胡宇飞《巴西人在东莞》,《董事会》2008年第10期。

（二）调查样本构成

东莞巴西人的母语为巴西葡语（也称"巴葡"），是葡语的一种变体①。本次调查主要针对他们可能会使用的葡语、普通话、英语和粤方言。

受2020年年初新冠肺炎疫情的影响，大约三分之二的东莞巴西人无法按原计划返回中国。从2020年下半年到2021年年初，我们以滚雪球的方式开展了问卷调查，并深入社区进行了深度访谈和观察。最终我们利用线上和线下共获得调查问卷70份，有效问卷67份，有效率为95.7%。其中成年人46份，男性28人、女性18人；未成年人21份，男童9人、女童12人。为保证数据的科学性，我们只选择六岁以上的未成年人作为调查样本，填写问卷时均有老师或父母在旁边监督。根据受访意愿，我们选择了7位成年人做深度访谈，男性2人、女性5人，其中1位女性为中国人，是巴西社区学校的汉语教师。成年人样本的基本信息见表4-44至表4-47。

表4-44　东莞巴西成年人样本年龄分布（N=46）

年龄段	18—30岁	31—40岁	41—50岁	50岁以上	合计
人数/人	3	16	18	9	46
占比/%	6.5	34.8	39.1	19.6	100.0

表4-45　东莞巴西成年人已婚样本配偶国籍情况（N=44）

配偶国籍	巴西	中国	其他	合计
人数/人	26	14	4	44
占比/%	59.1	31.8	9.1	100.0

表4-46　东莞巴西成年人样本在莞时长情况（N=46）

在莞时长	一年以内	1—2年	3—5年	6—10年	10年以上	合计
人数/人	3	5	6	10	22	46
占比/%	6.5	10.9	13.0	21.8	47.8	100.0

表4-47　东莞巴西成年人样本职业情况（N=46）

职业	制鞋行业	贸易相关	教师	烹饪相关	家庭主妇	其他	合计
人数/人	11	9	9	6	3	8	46
占比/%	23.9	19.6	19.6	13.0	6.5	17.4	100.0

---

① 葡萄牙语的变体还包括欧葡（葡萄牙葡语）、非葡（在非洲葡语国家通用的葡语），统称葡语。

二 语言使用情况

(一)交际语码

1. 成年人

东莞巴西成年人大部分掌握两种或多种语言/方言,调查显示:有近半数的受访者自报掌握两种语码,有四分之一掌握三种语码,相对地,单语者和掌握四种语码的都较少;自报会说普通话的仅过四分之一,更没有人自报会说粤方言,详见表4-48。

表4-48 东莞巴西成年人交际语码种类掌握情况(多选,N=46)

语码	人数/人	占比/%
葡语	46	100.0
英语	36	78.3
普通话	13	28.3
粤方言	0	0.0
其他①	10	21.7

就各种语码的熟练程度(见表4-49)来说,因其母语是葡语,东莞巴西人的葡语水平自然是最高的;他们的英语水平也比较高,几乎所有的受访者都表示自己可以听懂英语;而他们的普通话水平则大大低于同为非母语的英语,有近半数的受访者表示能简单交流,而表示只能听懂但不会说和完全不会说的也接近半数。他们的粤方言的水平最低,如表4-48中没有一个受访者自报掌握了粤方言,尽管有少数受访者表示能用粤方言做简单交流,但近70%的受访者是完全不会的。

表4-49 东莞巴西成年人交际语码熟练程度(多选,N=46)

语码	熟练程度				
	能完全流畅交流	基本能够交流	能简单交流	能听懂但不会说	完全不会
葡语	46(100.0%)	0(0.0%)	0(0.0%)	0(0.0%)	0(0.0%)
英语	17(37.0%)	14(30.4%)	10(21.7%)	5(10.9%)	0(0.0%)
普通话	2(4.4%)	3(6.5%)	21(45.7%)	14(30.4%)	6(13.0%)
粤方言	0(0.0%)	1(2.2%)	4(8.7%)	9(19.6%)	32(69.5%)

---

① "其他"的语言有西班牙语、法语、德语、意大利语等。

2. 未成年人

调查显示，东莞巴西未成年人也普遍具备双语或多语能力，85.7%的受访者自认为掌握葡语、普通话和英语三种语言，其中掌握普通话和英语的差别不大，如下表4-50。可以看出，大部分人对自己的普通话和英语能力也都比较自信，但同样没有受访者认为自己掌握了粤方言。

表4-50　东莞巴西未成年人交际语码种类掌握情况（多选，N=21）

语码	葡语	普通话	英语	粤方言
人数	21（100.0%）	18（85.7%）	19（90.5%）	0（0.0%）

就语言熟练程度的具体评价而言，总体上英语水平要比普通话水平高一些，英语达到完全能听能说的占61.9%，而普通话只有19.1%，超过半数的孩子普通话处于能听懂一些也会说一些的水平；认为自己听不懂也不会说粤方言的超过四分之三。

数据对比发现，成年人与未成年人的语言/方言能力情况整体趋于一致：葡语＞英语＞普通话＞粤方言。其中差距较大的是普通话能力，未成年人的普通话水平远高于成年人。调查中得知，未成年人大多在东莞出生，有着良好的汉语言环境，他们读书的学校也或多或少都开设了汉语课。而粤方言没有进入当地的课堂教学，多数孩子接触不到粤方言，同时他们父母的粤方言水平普遍都很低，因此这些孩子的粤方言水平也比较低。

（二）语言使用

根据预调查了解的实际情况，本文主要呈现东莞巴西成年人的语言使用状况，将其具体语境分为家庭、工作、公共和网络社交领域。

1. 家庭领域

表4-51　东莞巴西成年人在家庭领域的语码使用情况（多选，N=46）

交流对象	语码				
	葡语	普通话	英语	粤方言	无此情况
父母	38（82.6%）	5（10.9%）	4（8.7%）	0（0.0%）	3（6.5%）
配偶	35（76.1%）	9（19.6%）	19（41.3%）	0（0.0%）	3（6.5%）
子女	36（78.3%）	10（21.7%）	17（37.0%）	0（0.0%）	8（17.4%）

表4-51显示，家庭内部与不同的对象交流时，葡语的使用率均超过75%，

可见他们是将葡语作为主要家庭语言。值得注意的是，在跟配偶、孩子交流时，有41.3%和37%的人选择了英语，这是因为东莞巴西人社区中有一些跨国婚姻家庭，首选交际语言是英语。而即使是在配偶为中国人的跨国婚姻家庭中，普通话也不经常使用，更没人使用粤方言。

2. 工作领域

工作领域的交际对象主要包括老板、同事，大部分巴西人工作中接触的当地市民有限，而且往往要在中国同事的帮助下才能进行交流，因此我们剔除了这一场景。

表4-52　东莞巴西成年人在工作领域的语码使用情况（多选，N=46）

交流对象	语码				
	葡语	普通话	英语	粤方言	无此情况①
老板	25（54.3%）	16（34.8%）	32（69.6%）	0（0.0%）	4（8.7%）
同事	30（65.2%）	24（52.1%）	37（80.4%）	0（0.0%）	3（6.5%）

工作领域的语言使用行为要比家庭更加正式。表4-52显示，不管是老板还是同事，受访者在工作领域中使用最多的是英语，这也与此前相关的调查形成印证，即"在莞巴西人通常以第三语言——英语为工作语言"②；其次是葡语；再次是普通话，也仅限于与工作相关的简单会话；最后是粤方言，没人使用。

3. 公共领域

公共领域包括百货公司、超市、菜市场、餐饮娱乐场所、政府办公机构、医院、公共交通等。数据显示，普通话和英语是受访者在公共领域中主要使用的两种语言，在百货公司、超市、菜市场等的使用率均超过50%。其中，超市、菜市场、公共交通等，普通话的使用率最高；百货公司、餐饮娱乐场所、政府机构以及医院等，英语的使用率最高。这主要是由场合决定的，普通话在东莞巴西人的公共交际中只是辅助性的，他们仅会用一些简单的基本的词句，"比如说出去喝咖啡，出去吃饭，'要冰的''菜不要辣的'，但长句子就不行了"③。与此前两种情况相同，公共领域中也没有人用粤方言。

在公共场合，葡语的使用率整体较低，只在餐饮娱乐场所中超过20%。据观

---

① "无此情况"意为无此工作状态或自己做老板，或者没有其他同事。
② 丁浩、尚雪娇《葡语国家黄皮书：中国与葡语国家合作发展报告（2019）》，北京：社会科学文献出版社，2019年，第224页。
③ 根据访谈录音翻译、转写。

察,这是因为有巴西人在东莞开了一些巴西风味的餐厅,很多巴西人会来此用餐。

4. 网络社交领域

巴西人最喜欢的国际社交媒体有脸书(Facebook)、WhatsApp、Instagram[①],而东莞巴西人在中国常用的是微信和QQ。

调查显示,在不同的网络社交中,受访者的语言使用模式不同:微信和QQ上主要使用葡语、普通话和英语,其中英语的使用人数最多,占82.6%,葡语次之,占60.9%;普通话再次之,占50%。而在使用国际社交软件时,受访者更多使用葡语和英语,占比分别为80.4%、65.2%,普通话仅占13%。在浏览网页时,80.4%的人会使用葡语,76.1%的人会使用英语,仅有19.5%的人会使用中文,主要因为阅读汉字对于巴西人来说非常困难。

综上,成年人和未成年人在日常生活领域中最常使用的都是葡语、英语和普通话,不用粤方言,具体表现为:葡语是成年人和未成年人在家庭领域中最主要的语言,葡语和英语是成年人在工作领域和社交网络领域中使用最多的两种语言,英语和普通话则是成年人在公共领域中主要使用的两种语言;在未成年人的学校环境中,葡语、普通话和英语是他们与老师之间主要使用的三种语言,葡语、英语是同学之间交流使用最多的语言。

而普通话,有时候是"被动使用"的,比如成年人在公共领域中会使用普通话、未成年人和汉语教师之间会用普通话对话等。显而易见,普通话在成年人和未成年人的语言生活中作用是不同的,对于未成年人来说,普通话是要学习的一种语言工具,他们不仅是向汉语教师学习,更是在东莞的汉语言大环境熏陶下掌握普通话。在某种程度上,未成年人的普通话使用比成年人更加复杂。

三 语言态度与语言服务需求

(一)语言态度

我们让受访者从情感、认知、行为等几个方面对葡语、普通话、英语和粤方言进行评价,每项评价均采用李克特五度量表(赋值1—5分)。调查结果显示,受访者对葡语、普通话、英语和粤方言的整体评价分别为4.21、4.09、4.42和

---

① 张乔编译《调查:社交媒体为最受巴西人欢迎APP》,《巴西南美侨报》,2018年12月30日。WhatsApp、Instagram 目前尚无统一的汉译名称——作者注。

2.77 分，即前三种语言的评价较高，粤方言的评价较低，说明东莞巴西人更偏爱英语、葡语和普通话。限于篇幅，这里仅从以下三个方面做简要的解析。

情感方面，葡语的分值最高，这对于母语为葡语的东莞巴西人来说十分自然，对母语及其文化的情感认同，即便是在异域文化环境中也是如此。因此，多数巴西父母都把孩子送到东莞巴西社区学校学习，希望下一代能继续说葡语。

应用方面，英语的分值最高，即英语最有社会影响力、用处最大。葡语和英语同属于印欧语系，有很多单词拼写一致，因此巴西人更容易掌握英语，英语的总体水平也比较高。在东莞巴西人的生活圈子里，英语也是通用的语言，有受访者表示，很多中国朋友一般会选择用英语跟他们交流。

意愿方面，普通话的分值最高。东莞巴西人对自身和下一代的普通话能力的意愿程度都比较高。很多受访者明确表示，学习普通话在中国生活会更方便，对于孩子们来说，普通话学习是必要的。这表明，受访者更看重普通话的实用性。

虽然受访者对普通话的评价较高，而且他们大多数人在东莞生活的时间也较长，但其普通话能力普遍偏低，主要原因有两个：一是普通话学习难度大，二是英语能够满足基本需求。

对东莞巴西成年人来说，英语是第一外语，而普通话则是第二外语。对粤方言的评价，各方面的分值都是最低的，这是由于受访者对粤方言缺少使用需求。很多人没有接触过粤方言，对东莞本地的方言文化更不了解，再加上粤方言的学习难度更大于普通话，因此对粤方言的认知仅仅停留在表面。

对未成年人的调查同样显示，他们对葡语、普通话、英语也多持正面评价，而对粤方言的评价则多为负面的或不确定，排序依次是：葡语＞英语＞普通话＞粤方言，这也表明未成年人的语言态度与成年人趋同。

可见，未成年人主要受到父母语言态度的影响，特别是对普通话，社区学校的汉语教师坦陈："他们觉得中国非常好，在中国待得很开心，他们觉得中文这门语言很难，如果能学会的话将来很有竞争力，所以他们的小孩学中文积极性很高；也有一部分家长是为了生存不得不学这门外语，这种态度也会传给小孩。"

（二）语言服务需求

我们有针对性地考察了东莞巴西人的语言使用困难及影响因素，据此分析他们潜在的语言服务需求。调查结果显示：

第一，在所考察的五大生活领域中，从高到低排列，受访者的语言使用困难程度依次为：就医、社区、购物、交通、就餐。受访者普遍感到最困难的是就医，尤其是用中文解释病状、听懂医护人员的指示以及看药品说明等；困难最小的是就餐，特别是到餐厅吃饭。多位受访者认为去看病与医务人员沟通非常难，因为没有英文标识乘坐公交车也非常不方便。另有多位受访者也对东莞多语服务提出建议，认为所有公共领域指示牌应加上英语标识。

第二，具体分析影响上述五大生活领域的因素可以发现：（1）在莞生活时长与受访者的语言使用困难程度，并没有呈现完全正相关的趋势，而是随着在莞生活时长的增加，困难指数不断上升并达到高峰，6—10年或10年以上又开始出现下降的走势，这应与受访者社会融入的程度有密切关系。（2）普通话能力对语言使用困难程度的影响，主要表现为：同英语相比，高水平的普通话能力在交通、购物、就餐、就医、社区领域中，能够更有利于降低语言使用的困难程度，想要更好地在东莞生活，只会英语还是不够的，还应该学习和使用普通话。

四　思考与建议

目前，我们对在粤巴西人语言使用情况及语言服务需求所知甚少，其言语社区基本处于自为的存在状态，还有很多工作要做、可做。

第一，进一步开展调查研究，全面了解在粤乃至在华巴西人实际的语言需求，完善语言服务机制，特别是应急语言服务。可通过与当地社区、社区学校共建葡语实践基地等形式，为他们特别是第二代在华巴西人提供必要的语言服务，互利共赢；并可引导、鼓励社会机构为其提供多元化的汉语学习服务，促进语言认同以及汉语在国际社区中的传播，共建和谐言语社区。

第二，做好大湾区内多语资源的普查工作，切实掌握大湾区内语言复杂性及多语人才需求情况，将语言资源的优化配置纳入粤港澳大湾区的整体规划中，为大湾区的建设发展助力。

第三，紧密结合"横琴粤澳方案"的实施，境内外联动，充分发挥在粤、在华巴西人葡语国家公民身份的天然优势，挖掘葡语资源，建立粤澳葡语经济、文化交流的畅通渠道；开办葡语培训学校，培养、储备葡语人才，打造葡语基地，为粤澳及中国与葡语国家的交流与合作，提供切实的语言服务。

（汪　磊、黄妙玲、尚雪娇）

国际中文教育（2021）*

2021年3月颁布的国家"十四五"规划纲要明确提出建设中文传播平台，构建中国语言文化全球传播体系和国际中文教育标准体系。11月，国务院办公厅印发《关于全面加强新时代语言文字工作的意见》，明确提出要"大力提升中文国际地位和影响力""加强国际中文教育和服务""拓展语言文字国际交流合作"。这些都对国际中文教育在教学开展、学术研究、资源研发、标准建设等方面的发展提出了新的要求。

一 线上教学成为新常态

2021年新冠肺炎疫情持续蔓延，来华留学整体状况依然十分低迷，面对面授课难以维持，有关方面出台了《国际中文在线教育行动计划（2021—2025）》等政策性文件，强调借助现代科技进一步赋能国际中文在线教育的必要性，同时也提出了一些重要举措。目前，国际中文教育仍以线上教学为主，主要形式有直播、录播等。

（一）线上教学资源日益丰富

据《国际中文教育教学资源发展报告（2021）》[①]数据，2021年海量教学素材、近4000种电子教材、近5000节微课、近400门慕课上线，最受欢迎的课程注册人数已达90多万人。各类中文学习相关的应用程序（APP）和网站也如雨后春笋般涌现，国内平台有中文联盟、中国大学MOOC、学堂在线、好大学在线、梧桐中文、嗨中文等，国外平台主要有Coursera、edX等。教育部中外语言交流合作中心（简称语合中心）也发布了语合智慧教室平台，并大力倡导教学资源共享。此外，抖音、爱奇艺、腾讯视频、哔哩哔哩（B站）、油管（Youtube）等几

---

* 本文为"国际中文教师志愿者项目品牌创新与传播力研究"（21YH07B）的阶段性成果。本文所谈内容不包括海外华语传承部分。

① 《国际中文教育教学资源发展报告（2021）》，北京：北京语言大学出版社，2022年。

大视频和社交媒体网站也出现了类似于中文微课的视频。

目前"中文联盟"上线课程已突破340多门、1.6万多节,为210多个国家和地区的中文教学机构及全球500多所孔子学院提供在线教学服务,惠及全球2000多万中文学习者。创新实施特色远程教学项目,目前已与海外中文教育机构合作共建15家网络中文课堂和中文学习测试中心,有力助推了中文在线教育多样化发展。①

作为中文学习的重要门户,全球中文学习平台于2019年10月25日上线,利用智能语音和人工智能技术服务国内外中文学习者。截至2021年6月,平台已覆盖176个国家和地区,累计发展用户345万。②

(二)在线考试与师资培训发展迅速

HSK居家网考已在84个国家和地区开展,累计参与考生8万余人,已成为和线下考试并行的一种常态的考试形式。③此外,专项汉语考试,包括汉语水平口语考试(HSKK)、中小学生汉语考试(YCT)、商务汉语考试(BCT)和医学汉语水平考试(MCT)也在稳步推进。《国际中文教师证书》考试的考试人数超过1.2万人。各类与中文相关的考试人数也从一个侧面反映出目前中文学习者和国际中文教育从业者的状况,以及人们对未来中文和中文教育的信心。

线上培训在支持外国本土中文教师专业发展方面发挥了重要作用。数据显示,从2021年年初至10月,语合中心共举办外国本土中文师资线上培训15期,来自27个国家和地区的近1300名本土中文教师接受了培训。④

(三)线上教学问题依然存在

首都师大"中文教师在线教学现状调查"团队调研发现,和线下教学相比,在线授课的教师认为约70%的学生注意力下降。教师和学生都普遍反映,学生在线学习的积极性和学习效果均不如线下。较为突出的问题包括学生上课状态不好、注意力下降明显、学生之间互动少、师生课外沟通困难、教师回收批改作业受限等。

---

① 马箭飞《国际中文教育开创新局面》,《神州学人》2022年第1期。
② 《全球中文学习联盟年会提出构建优良中文学习生态》,中国教育新闻网,2021年6月15日,http://www.jyb.cn/rmtzcg/xwy/wzxw/202106/t20210615_597830.html。
③ 《累计8万余考生参加,HSK居家网考好评如潮》,"语合中心"微信公众号,2021年9月9日,https://mp.weixin.qq.com/s/fwUu2Grecd8T19Ww4qzrQQ。
④ 数据来源:语合中心网站,http://www.chinese.cn/page/#/pcpage/search。

二 "中文+职业教育"发展势头强劲

国际中文教育与职业教育融合发展，拓展了"中文+"的内涵，增强了国际教育市场适应性。加快推进国际中文教育和职业教育"走出去"融合发展，实施"中文+职业教育"，是我国教育对外开放的应有之义，也是提升我国教育国际影响力、打造教育国际品牌的重要实践。[①]

（一）积极推进"中文+职业教育"的国际化发展模式

2021年10月，中共中央办公厅、国务院办公厅印发《关于推动现代职业教育高质量发展的意见》，提出"推动职业教育走出去""探索'中文+职业技能'的国际化发展模式""要推出一批具有国际影响力的专业标准、课程标准、教学资源"。各地区"要把职业教育纳入对外合作规划，作为友好城市（省州）建设的重要内容"。10月15日，教育部网站公布了《关于政协第十三届全国委员会第四次会议第2624号（教育类091号）提案答复的函》。针对《关于应对国际中文教育面临的挑战和风险的提案》，教育部答复称"鼓励国内职业教育机构、中资企业参与国际中文教育，促进职业技能与国际中文教育'走出去'融合发展，推动各国经济发展和民心相通"。

（二）东南亚国家依然是重点发展区域

"中文+职业教育"发展迅速。为适应东盟国家中文学习者对于"中文+职业技能"学习的迫切需求，教育部语合中心根据技能类别、适用人群、地域特点等因素，在泰国开设"中文+高铁""中文+电子商务"课程，在印尼开设"中文+旅游"等课程，涵盖技能培训、旅游、机电、农业、高铁、航空等众多领域。这些课程深受当地中文学习者欢迎，既满足了个性化学习需求，又提升了综合素质和就业能力，为中资企业输送了大批懂中文的专业技能型复合人才。

语合中心与泰国教育部职业教育委员会已签署《关于开展"中文+职业技能"合作的谅解备忘录》，共同建设中泰语言与职业教育学院，已吸引20余所泰方职

---

① 马箭飞《构建"中文+职业技能"教育高质量发展新体系》，《中国职业技术教育》2021年第12期。

业院校加入,①并与南京工业职业技术大学、北京工业职业技术学院共建"中文+职业技能"国际推广基地,聚焦解决专业标准、教学资源、师资培养国际化等瓶颈问题,为整合国际中文教育和职业教育资源,促进中文教育和职业教育融合创新和协同发展积累实践经验。

(三)国内外校企合作有助于推动"中文+职业教育"进一步发展

"中文+职业教育"立足中文教育和职业教育的基本属性和特点,以国外需求为前提、以中文教学为基础、以技能教育为特色、以产教融合为途径,中文教育和职业教育有机融合、互为补充,帮助国外学习者在获得职业技能的同时,提升跨文化交际能力,最终成功开启职业生涯,有效解决当地企业的人力资源问题。不断拓展国内外校企合作的形式与内容是"中文+职业教育"的有效路径之一。

高校、职业学校、中资企业深度合作,共同参与职业教育专业规划、课程设置、教材开发、教学设计、教学实施,合作共建新专业、开发新课程、开展订单培养,是今后"中文+职业教育"的发展趋势。

结合中国的行业发展优势和国际影响力,以及国外的区域特点、行业现状与群体需求,"中文+职业教育"在办学形式、师资培养、课程设置、资源建设等方面,将会进一步明确中文教育和职业教育的不同职能、工作重点和目标,有效衔接中外职业教育办学标准和技术产业标准,完善"中文+职业教育"的供给模式,这也是提升我国产业技能标准国际适应性的现实需要。

三 学术研究注重服务中文国际传播能力提升

从《世界汉语教学》等12种业内期刊和辑刊②发表的论文数据看,2021年业内最受关注的主题仍然是新冠肺炎疫情与国际中文教育。在学术关注度最高的

---

① 马箭飞《国际中文教育开创新局面》,《神州学人》2022年第1期。
② 12种期刊和辑刊为:《世界汉语教学》《语言文字应用》《语言教学与研究》《汉语学习》《语言战略研究》《云南师范大学学报(对外汉语教学与研究版)》《国际汉语教育》《国际汉语教育研究》《汉语国际教育学报》《汉语国际教育研究》《语言政策与语言教育》《语言政策与规划研究》。

前10篇论文[①]中，6篇主题为疫情下的国际中文教育，而学术影响力[②]最高的论文前3篇的主题均与疫情相关。可见，新冠肺炎疫情对国际中文教育造成的重大冲击引起了学术界的高度关注，无论是学生数量、教学形式、教学方法、教学内容，乃至师资培养方式和后疫情时代的发展，都成为研究者迫切想要解决的问题。

从国家社科基金、教育部、教育部语合中心、汉考国际等业内主要的研究资助项目的情况可以看出，2021年获得资助立项的数量比上年显著增多，要求完成结项的时间显著缩短，特别是语合中心的很多项目要求1年结项。这也体现出国家对国际中文教育的资助力度明显加大，对成果产出及转化的期待也明显增强。

2021年国际中文教育领域受到资助的项目主要集中在教学、考试、标准、传播能力、在线教育、师资培养和资源库建设等几大领域。传统的与教学相关的项目仍然受到重视，立项最多。其中立项数量最为突出的是在线教育研究和资源库建设，这两类研究已经成为业内最大的热点。

此外，中文传播能力的相关研究异军突起，立项数达十余个。而在期刊论文的学术关注度指标里，排名第三的研究也与中文传播力相关。可见，中文传播能力研究正在成为新的研究热点。另外，有关"中文+"的研究也受到关注，中文教育如何与职业技能提升结合，如何与中国优势产业发展及其中资企业出海相结合，如何服务于国家对外经济和政治战略，都成为国际中文教育关注的问题。

分析中国知网的作者分布可以发现，2021年期刊和辑刊论文的作者主要集中于北京、上海两地，但从几大机构立项情况看，除北京、上海两大研究中心外，广东、山东、湖北、新疆、安徽、浙江、河北、河南等各地高校均有项目获得资助。从申报和获批情况看，许多地方高校显示出较强的研究意愿和研究实力。

项目资助对研究方向的引领作用是显而易见的。2021年从研究项目资助和已发表论文两个角度看，国家层面更加鼓励研究者对行业发展现实的关注，鼓励科研助力新形势下教学模式的转变，鼓励科研成果向实际应用转化。同时，也特别鼓励科研成果能从宏观（如汉语传播能力）和微观（如师资培养）两个方向进行更具实用性和可操作性的研究。

---

① 学术关注度参考中国知网下载量数据，下载量大表示更受学术界关注。检索时间为2021年12月30日。

② 学术影响力指标参考中国知网被引量数据，被引量大则学术影响力大。检索时间为2021年12月30日。

新冠肺炎疫情期间，业内学术交流从未间断，采用线上或小规模线下＋线上直播的形式召开了多次重要研讨会。如世界汉语教学学会第十四届国际中文教学研讨会、中欧中文教育组织合作与发展研讨会、亚洲国际中文教育研讨会、欧洲大学中文系（项目）负责人交流会、汉语国际教育专业学位研究生人才培养校长论坛、各级各类本土中文教师研修等活动。

四 发布《国际中文教育中文水平等级标准》

2021年4月，历经3年多的研制，《国际中文教育中文水平等级标准》正式以国家标准形式对外发布，这是我国首个面向外国中文学习者、全面描绘评价学习者中文语言技能和水平的规范标准。目前已发布8个语种对照版，与20多个语言教育机构进行标准推介和认证对接。

《等级标准》提出了"三等九级"的新框架和新范式。每一级中文水平等级描述以"3+5"规范化新路径呈现。"3"指言语交际能力、话题任务内容、语言量化指标三个层面，"5"指听、说、读、写、译五种基本的语言技能。《等级标准》既体现了汉语的独特性，也体现了语言标准体系的综合性和系统性。就《等级标准》研制的意义和影响来看，是一个"上下贯通、紧密联系、内外开放的标准体系"①，"为各国根据不同国情制定自己的中文教学标准提供了有益参考"②。

业界普遍认为，围绕教师、教材、课程、考试等环节，实施系列标准修订工作，增强《等级标准》的时代性与适用性，是《等级标准》出台后的主要工作重心。具体包括对《语法等级大纲》做详细解读，并以此为基础编写相应的语法教材等。③ 在发布的国家标准《等级标准》引领下，在HSK1.0和HSK2.0的基础上适度调整、完善HSK2.0，推进国家级HSK3.0系统化，满足全球化、多元化需求，用科技弥合发达地区和欠发达地区的教育鸿沟，尽快开发中国国家级计算机辅助汉语水平口语考试（HSKK），特别是普及化水平的"多维平衡语言材料和

---

① 马箭飞《强化标准建设，提高教育质量——国际中文教育标准与考试研讨会大会致辞》，《国际汉语教学研究》2021年第1期。
② 刘乐宁《美国外语教学委员会外语教学标准与〈国际中文教育中文水平等级标准〉的互鉴和互补》，《国际汉语教学研究》2021年第1期。
③ 郭锐《〈国际中文教育中文水平等级标准·语法等级大纲〉的后续工作》，《国际汉语教学研究》2021年第1期。

自动评测系统"[1]。根据行业发展的新趋势，研发《职业中文能力标准》和1+X中文在线教学技能等级证书[2]。以《等级标准》的"三等九级""思维基准"为依据，组织编纂和出版一部适应新的国际中文教育需求的学习型词典[3]。

五　几点思考

第一，国际中文教育在助力提升国家传播能力、完善对外传播体系，以及推进中文及中华文化教育市场化方面，应重视需求，顺势而为，进一步增强供给与服务能力。

第二，应结合国别化、区域化特点和需求，加快培养面向"一带一路"沿线国家和地区的"中文＋非通用语种""中文＋多语种"的跨文化、跨语言教学人才，进一步建设与之匹配的教师队伍。

第三，应健全标准体系，深化国内外合作，处理好中文课程与知识、技能之间的关系，优化教育资源供给。例如，围绕《国际中文教育中文水平等级标准》，进一步加强与各国、各区域的语言标准的对接和认证，打造适用的语言产品。

（惠天罡、梁德惠）

---

[1] 刘英林《〈国际中文教育中文水平等级标准〉的研制与应用》，《国际汉语教学研究》2021年第1期。
[2] 马箭飞《国际中文教育开创新局面》，《神州学人》2022年第1期。
[3] 李行健《一部全新的立足汉语特点的国家等级标准——谈〈国际中文教育中文水平等级标准〉的研制与应用》，《国际汉语教学研究》2021年第1期。

多方助力海外华语传承[*]

2021年，世界仍然笼罩在新冠肺炎疫情的阴霾之下，海外华文教育依旧承受着前所未有的压力。学生休学与教师转行比例增加[①]、教与学倦怠焦虑程度严重、华校办学资源愈发紧张、华语文化传承活动锐减，这些因疫情持续而凸显的状况都在考验着海外华文教育的底色与韧性。教育部、国务院侨办、地方侨务部门、相关高校和华人社会团体等各方面迎难而上，群策群力，以丰富的资源供给和多样的工作方式，因应需求，纾解困局，帮助海外华语传承事业"浴火重生"。

一　举办师资培训班

（一）线上海外华文师资培训项目

本年度，国务院侨务办公室、中国华文教育基金会、中华海外联谊会、教育部语言文字应用管理司、教育部中外语言交流合作中心（简称语合中心）等统筹主办了30多个海外华文师资线上培训项目，为疫情之下的海外华文教师和管理者提供"云充电"课堂。相关信息见表4-53。

表4-53　2021年度线上海外华文师资培训项目情况[②]

主办单位/个	承办单位/个	项目数量/个	项目主题/个	覆盖国家/个	学员人数/人	培训时长/周
5	13	30	9	48	14 000	8—15

承担培训项目的单位有国内侨务系统5所侨校：暨南大学、华侨大学、北京

---

[*] 本文为2021年度国家语委重点项目"海外华文教育与传承新动向研究"（ZDI145-7）的阶段性成果。

[①] 例如，柬埔寨金边西港港华学校在疫情发生前（2020年1月）在校学生多达1400多人，到2021年7月，学生人数锐减至500多人。参见嘉豪《疫情下柬埔寨华教　中国援柬教师：师生流失或致华教断层》，《东中时报》，2021年7月14日。

[②] 综合中国华文教育网、统战部网站、慧科新闻搜索研究数据库等网络平台2021年1月1日—2021年12月31日的信息。

华文学院、广西华侨学校、昆明华文学校，以及以华侨为特色的8所高校：云南华文学院、厦门大学、闽南师范大学、湖南师范大学、温州大学、南京中华文化学院、保山学院、楚雄师范学院。

培训项目主题包括常规型的"海外华文教师线上研习班"，也有"华校治理、校长管理人员、华文教材编写及应用、小儿童华文学习、中华经典诵写讲、中文+职业教育、华文教育研究、马来西亚独立中学"等新型专题培训。课程模块涉及语言知识及语言技能教学、中华文化及文化教学、职业华文教学、教学管理、教材编写、学术研究、教师职业发展等。培训形式上，在培训教师主讲之余，充分调动学员互相交流，举办了多场线上座谈会和分享会，深度促进了海外华文教师（管理人员）之间的了解和共同体建设。培训对象覆盖全球48个国家的500多所华文学校，主要辐射华文教育比较成规模的国家，如东南亚的马来西亚、印尼、泰国、菲律宾、柬埔寨等。培训项目大部分是开放普惠性的，也有专门面向一两个国家的专场培训。据统计，学员总数达到14 000名，平均每次课学员近300人次，较好地满足了广大学员的需求，也充分体现了线上培训的优势。

中国华文教育基金会主办的"名师讲堂"华文教师远程培训项目，也为日本、葡萄牙、西班牙、美国等华文学校设计系列定制课程，进行线上华文教师培训。自2006年开办以来，"名师讲堂"定制互动课已服务全球五大洲54个国家的1512所华校，全球直播课已有92个国家的近15 000名华文教师入群听课。

一些省级机构和国内企业也积极参与师资培训项目：如山东省委统战部（省侨办）主办、山东中华文化学院承办"齐鲁名师云讲堂"，全球40余个国家近500名海外华教组织负责人和华校校长、教师、侨社团负责人及侨胞代表参加；中国知网与泰国华文教师公会、马来西亚槟州教育局联合推出"知网带您走进线上中文教学大课堂"公益讲座等。

（二）当地机构师资培训班

海外华文教育的相关团体也积极作为，主办多场本土师资培训班[①]。例如，泰国华文教育公会启动了泰国华文教师交流日活动；新加坡科思达孔子课堂在教育部语合中心"汉语桥基金"的支持下举办"华文教学系列云端讲座"；教育部语合中心、柬埔寨皇家科学院、柬华理事总会、南京工业职业技术大学联合主办柬埔寨"中文+职业教育"本土中文师资研修班。

[①] 缅甸新世纪国际教育培训本土华校教师第一期圆满结课。菲律宾雅典耀大学孔子学院国外本土中文教师线上研修班开幕。

从培训效果来看,上述项目普遍受到海外华文教师的欢迎,研修班让学员"不再迷惘,眼界打开了,思路清晰了,目标明确了,方法找到了,信心增加了"。这些评价都表明有必要持续办好海外华文师资培训项目。①

二 推动多路径华文学习

海外华文学习是在不充分语言文化环境下的祖语传承,这种处境因新冠肺炎疫情笼罩尤显突出,华语传承退缩到以家庭为原子单位展开,面临学习者中断和流失的空前压力。中国华文教育基金会和有关方面急海外之所急,继续提供丰富多彩的线上课程资源和文化活动。

(一)线上课程资源

锦灵中文承办的"动漫中文·绘本表达"课程共完成30期、90节线上直播教学,平均每期课程都有来自全球35个国家、140所华校、5300名学生在线学习,总播放量超过31万次,为学生提供了优质的线上动漫中文课程服务;"中华文化实景课堂"采用"在线教学+外景讲解"的双师课堂形式,为海外华裔提供体验式学习课堂,本年度成功开办108期,每月课程提前开放选课表,海外华校可以根据当地时间通过微信平台申请听课。②

有关单位和高校也为海外华裔学生提供直播课堂。例如,由四川海外联谊会和菲律宾华教中心联合主办的"寻根中华·天府华教云课堂"网络直播课,27位教师为菲律宾10所华校、40个班级、1200余名华裔学生开展为期半年的华语网络授课。北京语言大学、南京大学和英国谢菲尔德大学合作开启2021年"汉语桥——奇妙中文"英国青少年线上团组直播语言课,学员主要为英国华裔青少年,课程包括近14小时的直播语言课、200分钟的文化视频,帮助学生突破由中文初级水平转向中级水平时遇到的瓶颈,激发中文学习兴趣。③

(二)语言文化体验平台

国务院侨办和侨联分别主办的两大文化品牌活动"中华文化大乐园"和"亲

---

① 参见暨南大学华文学院"短期培训"新闻报道《谁教谁知道,别人的教材你也可以做主!》,2021年12月1日,https://hwy.jnu.edu.cn/2021/1201/c13404a665805/page.htm。
② 参见"华文教育实景课堂"微信公众号和中国华文教育网"实景课堂"栏目。
③ 赵晓霞《华裔青少年:中文学习怎样打破瓶颈?》,《人民日报》(海外版),2021年12月3日第11版。

情中华·为你讲故事"，继续在线运营，为全球华裔青少年提供丰富多彩的中华文化体验。

"中华文化大乐园"是侨办2011年推出的一项旨在增进海外华裔青少年了解、学习中华传统文化活动。受疫情影响，2021年继续推出面向五大洲的"线上中华文化大乐园"，采取"直播+录播+微信建群"的形式授课，学员通过实时观看和回看的方式进行学习。承办单位有北京华文学院、华侨大学、北京语言大学、梅兰书院、南京晓庄学院、汕头华侨中学、河南实验学校郑东小学等，覆盖五大洲20多个国家，受惠华校100多所、学员10 000多名，开设课程有汉语、云教游、武术、书法、传统手工艺、少林功夫、唐宫夜宴、老家河南、潮剧和潮汕灯谜赏析等。

中国侨联主办的"亲情中华·为你讲故事"网上夏/秋/冬令营也取得了不俗的反响，2021年网上营分为两个阶段，夏（春）令营从3月至7月底，冬（秋）令营从8月至12月，每月举办1期，全年共举办10期。

以上两大文化品牌活动，由多个地方政府接力承办，众多海外华校组织参加。地方单位在传播中华文化、讲好中国故事的基础上，充分挖掘、发扬地方文化底蕴和特色，为传承立体多面的中华文化做出了贡献。

地方统战部门、侨办面向海外华裔也主办了丰富多彩的文化活动。例如，江苏省统战部和侨办举办的海外华裔菁英青少年大运河文化线上体验营，来自46个国家和地区的约227所华文学校和扬州的学生们相聚云端，畅游运河两岸，感受运河文化；据统计，21天的课程收看人数累计达351万人次。此外，还有广西壮族自治区侨办主办的2021海外华裔青少年中华文化线上体验营，重庆市侨办主办、重庆渝北区侨办的全球华裔青少年"讲重庆故事·结世界友人"线上营，福建省侨办、福建省海外联谊会主办的"丝路华教·感知中国"海外华裔青少年线上营等。

（三）教育培训机构

"双减"政策[①]的实施，加快了国内教育培训机构出海，以新东方教育集团为代表的培训机构开始布局中文培训海外市场。7月，卓越教育开启"国际汉语"的第一期课程；8月，新东方宣布成立"比邻中文"（Blingo），面向海外华裔青少年提供中文、中华文化课程；知名在线教育品牌VIPKID推出面向在线青少

---

① 2021年7月，中共中央办公厅、国务院办公厅印发了《关于进一步减轻义务教育阶段学生作业负担和校外培训负担的意见》。内容重点是"双减"：一是减少校内作业量，减轻学生负担；二是减少校外培训负担，从严治理校外培训机构。简称"双减"政策。

儿中文教育平台 Lingo Bus，提供面向华裔二、三代的传承语课程"华人少儿中文"；伴鱼少儿英语所创的伴鱼绘本为 VIP 用户提供"英文绘本＋中文图书"的双语学习权益；① 主打英语学习的瓜瓜龙，也开始往中文教育领域延伸，面向在日华人、在加华人开设 7 天中文线上夏令营。

（四）职业汉语课堂

宁波职业技术学院在 9 月份联合印度尼西亚永春汉语中心，共同启动了中国印尼"汉语＋商务"云课堂，为期两个月，采用线上直播和网络平台共享相结合的形式，以中印尼雅加达高铁项目、字节跳动投放印尼市场的 HELO 短视频平台等中印尼实际合作项目为教学素材，开设中国的互联网时代、中国高铁经济、中国职业教育体系等专题讲座和研讨会，为印尼方学员提供多元化的汉语与商务知识学习体验。"汉语＋商务"云课堂，对推动中国与印尼的人文、教育交流，探索"中文＋职业技能"办学模式具有重要意义。

三　举办多种活动

（一）捐赠与测试

8 月 1 日，在国务院侨办和荷兰使馆的努力下，国内提供的近万册华文教材由荷兰中文教育协会组织分发给荷兰 27 所华文学校，确保了秋季教材的使用。12 月 4 日，云南省侨办、西双版纳傣族自治州侨办向老挝华校捐助华文教材《老挝人学汉语——基础口语》5000 册。

首批"福建图书角"先后在菲律宾侨中学院、马来西亚文冬武吉丁宜学校、澳大利亚标准中文学校和法国巴黎欧洲时报文化中心中文学校落户。"福建图书角"旨在海外侨团的活动场所、华文书店、华校、公共图书馆等区域传播海丝文化，通过陈列展示图书，宣传福建侨情和海丝文化遗产，推介福建优秀出版物，打造具有福建特色的中国文化国际展示平台。

本年度，华文水平测试在全世界 46 个国家通过网考完成对 14 000 多名华裔

---

① 参见《教中文、教学科，培训机构出海正忙》《新政重塑教育格局——中国教育发展报告 2021》《仍是一片蓝海的海外中文教育，会是 K12 教培机构转型的下一站吗？》。

学生的华文水平测评,有效地指导和促进了中文学校的华文教学。①

(二)节庆与研讨

诸多单位联手主办多种以华语为载体的文化赛事活动,海外华校积极组织师生参与,赛程多是长达一年,大大丰富了海外华社尤其是华裔青少年的语言生活,详见表4-54。

表4-54　2021年度国内主办华语文赛事活动信息一览

主办单位	活动名称	参加人数/人	参加国家/个
中国华文教育基金会	全球华语朗诵大赛	15 000	48
"文化中国·水立方杯"中文歌曲大赛组委会	文化中国水立方杯中文歌曲大赛	2500	29
中国侨联、台联、《人民日报》(海外版)、《快乐作文》杂志社	世界华人学生作文大赛	3 000 000	39
中国华文教育基金会、中国新闻网、中国侨网	"Z世代华星小记者"训练营	—	18
福州侨办、福州教育局、《福州晚报》	"印象·福州"大赛	2287	40
暨南大学、唐风汉语教育公司	全球华文教学微课大赛	500	22

以上活动大部分已开办数届,参与人数多,覆盖国家广,影响力逐年提升;新办的"Z世代华星小记者"训练营、全球华文教学微课大赛等可谓年度创新举措。

海外华校积极配合祖籍国的一些重大节庆和活动,如国庆、冬奥会、春节等,举办了一系列相应的庆祝活动,起到了同频共振、凝聚力量、增强认同的作用②。

海内外华文教育单位举办多场学术会议,以学术方式助力华语传承。例如,印尼三语学校协会举办线上"华文教育标准、大纲、教材、教学专题研讨会";首届欧洲华文教育大会暨校长论坛召开,欧洲17个国家的近200位代表齐聚云端,聚焦华教新挑战;以"新形势下的欧洲华文教育与发展"为主题的第一届欧洲华文教育学术研讨会在温州大学召开;意大利中文学校联合总会理事大会召开,30余所中文学校负责人进行了华文教育分享;全美中文学校协会召开华文教育研讨会,200多名代表参加。

---

① 参见《海外中文学校与华文水平测试》,"华文水平测试"公众号,2021年12月24日,https://mp.weixin.qq.com/s/z0qemF79aKwJmen31EZbMQ。

② 如西班牙马德里华侨华人中文学校国庆特别活动。

四　思考与建议

（一）完善海外华文教师培训体系

2021年12月，国务院办公厅颁发《关于全面加强新时代语言文字工作的意见》，明确提出要"加强海外华文教师培训"。目前，已初步形成"政府统筹、侨校承办、各方协同、覆盖广泛、课程丰富、效果良好"的海外华文教师培训体系。未来，需要继续完善海外华文教师培训体系，包括启动海外华文教师"种子计划"，扩充和优化华文教师培训团队，培育和打造华文教师培训优质项目，设置课程标准，建设区域华文教育培训基地，建立网络融媒体师训信息平台，丰富教师自主学习资源，提供精准对接培训服务。

（二）优化海外华语传承工作机制

目前，海外华语传承仍然存在地位不彰、认识不够、资金不足、资源配置不合理等问题。2021年11月4日，教育部在答复《关于应对国际中文教育面临的挑战和风险的提案》中，提出"下一步积极将华文教育、国际学校等纳入支持框架，构建开放包容和多主体、多模式、多层次的现代国际中文教育体系"。海外华语传承事业需要充分汇入国际中文教育和世界传承语教育体系，形成"教育部、国务院侨办、高校和侨务部门、社会组织以及国外政府组织、海外华社、华校、华人家庭"多方联动配合的工作机制，理顺关系，充分发挥各方面的主体协同效应。

（三）开拓资源供给渠道

"学用一体"是实现华语永续传承的基础，海外华文教育主要是解决"学"的问题，海外华语传承则要解决"用"的难题。海外华人对于中华文化有着根深蒂固的情感和多样的需求，包括教育、娱乐、信息、艺术、物质等，需要开拓资源供给渠道，如为海外华裔青少年编制华文绘本、分级读物、杂志，为海外华人家庭提供语言教育指导；大力发展海外华文（新）媒体，供应优质新闻娱乐产品，满足其信息需求；借助中国企业、国货走出国门的契机，积极推动以中文为载体的文化创意产业发展等。

（祝晓宏）

中国语言资源保护工程二期规划概况

2021年4月19日,教育部、国家语委主办,北京语言大学、中央民族大学、清华大学共同承办的中国语言资源保护工程建设推进会在京召开。会议系统总结一期建设经验,表彰"中国语言资源保护奖"先进集体和先进个人,部署二期建设工作。教育部副部长、国家语委主任田学军出席会议并讲话,强调要以更高的站位、更宽的视野、更大的力度,推动二期建设高质量发展。

中国语言资源保护工程(以下简称语保工程)是国家财政支持,由教育部、国家语委组织实施的重大语言文化工程,是继1956年全国开展汉语方言和少数民族语言普查以来,我国历史上第二次全国性、大规模的语言方言调查,也是目前世界上最大规模的语言资源保护项目。历经五年的一期建设,工程开展了全国性语言资源调查,建成世界上规模最大的语言资源库和展示平台,出版《中国语言文化典藏》(20册)和《中国濒危语言志》(30册)等一系列标志性成果,与联合国教科文组织成功举办"首届世界语言资源保护大会"并发布《岳麓宣言》,为编制发布《抗击疫情湖北方言通》提供重要数据、专家团队、技术规范标准等方面的支撑,促进了语言学学科建设和人才培养,有效服务国家和地方重大需求。该工程对科学有效地保护我国珍贵语言文化资源,全面掌握语言国情、科学制定国家语言规划和语言政策,维护社会稳定、民族团结和国家安全,推进国家语言文字信息化建设等方面,具有重大而深远的意义。[①]

一 方向和目标

2021年8月11日,历经两年论证研讨,教育部、国家语委正式发布语保工程二期规划,将以更高站位、更宽视野、更大力度推动语保工作高质量发展。

---

① 田立新《中国语言资源保护工程的缘起及意义》,《语言文字应用》2015年第4期。

（一）方向

工程二期以习近平新时代中国特色社会主义思想为指导，深入贯彻党的十九届五中、六中全会精神和全国语言文字会议精神，在大力推广国家通用语言文字的同时，科学保护语言资源；以语言资源深度开发利用为重点，以体制机制创新为保障，坚持高标准建设、高质量产出、高效益转化，全面提升我国语言资源保护和利用水平，为传承弘扬中华优秀传统文化、铸牢中华民族共同体意识服务。

2021年12月，国务院办公厅印发了《关于全面加强新时代语言文字工作的意见》。《意见》指出："大力推进语言资源的保护、开发和利用。科学保护方言和少数民族语言文字。""建设完善国家语言资源数据库，促进语言资源的开放共享。建设网络中国语言文字博物馆。推进中国语言资源保护工程建设，打造语言文化资源展示平台等标志性成果。"这为语保工程二期建设工作指明了方向。

（二）目标

语保工程二期建设的目标是，利用现代化技术手段，扩展语保工程调查保护覆盖面，对收集的语言资源进行科学系统的整理加工和全面深度开发应用，建成准确权威、开放共享的语言资源公共服务平台，产出系列标志性成果，努力将语保工程打造成文化传承工程、质量精品工程、引领示范工程。

二 主要任务

按照二期建设目标，自2021年到2025年，将对语保工程一期建设调查收集的全部语料开展科学系统的整理加工和开发应用，同时根据我国跨境语言、少数民族语言、处于持续濒危的语言方言情况，开展有针对性的抢救性调查保护。具体包括以下三大主要任务。

（一）中国语言资源汇聚加工

1.持续开展濒危语言方言调查保护。针对语保工程一期建设期间未能全面开展调查的跨境语言、少数民族语言、处于持续濒危的语言方言等调查点的情况，结合工程一期已有研究基础、布局和各地区、各语种的研究力量设点。预计至工程二期结束，将完成共计约2000个调查点的调查工作，基本实现我国濒危语言方言全覆盖。

2. 全面推进语言资源整理加工。研发语言资源整理加工系列软件，如机助原始语料校对核查、数据库语料属性标注、重要音视频语料转写、语料提取整合等，提高语言资源整理加工的科学性和效率。采用统一规范标准转写工程一期所有调查点的口头文化语料，包括民族文字或方言汉字、国际音标、时间标记、语料音译和意译等信息；研制数据库语料属性标注规范并以此为依据，对国家语言资源库进行属性标注。

3. 改造升级中国语言资源库。提升平台运行维护能力，打造语言文化资源展示平台，保障平台持续稳定运行，部署对语言资源加工、分析和挖掘工具集软件及其相应系统的开发和集成等工作；提升中国语言资源库安全性，采用最新技术确保资源和系统安全，包括软件系统安全周期性扫描、系统加固和漏洞修复、音视频数据水印加密、资源存储加密、用户行为审计、语言资源跟踪检测等；以平台资源可持续发展为目标，以众包技术为基础，在语保工程一期建设基础上增加语言资源采集广度，丰富语言资源库内容。

（二）中国语言资源开发应用

1. 编写出版标志性成果。包括《中国语言资源集》、《中国语言文化典藏》（第二辑，30册）和《中国濒危语言志》（第二辑，20册）。

2. 支持打造地方特色成果。包括浙江分地方言词典，山东农村方言文化研究，山西、陕西、湖北、广西等地口头文化和非物质文化遗产口传文化研究，重庆方言应用系统和研究集成等。

3. 积极建设中国语言资源公共服务平台。包括研发中国语言资源知识图谱、开展中国语言资源智能服务、研究中国语言资源博物馆顶层设计方案。

4. 加强语言资源保护技术规范标准研制。在工程一期建设基础上，研制或完善语言资源调查、整理、建库等主要技术规范标准，争取申报国家标准或行业标准。做好语言资源保护技术规范标准的发布实施、推广宣传、咨询服务等工作。

（三）中国语言文化传承发展

1. 加强学科建设和人才培养。面向国家重大战略需求，支持语言资源学、汉语方言学、中国少数民族语言研究、中国周边语言文化研究等二级学科建设；发展国家急需的交叉学科与复合型专业；充实和完善语保工程人才队伍，培育我国语言资源保护领域的学术领军人物、中青年学术骨干和创新团队，加强高水平国际化人才培养。

2. 加强语言资源保护理念与经验的宣传推广和国际传播。提炼富有新时代中国特色的语言资源保护理念，出版多语言版《语言资源保护经验和技术》系列著作。落实《岳麓宣言》的共识和倡议，积极推广中国语言资源保护理念，扩大语保工程国际影响力。

3. 丰富成果展现形式。通过可行性论证，开展20世纪50年代第一次全国汉语方言普查成果汇编，并组织系列专题比较研究，以进一步健全完善中国语言国情资料；编写出版《语保故事》系列和语保工程田野调查手记；支持专业团队拍摄语言文化纪录片。

三　实施方案

语保工程二期建设的实施，将继续采取国家语委、中国语言资源保护研究中心、省级语言文字管理部门或项目负责人、课题负责人这种自上而下的分层组织管理模式。

（一）工作体制和工作机制

坚持"党的领导、政府主导、专家实施、社会参与"的工作体制。语保工程是在党领导下开展的第二次全国性的语言资源调查项目，综观工程一期总结的各种理念、经验和做法，最重要的一项就是政府、学者、公众形成了一个目标一致、各尽其能、相互推动、相互支持的有机体，这正是党领导国家语言文字工作领域取得重大成就的中国智慧、中国方案和中国经验。

创新完善"上下联动、各方协同"的工作机制。工程二期将秉持"国家统一规划、地方和专家共同实施、鼓励社会参与"的实施方案，完善自上而下的"工程—项目—课题"三级管理体系，由教育部语言文字信息管理司主管，委托中国语言资源保护研究中心作为专业机构，负责指导和管理工程的具体实施；强化地方语言文字工作部门统筹管理职责，加强组织协调，提供必要的保障支持，推动地方教育部门还将工程建设列入本地教育规划。

推动语保事业社会化。进一步充分发挥专家学者的作用，以精湛的专业技术作为工程高质量实施的重要保障；让语言保护逐渐从政府文件、学术论著里走出来，进入社会大众的视野和生活，例如在语保调查工作中，面向社会公开招募遴选濒危语言发音人，增强当地保护传承方言文化的意识；通过组织开展青年志愿者行动和方言文化活动培育语言文化自信等，充分调动社会力量的积极性共同参与工程建设。

（二）工作规范和技术规范

语保工程的科学性突出表现在高度重视"规划"和"规范"方面，秉承"统一规范、标准先行"。工程的规划、规范制定都由专家负责，培训、监督、实施、验收等也都由专业团队和技术人员把关，具有很强的专业性。

工程的规范系统包括工作规范和技术规范两个层面。一方面，对工程实施的各个环节制定了明确的工作规范，包括立项、培训、试点调查、中期检查、预验收、验收、结项等，为工程按时、按质、按量顺利实施提供保障；另一方面，工程研制了系列技术规范，包括汉语方言、少数民族语言以及语言文化的调查表、调查规范、语料整理规范、音像加工规范、属性标注规范和资源编码系统等，确保语料具有系统性和可比性，最大程度减少错误、保障质量，为语言资源大数据的开发应用提供保障。

工程二期将不断完善和严格执行各系列制度规范，在实施过程中坚持培训、指导、检查、验收环节由专业团队和技术人员把关；面向保护开发语言资源的新目标，研制语料属性标注规范、第一次全国汉语方言普查成果编写规范以及语保工程语料标注软件等。

（三）队伍建设和宣传推广

语保工程涉及面广、影响力大，承载着传承弘扬中华优秀语言文化、推动全社会提升语言资源保护自觉意识和国民文化自信、向世界讲好中国故事、贡献中国方案、增进国际社会对构建人类命运共同体重要理念理解认同的重要使命。

在语保队伍建设方面，要提升工程二期主要承担单位的资政服务能力，建设高质量语言资源保护专家人才队伍，设立专家委员会和青年骨干工作组，组织开展各级各类人员培训，提升队伍专业化水平。

此外，要加强对语保工程成果、语言资源保护理念、经验做法等的宣传，着力提升对语言资源保护的关注度和认可度；充分利用信息化手段拓宽宣传推广渠道，强化与社会大众的良性互动，增强保护传承中华优秀语言文化的社会自觉，推动铸牢中华民族共同体意识；多渠道开展语言资源保护国际交流合作，为构建人类命运共同体服务。

总之，语保工程二期建设不应是一期建设的简单重复，而是其进一步的深化、拓展，是推动工程发挥成效的倍增器。作为世界上最大规模的语言资源保护项目之一，我们从理论到方法，从顶层设计到具体实施，进行了长期不懈的探索和实践，形成了一套行之有效的技术路线和管理模式，值得认真总结和提炼，充分发挥其服务国家和社会需求的重要作用。①

（王莉宁）

---

① 田立新、易军《中国语言资源保护工程的建设成效及深化发展》，《语言文字应用》2019年第4期。

地铁播报语言调查

地铁是城市居民出行的主要交通工具之一。地铁播报语的使用情况，能够体现当地语言/方言的使用情况，具有较大的信息价值。本文采用实地考察和互联网检索等方式，搜集了2021年1月1日—2021年2月28日国内开通地铁的44座城市的播报语，并对其语言/方言使用情况进行调查，以期借此扩大我国城市公共空间语言/方言使用情况调查的范围，为我国城市语言规划的进一步规范和政策制定提供一定的思路。

一 语言搭配情况

调查发现，地铁播报语言的搭配情况如下。

（一）普通话+英语

"普通话+英语"是我国地铁播报的主要语言形式。我国目前使用"普通话+英语"播报的城市共有30座，占总体的三分之二。本文对国内30座使用该种播报模式的城市进行调查，得出国内城市地铁"普通话+英语"播报的主要特点：

播报顺序为"普通话—英语"。国内所有使用"普通话+英语"进行双语播报的城市均使用普通话在前、英语在后的播报顺序。

播报信息量为"普通话多于英语"。国内大部分城市普通话播报信息一般多于英语播报。普通话播报语中所包含的文明礼仪用语、景点导引用语、广告语等信息，通常不会使用英语进行播报。但在一些线路中，英语播报语的信息量与普通话的基本等同，这种情况一般出现在机场线、远郊线或线路中两站之间路程较长的时段。

（二）普通话+英语+方言

使用"普通话+英语+方言"进行播报的城市主要分布在广东省、福建省、上海市等地，共计 9 个城市。本文通过对使用方言播报的 9 座城市的调查，得出以下结论：

播报顺序为"普通话—英语—方言"或"普通话—方言—英语"。在使用"普通话＋英语＋方言"进行播报的城市中，普通话基本是率先播报的语言，内地（大陆）的粤方言区城市选择在普通话之后依次使用方言和英语进行播报，如广州、深圳等；而吴方言区和闽方言区城市则先使用英语再使用方言进行播报，如上海、厦门、福州等。其中，上海地铁只在 16 号线和 17 号线上使用当地方言进行播报。

播报信息量为"普通话信息量大，方言和英语较少"。使用此种模式的城市地铁基本都存在普通话、方言和英语播报信息不对等的问题。总体上看，普通话所播报的信息最多，其次为英语和方言。如广州地铁中，存在"普通话＞粤方言＝英语"播报的现象，而上海地铁则是"普通话＞英语＞上海话"。

与内地不同，香港地铁率先播报粤方言，之后依次播报普通话和英语。从播报信息上看，普通话、粤方言与英语的播报信息是大致相当的。

（三）普通话＋少数民族语言＋英语

我国目前使用这类搭配进行播报的城市有新疆维吾尔自治区的乌鲁木齐市与内蒙古自治区的呼和浩特市。这两座城市分别使用"普通话＋维吾尔语＋英语"和"普通话＋蒙古语＋英语"依次播报的搭配方式。这种播报模式具有以下特点：

播报顺序为"普通话—少数民族语言—英语"。在使用少数民族语言进行播报的城市中，普通话是率先播报的语言，其次播报当地主要聚居的少数民族的语言，最后播报英语。

播报信息量大致相当。有别于其他播报方式，乌鲁木齐和呼和浩特地铁播报语中普通话、少数民族语言和英语所播报的信息基本相同。这种播报方式既使少数民族同胞能够正常出行，同时保障了各民族使用和发展自己的语言文字的自由，也体现了《国家民委"十三五"少数民族语言文字工作规划》中"加强少数民族语言文字公共服务"①的语言政策。

---

① 参见《国家民委"十三五"少数民族语言文字工作规划》，中华人民共和国国家民族事务委员会，https://www.neac.gov.cn/seac/zcfg/201704/1074196.shtml。最后访问时间：2022 年 1 月 3 日。

（四）普通话 + 英语 + 其他外语

大连市是我国内地（大陆）唯一一座在地铁中使用"普通话 + 英语 + 其他外语"的模式进行播报的城市。大连地铁当前开通的4条线路均使用"普通话 + 英语 + 日语 + 韩语 + 俄语"进行播报，具有以下特点：

播报顺序为"普通话—英语—其他外语"。大连地铁的4条线路均使用这五种语言进行播报，但不同的站点使用的语言有所不同。其中，12号线每站都使用五种语言进行播报，而2号线只在始发站、终点站、换乘站、交通枢纽和旅游景点所在站进行五种语言的播报，其余站点均使用"普通话—英语"。

播报信息量为"普通话≥英语≥日语＝韩语＝俄语"。在大连地铁播报语中，普通话是播报信息最多的语言，英语居于其次，日、韩、俄三语的信息量是等同的。在远郊线路的大连地铁3号线和12号线中五种语言的播报信息量并无太大差异。总体上看，普通话所播报的信息仍然是最多的，其次为英语和其他外语。

（五）普通话 + 英语 + 方言 + 其他外语

使用"普通话 + 英语 + 方言 + 其他外语"进行播报的城市为澳门、台北、高雄等。该模式具有以下特点：

播报顺序以"普通话（台湾地区称'国语'）—英语—方言—其他外语"为主。台北、高雄等地的捷运系统使用"普通话 + 英语 + 客家话 + 闽南话 + 日语"的顺序进行播报，普通话仍然是第一种使用的语言。

播报信息量为"普通话≥英语≥方言≥其他外语"。台北、高雄等地在大部分站点使用"普通话 + 英语 + 闽南话 + 客家话"进行播报，普通话、英语、闽南话、客家话的播报信息大致相同。而日语播报只出现在旅游景点站或交通枢纽站，信息最少，最后进行播报，且只播报站名。此外，台北地铁虽然全线使用"普通话 + 英语 + 闽南话 + 客家话"进行播报，但播报语却非常简洁，全部为祈使句，很多句子没有谓语。

澳门轻轨与台湾地区捷运系统不同，采用"粤方言—葡萄牙语—普通话—英语"的顺序进行播报。从播报信息上看，粤方言、葡萄牙语、普通话和英语的信息是相当且一一对应的。

以上情况汇总见表4-55。

表4-55 国内地铁播报语言/方言在三种以上的城市①

播报模式	省级行政区	城市	播报顺序
普通话+英语+方言	广东省	广州市	普通话、粤方言、英语
		深圳市	普通话、粤方言、英语
		佛山市	普通话、粤方言、英语
		东莞市	普通话、粤方言、英语
	香港特别行政区	香港特别行政区	粤方言、普通话、英语
	福建省	福州市	普通话、英语、福州话
		厦门市	普通话、英语、客家话
	上海市	上海市①	普通话、英语、上海话
	浙江省	温州市	普通话、英语、温州话
普通话+英语+其他外语	辽宁省	大连市	普通话、英语、日语、韩语、俄语
普通话+少数民族语言+英语	内蒙古自治区	呼和浩特市	普通话、蒙古语、英语
	新疆维吾尔自治区	乌鲁木齐市	普通话、维吾尔语、英语
普通话+英语+其他外语+方言	台湾省	台北市	普通话、英语、闽南话、客家话、日语
		高雄市	普通话、英语、闽南话、客家话、日语
	澳门特别行政区	澳门特别行政区	粤方言、葡萄牙语、普通话、英语

二 地铁播报语言特点

国内大多数城市的地铁播报都会使用汉英双语的模式,部分地区会在普通话和英语以外加上其他国家语言或当地方言。截至2020年12月31日,全国共有44个城市开通地铁,② 其中使用"普通话+英语+方言"的城市有9座,占比20%,使用"普通话+少数民族语言+英语"的城市有2座,使用"普通

---

① 上海市仅在16、17号线使用"普通话+英语+上海话"进行播报,其余线路均使用"普通话+英语"。

② 参见《2020年城市轨道交通运营数据发布》,中华人民共和国交通运输部,http://www.mot.gov.cn/jiaotongyaowen/202101/t20210106_3512388.html?from=singlemessage。最后访问时间:2022年1月3日。

话+英语+其他外语"的城市有 1 座，使用"普通话+英语+其他外语+方言"的城市也有 3 座。其余 29 座城市均使用"普通话+英语"作为播报语言，占比 66%。

使用方言报站的城市主要为南方城市，分布在粤方言区、闽方言区、客家方言区和吴方言区。少数民族自治区的首府使用少数民族语言播报。澳门特别行政区的地铁与台湾地区捷运系统目前仍分别保留葡萄牙语报站和日语报站。大连地铁是内地（大陆）唯一一座使用普通话、英语、日语、韩语和俄语报站的城市。

各语言包含的信息种类分为"三个梯队"。下一站、换乘和到站信息，是地铁播报语中的"第一梯队"，各地基本都使用两种及以上语言进行播报。其次是"第二梯队"下车提醒、终点站、欢迎/欢送词和车门提示，这几种信息相较于前三种而言，重要性较低，乘客漏听这些信息也可以顺利乘车，故而各地有的使用两种及以上语言进行播报，有的只使用普通话。"第三梯队"则为安全提醒、文明礼仪、线路介绍、疏散人群、广告信息和景点路线，这几种信息的功能是劝诫乘客文明乘车和城市文化介绍，相对于乘车活动而言较为次要，因此各地基本都只使用普通话进行播报。

在地铁实际运营中，地铁公司往往需要因地制宜、因人制宜。如在民族地区，各种语言所播报的信息基本没有差别，而在广州、深圳、台北等地，劝诫乘客文明乘车和城市文化介绍的安全提醒、文明礼仪用语等信息，也使用了方言进行播报。

国内城市地铁播报语的语言/方言使用情况具有以下特点：

第一，适应乘客需求。地铁播报语的受话者是车厢内的乘客，多以当地居民为主，地铁播报语的设置首先考虑乘客的需求。

第二，突出城市特点。地铁是城市居民出行的主要交通工具，也是展现城市文化与风采的重要途径。各城市地铁播报语也都考虑到了对城市特点的凸显，以大连地铁为例，考虑到大连独有的地理特点和发展方向，大连地铁选择日语、韩语与俄语进行播报。

第三，遵守法律法规。在我国城市地铁播报语中，普通话仍然占有绝对的优势地位，这体现了我国语言政策中普通话的主体性。同样，民族地区城市地铁使用相应的少数民族语言进行播报，也体现了我国语言政策中对少数民族语言的尊重。国内城市地铁播报语对少数民族语言、方言和外语的使用，大致符合我国"主体多样"的语言政策。

三　几点思考

基于我国地铁语言使用方式和特点的考察，本文做出如下思考。

第一，有关部门应就地铁外语播报提出指导性意见。地铁播报语言使用应该尽量有法可依，有规可循。国内对地铁播报语的相关规定只有交通运输部颁布的《城市轨道交通运营管理规定》[①]，而有关地铁中语言使用情况的规定至今未见，亟待补充完善。

第二，地铁播报首选语言有助于提升该语言的社会地位。语言的播报顺序在一定程度上反映了该语言的社会地位和声望，因此特殊地区的公共交通空间语言使用情况值得关注。

第三，地铁播报应该包含文明劝导方面的内容。国内城市地铁中各语言/方言播报的信息类型各有不同，且并不统一。如深圳地铁使用普通话、粤方言和英语，对文明礼仪和安全提醒进行了播报。地铁播报语应适当增加语言文明的内容，引领乘客礼貌乘车、规范乘车，营造更好的乘车环境，为文明美好社会做出语言贡献。

（田　怡）

[①]《城市轨道交通运营管理规定》第三章第二十一条规定，运营单位应当通过标识和广播等多种方式"在车厢提供城市轨道交通线网示意图、列车运行方向、到站、换乘、开关车门提示等信息"。参见 http://www.mot.gov.cn/zhengcejiedu/chengshigdjtfwzlpjgl/xiangguanzhengce/201904/t20190415_3187435.html。

少数民族辞书发展状况*

2021年，西藏自治区藏语委办（编译局）编纂的《国家通用语言文字学习词典（藏文对照）》（图4-25）和中国社会科学院语言研究所词典编辑室编、青海省民族宗教事务委员会组织翻译的《（汉藏词汇对照）现代汉语词典》（图4-26）两部重要的汉藏文对照词典先后出版，受到社会广泛关注。这两部词典的面世，恰逢中国共产党百年华诞，西藏和平解放70周年，是我国少数民族辞书编纂事业传承发展的体现，也是各民族交流融合、团结奋进的见证。

图4-25 《国家通用语言文字学习词典（藏文对照）》　　图4-26 《（汉藏词汇对照）现代汉语词典》

一　少数民族辞书编纂出版状况

我国少数民族辞书编纂历史悠久。新中国成立后，特别是改革开放之后，民族语辞书编纂出版语种、数量、质量、种类都有了新的飞跃。据不完全统计，

---

* 本文得到国家社会科学基金一般项目"中国少数民族辞书史研究"（21BYY145）的资助。

1949年至2021年间,我国共编纂出版少数民族辞书超过600种,30多个少数民族出版了辞书,有的民族填补了无本民族辞书的空白。

"文革"结束后,我国少数民族辞书编纂恢复了生机。受改革开放的影响,这一时期开始出现一定数量的民外对照辞书,如《现代蒙英日辞典》(1979)、《英藏汉对照词典》(1988)等。少数民族辞书的种类也得到了较大发展,各类熟语、成语、谚语、缩略语、学生专用词典等开始出现,如《汉藏对照成语》(1980)、《维吾尔成语词典》(1982)、《蒙汉缩略语词典》(1982)、《藏汉大辞典》(1985)(图4-27)、《佤汉学生词典》(1987)等。此外,还出现了一定数量的行业术语词典,如《汉哈语言学词典》(1984)、《汉维生物词典》(1984)等。

20世纪90年代,随着对少数民族语言文字调查研究的不断深入,大中型辞书数量明显增多,如《藏缅语语音和词汇》(1991)、《汉傣词典》(1991)、《汉藏对照词典》(1991)、《汉载词典》(1992)、《藏汉佛学词典》(1993)、《新满汉大词典》(1994)、《彝语大词典》(1997)、《汉柯词典》(1999)等。辞书的种类也更加齐全,特别是随着新时期新词语的不断涌现,新词术语系列辞书开始出现,如《汉傣纳新词术语集》(1992)、《汉傈新词术语集》(1992)、《汉景新词术语集》(1993)、《汉佤新词术语集》(1993)、《汉哈尼新词术语集》(1994)、《汉苗新词术语集》(1994)等。

图4-27 第一部综合性藏汉双解大型辞书《藏汉大辞典》

进入新世纪,民族辞书编纂出版所涉及的品种和语种数量进一步增多,特别是一些较小的语种,在这一时期也开始出现了语文辞书,如《临高汉词典》(2000)、《土家语汉语词典》(2002)、《汉嘉戎词典》(2002)、《普米语词集》(2016)、《简明赫哲语词典》(2017)等。面向学生的学习型辞书受到重视,数量开始增多,如《学生蒙古语多功能词典》(2004)、《汉维学生词典》(2006)、《学生用朝鲜语词语实用词典》(2010)、《小学生苗汉成语词典》(2012)、《中小学生汉藏实用词典》(2016)等。辞书的种类进一步完善,各类新词、熟语、谚语、惯用语、外来语、行业语辞书和专科词典得到发展,如《维吾尔语外来词详解词典》(2001)、《土家俗谚》(2003)、《汉彝新词术语对译手册》(2004)、《汉维新词语词典》(2008)、《汉哈俄语言学术语词典》(2009)、《新蒙汉缩略语词典》(2010)、《藏医药词典》(2009)、《汉维法律大词典》(2012)、《汉蒙熟语词典》(2015)等。大型辞书的出版数量增多,如《藏蒙汉对照大辞典》(2001)、《汉英维科技大词典》(2002)、《维汉大词典》(2006)、《汉满大辞典》(2007)、《彝汉大词典》(2008)、《汉维大词典》(2008)、《汉彝大词典》(2010)、《汉藏法律大词典》(2011)、《蒙古语大词典》(2012)等。

随着信息化技术的发展,少数民族语言电子词典应运而生。2008年6月17日,我国首台面向少数民族语言的实体电子词典——《文曲星蒙汉英三向手持电子词典》(图4-28)在内蒙古大学面世发布。

图4-28 第一台少数民族语言实体电子词典《文曲星蒙汉英三向手持电子词典》

进入新时代,少数民族辞书发展在延续以往良性发展趋势、不断涌现新成果的同时,对一些重要的历史辞书也进行了增补、修改并重新出版,辞书格局得到了进一步的完善。较有代表性的有《中国少数民族大辞典·京族卷》(2019)、《梵藏对照辞典》(2019)、《汉藏双语诉讼法辞典》(2019)、《朝鲜语谚语大辞典》(2019)、《中国少数民族大辞典·纳西族卷》(2020)、《蒙汉熟语大词典》(2020)、《藏蒙名词白话词典》(2020)、《汉藏英民族事务简明词典》(2020)、《汉蒙法律实用大词典》(2020)、《穆卡迪玛特·阿勒-阿达布蒙古语词典》(2020)、《内蒙古种子植物科属词典》(2021)(图4-29)等。

图4-29　少数民族专科辞书《内蒙古种子植物科属词典》

二　少数民族辞书发展特征

新中国成立后，少数民族辞书编纂出版进入了全新的发展阶段，其特征也日益凸显。

（一）民族辞书语种数量快速增长

新中国成立前，我国民族辞书整体品种有限、数量不多，仅限于蒙、藏、满、维、朝、纳西等民族语文，许多民族在历史上并没有产生自己的辞书。新中国成立后，辞书编纂成为民族语文工作的一项重要内容，所编纂的辞书语种多、种类全，质量好，优于历史上任何时期。这期间，不但蒙古、藏、维吾尔等人口较多民族的辞书不断增多，一些使用人口较少甚至没有文字的少数民族语言，如撒拉语、土家语、嘉戎语、临高话等，也都有了自己的辞书。特别是中国社会科学院民族研究所主编的"中国少数民族语言系列词典丛书"的问世，填补了部分民族语言辞书出版的空白。从1949年至今，我国编纂出版的各民族辞书总量超过600种，几乎所有教学中的民族语言都有了规模不等、形式多样的词典。

（二）民汉对照词典成为主体形式

民族辞书从产生之初，即以语言对译为主要功能。随着多民族统一国家的形成和发展，少数民族与汉族之间的交流交往日益密切。唐宋至明清时期，出现了一批民汉对照辞书。新中国成立后，为便于学习国家通用语言文字，各民族编纂出版了大量民族语言与普通话对照的双语辞典，民汉对照词典成为少数民族辞书的主体形式。如《蒙汉词典》《藏汉词典》《维汉词典》《佤汉简明词典》《景汉词典》《傈汉词典》《西部裕固汉词典》《黎汉词典》《塔吉克汉词典》《白汉词典》《汉苗词典》《汉景词典》《汉载词典》《汉瑶简明分类词典（勉语）》《汉瑶词典（布努语）》《汉水词典》《汉彝字典》《汉羌词典》《撒拉汉、汉撒拉词汇》等等。据统计，在1949年之后编纂出版的少数民族辞书中，对照词典的比例约占80%，① 几乎所有的少数民族语言都有了对照辞书。②

（三）辞书门类和体系不断完善

新中国成立前，少数民族辞书多为语文辞书，包括用少数民族语言解释的单语词典和少数民族语言与汉语、某一少数民族语言与另一少数民族语言互释的双语词典或多语词典等。③

新中国成立后，随着少数民族文化教育事业的发展，专科词典大批应运而生。如以蒙文编写的就有《政治经济学名词解释》《哲学名词解释》《简明教育学辞典》《文学描写辞典》《心理学辞典》《简明文学辞典》《体育辞典》《语言学辞典》《内蒙古草药》《数理化辞典》《自然地理辞典》《蒙医学辞典》《科学单位辞典》等。④ 据不完全统计，新中国成立后编纂的少数民族各类专科辞书总量超过100部，所涉及的学科领域不断增多。这些专业性辞书，增加了许多新的知识、新的信息、新的词语，能紧跟现代社会、现代科学的发展步伐，适应人们的认识水平，富有浓厚的时代气息。

（四）辞书规模分布日趋合理

新中国成立以来，民族辞书规模由小到大，从单册到多册，出现了规范化、大型化的趋势。改革开放以来，随着《中国少数民族文化大辞典》《中国民族百科全书》《中国少数民族民俗大词典》《藏族大辞典》《回族大辞典》等几十部大型辞书陆续出版，民族辞书大型化的趋向更加明显。

从辞书规模看，民族辞书分布日趋合理，呈现出小型为主、各型兼具的格局。大型词典，如《汉蒙辞典》收词6.3万条，《现代维吾尔文学语言正字正音词典》收词约5.7万条，《汉哈词典》收词约6.5万条，《藏汉大辞典》收词约5.7万条。中小型的词典比较多，如《维汉词典》《汉蒙简明辞典》《汉景词典》《汉布

---

① 韩菁雯、杨苛鑫、戴宗杰《新中国少数民族辞书规模与发展分析》，《辞书研究与辞书发展论集》（第五辑），上海：上海辞书出版社，2022年。
② 孙宏开《论中国少数民族语言系列词典的编纂》，《辞书研究》1987年第4期。
③ 戴庆厦、王远新《试论我国少数民族辞书的发展》，《民族研究》1985年第4期。
④ 包和平《我国少数民族辞书编纂出版概况及其未来展望》，《中国出版》2009年第8期。

依简明词典》《汉维学习小词典》《哈（哈尼语）汉对照小词汇》《侗汉简明词典》《苗（黔东方言）汉简明词典》《蒙古正音正字词典》《藏文辞典》《壮语常用词汇（壮汉对照）》等等。①

三　问题与思考

（一）编纂出版尚需科学规划

我国各少数民族文化发展并不平衡，在辞书编纂出版方面同样存在数量、种类、规模、质量的不平衡。有的民族，如藏族、维吾尔族、蒙古族、满族等，古代就出版了较丰富的辞书，新中国成立后得到了新的发展，数量种类不断增多，规模质量显著提升；部分较小民族，如普米族、赫哲族等，在新中国成立之后才有本民族辞书面世，其数量、种类、规模等方面与其他民族有明显差距。因此，需要加强科学规划，指导民族辞书编纂，避免重复出版，改进辞书布局。

（二）内容质量需要深入研究

在研究领域，已有一些学者对我国民族辞书的历史和发展状况进行了关注，取得了许多有益的研究成果，但在使用和实用层面的学术探讨仍然不够充分。现有民族辞书的内容质量、产品规模、种类数是否满足使用者需求，将来还应出版哪些民族辞书，在编纂上有哪些地方需要进一步改进提升，这些问题都需要相关专家学者和科研机构开展深入研究。

（三）数字化水平有待进一步提升

现代化、数字化、融媒体化，是当代辞书发展的必然方向。然而，与汉语辞书、外语辞书相比，民族辞书的现代化、数字化水平较为滞后，仅有维吾尔语、藏语、蒙古语等为数不多的民族语言研制出了电子词典软件，实际应用仍处在较低水平。希望随着民族语言研究、语言文字信息处理、辞书编纂等不同学科研究的深入融合，民族辞书的现代化、数字化、融媒体化水平能够进一步提升。

（戴宗杰、姚桂林、戴　蕾）

---

① 包爱梅、包和平《现代少数民族语言辞书编纂出版特点及其存在的问题》，《图书馆理论与实践》2010年第11期。

第五部分

热 点 篇

中文进太空

2021年，我国共进行了55次航天发射，再创新高。"天问"探火、"羲和"逐日、"神州"升空、"天宫"翱翔，更是把中文和中华传统文化载进了太空，中国人首次进入自己的空间站。"天宫"空间站的全中文操作界面引发了社会的广泛关注和点赞，也成为海内外媒体关注的焦点。

一　汉字写入浩瀚太空

中国航天让历史悠久的汉字，与新时代科技结合，成功写入浩瀚太空。

空间站建造对经济、科技和综合国力等各方面都有极高的要求。迄今为止，这样的超级工程世界上只有两个：一是以美国为首的16个国家合作建成的国际空间站，二是我国自主建造的"天宫"空间站。我国曾在1994年申请加入国际空间站项目，但被美国以"防止太空技术扩散"为由拒绝。2011年，中国"天宫一号"对接成功，引起世界瞩目，而美国却出台《沃尔夫条款》，全面禁止了中美两国航空领域的接触。

在缺少外援技术支持的情况下，中国航天人自力更生、自主创新，不断打破国外技术的封锁和垄断，解决了一大批"卡脖子"的关键难题，[①] 展现着中国速度。2021年6月17日，随着"神舟十二号"飞船的成功发射，中国空间站开启了有人长期驻留的时代。这颗凝聚了中国智慧的新"星"，也逐渐得到了其他国家的认可与关注。与之形成对比的是，国际空间站"垂垂老矣"，已出现裂缝等问题。《纽约时报》文章《月球、火星、更远之处：中国雄心勃勃的太空计划》指出，国际空间站或于2024年退役，届时中国空间站将成为世界唯一的空间站[②]。因此，许多国家都表示希望能与中国空间站合作。令人瞩目的是，"天宫"空间站

[①] 《海外网评：中国空间站向世界开放，彰显中国航天担当》，海外网官方百家号，2021年6月13日，https://baijiahao.baidu.com/s?id=1636217539705744881&wfr=spider&for=pc。

[②] 《纽约时报》，2021年10月15日，https://www.nytimes.com/article/china-mars-space.html。

不仅使用了我国自主研发的"麒麟"操作系统,也采用全中文操作界面,包括空间站布局图(见图5-1)、空间站系统状态(见图5-2)、机械臂状态与操作界面(见图5-3)、机柜设备标签(见图5-4)等。

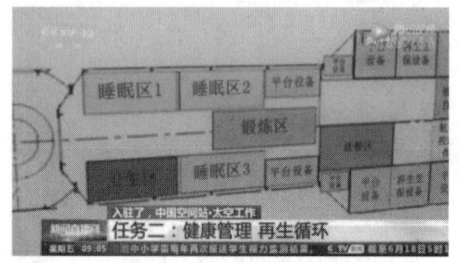

图片来源:央视新闻截图

图 5-1　中国空间站布局图

图片来源:央视新闻截图

图 5-2　中国空间站系统状态

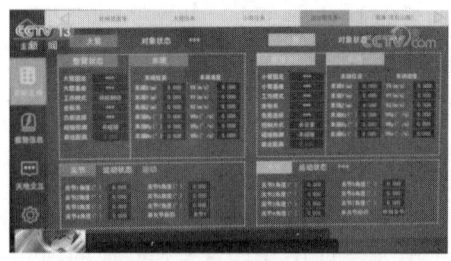

图片来源:央视新闻截图

图 5-3　中国空间站机械臂状态与操作界面

图片来源:央视新闻截图

图 5-4　中国空间站机柜设备标签

图 5-5　"祝融号"火星车后轮痕迹上的"中"字[①]

图 5-6　"祝融号"火星车桅杆云台上的"火"字[②]

8月15日,"祝融号"火星车圆满完成既定巡视探测任务。火星车车轮驶过,后轮上设计的汉字"中"的突起,就会将"中"字痕迹留在火星表面(见图

[①] 图片来源:《"祝融号"火星车完成既定巡视探测任务　获取大量一手数据》,光明网,2021年8月18日,https://m.gmw.cn/2021-08/18/content_1302495038.htm。

[②] 图片来源:《火星车命名"祝融"!科学家设计了这个细节送给火星作礼物》,光明网,2021年4月28日,https://m.gmw.cn/baijia/2021-04/28/1302261525.html。

5-5)。桅杆云台中部篆刻（九叠篆）的红色"火"字，表达了对火星车能安全度过每一个火星夜晚的祝福和期待（见图5-6）。

二 汉语迈进"太空语言"俱乐部

一直以来，西方国家掌握着太空话语权，所有进入国际空间站的宇航员，都必须熟练掌握英语与俄语。如今，中国空间站在太空"落户"，中文的使用范围也扩大至太空，汉语成为继英语与俄语后的第三种"太空语言"，迈进"太空语言"俱乐部。

"天宫"空间站使用的全中文操作界面，在海内外引起了广泛关注与讨论。6月17日，欧洲航空局官方推特发文祝贺"神舟十二号"载人飞船成功发射，文中不仅给出了"天宫"空间站的音译"Tiangong"，也给出了意译"Heavenly Palace"。[1] 中国国际电视台[2] 发布的视频"中国'天宫'空间站：全中文操作界面"被《全球先驱报》[3] 转载，美国有线新闻网发布了包含"天宫"空间站中文操作界面的视频[4]。法国《世界报》感叹："中国航天一个又一个的成功，也使得中国坦然自豪地占据了世界第二大太空强国的地位。在中国共产党100周年诞辰之际，北京又送给了自己一个非常亮丽的礼物。"[5]

社交平台的外国网友也纷纷发表自己的观点。有推特用户直呼"快教孩子普通话"，还认为"中国很快就会比预期提前几十年成为世界上最大的经济体"[6]。"观察者网"微信公众号6月21日发表文章摘录了海外抖音用户对中国空间站的看法，有人呼吁"是时候学中文了"，也有人热情地科普中国空间站。[7] 可见，许多外国网友都对中国航天事业的巨大进步表示祝贺，并强调了学习中文的必要性。

早在2017年欧洲航天员中心训练专家斯蒂芬尼·吉斯特就表示过，"学习中

---

[1] 见 https://twitter.com/esa/status/1405434888740913154。

[2] 见 https://news.cgtn.com/news/2021-06-21/Tiangong-space-station-All-Chinese-operation-interface-11gYPEQaSD6/index.html。

[3] 见 https://theglobalherald.com/news/chinas-tiangong-space-station-look-at-this-all-chinese-operation-interface/。

[4] 美国有线新闻网，2021年10月15日，https://edition.cnn.com/videos/world/2021/10/15/china-space-station-launch-culver-pkg-intl-hnk-vpx.cnn。

[5]《欧洲航天员抓紧学中文，有望明年登上中国空间站》，"凤凰卫视"微信公众号，2021年6月19日，https://mp.weixin.qq.com/s/KW6VMbINE1auMIkA3K90zQ。

[6] 见 https://twitter.com/Nate_McMurray/status/1415683888312033292。

[7]《中国空间站意外带火这部电影，TikToker急了：快学中文！》，"观察者网"微信公众号，2021年6月21日，https://mp.weixin.qq.com/s/aDe1cN198WOiLvvHBwhweQ。

第五部分

热 点 篇

文已经成为欧洲航天员的一项重要任务"。2018年英国广播公司也发表过一篇文章,题为《为什么欧洲的宇航员都在学习中文》,而答案正是中国的"天宫"空间站。据澎湃新闻报道,目前3名分别来自德国、法国和意大利的航天员正紧锣密鼓地学习中文,目标是从2022年开始登上中国空间站。欧空局意大利籍女航天员萨曼莎·克里斯托弗雷蒂自大学起就学习中文;德国籍航天员马蒂亚斯·毛瑞尔自2012年起就学起了中文,还为自己起了中文名"马天",他也将成为登上"天宫"空间站的第一位外国宇航员。

值得注意的是,与一众祝贺之音不同,美国有人对中国空间站使用中文提出了质疑。美国宇航局局长比尔·纳尔逊认为中国空间站使用中文违反了"国际标准",且是对美国在太空上的霸权地位最大的挑衅。美国兰德智库研究员彼得也认为,中国使用全中文界面与自主研发的"麒麟"操作系统,让美国失去了制约和控制中国空间站的能力,中国正在开创属于中国自己的独立自主的空间站时代,这并不是美国所期望的①。《纽约时报》称这次任务是对美国太空探索主导地位的诸多挑战之一。11月8日"神舟十三号"宇航员出舱完成任务时,王亚平的一句"感觉良好",再次引起美国网民的议论,他们认为中国航天员应该说英语。

国内媒体及网友一方面难掩激动喜悦之情,另一方面也对美国的无理质疑霸气回怼。对于"天宫"空间站为何采用中文的问题,国际宇航联空间运输委员会副主席杨宇光在接受采访时表示,从历史维度看来,各国如果自己独立建立空间站,操作界面都会首先选择使用自己的语言,中国也不例外。而且操作界面使用航天员的母语,更利于航天员的应急判断和操作。②

台湾媒体中时新闻网6月23日发文《"天宫"启动新兴太空语言 外国航天员加紧学中文》写道:"中文即将成为新兴的国际太空语言,只要谨慎经营,中国成为太空强国也是指日可待。"③9月3日又发文讨论中美太空地位关系,其中提到数名欧洲太空总署的航天员正在中国接受训练并学习中文。④

与传统媒体相比,新媒体的语言更加幽默犀利,情感也更强烈。"共青团中央"微信公众号6月23日发文《基操勿6:想上中国空间站?欧洲航天员正紧

---

① 《美智库抱怨中国空间站摆脱西方主导,说明全是中文,操作系统也是国产!》,"王东一说事"微信公众号,2021年7月7日,https://mp.weixin.qq.com/s/84Gh9EsmCzQT1UJTEUchVA。
② 《国际宇航联空间运输委员会副主席:中国空间站自然用中文》,观察者网,2021年9月15日,https://www.guancha.cn/politics/2021_09_15_607255.shtml。
③ 《台媒聚焦中国空间站中文界面:该轮到中文上场了》,澎湃新闻官方百家号,2021年6月24日,https://baijiahao.baidu.com/s?id=1703407886922557162&wfr=spider&for=pc。
④ 《台北论坛:地缘政治延伸至太空 美中各组团拼搏》,中时新闻网,2021年9月3日,https://www.chinatimes.com/opinion/20210903004828-262110?chdtv。

锣密鼓学中文》①提到了外籍宇航员对中文及中国训练方式的认可，有网友评论："学好中国话，走向宇宙都不怕"。曾有国际空间站中国被禁止参与，今有自主研发全中文"天宫"空间站，"光华军事"微博直言"解气！"②。"冯站长之家"微信公众号文章《今日聚焦：中国空间站用中文，威胁美国？这种威胁，越多越好！》③，网友们发表评论："中国人必须说中文，外语可以会，但是中文必须优先"，"让中国标准走向世界"。有网友调侃称普通话已经很简单了，我们还没用小篆、隶书、地方方言；香港主持人周洁莹也在节目中反讽："嫉妒的人仍在指指点点，而真正想参与的太空人，一早已经开始学习中文了。"④

三　中国名词走向世界

中国航天重视弘扬中华文化，航空名词多来源于中国古代神话或典籍。比如，执行火星探测任务的"天问"来源于屈原的长诗《天问》；火星车"祝融号"、月球探测器"嫦娥"、暗物质探测卫星"悟空"都来自于神话典籍；而"天宫"一词，据《后汉书》记载，是传说中天帝的居所。一个个名字连接起来，就将中国历史文化写入璀璨星空，闪耀着中国人的浪漫。随着越来越多的中国名字走向世界，海外对中国文化的兴趣也愈来愈强。以往媒体报道中国名词时一般仅音译，如今很多媒体都会附以意译解释。比如《纽约时报》文章《月球、火星、更远之处：中国雄心勃勃的太空计划》⑤中以"called Tianwen ("Questions to Heaven") after a classic poem"〔"天问"（向天提问）是根据一首古典诗歌命名的〕解释"天问"计划，也解释了"祝融"为"a god of fire"（火神）。正如《经济日报》所说："中文，正成为新兴的国际太空语言。汉字，正在将中国自信写入浩瀚太空"！⑥

有知乎用户认为："并不是中国操作界面全是中文，对世界产生影响，而是

---

①《基操勿6：想上中国空间站？欧洲航天员正紧锣密鼓学中文》，"共青团中央"微信公众号，2021年6月23日，https://mp.weixin.qq.com/s/exHqcTtAANfOF7119gkPXQ。
②《解气！中国空间站使用全中文，国外宇航员要参与合作请先学习中文》，"光华军事"微博，2021年6月23日，https://weibo.com/ttarticle/x/m/show/id/2309404651219812745617?_wb_client_=1。
③《今日聚焦：中国空间站用中文，威胁美国？这种威胁，越多越好！》，"冯站长之家"微信公众号，2021年9月16日，https://mp.weixin.qq.com/s/6wyM-s0bOFytwcOyMub4OQ。
④《中国空间站不能用中文？NASA内涵中国不守规矩，香港女主持霸气回怼》，薪火视频官方百家号，2021年9月29日，https://baijiahao.baidu.com/s?id=1712218811500607436&wfr=spider&for=pc。
⑤《纽约时报》，2021年10月15日，https://www.nytimes.com/article/china-mars-space.html。
⑥ 佘惠敏《中国自信写入浩瀚太空》，《经济日报》2021年6月27日第003版。

中国对世界的影响力，投射在了中国空间站操作界面上。"①汉语不仅在空间上走出了地球，在文化上也影响着其他语言。"神舟十二号"载人飞船成功发射后，欧空局给中国国家航天局的祝词中使用"taikonaut"一词，同样引发了热议。最初，国际上统称宇航员为"astronaut"，苏联继美国之后迈入载人航天之列后便出现了专门指代苏联（或俄罗斯）航天员的"cosmonauts"，随着中国成为第三个具有独立载人航天技术的国家，专门指代中国航天员的"taikonaut"也被创造出来，其词根"taiko"出自"太空"的拼音。早在1998年，"taikonaut"一词就已被《牛津词典》收录，解释为"Chinese astronaut"，这被视为中华文化借由中国航天走向世界的体现。②

一直以来，人们理所当然地认为，高科技产品都应使用英文，正是因为这种认知惯性，我国空间站使用中文界面才会引起如此大的反响。但飞在太空的汉字提醒我们，随着中国的崛起，汉语也在大步走向世界。

2013年上映的美国电影《地心引力》中，女宇航员在绝境中登上中国的"天宫一号"空间站，面对看不懂的中文操作界面，只得凭借"点兵点将"法猜测。这部8年前科幻电影中的场景，如今已变为现实。有知乎网友说，大国崛起带给人民最大的尊严就是语言强势，而科技发展带来语言需求，中文需求量增加，"中文就更值钱，会中文的人就更值钱，我们全体中国人就更值钱。值钱，就是尊严"③，我国空间站的中文界面，便是开启这一切的第一步。有网友自豪地说道："我们不仅在技术上站起来了，更在精神文化上站起来了。"④还有网友剖析道："人们一旦发现有意思且能满足高级精神需求的区域，全世界或至少使用同一种语言的人就会迅速汇集起来，制造相关文化产品。新中国占世界人口的五分之一，当人类的五分之一汇聚起来，就是人类历史上从未出现过的文化洪流。"⑤并预想在未来，中国话将出现在更多领域。语言的力量是巨大的，文化自信的道路上，中文还在不断升温。

（王宇波、王瑄奇）

---

① 知乎用户 @ 大蓝先生，https://www.zhihu.com/question/465899092。
② 《国际宇航联空间运输委员会副主席：中国空间站自然用中文》，观察者网，2021年9月15日，https://www.guancha.cn/politics/2021_09_15_607255.shtml。
③ 知乎用户 @ 王一点寒，https://www.zhihu.com/question/465899092/answer/1950007235。
④ 知乎用户 @ 试试能不能改名，https://www.zhihu.com/question/465899092/answer/1959137226。
⑤ 知乎用户 @ 任凤口鸟，https://www.zhihu.com/question/465899092/answer/1962852500。

乡音乡语助力党史教育

2021年，中国共产党迎来建党100周年，全国掀起了学党史热潮，各地开展了形式多样的党史宣讲活动。为帮助广大基层群众深入学习党史，一些地方除了使用普通话进行宣传外，还开展了"乡音乡语助力党史教育"系列活动，取得了很好的效果。

一 乡音宣讲进村入寨

党史学习教育的主要载体是普通话，乡音乡语作为纽带助力党史教育进村入寨，打通了党史教育的"最后一公里"。多地聚焦地域文化特色，探索出形式多样、内容丰富的乡音乡语助力党史教育活动。有的成立乡音乡语宣讲志愿服务队进村入寨开展"沉浸式宣讲"，有的依托自身丰富的红色资源，挖掘当地党史故事，以地方曲艺形式宣讲，有的通过"线下线上"结合，多方位、多层次、多元化加强党史教育力度，实现党史学习教育"全覆盖"。

组建乡音乡语宣讲团。推动党史教育进村入寨，如广西贺州八步区组建方言宣讲团[1]、重庆秀山组织成立"花灯名嘴"党史学习教育宣讲队[2]、浙江平阳水头镇组织星火宣讲团[3]、浙江余姚泗北村组建乡音党史宣讲团[4]、江苏宿迁泗阳庄圩乡成立"6+N"宣讲团[5]等。部分民族聚居地区采用民族语言或多语形式讲述党史，如云南勐海组建了少数民族语言宣讲团，采用傣语、哈尼语、布朗语、拉祜语等

---

[1]《贺州八步区方言宣讲团：探索线上宣讲新形式》，广西新闻网，2020年5月16日，http://news.gxnews.com.cn/staticpages/20200516/newgx5ebf99e0-19539804.shtml。

[2]《秀山：花灯名嘴进基层 乡音土话讲党史》，人民网，2021年3月31日，http://cq.people.com.cn/n2/2021/0331/c365411-34650364.html。

[3]《学党史 悟思想｜水头文化礼堂联盟推行"土话"讲党史 让宣讲更接地气》，平阳新闻网，2021年3月26日，http://py.66wz.com/system/2021/03/26/014020904.shtml。

[4]《泗北村外来党员走进企业 用"乡音"宣讲党史》，《余姚日报》2021年4月12日第6版。

[5]《宿迁泗阳庄圩乡：乡音宣讲激发党史学习新热潮》，荔枝网，2021年9月30日，http://news.jstv.com/a/20210930/1632997072961.shtml。

少数民族语言，深入村寨开展"流动课堂"宣讲。① 广西钦州组织近60名精通壮语的宣讲员，运用壮汉双语向全市14个少数民族聚居镇群众宣讲党的奋斗历史。② 四川绵阳平武县组建"双语"宣讲队，采取"汉语＋少数民族语言"的方式进行"双语"送学，利用村村通、大喇叭、广播站等开展乡音宣讲，让边远少数民族村寨的群众听得懂、记得住。③

用地方文艺形式宣讲党史。"莲花"是浙江温州的一种用永嘉方言演唱的民歌曲调，当地磐石镇以"莲花"曲调将党史故事"唱"出来。④ "三句半"是中国民间一种曲艺表演形式，四川武胜街子镇九石坎村村支部书记创作了"三句半"节目《我把党的故事说给你们听》。⑤ "讲古"是一种用泉州话对小说或民间故事进行再创作和讲演的传统语言表演艺术形式，福建厦门思明区通过"讲古"民间曲艺形式向人民群众讲述党的百年故事。⑥ 江苏常熟古里镇针对老年人，开创党史学习教育"银龄版"，组织当地的文艺爱好者，通过自编、自演的方式宣传党的方针，创作和演出了多部方言小品和"特色山歌"等。⑦ 青海西宁城北区朱南村新时代文明实践站的成员们用青海话和贤孝、平弦、越弦等地方曲艺形式讲党史。⑧ 上海马桥镇景城社区邀请沪剧名家开设"'乡音·乡味'话党情艺术党课"。⑨

---

① 《少数民族语言党史学习教育宣讲进村寨》，勐海县人民政府，2021年5月14日，https://www.ynmh.gov.cn/6.news.detail.dhtml?news_id=423935。

② 《让党史学习教育实起来活起来》，广西政协网，2021年4月11日，http://www.gxzx.gov.cn/html/szdt/36126.html。

③ 《平武县突出民族特色推动党史学习教育进羌乡入藏寨》，共产党员网，2021年5月20日，http://www.gcdr.gov.cn/content.html?id=53500。

④ 《方言讲党史 能说还能唱 乐清"土味"宣讲"声"入人心》，乐清市人民政府网，http://www.yueqing.gov.cn/art/2021/4/23/art_1322069_59155989.html。

⑤ 《武胜九石坎村村支部书记舒建国自编"三句半"说党史》，川观新闻，2021年4月29日，https://cbgc.scol.com.cn/news/1240883。

⑥ 《厦门思明：闽南话方言讲述百年党史故事 吸引党员群众重温红色烽火岁月》，人民网，2021年4月20日，http://fj.people.com.cn/n2/2021/0420/c181466-34685483.html。

⑦ 《常熟开创党史学习教育"银龄版"系统》，人民资讯官方百家号，2021年11月2日，https://baijiahao.baidu.com/s?id=1715319126454645668&wfr=spider&for=pc。

⑧ 《西宁市城北区：地方曲艺话党史 乡音土话传党声》，人民网，2021年4月23日，http://qh.people.com.cn/n2/2021/0423/c396476-34692005.html。

⑨ 《吴侬软语声声入耳，听沪剧名家茅善玉用"乡音"话党情｜党史学习教育》，搜狐网，2021年10月23日，https://www.sohu.com/a/496861038_121123522。

图 5-7　五代闽南话"讲古"人同台献艺宣讲党史①

线上线下相结合。浙江温州龙湾区通过直播平台创办"建党百年·龙青说"党史宣讲方言专场,青年干部用温州话宣讲。②海口市委党史研究室运用海南方言录制《海口地下交通站》宣传海南革命故事,在海南广播电视总台播出和《海口日报》微信公众号连载。③广东湛江运用新媒体讲好红色故事,组织开展"红土乡音党史故事——雷州方言讲党史微故事征集大赛",向全社会征集优秀雷州方言人才讲述 100 集党史故事。④重庆荣昌区党史传承志愿者变身"网络主播",用乡音讲红色故事,受众 2000 多人。⑤四川巴中通江县建设了党员师资库和包含 15 类 70 余个精品的"乡音微党课"。⑥内蒙古呼和浩特托克托县融媒体中心开辟"乡音土语讲党史"栏目。⑦

开发语音视频节目。湖南慈利新时代文明实践中心志愿者整理编纂《慈利革命斗争史》《慈利县革命老区发展史》,推出讲述本地红色故事的系列节目,并通

---

① 图片来源:《厦门思明:闽南话方言讲述百年党史故事　吸引党员群众重温红色烽火岁月》,人民网,2021 年 4 月 20 日,http://fj.people.com.cn/n2/2021/0420/c181466-34685483.html。

② 《乡音方言讲党史　龙湾这支青年宣讲队接地气》,浙江新闻,2021 年 4 月 18 日,https://zj.zjol.com.cn/news/1651415.html。

③ 《海南方言讲党史　红色故事进乡村》,海口文明网,2021 年 6 月 4 日,http://hnhk.wenming.cn/wmdt/202106/t20210604_7150044.html。

④ 《湛江以"四红举措"和新媒体推动党史学习教育——让党史学习教育更有温度》,《羊城晚报》,2021 年 4 月 19 日,http://ep.ycwb.com/epaper/ycwb/h5/html5/2021-04/19/content_106_378614.htm。

⑤ 《荣昌:志愿者变身"网络主播""乡音"讲活红色故事》,华龙网,2021 年 3 月 12 日。http://cq.cqnews.net/cqqx/html/2021-03/12/content_51277302.html。

⑥ 《通江县推出菜单式"微党课",助推党史学习教育走深走实》,川观新闻官方百家号,2021 年 5 月 8 日,https://baijiahao.baidu.com/s?id=1699185355411137814&wfr=spider&for=pc%E3%80%82。

⑦ 《【乡音土语讲党史】(四)学习党史、国史是坚持和发展中国特色社会主义的必修课》,澎湃新闻,2021 年 4 月 4 日,https://www.thepaper.cn/newsDetail_forward_12054758。

过渔鼓、快板、"三句半"等多种形式用乡音乡语进行集中宣讲。① 江苏太仓向老党员发放"乡音收音机",② 由宣讲志愿者用方言录制党史音频课程,开发红色广播剧。厦门同安区以"闽南话+普通话"宣传模式采制党史小故事和文艺视频。③

图 5-8　海口琼山区"益·老爸茶"方言讲党史微故事比赛④

二　话语亲切贴心暖心

乡音讲党史使党史教育更贴心,使党史学习教育做到了全覆盖和全员化。亲切的乡音把红色历史故事、深刻理论讲鲜活,使宣讲向基层深入,让党史教育更贴近基层群众。乡音讲党史的便民性、易懂性和亲切性,加深了老百姓对党史的理解。不少地方以"三会一课""夜校""文艺演出"等形式开展党史故事专题宣讲活动,让群众能听得懂、学得进、受触动,使党史学习教育走心又贴心。比如,连江县委党史学习教育领导小组编辑录制的党史学习随身听,收录了党史学习教育应知应会、连江革命史等内容,并采用普通话和连江话录制,方便年

---

① 《慈利以本地故事本土方言讲活党史　让村民坐得住、听得懂、学得进、受触动》,湖南省人民政府门户网站,2021年4月1日,http://www.hunan.gov.cn/hnyw/szdt/202104/t20210401_15427051.html。
② 《领到"乡音收音机"　老党员家门口就能听党史》,名城苏州,2021年4月1日,http://news.2500sz.com/doc/2021/04/01/706414.shtml。
③ 《厦门同安:不断推动党史学习教育有声势、显特色、见实效》,东南网,2021年6月16日,http://xm.fjsen.com/2021-06/16/content_30757094.htm。
④ 图片来源:《方言讲党史》,人民网,2021年6月22日,http://hi.people.com.cn/n2/2021/0622/c231190-34787372.html。

龄大的群众和党员学习党史知识。① 东莞大岭山打造"红色讲古台"、文艺宣传队等一批形式鲜活丰富的百姓宣讲品牌，让"本土"变"特色"，让基层党史宣讲"百花齐放"，用老百姓喜闻乐见的表现形式切实推动党史学习教育融入群众生活。② 泰州海陵区城北街道一名年逾七旬的老党员用方言快板的形式，自编自演文艺作品，开展党史宣传教育，已经深入社区、企业、学校巡回演出20多场。③ 姚安县通过"方言土语""彝汉双语"等方式，推进党史宣讲通俗易懂、走进千家万户，让"家门口"党史课活起来。④ 各种创新的乡音乡语讲党史活动让党史学习教育更贴心。云南昆明六甲街道党工委书记认为，乡音宣讲"以'拉家常'的语气，用最朴实的语言，让党史宣讲更加贴近群众"。

乡音讲党史让群众感到暖心，使党史学习学到"点子上"、悟到"心坎上"。由于一些地区的老党员年纪比较大，对普通话的掌握并不是很好，利用乡音生动而朴实讲述党史可以拉近与他们的距离，使得党史学习教育进一步扩大覆盖面。浙江温州北岙街道党员老同志认为："我们这些老党员听不太懂普通话，支部用方言讲课的形式，让我们一下子都听懂、听进去了，这堂党史课对于我们意义匪浅。"⑤ 福建连江敖江镇通过"党史随身听"让老年群体轻松听方言版党课，部分老党员听到了充满浓郁乡土味的连江方言版党课后说道："年纪大了，眼睛不好，书上的字也看不清，学党史有难度。现在好了，有这个宝贝，方便多了。"⑥ "平时电视、广播里讲的都是普通话，我们老一辈党员都听不懂，最近方言广播开始播放后，我们时不时来听，听得懂，也记得住。"⑦

三 易听易懂入心入脑

乡音乡语让党史学习教育生动灵活、入脑入心。以普通话宣讲为主要形式，

---

① 《线上一键通线下随身听　福建连江唱响党史学习教育"好声音"》，人民资讯官方百家号，2021年5月25日，https://baijiahao.baidu.com/s?id=1700715249081743041&wfr=spider&for=pc。

② 《东莞大岭山：八旬老人化身"讲古佬"，用方言讲述革命历史》，搜狐网，2021年4月26日，https://www.sohu.com/na/463088383_120152148。

③ 《七旬老党员创作方言快板讲党史》，凤城泰州网，2021年9月12日，http://www.mytaizhou.net/folder114/folder44/folder51/2021-09-12/514028.html。

④ 《"方言土语"话党史》，《云南日报》2021年6月28日第8版。

⑤ 《方言讲党史　乡音传"党音"》，洞头新闻网，2021年4月19日，http://www.dtxw.cn/system/2021/04/19/014040571.shtml。

⑥ 《方言讲党史　乡音传"党音"　连江县线上线下齐发力，让党员群众随时随地学党史》，《福州日报》2021年5月25日第004版。

⑦ 《党史学习教育｜玉环：方言传红音宣讲入民心》，玉环市传媒中心，2021年4月1日，http://www.yhbtv.com/sybtxw/60907239.shtml。

以乡音宣讲为特色,使党史教育走深走实,成为人民群众易听易懂的"好声音"。乡音乡语讲党史活动取得的成效得到了多方认可。浙江青田温溪村妇联主席认为:"以方言的形式来讲党史……为我们在村级开展党史宣传工作提供了一种新的方式和载体。"① 海南三亚一位党员干部认为:"用普通话和当地黎语宣讲党史是一种非常好的方式,把党史学习教育开展到广大群众中间,更加坚定了我们发展的信心。"② 四川武胜街子镇九石坎村村支部书记认为:"照本宣科,大家听不懂,也没效果,这样接地气的语言,更通俗易懂。"③ 基层党员和群众也肯定了学习的成效,认为乡音乡语讲党史活动有意思、听得懂、学得透。乐清市柳市镇邀请老党员用地道的方言讲党史、上党课,基层党员认为:"讲课的同志语言朴实,案例翔实,群众尤其是青少年们喜欢听,也听得懂、学得透。"④ 四川武胜街子镇九石坎村村民在听了"三句半"节目《我把党的故事说给你们听》后表示:"用这样的形式宣讲党史,既生动有趣,又好记。"⑤ 毛南族一名群众听了宣讲团成员用毛南语做党史宣讲之后高兴地说:"今天宣讲老师用毛南语来给我们讲党的故事,很精彩,我学到了很多党史的知识,今后我们要更加感党恩,跟党走,我相信以后的日子会越来越好的!"⑥

普通话作为国家通用语言,是党史宣讲的最主要形式。"乡音乡语"作为普通话讲党史的补充形式,让宣讲更大众化和通俗化,拉近了听众与党史的距离,提高了听众的学习热情,让党史学习更深入、更广泛。

(王宇波、王绿源)

---

① 《温溪镇开展"温溪方言话党史"活动》,青田网,2021 年 4 月 28 日,http://www.zgqt.zj.cn/newsDetail/8672827.html。
② 《"双语"宣讲受欢迎 党史学习入心入脑》,人民资讯官方百家号,2021 年 6 月 17 日,https://baijiahao.baidu.com/s?id=1702751427270303472&wfr=spider&for=pc。
③ 《舒建国:方言讲党史 乡音传"党音"》,广安在线,2021 年 4 月 26 日,http://www.gazx.org/content/2021-04/26/content_89645.html。
④ 《地道方言讲党史 每周一课学得欢 柳市打造"红色书屋"》,乐清市人民政府网,2021 年 6 月 7 日,http://www.yueqing.gov.cn/art/2021/6/7/art_1322069_59160805.html。
⑤ 《舒建国:方言讲党史 乡音传"党音"》,广安在线,2021 年 4 月 26 日,http://www.gazx.org/content/2021-04/26/content_89645.html。
⑥ 《环江:用方言讲党史 以乡音传"党音"》,先锋微远快讯,2021 年 5 月 21 日,https://v.gxnews.com.cn/a/20317605。

网络"清朗"行动提升语言文明

2021年,国家互联网信息办公室部署开展"清朗"系列专项行动,在全网开展"大扫除",重拳整治网络违法违规问题,遏制网络乱象滋生蔓延。专项行动集中时间、集中力量解决群众反映强烈的问题,以构建清朗网络空间,提高人民群众的幸福感、获得感。"清朗"行动中,软色情表情包、不良"饭圈"话术、语言欺凌等乱象得到遏制,治理成果受到舆论广泛关注。

一 行动引发各界关注

(一)不同媒体广泛报道

自2021年"清朗"系列专项行动开展以来,中央及各省、市、自治区的主流媒体,都以专题报道、时评、新闻等不同形式对"清朗"行动进行报道,主要涉及整治领域、相关举措和成效。以新华网和光明网为例,5月8日至12月12日,新华网共发布以"'清朗'行动"为主题的文章30篇,其中有24篇涉及整治领域,5篇涉及整治举措及成效,1篇涉及"清朗"行动遗留问题。[①] 光明网共发布以"'清朗'行动"为主题的文章29篇,其中13篇涉及整治举措及成效,12篇涉及整治领域,4篇涉及"清朗"行动遗留问题。[②] 整体来看,媒体报道的重点集中于"饭圈"整治和未成年人网络空间治理。12月13日,"'清朗'行动"入选由国家语言资源监测与研究中心发布的"2021年度中国媒体十大流行语"。

除了主流媒体,微博、微信和搜狐新闻客户端等自媒体平台有关"清朗"行动的报道也相当丰富。在微博平台,4.6万人围绕"'清朗'行动"话题发布原创微博;2803人围绕"清朗饭圈乱象整治专项行动"话题发布原创微博;424人围绕"网络空间就该这么清朗"话题发布原创微博。时事视频博主"神秘人_315"

---

① 新华网搜索,http://xinhuanet.com/。
② 光明网搜索,https://www.gmw.cn/。

呼吁"清朗"行动严厉处置语言暴力行为，净化网络环境；热门时事博主"帝吧官微"宣传"清朗"行动相关举措，倡导粉丝积极参与其中；微博新知博主"逻格斯 logics"分析"清朗·'饭圈'乱象整治"专项行动的整治举措和成效。

在微信平台，据"清博指数"统计，截至12月17日，关于"清朗"行动的媒体信息数有309个，相关公众号推文的总阅读量达到77万以上。① 在搜狐新闻客户端，截至12月18日，共有199篇以"'清朗'行动"为主题的文章，"跨界张小白""紫金之声""武侠梦江湖"等颇具影响力的搜狐号均发布原创文章报道"清朗"行动。②

（二）广大网民积极支持

各类社交平台上与"清朗"行动相关的话题引发持续讨论。在微博平台，截至12月21日，微博话题"清朗行动"阅读次数达8亿，相关讨论次数达45.9万，话题"清朗暑期未成年人网络环境整治专项行动"阅读次数达8655.1万，相关讨论次数1.2万，话题"清朗饭圈乱象整治专项行动"阅读次数达4889.3万，相关讨论次数5万，"网络空间就该这么清朗""微博昵称不得含娘炮等词汇""微博打击政务央媒官微下刷量控评账号""严把娱乐明星网上信息内容导向"等相关话题登上热搜。更有大量网民群众在这些话题下发布原创微博，主动参与到"清朗"行动中，积极提供线索，为打击互撕谩骂、拉踩引战等不良语言行为贡献力量。

除了微博平台，"清朗"行动的相关话题还登上了百度搜索、抖音等平台的热搜榜。尤其在8月27日中央网信办下发《关于进一步加强"饭圈"乱象治理的通知》后，两平台上有关"清朗"行动的讨论热度迎来高潮。

百度搜索指数用于衡量百度用户对关键词搜索关注程度及持续变化情况。如图5-9所示，网民对"清朗行动"一词的关注和讨论度在8月28日达到峰值，搜索指数为38 111，而后也一直维持着较高热度，截至12月17日，累计指数达到115 540（见图5-9）。③

---

① 清博指数舆情监测数据，https://www.gsdata.cn/。
② 搜狐新闻客户端，https://search.sohu.com/?keyword=%E6%B8%85%E6%9C%97&spm=smpc.csrpage.0.0.1639792302728rrT9wFQ&queryType=outside。
③ 百度搜索指数舆情监测数据，https://index.baidu.com/v2/index.html#/。

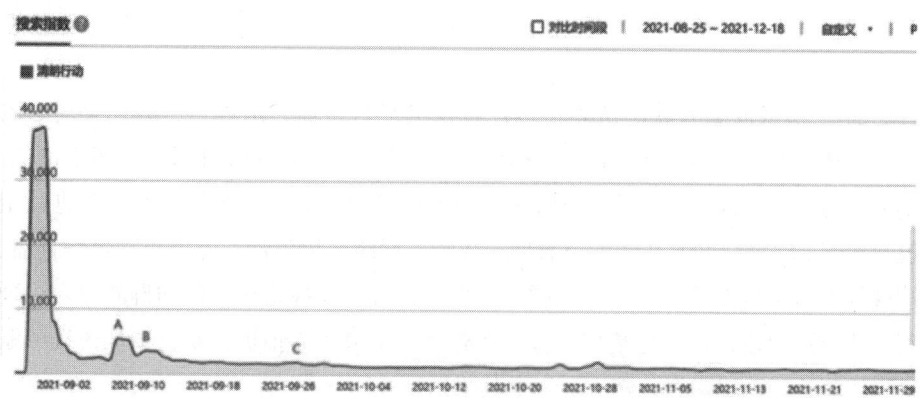

图 5-9 "清朗行动"百度搜索指数

抖音指数用于衡量特定关键词在抖音的热度,"清朗行动"一词的抖音指数本年度单日最高热度值高达 19 231（见图 5-10）。[①]

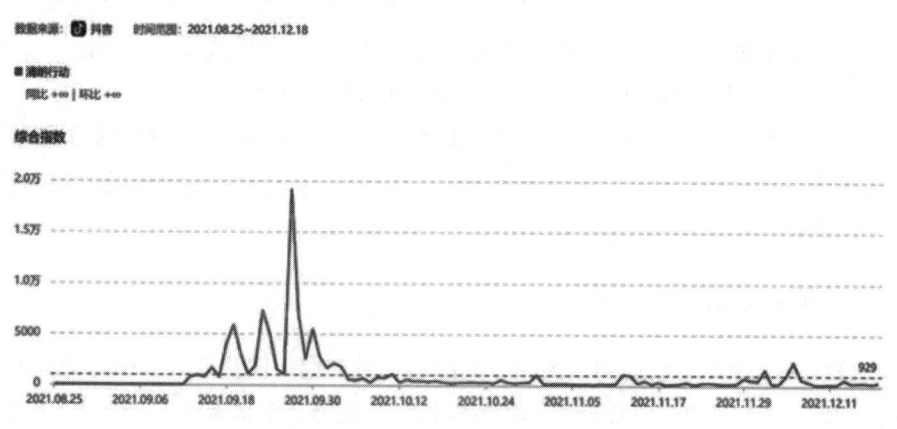

图 5-10 "清朗行动"抖音指数

二　全力整治语言乱象

（一）遏制三俗信息反弹

庸俗、低俗、媚俗的文字，图片和视频信息一直是网络空间治理的重点。随着一系列净网行动的开展，"三俗"信息被从严处置，但仍有部分内容以更加隐晦

---

① 抖音指数舆情监测数据，https://www.toolmao.com/sites/1484.html。

的形式，披上"软色情"外衣，在各社交平台传播，且存在向低龄化受众转移的趋势。

2021年未成年人软色情表情包在各社交平台传播、出售，一些别有用心的人把儿童的照片P①上"想约""想把你压在床上"等文字，制作成软色情表情包，影响恶劣。《中国青年报》《新京报》等多家媒体对"儿童软色情表情包"进行报道和揭露。7月启动的"'清朗'·暑期未成年人网络环境整治"专项行动聚焦直播、短视频平台上可能危害未成年人的"三俗"内容，在各论坛社区和群圈深入清理利用儿童形象制作的软色情表情包，严查教唆未成年人拍摄交易色情低俗视频账号，依法约谈涉事平台负责人，责令其限期整改。

（二）整治不良"饭圈"② 话术

作为亚文化团体，"饭圈"存在一系列独特的话术，例如"控评"（操纵评论，粉丝集体发布、点赞积极评论，拉黑消极评论）、"拉踩"（通过贬低他人来吹捧自己喜欢的人）、"反黑"（反对诋毁自己偶像的言论）、"引战"（故意发表极端言论引起争端和冲突）等。由这些话术构成的"饭圈"话语模式具有一元论、非理性、排他、从众等特点，极易引发语言欺凌和语言暴力现象。

6月15日起，中央网信办在全国范围内开展了"'清朗'·'饭圈'乱象整治"专项行动，聚焦明星榜单、互动评论和粉丝社群，重点打击拉踩引战、刷量控评、诱导集资等行为，遏制不良话语模式的传播和渗透。

（三）严防语言乱象蔓延

2021年东京奥运会期间，为国争光的运动员们成为舆论焦点，但与此同时，语言欺凌、语言暴力、互撕谩骂、过度应援等乱象蔓延至体育圈。例如，7月24日，运动员王璐瑶在东京奥运会女子十米气步枪资格赛中落败，赛后发微博称"各位抱歉，很遗憾，我承认我怂了，三年后再见吧"，随后评论区大量网友对她进行指责和攻击，并对其言论进行恶意解读，认为她"只想当网红圈粉""发自拍是营销美貌"。除此之外，过度的应援和控评等言行也对运动员的训练和生活造成了影响。一些运动员发文表示"一些'饭圈'化的表达方式并不适合咱们这里，请大家只关注赛场"。③

---

① 原指使用Photoshop（PS）软件将图片修复、美化、拼接等，现泛指使用任意制图或图像处理软件对图片进行加工。
② "粉丝"圈子的简称。"粉丝"即英文fans（爱好者）的音译。
③ 《樊振东发长文，呼吁球迷抵制"饭圈化"行为，新华社评论》，澎湃新闻，2021年10月18日，https://www.thepaper.cn/newsDetail_forward_14952534。

针对以上情况,"清朗"行动的整治范围扩展至体育领域。9月30日,中国奥委会官网发布声明称,中国奥委会坚决拥护中央"清朗·'饭圈'乱象整治"专项行动,号召中国体育健儿不参与组织明星后援会,不发起或参与各类话题,坚决杜绝"饭圈"乱象向体育领域蔓延,坚决反对利用"饭圈"从事营利活动。[1]

三 语言环境更加风清气正

(一)有害信息减少,语言生态更健康

视频直播、聊天群组中的低俗有害信息明显减少。截至9月10日,快手平台累计清理涉未成年人的低俗有害信息9136条,查处违规账号2825个。[2]据《新京报》报道,在7月21日至23日浏览多家电商平台发现,软色情表情包的销售已逐渐销声匿迹,不少关键词被屏蔽,搜索结果显示为"无相关商品"。[3]截至12月4日,微博累计清理"饭圈"负面有害信息40余万条,处置违规账号2万多个,处罚群主6500多个,解散话题3000多个。[4]

除"饭圈"外,相关平台上恶意攻击运动员的账号也受到了相应的处罚。截至7月28日,微博已有80个账号被处以禁言90天至180天的惩罚,同时,清理语言暴力微博80条,解散相关话题4个。对于纵容乱象、屡教不改的平台,网信办采取了限期整改、暂时下架等处罚手段,截至3月25日,协调关闭、取消备案网站平台2300余家,下架应用程序(APP)520余个。[5]

(二)各方责任落实,语言环境更洁净

1. 互联网平台积极加强语言监管和自查自纠。微博、微信、抖音等平台连续发布多条公告,采取一系列举措贯彻"清朗"行动的相关要求。截至12月15

---

[1]《中国奥委会声明》,中国奥委会官方网站,2021年9月30日,http://www.olympic.cn/news/olympic_comm/2021/0930/391687.html。

[2]《关于开展暑期网络环境专项整治的公告》,"快手黑板报"微信公众号,2021年7月7日,https://mp.weixin.qq.com/s/-maPPSUUplZ_QeyK-UyHYw。

[3] 罗亦丹《腾讯淘宝等平台因表情包被约谈背后:儿童软色情"十面埋伏"?》,《新京报》官网,2021年7月23日,https://www.bjnews.com.cn/detail/162703545614266.html。

[4]《"浓、严、强、建"!"饭圈"乱象治理取得成效》,新华网,2021年11月16日,http://www.news.cn/politics/2021-11/16/c_1128070625.htm。

[5]《国家网信办深入推进"清朗·春节网络环境"专项行动》,中国政府网,2021年3月25日,http://www.gov.cn/xinwen/2021-03/25/content_5595639.htm。

日,新浪微博社区管理官方账号"微博管理员"共发布"2021微博饭圈健康生态专项行动系列公告"23条,对涉及互撕谩骂、拉踩引战的账号给予处罚,对刷屏控评等"饭圈"不良语言现象予以管理,对粉丝团体在微博平台的语言行为加以引导。

2. 广大网民自觉抵制网络语言乱象。8月31日,"每日经济新闻"官方账号在微博平台发布问卷调查"你如何看待粉丝刷量控评行为?"共1.4万人参与,其中1.1万人表示"坚决抵制"。① 为了解青年对网络语言暴力的态度和看法,《中国青年报》面向全国高校大学生展开问卷调查,10月发布的调查结果显示,近九成受访大学生认为网络语言暴力非理性。② 另有不少网友在中央纪委国家监委网站留言,表达对"清朗"行动的支持。网友表示:"主旋律和正能量永远要正气压倒邪气。对待网络空间的种种不文明行为,应以明确的法律法规进行约束、以'零容忍'态度加强治理。"③"博人眼球的营销号不顾事实乱象带节奏的,就应该狠狠地罚,狠狠地整。"④

3. 粉丝群体共同建设清朗语言环境。超200家粉丝后援会发帖响应"清朗"行动,呼吁粉丝共同建设规范有序的"饭圈"环境和网络环境。⑤ 大量网友转载留言,纷纷表示:"将理智追星,学习成为更好的自己!""再也没有无休止地做数据、反黑、谩骂、举报,整个饭圈的风气变好了许多。"⑥

4. 文艺工作者主动加强行业自律。中国视协、中国影协、中国演协均召开相关主题会议,中国文联召开文艺工作者职业道德和行风建设工作座谈会,探讨如何根治行业乱象,构建清朗网络文化生态。业界知名剧评人表示:"希望'清朗行动'的力度可以保持下去,粉丝可以回归至观众群体,粉丝与演员之间的关系,也回归至观众与影视作品的精神联系上,回到正常的审美范畴内。"⑦

---

① 参见 https://m.weibo.cn/1649173367/4676184770873889。
② 《超七成受访大学生自认受到网络暴力影响》,《中国青年报》2021年10月11日第08版。
③ 《网言网语丨抵制娱乐圈乱象 营造清朗网络空间》,中央纪委国家监委网站,2021年11月27日,https://www.ccdi.gov.cn/yaowen/202111/t20211127_255201.html。
④ 《"清朗"行动再出击,剑指三大乱象》,"人民网"微信公众号,2021年12月23日,https://mp.weixin.qq.com/s/t3yWhVTVBVJAbNdVukr3tQ。
⑤ 《整治饭圈乱象,国家出手了!重点打击这5类行为》,每经网,2021年6月15日,http://www.nbd.com.cn/articles/2021-06-15/1792026.html。
⑥ 任晓宁、郑蔚夏《饭圈"清朗"动真格,粉丝理智躺平了》,澎湃新闻,2021年9月4日,https://www.thepaper.cn/newsDetail_forward_14359549。
⑦ 张赫、吴奇函《整治饭圈乱象近百日,一图梳理2021"清朗"行动》,《新京报》官网,2021年9月15日,https://www.163.com/dy/article/GJV9SNLM0512D3VJ.html。

(三)正向引导加强,语言生活更和谐

在本次"清朗"行动中,负面信息生存空间缩小的同时,正能量语言文化的宣传引导得到极大加强。一系列与"清朗"行动相关的表情包陆续上线,例如,"清朗"熊猫表情包(见图 5-11),以憨态可掬的熊猫形象倡导文明上网,推动社交平台语言文明建设。

图片来源:"锡小朗"表情包 　　"雨花区网络安全"表情包 　　"清朗熊猫"表情包

图 5-11 　"清朗"行动相关表情包

东京奥运会期间,针对恶意攻击运动员、过度应援等问题,部分媒体于第一时间发声,对网民的语言行为加以引导。《环球时报》发文倡议抵制对奥运赛场上失利的中国运动员实施网暴[①],新华网发文指出非黑即白、无条件支持的话语体系并不适用于运动员,公众不应把"饭圈"文化的话语模式生搬硬套到体育圈[②];央广网指出要警惕"饭圈"沉积的恶习、熟悉的套路侵入体育界[③]。大量网友围绕"反对对失利运动员实施网暴""王璐瑶仍是浙江了不起的姑娘""谌利军　我命由我不由天"等正能量议题发表看法,表达对运动员的支持和鼓励,体育领域的舆论环境有较大改善。

本次"清朗"行动立足人民群众热切反映的语言问题,重点关注亚文化语言圈,严防部分暴力、低俗的圈层语言扩散;面向未成年群体,引导青少年使用文明、健康的网络语言;将治理和宣传相结合,在整治不良语言乱象的同时,积极设置正能量议题,凝聚网络社会共识,有效提升了语言文明。

(赫　琳、张丹阳)

---

①《环时锐评:必须旗帜鲜明反对对奥运赛场上失利的中国运动员实施网暴》,环球网,2021 年 7 月 24 日,https://opinion.huanqiu.com/article/444LWtHwjmZ。

② 郑明鸿《体育时评:面对"饭圈化",运动员需多一些"人间清醒"》,新华网贵州频道,2021 年 10 月 18 日,http://gz.news.cn/2021-10/18/c_1127967672.htm。

③ 剑东《央视网评:警惕饭圈沉积的恶习、熟悉的套路侵入体育界》,澎湃新闻,2021 年 9 月 15 日,https://www.thepaper.cn/newsDetail_forward_14511612。

疫苗标语留下珍贵记忆*

疫苗接种是建立全民免疫屏障的重要举措。抗击新冠肺炎疫情期间,有关单位纷纷采用标语来宣传新冠疫苗接种的作用效果、责任义务和优惠政策。这些或朴实、或激扬、或暖心、或活泼的标语,经过横幅、贴纸、电视、广播、小喇叭、电子屏、微博、微信、短视频、移动应用程序(APP)甚至无人机的传播,受到广泛关注、采用和转发,既有效地宣传了防疫政策,推进了疫苗接种工作,也给人们留下了上下一心、"保家卫国"的珍贵记忆。

一 字字话实务

及时有效地宣传疫苗知识和接种政策,消解疑虑,达成共识,促进接种工作尽快顺利开展,是新冠疫苗推广工作中十分重要的一环。随处可见的标语在联防联控、群防群控的一线充当了合格的科普员。

一些标语简明扼要、通俗易懂地交代清楚了接种新冠疫苗具有抵抗病毒、预防感染和防控疫情等效果(如表5-1)。

表5-1 强调接种效果的新冠疫苗标语

标语内容	来源地区	效果
打两针新冠疫苗,少一份病毒烦恼	广东省茂名市	抵抗病毒
新冠疫苗抓紧打,预防病毒好方法	云南省怒江傈僳族自治州	
新冠病毒不可怕,接种疫苗走天下	湖北省武汉市	
与其面对病毒裸奔,不如打个疫苗护身	海南省琼海市	
拿我的新冠疫苗来向病毒开炮	广东省深圳市	

---

* 本文为国家语委科研项目"网络短视频语言文字问题及对策研究"(YB135-144)的阶段性成果。

(续表)

标语内容	来源地区	效果
打疫苗，防新冠，科学有效好手段	北京市	预防疾病
接种疫苗是预防新冠最经济最有效最安全的措施	河北省张家口市	
新冠防控要科学，疫苗接种我先行	安徽省阜阳市	
新冠要预防，疫苗来护航	山东省济南市	
远离新冠肺炎，接种新冠疫苗	华中科技大学	
积极参与新冠疫苗接种，筑牢琼海零感染防护屏障	海南省琼海市	防控疫情
建立全民免疫，需要你的一"臂"之力	广东省深圳市	
接种新冠疫苗，共建免疫长城	江苏省南京市	
科学防控，接种疫苗	上海师范大学	
疫情防控要科学，接种疫苗我先行	浙江省温州市	
你笑起来真好看，就是打完疫苗的模样	江苏省南京市	其他
最美不过夕阳红，打了疫苗更从容	天津市北辰区	
病毒再高，也怕疫苗；传染再强，两针撂倒	辽宁省本溪市	综合型
人人接种新冠疫苗，切断病毒传播链条	广东省深圳市	

还有少量标语苦口婆心，通过陈述不打疫苗的后果来宣传接种的必要性，如"漏种一次疫苗，增加一分患病危险"（河南省安阳市），以及兼顾打或不打的结果的"不种疫苗锁家中，种下疫苗四海通"（四川省凉山彝族自治州）。

为了消除顾虑，激励民众及早接种疫苗，基层防疫组织一方面大力宣传全民接种、应接尽接、免费接种、随到随种等政策措施，另一方面各出奇招，用送网红奶茶、送相声票、抽大奖等活动加大吸引力，起到了"安民告示"、迅速扩大接种规模的作用（如表5-2）。

表5-2 宣传接种政策和措施的新冠疫苗标语

标语内容	来源地区	接种政策要点
党的政策实在好，全民免费打疫苗	河南省安阳市	全民免费接种
随到随种，无需预约	上海市	不需要预约
张文宏说：疫苗最好今年打，尽快打	湖北省宜昌市	尽快接种
新冠疫苗第三针来啦！	上海市	疫苗批次

（续表）

标语内容	来源地区	接种政策要点
打疫苗送免费早餐	上海市	接种送礼
打疫苗送相声票	天津市	
到青口卫生院打新冠疫苗，大奖连连抽，好礼赢不停	福建省福州市	
来桂园，打疫苗；住瑞吉，喝茶颜	广东省深圳市	

二　句句总关情

"家是最小国，国是千万家"，防疫连着你我他。一些标语着眼于个体行为与防疫大局的关系，重点关照个人、家庭、社会等不同层次以及老人、青少年、儿童等不同群体，量身定做，针对性强，更容易引起特定受众的情感共鸣（如表5-3）。

表5-3　强调受益人或责任人的新冠疫苗标语

标语内容	来源地区	受益人	责任人
我接种，我健康	山东省济南市	个人	个人
防疫关乎你我他，现在就看老人家	安徽省合肥市	社会	老人
疫苗接种你我他，利己利人利国家	河南省安阳市	社会、国家	个人
您参加了人类历史上规模最大的疫苗接种活动！	海南省三亚市	人类	个人
大声告诉全世界，我打疫苗了	郑州大学	全世界	个人
为了你的健康，请及时接种新冠肺炎疫苗	上海交通大学	个人	—
为了家里老小，请打新冠疫苗	广东省深圳市	家人	—
護己護人，齊打疫苗①	香港特别行政区	个人、社会	—
接种新冠疫苗，争做健康老人	天津市	老人	—
疫苗让我安心，学习使我快乐	四川省成都市	青少年	—
接种新冠疫苗，保障儿童健康	北京市	儿童	—
嗨，今天你苗了吗	广东省广州市	—	个人
小勇士，你真棒	辽宁省鞍山市	—	儿童

也有标语面向家乡父老或者外来游客打起乡情牌，融入了方言、民族语言、

---

① 为展示标语原貌，此条保留香港繁体字形式。

风景名胜等地方特色。例如，重庆杨家坪街道的标语"系乖孙，就带阿爷阿嬷去打疫苗"像街坊邻居在好言相劝；抖音账号"魅力洛浦"使用汉维双语标语（见图5-12）；龙门石窟给文创海报上的卡通版石窟造像戴上口罩，配上标语"打疫苗 很重要"，显得"又猛又萌"（见图5-13）。

图 5-12 抖音账号"魅力洛浦"的新冠疫苗标语　　图 5-13 龙门石窟文创新冠疫苗标语

三　人人来参与

2021年3月底，由深圳市盐田区东和社区桥东社康服务中心制作并挂出的标语"我们一起打疫苗　一起苗苗苗苗苗"（见图5-14），经"深圳卫健委"微信公众号推广，迅速走红微信、微博、抖音等平台[①]，引发了多家媒体的相继报道，央视抖音账号"主播说联播"更是发布了一条主播李梓萌演唱该疫苗口号的短视频。由于该标语改编自流行歌曲《学猫叫》的歌词"我们一起学猫叫，一起喵喵喵喵喵"，网友们直呼其"自带BGM[②]""越哼越上头"，纷纷加入将歌曲改编为标语的队伍中来，并推广到对诗词、台词、流行语等的改编，衍生出一系列新奇有趣的创意标语。

---

① 《盐田打疫苗宣传标语火了："我们一起打疫苗，一起苗苗苗苗苗"》，《深圳晚报》2021年3月30日第A03版。

② BGM为英语"背景音乐"（background music）的缩写。

图 5-14 标语"我们一起打疫苗 一起苗苗苗苗苗"

由欢快动感的歌曲改编而成的标语能给人带来轻松愉快的感觉,适合动员大家振奋精神,积极接种疫苗,如:

"打呀,打呀,打疫苗,大家一起打疫苗"(改编自《找朋友》:"找呀找呀找朋友,找到一个好朋友。")

"和烦恼的病毒说 bye bye,和安心的疫苗 say 嗨嗨"(改编自《生日祝福歌》:"对所有的烦恼说 bye-bye,对所有的快乐说 hi、hi。")

"今天是个好日子,打开了家门咱打疫苗"(改编自《好日子》:"今天是个好日子,心想的事儿都能成,明天是个好日子,打开了家门咱迎春风。")(见图 5-15)

图 5-15 标语"今天是个好日子 打开了家门咱打疫苗"

"看见新冠,我不怕不怕啦,我打疫苗了,不怕不怕不怕啦"(改编自《不怕不怕》:"看见蟑螂我不怕不怕啦,我神经比较大,我不怕不怕不怕啦。")

"五十六种语言汇成一句话,快打疫苗快打疫苗快打疫苗"(改编自《爱我中华》:"五十六种语言汇成一句话,爱我中华爱我中华爱我中华。")

"新冠不知人间的忧伤,何不潇洒打疫苗"(改编自《潇洒走一回》:"岁月不知人间多少的忧伤,何不潇洒走一回。")

亲情、友情、爱情，总有一个由抒情类歌曲改编的疫苗标语能触动你的心弦，如：

"找点空闲，找点时间，领着家人，打疫苗针针"（改编自《常回家看看》："找点空闲，找点时间，领着孩子，常回家看看。"）

"突然很想你，你会在哪里，没打疫苗少出去"（改编自《突然好想你》："突然好想你，你会在哪里，过得快乐或委屈。"）

"我能想到最浪漫的事，就是和你一起打疫苗"（改编自《最浪漫的事》："我能想到最浪漫的事，就是和你一起慢慢变老。"）

在歌曲类改编标语走红的同时，改编自古文、诗词和流行语的标语也不甘落后，传递着恰到好处的幽默与韵味，如：

"一人打独善其身，人人打兼济天下"（改编自《孟子·尽心章句上》："穷则独善其身，达则兼善天下。"）

"两情若是长久时，不打疫苗更待何时"（改编自宋代词人秦观的《鹊桥仙·纤云弄巧》："两情若是久长时，又岂在朝朝暮暮。"）

"种上疫苗，去看人间最美四月天"（改编自林徽因的《你是人间的四月天》："你是人间的四月天！"）

"我为何总是脸露微笑，因为打了新冠疫苗"（改编自艾青的《我爱这土地》："为什么我的眼中常含泪水，因为我对这土地爱得深沉。"）

"疫苗接种不止有眼前的你，还有爱和远方"（改编自《高晓松184天监狱生活实录：人生还有诗和远方》："我妈说生活不只是眼前的苟且，还有诗和远方。"）（见图5-16）

图5-16 标语"疫苗接种不止有眼前的你，还有爱和远方"

"走疫苗的路，让病毒无路可走"（改编自喜剧演员小沈阳的二人转台词："走别人的路，让别人无路可走。"）

"防疫道路千万条，接种疫苗第一条"（改编自电影《流浪地球》的台词："道路千万条，安全第一条。"）

根据文艺作品改编的创意标语具有感染力强、传播度高的特点，令人印象深刻。人们既可以从中感受到经典语句穿越时空的魅力，也能体会到自由创作和产出价值的快乐。

四 "苗苗"引热赞

根据对疫苗标语相关资讯文章标题的统计数据，"苗苗""上头""接种""洗脑""新冠""自带""BMG"等词语出现频率最高，说明以"一起苗苗苗苗苗"为代表的创意标语最受关注。而以"一起苗苗苗苗苗"为关键词在搜狗、微信搜索和抖音上进行检索，共得到2021年度发布的微信公众号文章3364篇，以及点赞数超过1000的抖音短视频72个，其中最多的一个点赞数超过122.7万。为何各方如此关注这一标语？有关媒体分析了原因。

《深圳特区报》主办的微信公众号"圳论"赞扬道："一起苗苗苗苗苗"："有些与众不同，但却紧紧抓住了大众口味……不走套路更走心，不仅花了心思，也拿出了打破常规的勇气。"①

《羊城晚报》评论该标语"脱胎于热门歌曲的标语先天自带节奏和韵律感"，"营造了某种共同体意识，在欢乐、亲和的氛围中吸引着越来越多的人加入这个共同体"，推广该标语的"深圳卫健委"微信公众号是一个"值得好好研究的""创新传播手段、转化话语方式"的样本。②

《新华每日电讯》将创意标语与某些标语进行了比较，给予了创意标语正面评价："'一起苗苗苗苗苗'……体现了一种平等和尊重……市民对疾病相关的话题本就有这样或那样的疑虑，生硬的说教更容易让人产生抵触心理。而这一网红标语用'我们一起'而非'强行要求'，'走心'号召起到更好的引导效果。"③

《新京报》认为："这条横幅标语的文本体现出的是一种平等尊重、欢迎公众参与的价值观"，还指出基层部门"应该多借鉴民众喜闻乐见的形式和语言，学会蹭热点"，只有"变生硬为有趣，变说教为幽默诙谐"，才能让民众"上头"。④

---

① 王森《一起苗苗苗苗苗，这个标语并不简单》，"圳论"微信公众号，2021年3月30日，https://mp.weixin.qq.com/s/M_6jzCTOhRLX-2_8NUPtpQ。
② 林如敏《"一起苗苗苗苗苗"为什么这么火》，《羊城晚报》2021年4月1日。
③ 孙飞《"一起苗苗苗苗苗"，这样动员接种好》，《新华每日电讯》，2021年4月2日，http://www.xinhuanet.com//mrdx/2021-04/02/c_139855266.htm。
④ 和光《"我们一起打疫苗，一起苗苗苗苗苗"，上头了上头了》，《新京报》微信公众号，2021年3月20日，https://mp.weixin.qq.com/s/bqabAzMo8md-gdE8vrxiSg。

网友们也纷纷在各大社交平台上表达了对创意标语的感觉和意见，除了少数网友建议玩梗要考虑文化隔阂、警惕过度娱乐化外，绝大多数都持肯定和欢迎的态度。如对于"百度知道"里的提问"社区打疫苗标语走红，你喜欢这样的宣传方式吗？"，网友们回答道：

"我觉得这种方式挺好的……如果疫苗的宣传语太过生硬的话，那么人们也会无所谓，也觉得不舒服。但是用这种方式人们看到之后会非常地开心，这样有利于人们的积极性。"

"我觉得还是非常接地气的，不仅如此，让人觉得接种疫苗不仅是自己的义务更是一种责任。"①

又如新浪微博话题"#社区回应打疫苗标语走红#"的讨论区有人谈到对这条标语的感受：

"情不自禁唱起来的是怎么回事"

"这个标语让我开心了一天，感觉被洗脑了"

"好标语就是好广告，能省去大量的传播时间，加速了传播速度"

也有人汇报自己接种的情况，或者表示要马上去预约疫苗，或者询问注意事项：

"挺好的，我已经打了疫苗啦"

"昨天打了😀排队半小时　打针只需2秒钟"

"打疫苗前应该先给做个核酸检测吧？"

还有人联想到了主创人员、基层防疫人员、标语所在地乃至祖国：

"广告公司创作者真的应该加鸡腿"

"社区工作人员压力很大"

"深圳很会哎！"

"我已接种完啦，感恩祖国"②

从媒体和网友的反映来看，公众普遍认为创意标语避免了生硬说教，不落俗套，朗朗上口，让人开心，增加了标语和受众的双向互动，宣传效果很好。由

---

① "百度知道"在线提问"社区打疫苗标语走红,你喜欢这样的宣传方式吗？"，网址为 https://zhidao.baidu.com/question/1838754130863483540.html，回复均在2021年3月30日。

② 网友评论来自新浪微博话题#社区回应打疫苗标语走红#中的讨论区，https://s.weibo.com/weibo?q=%23%E7%A4%BE%E5%8C%BA%E5%9B%9E%E5%BA%94%E6%89%93%E7%96%AB%E8%8B%97%E6%A0%87%E8%AF%AD%E8%B5%B0%E7%BA%A2%23。

此可见，虽然标语是一种传统的宣传手段，但在新媒体、新理念、新生代的加持下仍然可以焕发勃勃生机，为保障国家公共卫生安全和促进社会和谐发展持续发力。

以"我们一起打疫苗，一起苗苗苗苗苗"为代表的新冠疫苗标语具有鲜明的时代性和广泛的影响力。疫苗标语重实效、讲感情、接地气、有趣味，真切地展现了防疫工作的经验和成效，描绘出人们在担负共同使命时的坚定、团结、从容和乐观，必将成为2021年美好隽永的时代印记。

（黄晓春、曹　欢）

反诈宣传语 出新又入心

2021年6月17日，最高人民法院、最高人民检察院、公安部联合发布了《关于办理电信网络诈骗等刑事案件适用法律若干问题的意见》，彰显了我国依法严厉惩治网络诈骗犯罪的决心。与此同时，反诈宣传如火如荼，标语、段子、方言喊话、歌词、对白一齐上阵，收到了良好的效果。本文所有宣传语均来自网络搜集和线下调查。

一 传统形式

标语一直是反诈宣传的重要方式，随着全民反诈风潮的兴起，反诈宣传标语也在不断推陈出新。内容更加丰富，形式更加多样，出现场合更灵活多样，更接地气、更走心。

（一）劝诫型

"万般骗术皆为财，遇到疑虑找人问，紧急情况请打'110'""难分电话真与假，请您拨打110""不轻信不透露不转账！""不贪便宜不吃亏，不捡馅饼不上当"。[①] 这类标语最大的特点是直截了当告诉民众如何应对诈骗行为。

也有用疑问句的形式，警醒民众不要被骗子的花言巧语蒙骗。"网恋前问问自己，人靓声甜的小姐姐，温柔帅气又有钱的小哥哥，为啥还需要网恋？""裸聊前问问自己，自己的身材值不值得美女与你'坦诚相见'？"

（二）案例型

"计算机专业陈同学因闲鱼线下交易被骗4200元！""本小区李某接到中

---

① 《反诈宣传标语、口号、顺口溜》，四子王旗人民政府，2021年5月11日，http://www.szwq.gov.cn/information/szwqzf11671/msg3155758357329.html。

奖电话,被骗2万余元,飞来大奖莫高兴,准是骗钱没好心!"近来,案例型反诈标语口号纷纷出现在"家"门口,以"点名"的方式用平实的文字将身边百姓的真实案例叙述出来,提醒大家诈骗就在身边,更能引起民众重视,更接地气。

(三)数字型

数字型标语口号运用数字概括出一个标题,内容具体、用语直白、概括性强,逐一告诉民众如何处理不同情况,篇幅相对较长,常出现在宣传海报中。

三个"不要":

不要轻易相信(不相信主动联系你的各类客服、亲朋好友,借钱转账要核实清楚);不要轻易泄密(不向任何人泄露密码、验证码,短信、微信、QQ链接不轻易点开);不要轻易汇款(不给陌生账户转账,不扫陌生人发的收款码,尽量选择延迟到账)。

六个"一律":

只要一谈到银行卡,一律挂掉;只要一谈到中奖了,一律挂掉;只要一谈到公检法或银行卡逾期,一律挂掉;所有短信,让你点击链接的,一律删除;所有以交友为由投资理财的,一律删除;所有不熟悉的170开头的电话,一律不接。

(四)公式型

公式型的标语和宣传方式,运用数学公式的形式,总结反诈套路,形式简洁新颖,便于记忆。例如,"无法确认+见不到真人+要求汇款转账=诈骗"[1]"人物(无法精准确认其身份)+沟通(电话、短信、网络等见不到本人)+要求(汇款、转账)=诈骗"[2] 等。

(五)图形型

这类标语口号将反诈宣传内容以特殊的图形展示出来,内容简洁、概括力强,形式整齐、趣味性强,是较为新颖的反诈标语口号类型,见图5-17。

---

[1] 《反诈公式教给你!湖北襄阳樊城警方向财会人员开展精准反诈宣传》,法制网,2021年4月28日,http://www.legaldaily.com.cn/index/content/2021-04/28/content_8494842.htm。

[2] 《反诈宣传不停歇 金坛筑牢防诈"防火墙"》,快资讯,2021年6月23日,https://www.360kuai.com/pc/98882f6f717c1c977?cota=4&kuai_so=1&tj_url=so_rec&sign=360_57c3bbd1&refer_scene=so_1。

刷单的，　诈骗！
交友投资的，　诈骗！
贷款先交钱的，　诈骗！
发送中奖链接的，　诈骗！
客服要你验证码的，　诈骗！
网上贷款交砍头息的，　诈骗！
网络投资、网络购彩的，　诈骗！
快递、客服联系你退款的，　诈骗！
冒充熟人领导不见面借钱的，　诈骗！
交易游戏装备，让你先付款的，　诈骗！
航空公司机票退改签要你转账的，　诈骗！
QQ微信冒充亲朋好友借钱不核实的，　诈骗！
公检法、社保、要求你转账证明清白的，　诈骗！

骗
诈骗
严防骗
刷单是骗
套路贷是骗
不明链接是骗
贷款先缴费是骗
投资高额回报是骗
客服要你验证码是骗
冒充快递商家退款是骗
非官方交易游戏装备是骗
网上婚恋交友诱导投资是骗

图5-17　图形型反诈标语口号①

二　诙谐段子

幽默诙谐是沟通的润滑剂，可以缓解严肃的气氛。诙谐的反诈宣传段子，或长或短，用诙谐幽默的语言风格传递反诈知识，更接地气，更容易入心。

（一）押韵型

"你是家人的小宝贝，别为骗子流眼泪""天上不会掉馅饼，一夜暴富是陷阱""一不贪二不占，诈骗再诡玩不转""致富十年功，诈骗一场空"，将语言的幽默诙谐和反诈宣传紧密结合，常利用押韵等方式，增强诙谐感，更容易引起民众关注，朗朗上口，易于传播。

"反诈菜市场""反诈超市"成为上海、本溪、鄂尔多斯等地反诈宣传的重要阵地。"桃子橙子大柚子　捂紧你的钱袋子""牛肉羊肉和猪肉，个人信息勿泄露"②"草鱼黑鱼大鲤鱼，中奖退税是骗局""土鸡草鸡三黄鸡，提到转账就挂机"③，将反诈宣传武装到"菜篮子"，以押韵的形式扣合反诈信息，生动形象，诙谐幽默，读起来朗朗上口，结合强烈的场景反差，使人印象深刻，能更好覆盖

---

① 《反诈宣传标语、口号、顺口溜》，山东人民广播电台官方百家号，2021年9月30日，https://baijiahao.baidu.com/s?id=1712255306147206223&wfr=spider&for=pc。
② 《【砺剑1号】反诈菜场了解一下》，"警民直通车上海"微信公众号，2021年12月11日，https://mp.weixin.qq.com/s/52nHQV74tbfa1EQEOQMxIw。
③ 《辽宁本溪菜市场里的反诈宣传真特别》，光明网，2021年12月24日，https://m.gmw.cn/baijia/2021-12/24/1302734820.html。

中老年群体。

（二）仿拟型

"骗子：我不生产货币，我只是货币的搬运工。""我们不生产联系卡，我们只是'安全感'的搬运工"① 采用仿拟的修辞格，借用民众广为熟知的广告语等语言形式，将反诈宣传内容巧妙地融入。

（三）吐槽型

"10月，花园社区几位女士觉得刷单能赚钱，结果钱没赚到总共被骗两万多……马上2022年了，不会还有人相信刷单能赚钱吧？嗯，还会有。""8月，花园社区学生用家长手机玩游戏，数小时后发现绑定的信用卡被骗9000元。败家熊孩子。"② "4月，李女士觉得刷单能赚钱，结果钱没赚到还被骗一万八，她该去报警了吧？她偏不！搜了'网警'去求助，又被骗十多万！"③ 用发生在民众身边的真实案例，再加上"走心上头"的警示语，让"案子"变成"段子"，有针对性地提醒极易上当受骗的特定人群，幽默感十足，更易引起民众关注。

三 方言喊话

为了"精准"反诈，各地警方别出心裁，以方言为依托，编写了具有地方特色的反诈宣传语。

"天上哪有'馅饼'掉 100%是陷阱让恁跳""噻 恁唠嗑想买游戏装备 恁要谨慎注册第三方平台交易"④（山东高青方言）。中国长安网转发了山东长安网发布的一套方言+漫画的反诈海报，其中用利津方言加有趣的卡通形象来进行反诈宣传："千万甭去网上寻摸 啥APP都敢用？""你一个不注意，票子就洗光。""弄投资赚大钱 扯谎骗你不打草稿 那好事咋可能都落在你脑壳上嘛？"

---

① 《重庆反诈二人组：我们只是"安全感"的搬运工》，央广网，2021年6月1日，http://cq.cnr.cn/ygcq/20210601/t20210601_525501306.shtml。
② 《东海入脑又"上头" 吐槽式"反诈"宣传标语来了！》，"东海微城事"微信公众号，2021年10月25日，https://mp.weixin.qq.com/s/MxGQj6HRHV960C5fJ3-DzA。
③ 《这些反诈骗标语，走心又上头！》，"宁乡公安"微信公众号，2021年7月20日，https://mp.weixin.qq.com/s/IIJWDCl1aiz93rbMjIHs8w。
④ 《高青公安方言版反诈宣传海报》，高小警百家号，2021年6月12日，https://baijiahao.baidu.com/s?id=1703324769027628263&wfr=spider&for=pc。

（见图 5-18）①

另外，微博话题"用家乡话喊出反诈宣言"，集思广益，征集了许多带有地方特色的反诈宣传标语。网友们还将这些反诈宣传标语设计成海报，图文并茂，生动活泼。

上海："有拧喊侬刷单刷信誉——动动手指么头就可以赚钞票——嘎好个事体——组撒要告诉非亲非故个侬？"

重庆："东西给你票子退你，换你你干不？这，逗是嚯你的套路。"

浙江杭州："防范最要紧撒事情都要弄林清。""裸聊花头经忒，当心有风险。"

辽宁沈阳："'老板'喊你转账，别沙楞儿就办，见面打个电话核实情况没毛病。"（见图 5-19）

四川内江："那些喊你刷单刷信誉的，动哈手指拇儿就可以捡相因，这种捡耙活的事，可不可能落到你脑壳高头？"

山东济南："网上认识的小妮儿，叫你不穿衣服和她拉呱儿你还愣滋儿，你都不觉得尧巧咂。"

山东淄博："带你挣钱却要先交会员费？咱也不知道你能挣多硕——但是这些诓人的挣钱肯定比你快。"

图 5-18　利津公安反诈海报②

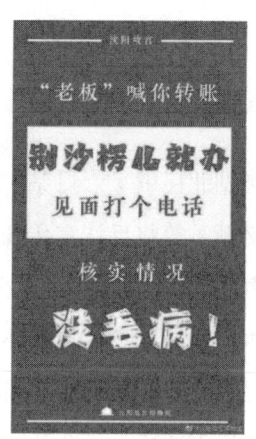

图 5-19　沈阳方言反诈海报③

① 《方言＋漫画！"硬核土味"的山东版反诈海报等你来 pick》，中国长安网，2021 年 8 月 7 日，http://chinapeace.gov.cn/chinapeace/c100051/2021-08/07/content_12521184.shtml。

② 图片来源：同上。

③ 图片来源：微博号"沈阳故宫博物院"，2021 年 9 月 8 日，https://m.weibo.cn/status/4679102051123213?sourceType=weixin&from=10C4095010&wm=20005_0002&featurecode=newtitle。

四 说唱齐用

喜闻乐见、朗朗上口的歌词也成为反诈宣传的重要媒介。或改编或原创,将反诈元素融入多种类型的音乐作品中,迎合各个年龄层的兴趣,而且往往拍摄有视频MV,更加形象生动,方便牢记掌握,反诈宣传成效显著。

(一)流行歌曲

著名歌唱家腾格尔改编反诈版《爱情买卖2022》、反诈版《漠河舞厅》等,借用原有广为传唱的旋律,配上一针见血的反诈宣传语作为歌词,朗朗上口,易于传唱。

腾格尔《爱情买卖2022》歌词:

爱情不是你想买 想买就能买

你寂寞难耐 爱情上门来

句句甜言蜜语让你 梦里笑出来

在线陪裸聊 还会劝理财

口口声声说要爱你 想掏空你口袋

……①

(二)民歌

反诈版湖北民歌《六口茶》、反诈版向坝民歌《敬郎十杯酒》、反诈版土家民歌《哈格唼》等将反诈宣传知识融入经典民歌旋律,借当地民众熟悉的旋律,润物细无声地传播、普及反诈知识。

反诈版向坝民歌《敬郎十杯酒》,将反诈知识串成歌词与向坝民歌《敬郎十杯酒》旋律融合,采用男女对歌的形式,在一问一答中揭露网络投资、兼职刷单、冒充公检法要求转钱等常见电信网络诈骗犯罪手段,提醒群众擦亮眼睛拒绝上当受骗。② 反诈版《哈格唼》将常见的电信网络诈骗手法与国家级非物质文化遗产

---

① 见《爱情买卖2022》百度百科,https://baike.baidu.com/item/%E7%88%B1%E6%83%85%E4%B9%B0%E5%8D%962022/58866432?fr=aladdin。

② 《〈敬郎十杯酒〉这首反诈民歌很上头!》,中国长安网,2021年8月24日,http://www.chinapeace.gov.cn/chinapeace/c100053/2021-08/24/content_12528288.shtml。

"肉连响"融为一体,以当地民众喜闻乐见的方式宣传反电诈常识,歌词如下:

好一场浪漫网恋,哈格咂

好一个网裸聊天,哈格咂

好一通伪"公法检"

好一个杀猪的盘

让你刷单赚钱

无押帮你贷款

天降领导来借钱

出国高薪都是骗呐

……①

(三)方言歌曲

反诈歌曲《喝海南茶学反诈骗》(海口话)、《当你被撮》(长沙话)、《反诈灵魂八问之水手》(舟山话)使用方言创作、改编歌曲,融入反诈知识,更加亲切,更能入耳、入脑、入心。②

《喝海南茶学反诈骗》③

人一贪心就笨

败级败级败到脸歪

人财两空真嘟 kiao

色水色水财了了

Gooi 黑要喝厚厚

一讲借钱脸黑黑

刷单赚钱拜了了

做只鸡食液流流

……

---

① 《土家民歌〈哈格咂〉反诈 MV 上线,好听爆了,关键要记牢!》,网易,2021 年 5 月 1 日,https://www.163.com/dy/article/G8UP0LAE0514A5O1.html。

② 《方言助力反诈宣传》,"语宝"微信公众号,2021 年 12 月 24 日,https://mp.weixin.qq.com/s/lU0JFdlXlEwQfGqeXqxPog。

③ 《海南海口公安原创视频〈喝海南茶学反诈骗〉》,快资讯,(未注明上传时间),https://www.360kuai.com/pc/9c8811383db39f05b?sign=360_c9d79732&tag_kuaizixun=%E7%A4%BE%E4%BC%9A。

（四）儿歌

当前骗子无孔不入，孩童也频频中招。各地纷纷推出反诈儿歌，让小朋友在儿歌中了解反诈知识。反诈儿歌《防范诈骗你我同行》《反诈童谣》《反诈拍手歌》采用小朋友熟悉的节奏或朗朗上口的旋律，配上简单好记的反诈知识歌词，让小朋友在轻松愉悦的气氛中潜移默化地记住反诈知识，防患于未然。

《反诈拍手歌》①

你拍一我拍一，陌生来电查仔细

你拍二我拍二，高息理财是诱饵

……

《反诈童谣》②

小心呀诈骗形式真的不少

处处是陷阱别呀中招

……

什么是杀猪盘 我也不知道

嘻哈哈我要放出我的绝招

警察叔叔教会我很多妙招

大家快来 听我来介绍

……

（五）说唱 Rap③

年轻人近来也频频成为网络诈骗、电信诈骗的高发人群，而年轻人喜好的说唱 Rap 等音乐形式，也被警方因人制宜地用来宣传反诈。广东顺德警方发布说唱版《天下无骗》，山西晋城公安发布反诈说唱《反诈857》，上海公安民警创作 Rap 歌曲《电信诈骗你可能看不见》将各种反诈宣传知识，结合 Rap 自由、快速、利落的节奏"说"出来，循循善诱，句句入心，歌词如下：

电信诈骗你可能看不见

---

① 《儿童传唱〈反诈拍手歌〉 扬州掀全民反诈防骗新热潮》，中国新闻网，2021年5月31日，http://www.js.chinanews.com.cn/news/2021/0531/204120.html。

② 《特别的六一礼物！萌娃教你唱反诈儿歌》，四川在线，2021年6月1日，https://deyang.scol.com.cn/qx/202106/58170129.html。

③ Rap 是一个黑人俚语中的词语，相当于"谈话"（talking），中文意思为"说唱"，是指有节奏地说话的特殊唱歌形式。

要谨记着警惕着自己的领地

网络诈骗你可能没发现

再警惕再警惕把冲动给摒弃

……

他们最擅长站在你的角度

把他的思想对你慢慢导入

为得到好处

说得好听各种回报抽成 Blablabla

……①

五 影剧对白

为了扩大反诈宣传的受众群体、增强宣传效果，各地公安部门和社会各界人士拍摄了微电影、戏剧、动画片、方言版反诈宣传视频/情景剧等各种"接地气"的影视作品，其中不乏一些生动有趣的"花样反诈对白"。

（一）微电影/情景剧

国家反诈中心与知乎联合推出反诈宣传微电影《信念》[2]，重庆璧山区拍摄反诈微电影《陌生消息》[3]，中山市公安局推出微电影《骗局》[4]，中信银行拍摄《反诈联盟》[5]等，这些微电影在短短几分钟之内，通过精心设计的情节和传播反诈知识的台词，讲述案例的同时，提升广大人民群众的反诈意识，维护个人资产安全。各地警方还拍摄了方言反诈情景剧，宣传反诈知识，例如乐山方言情景剧

---

[1]《上海公安反诈说唱原创MV 让你电诈套路全看透》，中国新闻网，2021年5月27日，http://www.sh.chinanews.com.cn/spxw/2021-05-27/87721.shtml。

[2]《反诈微电影〈信念〉上线 知乎联合国家反诈中心奉上反诈宣传力作》，砍柴网官方百家号，2021年6月11日，https://baijiahao.baidu.com/s?id=1702240541978993243&wfr=spider&for=pc。

[3]《璧山区反诈微电影〈陌生消息〉入围第六届平安中国三微比赛优秀作品》，重庆市璧山区人民政府，2021年8月17日，http://www.bishan.gov.cn/sy_241/ywdt/202108/t20210817_9590127.html。

[4]《中山市公安局反诈骗宣传微电影〈骗局〉》，中国警察网络电视，2020年6月11日，http://v.cpd.com.cn/index.php?option=com_content&id=8935。

[5]《中信银行西安分行微电影〈反诈联盟〉完整版》，爱奇艺，2020年9月3日，https://www.iqiyi.com/v_25nx3nk81pg.html。

《破局》、芜湖方言情景剧《五万块，交个朋友》等①。

（二）戏剧

国家反诈中心及全国各地公安部门陆续发布了《反诈女侠之大战"杀猪盘"》《反诈女侠之追击伪客服》《反诈女侠之终极对决》②等一系列反诈古装剧。有的还借用经典戏剧桥段，创作"经典"反诈古装剧，例如《包公断案》《新笑傲江湖》《永昌客栈》《新空城计》等，通过演员的形象塑造、精彩的情节和设计精妙的台词，揭露"杀猪盘"等诈骗行为的典型特点，警示网友。③

"这位公子，妾身家门不幸，欲重金求子。""这位爷，咱家是正规钱庄，不要利息，手续简单。""百姓报官，你为非作歹，速速把银两存入我们衙门的账户。"《明枪易躲—电诈难防》中，将现代反诈情节和历史词汇融合，既符合古装剧人物语言特点，使反诈宣传语言更加新颖，又能起到普及、传播现代反诈知识的作用。

戏剧、地方戏的唱腔融合精心创作的唱词，更容易引起老年人的关注，反诈知识更容易入心。如京剧《智斗》反诈版、反诈豫剧《抗疫防骗必打赢》等。

（三）动画片

国家反诈中心推出寓教于乐的反诈动画大片——《反诈风云：谁是卧底》（见图5-20），提醒公众防范电信网络诈骗，切勿参与贩卖"两卡"违法犯罪活动，"所谓伊人，在水一方；所谓富人，赚钱有方。伊人若也是富人，此可谓是人上人"，朗朗上口的打油诗式文案，再加上生动的故事形象，跌宕起伏的情节，取得了良好的宣传效果。④南海公安发布反诈动画片《你吓唬不了我》（见图5-21），把平安南海大巡讲首席讲师古嘉强的形象设计成动画角色，带领防骗小警小南、小海和大家一起识破和防范电信诈骗犯罪。

---

① 《方言助力反诈宣传》，"语宝"微信公众号，2021年12月24日，https://mp.weixin.qq.com/s/lU0JFdlXlEwQfGqeXqxPog。
② 《「必须收藏」为了反诈我们有多拼——反诈古装武侠篇》，海淀公安百家号，2021年10月7日，https://baijiahao.baidu.com/s?id=1712941009107860070&wfr=spider&for=pc。
③ 《出圈的反诈宣传片又上新了，剧情很刺激》，"澎湃新闻"微信公众号，2021年11月13日，https://mp.weixin.qq.com/s/5G8CrWRfT9C-tFtOKoinmw。
④ 同上。

图 5-20　反诈动画片《反诈风云：谁是卧底》[1]　　图 5-21　反诈动画片《你吓唬不了我》[2]

电信网络诈骗高发，无孔不入，极大地损害了人民财产安全。事后打击不如防患于未然，在强化打击力度的同时，做好反诈宣导，实现入脑入心，尤为重要。当前的反诈宣传已初具成效，宣传方式不断创新，宣传手段更加"走心""接地气"，宣传场合不断扩大，迎合了不同年龄段不同地域人们的兴趣和需求。

（田　源、许冰蕊）

---

[1]　图片来源：《出圈的反诈宣传片又上新了，剧情很刺激》，"澎湃新闻"微信公众号，2021 年 11 月 13 日，https://mp.weixin.qq.com/s/5G8CrWRfT9C-tFtOKoinmw。

[2]　图片来源：《反诈系列动画》，咪咕视频，（未注明上传时间），https://www.miguvideo.com/mgs/website/prd/detail.html?cid=670870951。

第六部分

字词语篇

字词盘点：记录过往，书写未来

2021年12月20日，国家语言资源监测与研究中心、商务印书馆、光明网、腾讯公司联合主办的"汉语盘点2021"活动揭晓，"治""建党百年""疫""元宇宙"分别当选年度国内字、国内词、国际字、国际词，活动同时发布2021年度十大流行语、十大新词语、十大网络用语。

一 形式不断翻新，掀起"盘点"热潮

"汉语盘点"活动至今已举办16年，旨在"用一个字、一个词描述当年的中国与世界"，鼓励全民用语言记录生活，描述中国视野下的社会变迁和世界万象。

本次活动有4个特色。第一，深度利用大数据资源，提供数据支持。国家语言资源监测语料库、腾讯、清博智能等多家机构联合推荐2021年网友使用频率和关注度最高的字词，为网友提供更丰富的选择。第二，打通全媒体传播渠道，加大宣传力度，增强影响力。2021年，光明网首次加盟、共同主办，学习强国、快手、微博、知乎、方正字库、美篇、秒剪等平台鼎力支持，最终揭晓仪式在光明网等多个平台同步直播，多维度、全方位地打造年度汉语盛宴。第三，丰富线上活动形式，提高网友参与度。根据防疫要求，2021年的"汉语盘点"仍然以线上为主，网友可通过各大平台积极参与。快手、腾讯视频、腾讯微信设置"汉语盘点"话题，鼓励网友用视频形式说出自己的年度字词；微博、知乎、美篇发起"我的年度字词"话题讨论，号召网友分享自己的故事，进一步增强网友参与感。第四，揭晓仪式邀请中国航天科技集团有限公司北京控制工程研究所的空间站工程载人飞船系统副总设计师、研究员胡军，软件经理张维瑾，质量工程师梁红义接受深度访谈（见图6-1），分享中国航天故事。

图 6-1 "汉语盘点 2021"揭晓仪式深度访谈 ①

本次活动引起了广泛关注。众多媒体持续关注活动进展，发布多篇报道。多家机构还用图书、中英对照等形式盘点网络用语。在各家媒体、机构的共同努力下，2021 年活动的话题热度空前高涨，影响力进一步扩大，"汉语盘点 2021"话题登上各平台热搜榜单，总关注量超过 3 亿人次。

以下为"汉语盘点 2021"年度字词候选名单：

国内字（前 5 名）：治、减、航、云、清

国内词（前 5 名）：建党百年、疫苗、双减、永远的神（YYDS）、共同富裕

国际字（前 5 名）：共、变、离、碳、疫

国际词（前 5 名）：碳中和、元宇宙、奥运会、德尔塔、芯片

二 记录世相民情，谱写共同记忆

2021 年的中国，百年交汇，再启新局。**建党百年**，历经风雨沧桑而依旧风华正茂，历尽艰难险阻而仍然斗志昂扬。稳步推进**疫苗**接种，扎实推动**共同富裕**，由制到**治**，尽显中国智慧。**双减**，**减**碳，**减**是以退为进的**治**理策略；**清**朗，**清**零，**清**是严守防线的扫除行动。**云**端生活展现数字时代的诗意，中国**航**天拉近与浩瀚宇宙的距离，叫人直呼"**永远的神**"（YYDS）。

2021 年的世界，风云**变**幻，忧虑不断。**疫**当数眼下之忧，**德尔塔**来势汹汹，以**变**应**变**方可开出新局；**碳**也非遥远之虑，**碳中和**势在必行，共谋共担才能守护家园。**芯片**短缺，全球多个行业困于方寸之间。**元宇宙**成为新风口，应拥抱还是

---

① 该照片由光明网外聘摄像拍摄。

远**离**？**奥运会**呼吁更团结，要成绩更要友谊！

（一）国内字：治

小事治事、大事治制，推进国家治理能力现代化是一个系统工程。扫黑除恶，彰显司法之威；"双减"出台，昭示教育之本。推进疫苗免费接种、让更多罕见病用药进入医保目录，既是良策，更是善治。进入后疫情时代，中国的制度优势正在进一步转化为治理效能。

（二）国内词：建党百年

1921—2021，古老东方大国的命运轨迹，因一个政党的诞生而完全改写。回望百年历程，一个民族的抗争与图强、奋斗与崛起，与一个政党的成长与壮大紧密交织。一如历史所反复证明，无论面临着多少关山险隘，历经风雨沧桑而依旧风华正茂的百年大党，历经改天换地仍然斗志昂扬的中国人民，定将在新的征程上谱写新的辉煌！

（三）国际字：疫

世界苦新冠肺炎疫情已经两载。最新科技，严格防控，仍未阻止病毒的变异传播，仍不能预计此疫完结的时间。或许，人类这次"战疫"，本就不能毕其功于一役；或许，新冠病毒，将成为人类的"宿敌"。但是，新冠病毒引发的"苦疫"却终有被控制的一天。

（四）国际词：元宇宙

原本一个科幻概念，如今外延正被无限拓展，变成囊括虚拟世界、人工智能、沉浸体验等诸多概念的宏大范畴，成为横跨数据、影视、游戏等领域的新风口。随着国内外科技企业相继布局，投资者热切追捧，似乎一个新的技术景观即将被缔造出来。不过，这究竟是话术翻新，还是科技革命，依然有待观察。

三　传递共同梦想，积聚团结力量

在日本、马来西亚、新加坡、中国台湾等国家和地区，年度汉字和年度词语评选活动一直在火热进行。

（一）日本："金"祈愿更加辉煌

12月13日，日本年度汉字出炉，"金"凭借压倒性票数成功当选。"金"字之所以能得到如此多的票数支持，是因为2020年东京奥运会得以成功举办，日本选手在奥运会上也表现突出，帮助日本队得到了有史以来最多的金牌。有趣的是，在此之前"金"字已三度当选，而且都恰逢奥运之年。

（二）马来西亚："盼"体现民众期待

12月19日，2021年马来西亚年度汉字评选结果在线上揭晓，"盼"字当选。主办方马来西亚中华大会堂总会长吴添泉表示，每年公布的年度汉字都能精准反映出当年马来西亚的普遍民意，2021年的"盼"字也不例外，反映出人民盼望政治稳定，盼望疫情早日消退，盼望经济更快复苏。

（三）新加坡："盼"凝聚美好祝愿

12月15日，新加坡《联合早报》主办的"字述一年2021"汉字投选结果出炉，"盼"字获得近三成选票，当选年度汉字。新加坡和马来西亚一同选中"盼"字，表达了人们盼望早日走出新冠肺炎疫情、与家人团聚的心声，凝聚着对美好未来的祝愿。

（四）中国台湾："宅"呈现社会氛围

12月9日，在台湾2021年度代表字评选中，"宅"字胜出。推荐人表示，2021年新冠肺炎疫情严峻，人人变身"宅男""宅女"，度过最"宅"的一年，学习、工作都在网络上进行，各种"宅经济"蓬勃发展。

（五）中国香港："疫"反映市民关注

香港民主建港协进联盟（简称民建联）举办2021年香港年度汉字评选活动，"疫"字以714票当选。民建联会务顾问曾钰成表示，"疫"字在过去一年新闻报道中无可避免地出现最多，不少国家新冠肺炎疫情严峻，令全球人员往来及经济活动瘫痪，"疫"字当选反映市民对疫情的关注。

（六）海峡两岸："难"呼吁患难与共

2021海峡两岸年度汉字于12月9日在台北揭晓，"难"字当选。《海西晨报》

社长、总编辑陈炜明表示,"难"字意涵丰富:一方面,新冠肺炎疫情纠结反复,在与疾病艰难抗争的过程中,看到了比病毒更难测的政治与人性;另一方面,面对两岸的未来,期望两岸人民少些诘难,多些理解与包容,生活的艰难大家要一起扛。

(七)法国:"熬"描摹生活状态

12月22日,"熬"字以34%的得票率当选"2021法兰西年度汉字"(见图6-2)。"熬"包含忍耐、坚持的意思,反映了法国民众在目前新变种病毒传播下面对新冠肺炎疫情的状态,也表达了对重回正常生活的期待。

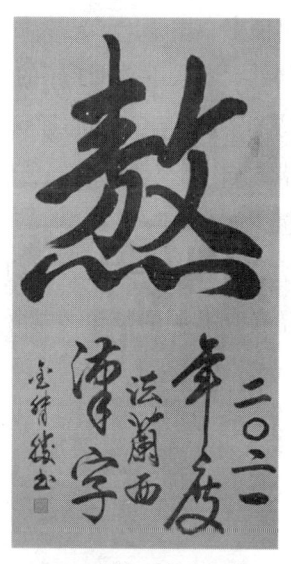

图6-2　2021法兰西年度汉字——熬①

(八)美国:"涨"记录经济状况

美国"Good Characters"网站公布了2021年的年度汉字——"涨"。美国正在经历1990年以来最大的通货膨胀,商品价格上涨,另外,"涨"字也代表了对于2022年疫情平息后经济上涨的祝福。

(九)韩国:"猫鼠同处"批判官场乱象

韩国媒体《教授新闻》面向全国880名大学教授进行了问卷调查,"猫鼠同

---

① 《疫情笼罩下,各国年度汉字出炉》,新浪网,2021年12月23日,http://k.sina.com.cn/article_5137261048_1323461f80190110q1.html。

处"以 514 票获选韩国 2021 年度成语。"猫鼠同处"一词最早出现在《旧唐书》,意为贼与捕手朋比为奸、沆瀣一气。教授们以这个词讽刺本应勤于秉公执法、监督管理的官员居然与社会利益集团捆绑在一起,批判官场乱象。

全球多家词典和搜索引擎也纷纷评选出 2021 年的年度词语。《牛津英语词典》评选的年度词为"vax"(疫苗,接种疫苗),《韦氏词典》则宣布"vaccine"(疫苗)为年度词。《剑桥词典》评选的年度词为"perseverance"(毅力),该词当选主要是因为美国宇航局的火星探测器"毅力号",也因为它反映出过去一年来人们面对新冠肺炎疫情和气候危机带来的挑战所展示出的耐力。《柯林斯词典》宣布"NFT"(Non-Fungible Token,非同质化代币)一词成为 2021 年度词,它是在区块链中注册的一种独特的数字证书,用于记录艺术品或收藏品等资产的所有权。

在全球抗击新冠肺炎疫情的大背景下,2021 年的字词仍然或多或少地与"疫"相关。有的描述了面对疫情持续不散的生活和心理状态,如"宅""熬";有的记录了人们共战疫情的有力举措,如"治""疫苗";还有的传递了希望疫情早日消退、生活重归正常的美好祝愿,如"盼"。

这些字词不光在记录过去,也在书写未来。字词盘点最美好的愿景就是,以字词唤醒一年的记忆,以词语传递共同的梦想,以语言积聚团结的力量,让人们携手应对挑战,一起向未来!

(曹 婉)

2021，新词语中的社会新生态

2021 年是回首伟大征程，"破防"奋发的一年，也是民生为先，治理创新，向未来不断探索的一年，更是以变应变，彰显中国智慧的一年。2021 年度新词语真实记录和反映了这一年里社会发展和人们心理所经历的一系列新变化、新状况。其中，"十大新词语"作为"汉语盘点 2021"活动的重要组成部分，于 2021 年 12 月 20 日由国家语言资源监测与研究中心①、商务印书馆等多家机构联合向社会发布，受到了社会的广泛关注。

一 十大新词语

七一勋章、双碳、双减、保障性租赁住房、祝融号、跨周期调节、减污降碳、动态清零、德尔塔、破防

这十大新词语反映了 2021 年中国主流媒体的关注焦点和语言特点，也串联起了人们共同经历的点点滴滴。

（一）七一勋章：党内的最高荣誉

"七一勋章"是中共中央授予杰出党员代表的荣誉标志，用以表彰全国优秀共产党员、全国优秀党务工作者和全国先进基层党组织。作为党内最高荣誉，"七一勋章"的章体采用党徽、五角星、旗帜、丰碑与光芒、向日葵、大山大河、如意祥云等元素，寓意在党的阳光沐浴下，勋章获得者一心向党，全心全意为人民服务，不忘初心、牢记使命、砥砺前行。2021 年 6 月 29 日，经中共中央批准，"七一勋章"颁授仪式在人民大会堂举行。习近平总书记为 29 名同志颁授"七一勋章"并发表重要讲话。

---

① 数据支持为国家语言资源监测语料库，2021 年的语料包括 10 份主流报纸，18 家电台、电视台及融媒体共 63 个栏目的转写文本，以及新浪网、腾讯网、搜狐网、人民网等 4 家网站，共计 125 万个文本，约 17.5 亿字次。新词语由国家语言资源监测与研究有声媒体中心提取完成。

（二）双碳：给世界的庄严承诺

"双碳"是"碳达峰"与"碳中和"的简缩合称。二者分别指我国二氧化碳排放量在 2030 年前达到峰值，2060 年前通过植树造林、节能减排等形式抵消产生的二氧化碳以实现零排放。"双碳"于 2020 年 9 月由习近平主席在第 75 届联合国大会一般性辩论上首次提出。2021 年 10 月 24 日，中共中央、国务院印发的《关于完整准确全面贯彻新发展理念做好碳达峰碳中和工作的意见》和《2030 年前碳达峰行动方案》发布，对中国"双碳"目标进行部署。"双碳"目标是我国向世界做出的庄严承诺，彰显了中国积极应对气候变化、走绿色低碳发展道路、推动全人类共同发展的坚定决心。

（三）双减：让教育"返璞归真"

"双减"是"有效减轻义务教育阶段学生过重作业负担和校外培训负担"的简称。2021 年 7 月 24 日，中共中央办公厅、国务院办公厅印发《关于进一步减轻义务教育阶段学生作业负担和校外培训负担的意见》，要求切实提升学校育人水平，持续规范校外培训（包括线上培训和线下培训），有效减轻义务教育阶段学生过重作业负担和校外培训负担。"双减"政策是强化学校教育主阵地作用，深化校外培训机构治理，构建教育良好生态，促进学生全面发展、健康成长的重要举措。

（四）保障性租赁住房：新市民住房难新解法

"保障性租赁住房"指由政府组织建设或者通过其他方式建设筹集，面向符合条件的城镇住房困难家庭或者个人出租的住房。主要解决符合条件的新市民、青年人等群体的住房困难问题，以建筑面积不超过 70 平方米的小户型为主，租金低于同地段同品质市场租赁住房租金。2021 年 4 月 30 日，中共中央政治局召开会议强调，要增加保障性租赁住房和共有产权住房供给，防止以学区房等名义炒作房价。2021 年 6 月 24 日，国务院办公厅发布了关于加快发展保障性租赁住房的意见。

（五）祝融号：点燃星际探测的火种

"祝融号"是我国首辆火星车，高度为 185 厘米，重量达到 240 公斤左右，设计寿命为 3 个火星月，相当于约 92 个地球日，主要在火星上开展地表成分、物质类型分布、地质结构以及火星气象环境等探测工作。祝融是中国上古神话中的火神，首辆火星车命名为"祝融"，寓意点燃我国星际探测的火种，指引向宇宙的不断探索。5月15日，"祝融号"在火星着陆并开展巡视探测工作；6月11日，"祝融号"火星车拍摄的着陆点全景、火星地形地貌、"中国印迹"和"着巡合影"等科学影像图正式发布。

（六）跨周期调节：一项重大创新举措

"跨周期调节"是2020年7月30日在中共中央政治局会议上提出的宏观经济调控的基本理念，要求"完善宏观调控跨周期设计和调节，实现稳增长和防风险长期均衡"，并且强调"要做好宏观政策跨周期调节，保持宏观政策连续性、稳定性、可持续性"。跨周期调节通过国家中长期规划和多项政策协同实施，主要针对中长期体制性、结构性难题，在长期持续发力，更好地统筹经济稳定与金融稳定双重目标，与逆周期调节相配合实现宏观经济调控。跨周期调节作为一个具有原创性与标识性的新概念，属于中国特有范畴，是中国特色宏观调控理论的重要组成部分，是新发展阶段中国特色宏观调控的一项重大创新举措。

（七）减污降碳：实现"双碳"目标的重点

"减污"就是降低污染物排放；"降碳"是要进一步降低碳排放强度，有效应对气候变化。2021年4月30日，习近平总书记在主持中共中央政治局第二十九次集体学习时强调："'十四五'时期，我国生态文明建设进入了以降碳为重点战略方向、推动减污降碳协同增效、促进经济社会发展全面绿色转型、实现生态环境质量改善由量变到质变的关键时期。"这是继2020年12月中央经济工作会议提出"要继续打好污染防治攻坚战，实现减污降碳协同效应"，《中华人民共和国国民经济和社会发展第十四个五年规划和2035年远景目标纲要》提出"协同推进减污降碳"，以及2021年3月15日中央财经委员会第九次会议强调"要实施重点行业领域减污降碳行动"后，对"减污降碳协同增效"的再次强调。

（八）动态清零：行之有效的总方针

"动态清零"指我国出现新冠肺炎本土病例时所采取的综合防控措施。具体包括三个方面：一是借助核酸检测、主动筛查等手段及时发现传染源；二是充分利用疫情发现之初的黄金 24 小时，快速采取疫点管控、密切接触者管理、流行病学调查、减少人群聚集等公共卫生和社会干预措施，以实现在 1 个潜伏期（14 天）左右时间控制住疫情；三是运用中西医结合方法，有效救治确诊患者，减少重症和死亡病例。国家卫健委表示，从 2021 年 8 月起，我国进入新冠肺炎疫情防控第三阶段，即全链条精准防控的"动态清零"阶段。

（九）德尔塔：第二波疫情的驱动因素

"德尔塔"指新冠病毒变异毒株 B.1.617.2。2021 年 5 月，世界卫生组织将其以希腊字母 δ（Delta，音译为"德尔塔"）命名。这一变异毒株最早于 2020 年 10 月在印度被发现，目前已扩散至世界多国，是第四个被世界卫生组织列入"需要关注"的新冠变异毒株，具有传播力加强、病毒载量增高、潜伏期缩短、传代次数增加等特点。

（十）破防：表达激动心情的口头禅

"破防"是破除防御的简称，原指在游戏中装备、技能被破坏而失去保护作用，丧失防御能力，现指心理防线被攻破，比喻内心因某事受到极大触动，精神受到极大振奋。进入 7 月，"破防"频繁登上微博热搜，也成为年轻人用以表达激动心情的口头禅。特别是观看建党百年庆祝大会和建党百年文艺演出时，一幕幕"破防"瞬间令网友直呼"这就是中国式浪漫"。①

二 新词语中的社会新动态纵览

2021 年之于中国，可谓波澜壮阔。这一年，"十四五"开局、中国共产党迎来百年华诞。2021 年的世界，仍然在世纪疫情和百年变局的交叉叠加状态中蹒跚前行。② 在这个过程当中，世界与中国在经济社会生活中的一系列新变化也被年度新词语所记录，构成了 2021 年深刻的年度记忆。

---

① 《"破防"一词频登热搜，中国式浪漫来自年轻一代的爱国情怀》，京报网，2021 年 7 月 3 日，https://news.bjd.com.cn/2021/07/03/121132.shtml。

② 袁鹏《青山缭绕处　千帆隐映来——2021 年的中国与世界》，《光明日报》2021 年 12 月 22 日第 12 版。

(一）建党百年：以史为鉴，再启新航

2021年7月1日，庆祝中国共产党成立100周年大会在北京天安门广场隆重举行，各界代表7万余人共同欢庆党的百年华诞。青年学子在五星红旗下庄严宣誓"请党放心，**强国有我**"。7月1日出版的第13期《求是》杂志发表了习近平总书记的重要文章，文中强调，在党史学习教育中要做到**学史明理、学史增信、学史崇德、学史力行**，做到学党史、悟思想、办实事、开新局。①党史学习教育贯穿2021年全年，各地党史学习成果丰硕。在庆祝中国共产党成立100周年文艺演出《伟大征程》中，陈独秀与李大钊"相约建党"场景重现，"**南陈北李破防**"一时成为网络热点。

党的百年历史亦是一部奋斗史。在实现中华民族伟大复兴的征程上，无数中国共产党党员默默坚守岗位，为党和人民的事业做出了突出贡献。2021年6月29日，作为党内最高荣誉的"**七一勋章**"首次颁授，29位党员同志获此殊荣。在建党百年之际，中华大地上全面建成了小康社会，绝对贫困问题得以解决。2021年6月25日，全国脱贫攻坚总结表彰大会召开，宣告脱贫攻坚战取得全面胜利；同日下午，国家**乡村振兴局**挂牌亮相，接替1986年设立的"国务院扶贫开发领导小组办公室"，开启全面推进乡村振兴的崭新时代。2021年粮食生产实现"**十八连丰**"，中国人的饭碗端得更稳、更有底气；浙江**共同富裕示范区**先行探索，为全国推进共同富裕建设探路。展望未来，全面建成社会主义现代化强国的第二个百年奋斗目标已经起航，历史正奔涌冲刷出新的时代。

（二）治理创新：以民为先，直击痛点

2021年7月24日，中共中央办公厅、国务院办公厅印发《关于进一步减轻义务教育阶段学生作业负担和校外培训负担的意见》，提出"**双减**"政策，要求减轻中小学生校内作业负担和校外培训负担。随着"双减"政策应声落地，教育主导权重新回归学校，素质教育焕发活力。生育政策关乎每个家庭的幸福。自2021年5月全面**三孩**政策落地，公众仍留有不少迟疑。2021年7月，中央推出**实施三孩生育政策**及配套支持措施，积极回应群众关切。

---

① 《〈求是〉杂志发表习近平总书记重要文章　学史明理、学史增信、学史崇德、学史力行》，2021年7月3日，人民网，http://politics.people.com.cn/n1/2021/0703/c1024-32147521.html。

"十四五"开局之年,群众住得好不好、生活幸不幸福依旧是国家关心的重中之重。"**保障性租赁住房**"成为住宅建设的重点任务,力破新市民、青年人买不起房又租不到好房的困局;宏观政策"**跨周期调节**"更加注重经济发展的中长期优化,有效应对疫情冲击,提升经济增长内生动力。中国经济行稳致远,人民群众生活才更有安全感和获得感。"绿水青山就是金山银山",习近平总书记在2021年10月12日《生物多样性公约》第十五次缔约方大会领导人峰会视频中再次提及。"**碳中和**""**碳达峰**"的"**双碳**"战略成为我国生态文明建设的关键词,寄寓了人与自然和谐共生的美好愿景,**减污降碳**协同增效促进产业绿色转型。

(三)奥运盛会:新突破与新赛道

2021年7月23日,**2020年东京奥运会**正式开幕,历时17天的奥运赛事首次采取**空场比赛**政策。为了有效防控新冠肺炎疫情,绝大多数的体育场馆不允许观众入场观看比赛。在这次特殊的奥运会中,中国体育军团屡屡取得突破。14岁跳水小将全红婵在比赛场上一次次上演"**水花消失术**";田径运动员苏炳添在百米半决赛中打破亚洲纪录,成为首位跑进9秒90的亚洲选手。网友们不禁惊呼"**YYDS**"("永远的神"的拼音缩写)、"**绝绝子**"。

告别东京奥运会,即将进入北京冬奥时间。2021年6月竣工的国家高山滑雪中心"**雪飞燕**"位于北京延庆小海陀山,7条雪道宛如白色瀑布绵延至山谷,将承担高山滑雪滑降、超级大回转、大回转、回转等11个项目的比赛,也是国内第一条符合奥运标准的高山滑雪赛道;11月21日,国家雪车雪橇中心"**雪游龙**"获得国际雪橇联合会赛道认证,位于小海陀山山脚的"雪游龙"与"雪飞燕"和谐相融,宛若静卧的巨龙,等待2022年一飞冲天;11月23日,我国首台具有完整自主知识产权的**雪蜡车**正式投入使用。北京冬奥会的新赛道蓄势待发。

(四)新冠疫苗:抵抗病毒的有效护盾

人类"战疫",时过两载。新冠病毒变异之快为疫情防控带来了不小的阻力。新冠变异毒株"**德尔塔**"来势汹汹,以传染性强、重复感染风险高等特征再度引发全球疫情。一波未平一波又起,"**奥密克戎**"变异株以其高度传染性拉响全球防疫警报。面对不断变异的新冠病毒毒株,疫苗是抵抗病毒入侵的有效护盾。在各地科学精准的统筹安排下,新冠疫苗接种不断"加速度"。深圳卫健委设计的宣传标语"我们一起打疫苗，**一起苗苗苗苗苗**"火遍网络。为最大限度方便群众接种疫苗，尽快构筑群众免疫屏障，新冠疫苗**流动接种点**走进公园、社区和学校。据新华社报道，截至 2021 年 12 月，全国新冠疫苗接种超过 26.9 亿剂次，完成全程接种人数超过 11.9 亿人，我国疫苗接种率达到 80% 以上①。中国距离建立群体免疫屏障的目标正越来越近。在全球疫苗供给紧缺的情况下，中国持续向全球多国提供**疫苗援助**，力所能及地将"疫苗作为全球公共产品"落到实处。

伴随着疫情防控常态化，中国立足国情采取"**动态清零**"的防控策略，发现疫情、迅速排查、快速阻断，以最小社会成本获得最大防控成效，同时合理有序推进健康码和新冠病毒疫苗接种码"**二码联查**"。因为疫情而阻断的全球经贸交流正缓缓复苏，"**疫苗护照**""**疫苗互认**"等举措提上日程，有序恢复国际交流指日可待。

（五）宇宙探索：从太空出差到元宇宙

太空出差 90 天是一种什么体验？2021 年 9 月 17 日，《人民日报》微信公众号推出短视频《太空差旅日志》，三分多钟的视频解锁了航天员在空间站里的衣食住行。同日微博一则热搜话题"'**神舟十二号**'返回"阅读量达 12.4 亿，讨论量超 20.9 万。②飞船的顺利返回标志着我国空间站阶段的首次载人飞行任务取得圆满成功。时隔一个月，10 月 16 日，新"**太空出差三人组**"搭乘"**神舟十三号**"载人飞船开启了为期半年的太空之旅，再次刷新中国航天员太空驻留时间的纪录。中国女航天员将首次进驻中国空间站，并实施出舱活动。

面对宇宙苍穹，中国人不止于仰望。2021 年 5 月 15 日，"天问一号"探测器成功着陆于火星表面；5 月 22 日，"**祝融号**"火星车安全驶离着陆平台，到达火星表面，开始巡视探测，并留下了在火星上踏足的第一个"脚印"。"祝融"探火，"羲和"逐日。2021 年 10 月 14 日，我国首颗太阳探测科学技术试验卫星"**羲和号**"成功发射，标志着我国太阳探测实现零的突破。

宇宙边界在哪里？2021 年"**元宇宙**"概念又一次拓展了"无界"的想象。该词是源于小说《雪崩》的科幻概念，现指"在 XR（扩展现实）、数字孪生、区块

---

① 《最大规模疫苗接种为什么"能"》，人民网，2021 年 12 月 23 日，http://henan.people.com.cn/n2/2021/1223/c351638-35063711.html。

② 《太空出差 90 天，欢迎回家！——网友热议神舟十二号载人飞船平安归来》，2021 年 9 月 24 日，人民网，http://jx.people.com.cn/n2/2021/0924/c186330-34927665.html。

链和 AI（人工智能）等技术推动下形成的虚实相融的互联网应用和一种新的社会形态"①，即打破虚拟和现实世界的边界，将人类的生存和感官维度无限拓展，创造一个完全独立的虚拟世界。这一概念开启了互联网公司之间竞技的新赛道。2021年7月，社交平台"脸书"（Facebook）更名为 **Meta**，标志着其全面向"元宇宙"转型。一场关于数字世界的规则与话语争夺战正拉开帷幕。

2021年注定是意义非凡的一年。建党百年书写着中华民族复兴路上的光荣与梦想。在峥嵘岁月中砥砺前行，在战疫日子中齐心共济，在平凡生活里脚踏实地。2021年充满变数，亦充满希望。令无数人"破防"的瞬间，折射着一个个温暖的微光，照亮我们彼此的生活。2022年如期而至，你我的梦想都将踏上新的征程，让我们携手迎接闪闪发光的未来。

（邹　煜、卫酉祎）

---

① 《"我看不懂，但我大受震撼"！2021年度十大网络用语来了》，光明网，2021年12月20日，https://m.gmw.cn/baijia/2021-12/20/1302728116.html。

2021,流行语里的中国与世界

2021年12月20日,"汉语盘点2021"发布了"2021年度中国媒体十大流行语",包括综合类、国内时政类、国际时政类、经济类、科技类、文化体育教育娱乐类、社会生活类、民生专题和航天专题等九类十大流行语。这些流行语是利用语言信息处理技术,结合人工后期处理从国家语言资源监测语料库[①]中提取出来的。

一 综合类十大流行语

建党百年、2020东京奥运会、中国航天、双碳、疫苗接种、双减、北交所、"清朗"行动、疫苗援助、《生物多样性公约》

(一)建党百年

2021年7月1日,庆祝中国共产党成立100周年大会在北京天安门广场隆重举行,各界代表7万余人以盛大仪式欢庆中国共产党百年华诞,习近平总书记发表重要讲话。11月8日—11日,党的十九届六中全会总结建党一百年来党带领人民进行伟大奋斗所取得的伟大成就和宝贵历史经验,审议通过了《中共中央关于党的百年奋斗重大成就和历史经验的决议》。中国共产党和中国人民以英勇顽强的奋斗向世界庄严宣告,中华民族迎来了从站起来、富起来到强起来的伟大飞跃,中华民族伟大复兴进入不可逆转的历史进程。

[①] 国家语言资源监测语料库包括报纸、电视、广播、门户网站等语料。2021年度流行语提取的语料包括以下媒体:《北京青年报》《北京日报》《北京晚报》《法治日报》《光明日报》《华西都市报》《今晚报》《南方都市报》《齐鲁晚报》《钱江晚报》《人民日报》《深圳特区报》《新京报》《新民晚报》《羊城晚报》《中国青年报》等16家报纸,中央电视台、安徽电视台、湖北电视台、黑龙江电视台等10家电视台,中央人民广播电台、北京人民广播电台、天津人民广播电台、江苏人民广播电台、湖南人民广播电台、河北人民广播电台、云南人民广播电台、山东人民广播电台等15家广播电台,以及新浪、腾讯的新闻网页。

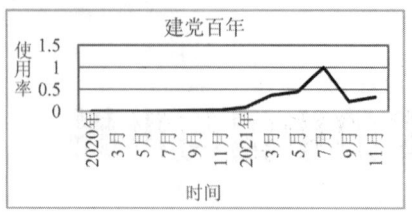 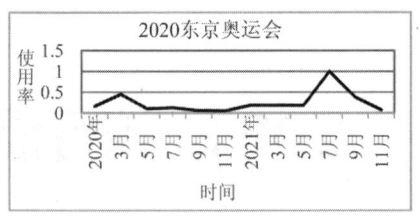

图 6-3 "建党百年"使用情况 ①　　　图 6-4 "2020 东京奥运会"使用情况

（二）2020 东京奥运会

2021 年 7 月 23 日—8 月 8 日，第 32 届夏季奥林匹克运动会在日本东京举行。受新冠肺炎疫情影响，本届奥运会延期一年举行，这也是历史上第一次空场举办的奥运会。2020 东京奥运会共有 206 个代表团、11 669 名运动员参赛。奥运会赛场充分展现了全世界运动员共克时艰、践行"更快、更高、更强、更团结"的努力。

（三）中国航天

2021 年，中国航天事业捷报频传。1 月 29 日，随着遥感三十一号 02 组卫星发射升空并进入预定轨道，中国航天发射迎来 2021 年开门红。4 月 29 日，空间站"天和"核心舱进入预定轨道，中国空间站在轨组装建造全面展开。5 月 15 日，我国首次火星探测任务"天问一号"探测器成功着陆火星。6 月 17 日，"神舟十二号"载人飞船顺利升空，3 位中国航天员在"天和"核心舱中生活 3 个月，并首次开展较长时间的出舱活动。10 月 14 日，我国首颗太阳探测科学技术试验卫星"羲和号"顺利升空。10 月 16 日，"神舟十三号"出征，3 位航天员开启为期 6 个月的飞行任务……从载人航天到探月工程，从北斗组网到火星探测，中国航天事业屡获突破、飞速发展。

（四）双碳

"双碳"是"碳达峰"与"碳中和"的简缩合称。2021 年 3 月，习近平总书记在中央财经委员会第九次会议上强调，实现碳达峰、碳中和是一场广泛而深刻的经济社会系统性变革，要把碳达峰、碳中和纳入生态文明建设整体布局，拿出抓铁有痕的劲头，如期实现 2030 年前碳达峰、2060 年前碳中和的目标。10 月 24 日，

---

① 本文图中的统计数据均为 2020 年至 2021 年的数据。

中共中央、国务院印发《关于完整准确全面贯彻新发展理念做好碳达峰碳中和工作的意见》和《2030年前碳达峰行动方案》，对中国"双碳"目标进行部署。"双碳"目标是我国向世界做出的庄严承诺，彰显了中国积极应对气候变化、走绿色低碳发展道路、推动全人类共同发展的坚定决心。

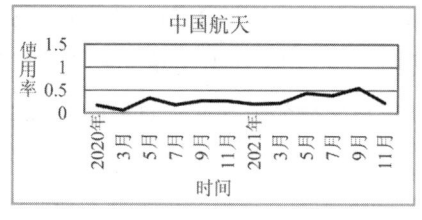

图6-5 "中国航天"使用情况

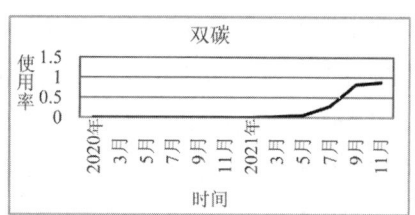

图6-6 "双碳"使用情况

（五）疫苗接种

开展新冠疫苗接种是控制疫情传播的有效手段。2020年12月15日，我国正式启动重点人群新冠疫苗接种工作；2021年3月下旬开始，我国逐步落实全人群免费接种；7月，"一老一小"新冠疫苗接种工作稳步推进；9月，新冠疫苗"加强针"的接种工作在多地开展。当前，我国接种的总剂次和覆盖人数均居全球首位，人群覆盖率居全球前列。这场大规模疫苗接种工作，离不开全国人民的共同努力。

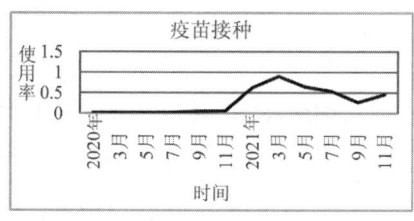

图6-7 "疫苗接种"使用情况

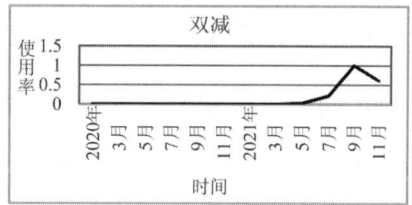

图6-8 "双减"使用情况

（六）双减

有效减轻义务教育阶段学生过重作业负担和校外培训负担，简称"双减"。2021年7月24日，中共中央办公厅、国务院办公厅印发《关于进一步减轻义务教育阶段学生作业负担和校外培训负担的意见》，要求切实提升学校育人水平，持续规范校外培训（包括线上培训和线下培训），有效减轻义务教育阶段学生过重作业负担和校外培训负担。"双减"政策是强化学校教育主阵地作用，深化校外培训机构治理，构建教育良好生态，促进学生全面发展、健康成长的重大举措。

（七）北交所

北京证券交易所简称"北交所"。它是经国务院批准设立的中国第一家公司制证券交易所，2021年9月3日注册成立，11月15日正式开市交易。9月2日，习近平总书记在2021年中国国际服务贸易交易会全球服务贸易峰会致辞中宣布，继续支持中小企业创新发展，深化新三板改革，设立北京证券交易所，打造服务创新型中小企业主阵地。北交所交易如火如荼，首批8只主题基金发行首日即受到投资者火热追捧。北交所的设立是我国资本市场的里程碑事件，意味着以服务中小企业为己任的新三板站上改革新起点，中国资本市场改革发展又迈出关键一步。

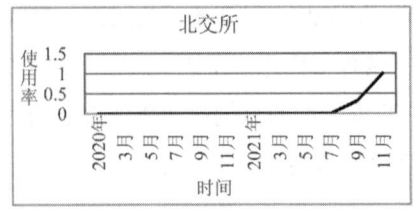 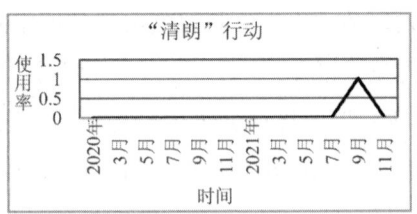

图 6-9 "北交所"使用情况　　图 6-10 "'清朗'行动"使用情况

（八）"清朗"行动

2021年2月，国家网信办开展"清朗·春节网络环境"专项行动。5月，"为明星打投倒牛奶"事件引发舆论关注。5月8日，国家网信办2021年"清朗"系列专项行动全面展开，重点任务包括"整治网上历史虚无主义""治理算法滥用行为""打击网络水军、流量造假、黑公关""整治未成年人网络环境""整治PUSH弹窗新闻信息突出问题""规范网站账号运营""整治网上文娱及热点排行乱象"等。此次行动的目的在于重拳整治网络违法违规问题，共同营造文明健康的网络环境。

（九）疫苗援助

2021年，我国认真落实习近平总书记关于让中国新冠疫苗作为全球公共产品的承诺。2月，中国正式加入世卫组织"新冠肺炎疫苗实施计划"，承诺提供1000万剂疫苗，主要用于发展中国家急需的领域。2月1日，我国首批对外援助疫苗抵达巴基斯坦，此后持续向全球多国提供疫苗援助和出口。10月，国家国际发展合作署消息，我国已向106个国家和4个国际组织提供了超过15亿剂疫苗。中国的疫苗援助为发展中国家送上了抗疫"利器"，也为全球抗疫带来一股春风。

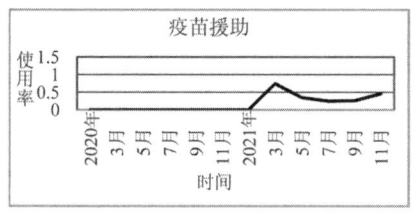
图6-11 "疫苗援助"使用情况

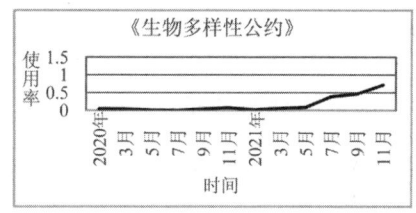
图6-12 《生物多样性公约》使用情况

（十）《生物多样性公约》

2021年10月12日，《生物多样性公约》第15次缔约方大会领导人峰会在昆明以线上线下相结合的方式举行。习近平总书记站在促进人类可持续发展和共建人类命运共同体的高度，明确提出开启人类高质量发展新征程的重大主张，郑重宣布我国将持续推进生态文明建设的务实举措。在面临新冠肺炎疫情、环境污染、气候变化、生物多样性丧失、生态系统退化等一系列困难的当下，本次会议为未来全球生物多样性保护设定目标、明确路径，具有重要意义。

二 专题分类流行语

（一）国内时政类

党史学习教育、"十四五"、百年未有之大变局、新发展格局、"七一勋章"、"爱国者治港"、教育整顿、答卷人、共同富裕示范区、北京冬奥会倒计时

2021年是"十四五"开局之年，开启全面建设社会主义现代化国家新征程。在全党开展**党史学习教育**，是党中央立足党的百年历史新起点、统筹中华民族伟大复兴战略全局和世界**百年未有之大变局**、为动员全党全国满怀信心投身全面建设社会主义现代化国家而做出的重大决策。在这一历史性时刻，要坚持稳中求进

工作总基调,加快构建以国内大循环为主体、国内国际双循环相互促进的**新发展格局**。建党百年,首次评选颁授"**七一勋章**",隆重表彰了为党和人民做出杰出贡献、创造宝贵精神财富的党员。全国政法队伍**教育整顿**全面铺开。要确保"一国两制"实践行稳致远,必须始终坚持"**爱国者治港**",这是修改完善香港选举制度的重要指导原则。浙江先行探索高质量发展建设**共同富裕示范区**。全国各地花式准备2022年**北京冬奥会倒计时**。中共十九届六中全会向全党发出号召:在新的赶考路上,我们是**答卷人**,一定要继续考出好成绩。

(二)国际时政类

德尔塔、奥密克戎、病毒溯源政治化、全球抗疫、塔利班、白波边境难民危机、福岛核废水、中美高层战略对话、默克尔卸任、中老铁路

2021年,新冠肺炎疫情形势发生新变化:**德尔塔**、**奥密克戎**等变异毒株的出现,使**全球抗疫**工作面临更大挑战。针对美国等少数国家一些人鼓噪新冠病毒"实验室泄漏论",多国专家学者、政界人士和媒体等纷纷发声,反对**病毒溯源政治化**。美国和北约军队5月撤离阿富汗以来,阿富汗**塔利班**攻占首都喀布尔,重获政权。中美关系的稳定关乎两国人民的幸福和"地球村"人类的福祉,**中美高层战略对话**围绕各自内外政策、中美关系以及共同关切的重大国际地区问题进行坦诚、深入的沟通。德国历史上首位女总理**默克尔卸任**。国际社会对日本决定将**福岛核废水**排海表示强烈不满,要求以更积极的方式共同应对这一国际挑战。**白波边境难民危机**引发的白俄罗斯与欧盟国家的外交与政治关系持续紧张。采用中国标准的**中老铁路**全线开通运营,开启一段跨越山河、相互奔赴的旅程。

(三)经济类

"稳字当头、稳中求进"、消博会、横琴粤澳深度合作区、"专精特新"、红色旅游、碳交易、房地产税改革试点、虹桥国际开放枢纽、生态保护补偿、"南向通"

2021年,"**专精特新**"中小企业茁壮成长。全国各省市陆续推出上百条**红色旅游**线路。《**横琴粤澳深度合作区**建设总体方案》发布,为开发横琴按下快进键。国务院在部分地区开展了**房地产税改革试点**工作,稳步推动房地产税的立法进程。国务院批复《**虹桥国际开放枢纽**建设总体方案》,到2025年,虹桥国际开放枢纽基本建成,服务长三角和联通国际的作用进一步发挥。国务院印发《关于深

化**生态保护补偿**制度改革的意见》，生态保护补偿制度是落实生态保护权责、调动各方参与生态保护积极性、推进生态文明建设的重要手段。**碳交易**即碳排放权交易，全国碳排放权交易市场开市，成为全球覆盖规模最大的碳排放交易市场，助力实现"双碳"目标。首届**消博会**成功举办，是消费市场回稳提升的缩影，更是促进境外消费回流和国内消费升级的不竭动力。"**南向通**"正式启动，这是中央政府支持香港发展、推动内地和香港合作的重要举措。中央经济工作会议强调："明年经济工作要**稳字当头、稳中求进**。"

（四）科技类

中国天眼全球开放、数智化、工业互联网平台、数字文明新时代、人工合成淀粉、"九章二号"、"祖冲之二号"、电动无人驾驶货轮、量子计算机模拟重子、5G云控物流

2021年，中国天眼向全球天文科学家发出邀约，**中国天眼全球开放**让人类"看"得更远。中科大成功研制"**九章二号**""**祖冲之二号**"量子计算原型机，在量子计算机的研制上迈出重要一步。我国**工业互联网平台**发展迅速，"综合型+特色型+专业型"平台体系基本形成。首个**5G云控物流**项目在广西落地应用，实现了物流无人化、可视化、智能化。当下是一个从数字化迈向**数智化**的时代，无论是从技术还是产业都在演进和升级。加拿大和英国科学家首次实现**量子计算机模拟重子**，为更多了解宇宙早期的情况提供途径。第一艘**电动无人驾驶货轮**在挪威亮相，这是海洋运输业在减排领域迈出的重要一步。世界互联网大会乌镇峰会向全球发出互联网的"好声音"：携手迈向**数字文明新时代**，构建网络空间命运共同体。中国科学家首次实现**人工合成淀粉**技术，将该领域研究向前推进了一大步。

（五）文化体育教育娱乐类

校外教育培训监管司、暑期托管、党史展览馆、三星堆遗址、大运河文化、华坪女高、教育督导问责、"中国飞人"、《长津湖》、北京环球度假区

2021年是建党百年，**党史展览馆**正式面向社会开放。教育部成立**校外教育培训监管司**，支持探索开展**暑期托管**服务，发布《**教育督导问责**办法》，让教育督导问责真正落地。**华坪女高**代表的是一种教育精神，为中国扶贫教育事业发展做

出了重要贡献。活态传承让**大运河文化**流淌起来，100名传承志愿者许下守护大运河的誓约。**三星堆遗址**考古再"上新"，新出土青铜顶尊人像、黄金面具、神树纹玉琮等"国宝"。电影《**长津湖**》全景式再现了惊天动地、艰苦卓绝的抗美援朝长津湖战役，登顶中国影史票房榜。9秒98！"**中国飞人**"苏炳添在奥运会百米决赛中创造了中国田径新的历史。**北京环球度假区**开园迎客，其中的中国元素成为环球主题公园新的风景线，同时获得"能源环境设计先锋"金级认证，成为全球首家获此殊荣的主题公园度假区。

（六）社会生活类

国家公园、疫情防控常态化、袁隆平、中国人民警察节、长江保护法、元宇宙、高空抛物罪、戍边英雄、"原年人"、云南象群

2021年，新冠病毒仍在全球高位流行，我国仍处于**疫情防控常态化**阶段，坚持人民至上，筑牢防疫屏障。牛年春节，大众百姓响应政府号召，减少人员流动，选择就地过年，成为"**原年人**"。我国首批**国家公园**成立，首部有关流域保护的专门法律《**长江保护法**》正式实施。**高空抛物罪**开始施行，从法律层面维护人民群众"头顶上的安全"。卫国**戍边英雄**官兵照片公布，追授称号，人们永远记得用鲜血和生命守护祖国每一寸土地的英雄们。向人民警察致敬，1月10日，迎来首个**中国人民警察节**。**元宇宙**本是带着科技感出现的，然而虚拟与现实混合的技术发展速度还不能匹配这个概念泛用的速度。**云南象群**任性出游，吸引了全球的目光。"杂交水稻之父"**袁隆平**逝世，后人定会将他的精神遗产和终结饥饿的使命延续下去。

（七）民生专题

"反诈"、"跨省通办"、三孩、"加强针"、乡村振兴局、个人信息保护法、泉州湾跨海大桥、"一码通行"、数据安全法、保障性租赁住房

2021年，新冠肺炎疫情防控，我国基本实现健康码"**一码通行**"，新冠病毒疫苗"**加强针**"的接种工作也在多地开展。六项户籍业务在全国范围内实现"**跨省通办**"，开启政务服务新格局。全民"**反诈**"，全链条打击电信网络诈骗犯罪成效显著。在全面推进乡村振兴的重要历史阶段，国家**乡村振兴局**正式挂牌，推动减贫与乡村发展。全国各地大力增加**保障性租赁住房**和共有产权住房供给，进一步改善人民群众的居住条件。**三孩**生育政策正式入法，配套措施持续推进。首

部关于数据安全的律法《中华人民共和国**数据安全法**》正式施行。首部针对个人信息保护的《中华人民共和国**个人信息保护法**》正式实施。**泉州湾跨海大桥**是我国首座高铁桥，其主桥成功合龙，意味着中国高铁迈入跨海时代。

（八）航天专题

"天和"核心舱、"天舟二号"、"天舟三号"、"神舟十二号"、"神舟十三号"、"祝融号"、月球样品、国际月球科研站、"羲和号"、"她力量"

2021年，中国航天好戏连台：空间站"**天和**"**核心舱**进入预定轨道，迎来第一位"访客""**天舟二号**"，四个月后，"**天舟三号**"也来了，两艘中国货运飞船同时在天运行，对接"天和"的两端，为航天员、空间站送去补给，创造了中国航天史上的第一次。"**神舟十二号**"、"**神舟十三号**"载人飞船顺利升空，分两批将中国航天员送入空间站，他们首次开展了较长时间的出舱活动。王亚平成为中国首位出舱行走的女航天员，创造了中国航天的新纪录，也为世界航天发展贡献了"**她力量**"。"**祝融号**"火星车完成既定巡视探测任务。首颗太阳探测科学技术试验卫星"**羲和号**"顺利升空。嫦娥五号返回器带回**月球样品**，中俄两国政府正式启动**国际月球科研站**项目合作。人类探索太空的步伐从未停止。

（杨尔弘、朱君辉、王梦焰）

2021，网络用语中的草根百态

2021年12月20日，"汉语盘点2021"发布了"2021年度十大网络用语"，这些网络用语是基于国家语言资源监测语料库（网络媒体部分），采用"以智能信息处理技术为主，兼顾领域专家意见和相关站点收录情况"的策略提取，量化分析后得到的。

一 十大网络用语①

觉醒年代、YYDS、双减、破防、元宇宙、绝绝子、躺平、"伤害性不高，侮辱性极强"、"我看不懂，但我大受震撼"、强国有我

建党百年，电视剧《**觉醒年代**》回溯了中国共产党的孕育和创立经过，讲述了早期中国共产党人探寻真理、引领中华民族觉醒的奋斗历程，而"**强国有我**"的誓言体现着当代青年人的担当和信念。奋斗的新时代，"**躺平**"只是征途中的小憩，是为了积聚能量再出发。生活中那些让人"**破防**"的拼搏瞬间，将继续感动和激励着大家。党中央站在实现中华民族伟大复兴的战略高度，做出"**双减**"重要决策部署。东京奥运会上，中国运动员奋勇拼搏，赢得全网"**YYDS**"（"永远的神"的拼音缩写）的刷屏喝彩。"**元宇宙**"描绘的虚实结合的社会生活形态令人向往，网友们表示"**我看不懂，但我大受震撼**"。幽默是网民日常交流的重要元素，诸如"加油，你差点就追上我了"等"**伤害性不高，侮辱性极强**"的网络用语深受网友喜爱。对于综艺节目中自己喜欢的选手，粉丝们直呼"**绝绝子**"为其加油。

（一）觉醒年代

《觉醒年代》首次以电视剧的形式回溯中国共产党的孕育和创立过程，生动再现中国近代历史的大变局，深刻讲述中国人民是怎样选择了中国共产党。该剧播出后广受好评，成为党史学习教育的生动教材。随着电视剧的播出，该词的使

---

① 十大网络用语的解读得到《中国青年报》记者李桂杰和商务印书馆相关老师的修改润色，特此感谢。

用度不断攀升,在年中达到了全年最高(见图6-13)。

(二)YYDS

"YYDS"是"永远的神"的拼音缩写,用于表达对某人的高度敬佩和崇拜。2021年东京奥运会期间,不管是杨倩夺得首金,还是全红婵一场决赛跳出3个满分,或是"苏神"站上百米决赛跑道,都能看到全网齐喊"YYDS"的盛况。该词在奥运期间一度刷屏(见图6-14)。

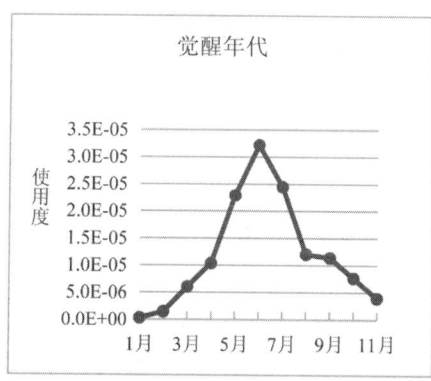

图6-13 "觉醒年代"使用情况

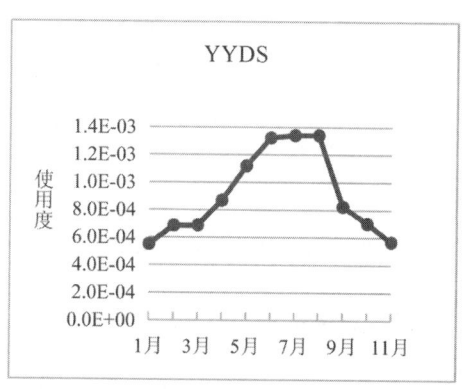

图6-14 "YYDS"使用情况

(三)双减

"双减"指进一步减轻义务教育阶段学生作业负担和校外培训负担。其目标是使学校教育教学质量和服务水平进一步提升,作业布置更加科学合理,学校课后服务基本满足学生需要,学生更好地回归校园学习,校外培训机构的培训行为得到全面规范。该词自2021年7月被提出后使用度即迅速攀升并保持在较高水平(见图6-15)。

(四)破防

"破防"原指在游戏中突破了对方的防御,使对方失去防御能力,现指因遇到一些事或看到一些信息后情感上受到很大冲击,内心深处被触动,心理防线被突破。该词的使用度在全年呈现缓慢上升的趋势(见图6-16)。

(五)元宇宙

"元宇宙"源于小说《雪崩》的科幻概念,现指在扩展现实(XR)、数字孪生、区块链和人工智能（AI）等技术推动下形成的虚实相融的互联网应用和社会生活形态。现阶段，"元宇宙"仍是一个不断演变、不断发展的概念。社交平台"脸书"（Facebook）对外公布更名为"Meta"，即来源于"Metaverse"（元宇宙）。该词自"脸书"在10月底宣布改名起使用度开始迅速提升（见图6-17）。

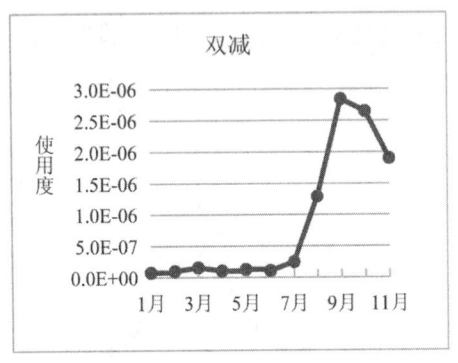

图6-15 "双减"使用情况

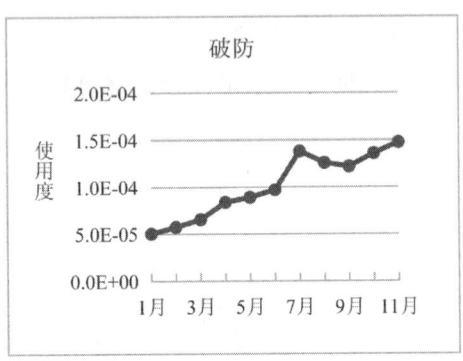

图6-16 "破防"使用情况

（六）绝绝子

"绝绝子"流行于某网络节目，节目中一些粉丝用其为选手加油。该词多用于赞美，表示"太绝了、太好了"，其引发了网友对网络语言的关注和讨论，在年中保持了较高的使用度（见图6-18）。

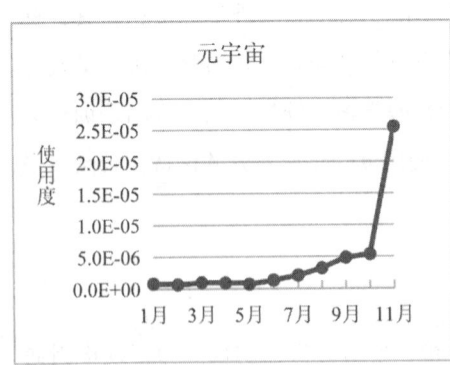

图6-17 "元宇宙"使用情况

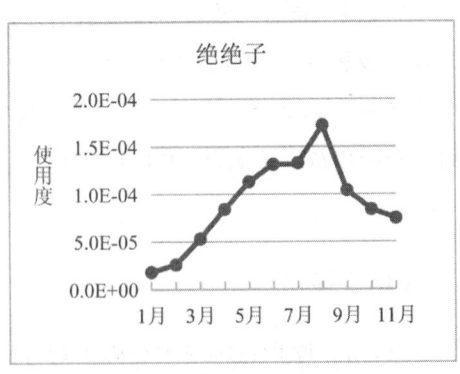

图6-18 "绝绝子"使用情况

（七）躺平

"躺平"指人在面对压力时，内心再无波澜，主动放弃，不做任何反抗。有人认为"躺平"是一种与世无争、无欲无求的人生处世哲学；有人认为"躺平"

是对社会快速发展的无奈选择;有人认为"躺平"是为了释放情绪后更好地站起来。但更多的人不认同"躺平",认为"躺平"是精致利己主义,人们更崇尚逆行者。[①] 该词的使用度在后半年高于前半年(见图6-19)。

(八)"伤害性不高,侮辱性极强"

一段网络视频中,两名男子相互夹菜,而同桌的另一名女子则显得很孤单。于是有网友调侃"伤害性不高,侮辱性极强"。该网络用语后被网友用来调侃某事虽然没有实质性危害,但是却令人很难堪。其使用度在年初较高,后呈现持续下降趋势(见图6-20)。

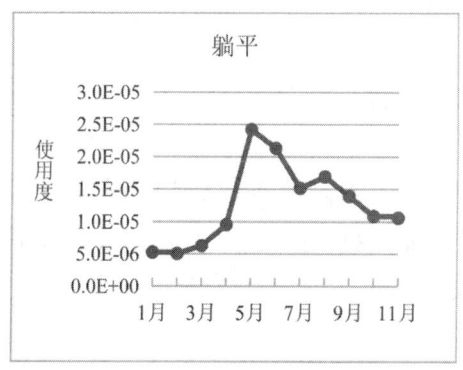

图6-19 "躺平"使用情况　　图6-20 "伤害性不高,侮辱性极强"使用情况

(九)"我看不懂,但我大受震撼"

"我看不懂,但我大受震撼"原是导演李安在纪录片《打扰伯格曼》(2013)里评价一部影视作品的话,现多用于表示自己对某件事情的不解或震惊。这句话的使用度在4月后开始上升并保持在较高水平(见图6-21)。

(十)强国有我

"强国有我"一词源自建党百年天安门广场庆典上青年学子的庄严宣誓。"请党放心,强国有我"是青年一代对党和人民许下的庄重誓言,彰显着新时代中国青年的志气、骨气、底气。随着建党百年庆典的举行,该词的使用度也在7月达

---

① 中国驻美国大使秦刚应邀在线出席"旅游和人文交流"主题论坛开幕式并发表主旨演讲,用7个中国"热词",向美国公众介绍中国的最新发展情况和中国人的精神面貌。见《环球时报》官方百家号,2021年10月7日,https://baijiahao.baidu.com/s?id=1712952742284679753&wfr=spider&for=pc。

到了全年顶峰（见图6-22）。

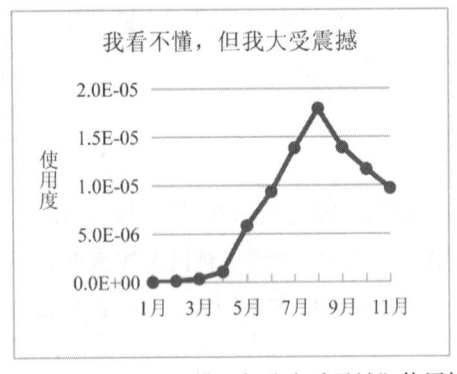

图6-21 "我看不懂，但我大受震撼"使用情况

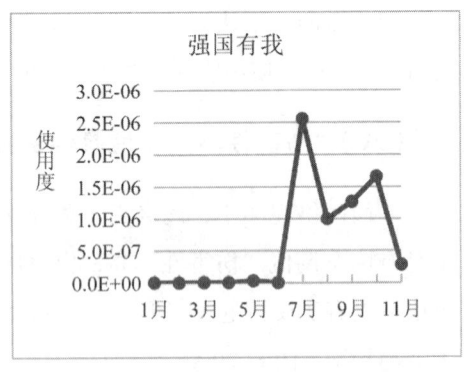

图6-22 "强国有我"使用情况

二 丰富多彩的网络用语

网络用语是网民集体智慧的产物，也是网民抒发情感、展现个性的重要工具。流行网络用语多源于社会生活热点，是描绘网民群体生活百态的工具。以下是对2021年部分网络流行用语进行的分类梳理。

（一）建党百年、国计民生

觉醒年代、强国有我、建党百年

2021年是中国共产党的"建党百年"，这类建党相关词语的流行凸显了网民对中国共产党的衷心拥护和热爱。这一年，网民们观看电视剧《觉醒年代》，重温中国共产党的孕育和创立过程，革命先烈们追求真理、不怕牺牲的精神激发起观众强烈的情感共鸣。备受鼓舞的青年一代对党和人民许下"请党放心，强国有我"的庄重誓言，彰显了新时代中国青年的志气、骨气、底气。

双减、双碳、双循环、"清朗"行动

这类词语与国计民生息息相关。"双减"旨在进一步减轻义务教育阶段学生作业负担和校外培训负担。"双碳"指"碳达峰、碳中和"，中国的"双碳"目标体现了应对气候变化的中国贡献和中国担当。"双循环"即"国内国际双循环"，它是推动我国开放型经济向更高层次发展的重大战略部署。"清朗"行动致力于净化网络环境，还网络一片"清朗"。

（二）谐音、改编

蚌埠住了、我不李姐

这类词语源于网民使用谐音方式来造词。"蚌埠住了"是"绷不住了"的谐音，表示情感上受到了很大冲击，忍不住想把情感表达出来。"李姐"是"理解"的谐音，网友常用"我不李姐"表达自己对某人或某事非常困惑。

离离原上谱

"离离原上谱"由"离离原上草"改编而来，网友常用其形容某人或某事非常离谱。

（三）缩写、表情

YYDS、破防、emo、普却信

这类词语源于其他词或短语的缩写。"YYDS"是"永远的神"的拼音缩写，用于表达对某人的高度敬佩和崇拜。"破防"即"突破防御"的缩写，用于表示情感上受到很大冲击、心理防线被突破。2021年东京奥运会期间，中国健儿们顽强拼搏的身影让网民们纷纷"破防"，网民们更是毫不吝啬自己对运动员"YYDS"的夸赞。"emo"是"emotional"（情绪的，情感流露的）的缩写，用于表达内心的抑郁、伤感等情绪；"普却信"是"明明那么普通，却那么自信"的缩写，常被用于吐槽某人非常自负。

小猫咪能有什么坏心思、"勇敢牛牛，不怕困难"

这类词语源于网络聊天表情。网民们在聊天时，常用"小猫咪能有什么坏心思"的表情包既表示自己没有恶意，又可以卖萌；也会用"勇敢牛牛，不怕困难"鼓励自己或对方要勇敢坚强、努力加油。

（四）影视、综艺、短视频

"我看不懂，但我大受震撼"、什么是快乐星球

这类词语与电影、电视剧相关。"我看不懂，但我大受震撼"源自导演李安对一部电影的评价，用于表示对某件事情的不解或震惊。"什么是快乐星球"出自某电视剧主题曲，后在网络中走红。针对"什么是快乐星球"的走红，不少网民发出了"我看不懂，但我大受震撼"的感叹。

绝绝子、你礼貌吗

这类词语与综艺节目相关。网民们用"绝绝子"为综艺节目中喜欢的选手加油，称赞选手"太绝了、太好了"。用"你礼貌吗"表达自己对他人不礼貌行为的不满。

（五）吐槽、自嘲

"伤害性不高，侮辱性极强"、麻了

这类词语源于网民吐槽。"伤害性不高，侮辱性极强"用来吐槽某事虽然没有实质性危害，但是却令人很难堪。面对某些离谱的事情，网民用一句"麻了"来表达无法理解、无法交流的感受。

小丑竟是我自己

"小丑竟是我自己"用于自嘲生活不如意但还是要像小丑一样画上厚厚的妆容并保持微笑的状况。

（六）反转、夸张

"懂了，但没完全懂"、"笑死，根本笑不死"

这类词创造了一种反转效果。"懂了，但没完全懂"表示其实并没有懂，"笑死，根本笑不死"则表示其实不好笑。

背后的原因令全球变暖、DNA动了、社交天花板

"背后的原因令全球变暖"利用夸张的手法讽刺"背后的原因令人暖心"这种标题党现象。"DNA动了"指某人或物给自己留下的印象极深，仿佛是刻在了DNA里一样。"社交天花板"形容与人交往时毫不怯场、游刃有余，社交能力已经达到了"天花板"级别。

（七）其他

元宇宙、格局、废话文学

"元宇宙"是源自小说《雪崩》的科幻概念，现指虚实相融的互联网应用和社会生活形态。"格局"多用于形容眼界，"格局小了"的意思就是眼界太窄。"废话文学"通过"废话"形成一种出乎意料的幽默感，如"听君一席话，如听一席话"。

2021年是"建党百年"，网民们通过观看电视剧《觉醒年代》学习党史，在红旗下对党宣誓"强国有我"。网民们既关心"双碳""双循环"等大政方针，也关注与日常生活息息相关的"双减"政策和"清朗"行动等专项行动。凡此种种，无不体现出广大网民对党和国家的热爱以及对国家发展道路和发展前途的高度自信。

（李　波、何婷婷、洪　婕、章哲铭）

登上火星的"祝融"

祝融,是中国古代神话中的"火神"。2021年4月24日,通过全球征名、专家评审、网络投票等环节的层层筛选,中国首辆火星车被命名为"祝融号";5月22日,随着电机工作、齿轮碰撞的声音首次被历史性地记录,"祝融号"正式登陆火星表面,开始巡视探测任务;8月23日,"祝融号"在火星平安度过百天,行程里程也突破了1000米;12月下旬,"祝融号"一词入选2021年度媒体十大新词语。

"祝融号"承载着中国人的航天梦登上了火星,也走进了我们的语言生活。

一 "祝融"的前世今生

千百年来,有关祝融的传说不仅出现在《三皇本纪》《山海经》《史记》等二十余种古籍中,更在民间故事中广泛流传。这一亦神亦人的形象,都与"火""光明""保护神"等意象紧密相连。

《礼记·月令》中有"其帝炎帝,其神祝融"的记载,说祝融是南方炎帝的辅佐神,守护炎帝之火,故也称"火神"或"夏季之神",这是流传最广的说法;[1] 长沙楚墓出土的《楚帛书》中记载了炎帝命火神祝融挽救苍天、重建秩序的神话故事;[2] 唐朝司马贞的《三皇本纪》记载了祝融将火种赠予人类,并与水神"共工"大战的故事;而在《山海经·海外南经》中,祝融掌管着南方大地,有着"兽身人面""乘两龙"的形象,是天神和人神的结合。[3] 除了掌管神火的天神,人间担任管理火政、祭祀火神之职的"火正"也常常被称为祝融。

关于祝融本人的身份,古代典籍中也有多种说法:《史记·楚世家》中记载,黄帝的后人重黎担任火正,因成绩显著,被帝喾命名为"祝融",希冀他永远为百姓带来光明;重黎死后,其弟吴回继承火正之位,也被称为"祝融"。《国语·

---

[1] 杨振红《北大藏西汉简〈苍颉篇·颛顼〉的文义及其思想背景》,《简牍学研究》(第七辑),2018年。
[2] 郝于越《传统神话形象符号在现代传媒中的延递——以祝融为例》,《戏剧之家》2018年第7期。
[3] 李现红《从北大藏汉简〈苍颉篇·颛顼〉看祝融与灶神关系》,《古代文明》2020年第2期。

楚语》中则有祝融是颛顼的臣子，颛顼"命火正黎司地以属民"①的记载。诸如此类，可以肯定的是，"祝融"是对成功担任火正官职之人的赞赏性称呼。

各个时代的文人墨客也常常使用"祝融"意象来寄托情怀，这使得"祝融"拥有了更深广的精神内涵。如诗人大多用"祝融"来作为超脱现实、宣泄愁苦情绪的依托，借助上古的神明，渴望拥有一个清朗的社会环境。诗词歌赋中，常常出现险峻陡峭的"祝融峰"，如唐代齐己有《舟中晚望祝融峰》，这不仅是单纯对自然山水的赞叹，更体现着祝融在古人心中的高大形象。②祝融、祝融峰逐渐演变为"祝融精神""祝融品格"的代名词，这不仅是人们对上古神灵的敬畏，更是对其所承载的希望、坚毅等精神的追求。

2020 年 7 月 23 日，承担中国首次火星探测任务的"天问一号"探测器成功发射。随即，中国第一辆火星车全球征名活动——"以你之名，筑梦火星"正式启动，"弘毅""麒麟""哪吒""赤兔""祝融""求索""风火轮""追梦""天行""星火"这 10 个名字在初评中脱颖而出；经过 40 天的网络投票，"祝融"以 504 466 票遥遥领先，排名第一。以"祝融"来命名的火星车，带着上古火神的祝愿，怀着华夏祖先对遥远星空的期待与未知宇宙的憧憬，于 2021 年 5 月 15 日正式登上火星。"祝融号"照亮了火星探测的道路，更点燃了中国星际探测的火种，将指引一代又一代的航天人超越自我，逐梦星辰。

二 "祝融"走进语言生活

2021 年 12 月 20 日，作为"汉语盘点 2021"活动重要组成部分的"2021 年度中国媒体十大新词语"由国家语言资源监测与研究中心正式发布，"祝融号"排在榜单的第五位。早前 12 月 13 日发布的"2021 年度十大流行语"中的"中国航天"也与"祝融号"密切相关：2021 年是中国首辆火星车成功登陆火星的一年，也是中国航天硕果累累的一年，航空航天也自然成为 2021 年人们关注的重点领域。

（一）主流媒体中的"祝融"

我们从国家语言资源监测语料库中抽取了 2020 年和 2021 年的《人民日报》

---

① 李现红《从北大藏汉简〈苍颉篇·颛顼〉看祝融与灶神关系》，《古代文明》2020 年第 2 期。
② 胡雪颖《传统诗歌中祝融形象的变迁》，《广西职业技术学院学报》2014 年第 2 期。

《光明日报》《经济日报》《中国青年报》《北京青年报》等 10 份报纸和人民网、搜狐、腾讯、新浪等网络新闻，以及有声媒体的全部语料，总共约 282 万余个文本，约 39.3 亿字次。

表 6-1 "祝融""祝融号"在主流媒体中的使用情况　　　单位：频次

名称	2020 年			2021 年		
	报纸	广电	网络	报纸	广电	网络
祝融	48	2	213	858	568	1906
祝融号	0	0	0	568	514	1472

表 6-1 数据显示，尽管 2020 年我国第一辆火星车的征名活动已经开始，"祝融"在主流媒体中被提及次数还是相对较少的。随着 2021 年火星车名称的正式揭晓，报纸、广电、网络媒体中使用"祝融"的频次显著增加。

从征名、定名、登上火星，到回传火星照片，再到与"火星快车"轨道器合作传输数据，主流媒体时刻关注着"祝融号"的一举一动、前行的脚步。

（二）大众传播中的"祝融"

我们分别在"百度指数""360 指数"中以关键词"祝融""祝融号"进行检索，以了解民众对"祝融"的关注程度，得到了 2020 年以来的搜索结果（见图 6-23、图 6-24）。

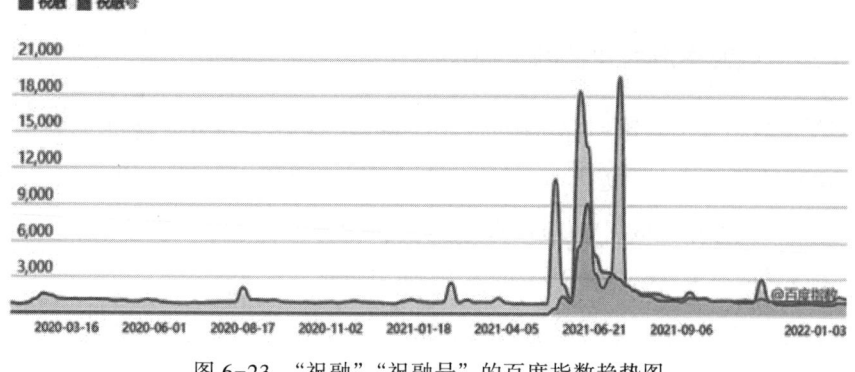

图 6-23　"祝融""祝融号"的百度指数趋势图

"百度指数"显示，2020 年 7 月 25 日火星车全球征名活动推出之时，"祝融"的搜索量为 2099，达到 2020 年搜索量的顶峰。2021 年 1 月 20 日，随着火星车的十大候选名称出炉，网友们的激情再次被点燃，"祝融"的搜索量达 2525。

第六部分 字词语篇

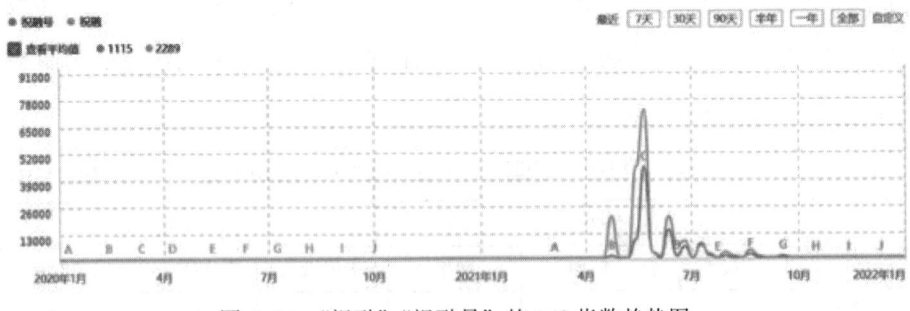

图 6-24 "祝融""祝融号"的 360 指数趋势图

4月24日之后，随着火星车名称的正式揭晓，"祝融号"的搜索量开始显著增加，指数为437。接下来的几个月内，"祝融"和"祝融号"的搜索平均值持续走高。5月15日，"祝融号"成功登上火星，并发布了第一条微博："这一刻，让大家久等了！""祝融"和"祝融号"的搜索指数短时间内迅速飙升，分别为18 428和5607。5月20日，外交部发言人赵立坚向"祝融号"深情表白，期待它带着对宇宙星辰的爱，继续前行。至此"祝融号"的搜索指数达到峰值9141。6月13日，英国《自然》杂志发布了由美国航空航天局的火星勘测轨道飞行器所拍摄的"祝融号"首张俯视高清照片，"祝融"的搜索量达到峰值19 618。

"360指数"则显示了在每一个节点上的关键词，如5月20日，最受关注的是"祝融号十大问题详解"，"祝融号拍摄火星地貌"是6月20日的关键词，7月9日的关键词则是"祝融号传回火星照片"等。由此可见，"祝融号"的每一个重大突破都牵动着网友们的心。

（三）遨游星海的"祝融"们

除了"天问""祝融"成功探火之外，在这一年里，还有"羲和"探日、"天和"遨游星辰、"天舟"送达"太空快递"、"神舟"载人飞船留下中国身影……我们从上述语料库中抽取了2020年和2021年的全部语料，逐一考察了这些独具中国浪漫气息的航天器名称在主流媒体中的使用情况。

2020年4月24日，国家航天局正式宣布，我国行星探测任务命名为"天问"，这个名字取自屈原创作的同名长诗，它承载着千百年来中华民族对自然的探求，代表了对真理的不懈追求，更寓意着追求科技创新永无止境。2021年5月，"天问一号"正式登陆火星，"天问"在主流媒体中的使用频次激增，在广播电视中更是增加了两倍多。

表 6-2　近两年中国航天器名称在主流媒体中的使用情况　　　单位：频次

航天器名称	2020 年			2021 年		
	报纸	广电	网络	报纸	广电	网络
天问	927	349	3860	2138	1223	5224
羲和	23	8	172	151	91	438
神舟	402	164	1835	4007	2062	9993
天和	836	242	6066	2512	1248	7047
天舟	59	22	284	1273	751	3132

"羲和"在中国神话故事中是太阳女神的名字，也被认为是最早的天文学家和历法的制定者。2021 年 10 月，"羲和号"成功发射，标志着中国正式步入"探日"时代，主流媒体中的"羲和"也拥有了全新的含义。

远在 1994 年年初，与"神州"同音的"神舟"蕴含着神采飞扬之意，开启了中国人的飞天之旅。2021 年，航天员接连搭乘"神舟十二号"、"神舟十三号"完成太空出差，开讲"太空课堂"，"神舟"在主流媒体中的使用总频次是 2020 年的 6 倍有余，活力倍增。

"天和"是"天宫"的核心舱，加上"问天""梦天"两个实验舱共同构成中国空间站，2021 年 4 月，"天和"发射成功，遨游星海中，预计 2022 年将建成属于我们自己的"天中宫阙"。

早在 2011 年 4 月，中国货运飞船的名称征集活动就已启动，最终"天舟"从"天梭""鲲鹏""神龙""龙舟""神骥""天马""云梯""神驹""行者"中脱颖而出。2021 年 9 月"天舟三号"成功与"天和"核心舱对接，"太空快递"签收成功，这位尽职尽责有着优良表现的"快递小哥"，在主流媒体的使用频次也大幅增加，较 2020 年增加了近 15 倍。

随着航空喜报频频传来，这些航空器的名称在我们的语言生活中扎根，神话传说、经典文学作品中的名称，在新时代被赋予了更多的科技内涵，中华民族将千百年来对宇宙的美好想象与无尽探索寄托于一个个色彩浪漫又历史厚重的名字，带上太空，在科技上天入海的同时，更让文化传遍世界。

三 "祝融"命名的现代启示

2021 年不仅是"祝融"登上火星的一年，也是中国航天硕果累累、一起向未来的一年，"祝融"也以全新的面貌走进我们的语言生活，这一体现"中国式浪漫"的命名带给我们有益的启示。

第一,"祝融"使航天器被赋予了人的形象,增强了亲切感,拉近了航天科技与普通民众的距离。对于绝大多数人来说,高科技的航天领域是很难直观感知和亲身体验的,而将火星车取名"祝融",并开通专属的社交平台账号发布信息,则赋予它现代"人"的品格:

地球的朋友们,谢谢你们还在牵挂我。这一年祝融号成功实现火星着陆,截至目前火星车在火星表面工作 201 个火星日,累计行驶约 1300 米。沵們適①婞過嘚怎庅樣溾?(你们这一年过得怎么样呢?)①

信息最后一句巧妙地使用了前些年流行的火星文,对此有网友直呼,真入乡随俗;有网友就用火星文"回应"祝融号:"岼岼穩穩,婀婀嬡嬡(平平稳稳,可可爱爱)。"截至 2022 年 1 月,"天问一号祝融火星车"微博账号的粉丝量已达 28 万,"祝融号"赚足了网民们的眼球,相关航天信息也得到了有效的传播,这为专业领域如何来做科普提供了很好的范例。

第二,"祝融"的命名是中国传统文化元素的现代展示,是讲好中国故事的有效途径。与"嫦娥""神舟""天宫""玉兔"等其他航天器的名字一样,"祝融"也取自中国传统文化元素。它象征着上古先民对火的渴望与追求,更蕴含了对希望、对未来的美好期待。这样的命名方式,是科学与神话的跨时空融合,彰显了中国人民不断探索的精神,也向世界展现了中国深厚的传统文化,只有民族的,才是世界的。

"祝",表达了对人类踏进星辰大海的美好祝愿,激励航天人追逐梦想、勇于探索。"融",体现融合、协作,表达中国人和平利用太空、增进人类福祉的格局和愿景,融合国内、国际,融合历史、现代和未来,旨在为人类社会和谐发展做出航天贡献。②当昨天的神话成为今天的现实,今天的现实又成为明天的神话,过去与现在、未来交叠,展现出一个不断进取、奔向未来的中国。

(邹　煜、邱　婧)

---

① 《祝融号用火星文发微博!网友直呼:真入乡随俗》,快科技官方百家号,2021 年 12 月 7 日,https://baijiahao.baidu.com/s?id=1718482861134493124&wfr=spider&for=pc。

② 《国家航天局:我国首辆火星车正式定名"祝融"》,《潇湘晨报》官方百家号,2021 年 4 月 26 日,https://baijiahao.baidu.com/s?id=1698081781928622858。

第七部分

港澳台篇

普通话在香港的使用发展状况

根据香港特别行政区政府统计处的数据,截至 2016 年,香港能运用普通话进行交际的人口(5 岁以上)比例由 1996 年的 25.3% 升至 2016 年的 48.6%。现在香港使用普通话进行交际的人口数量仍在快速增长。本文结合香港不同层面(行政、教育、社会)语文政策具体落实情况的实证调查,分析当前普通话的普及和发展现状,对香港下一步普通话的发展规划提出参考建议。

一 官方层面普通话使用发展状况

从语言政策上看,"中文"是香港特区政府各级机构使用的正式语文。然而,相关法规并未对"中文"做出界定,包括书面语和口语的具体形式。《中华人民共和国香港特别行政区基本法》(以下简称《基本法》)第一章"总则"第九条的"中文"也是笼统用法。

普通话作为国家通用语言,对促进民族和地区间的沟通交流、维护国家统一具有极其重要的意义。[①] 由于香港特殊的历史背景和语言使用现状,粤方言是绝大多数港人的自然母语,本着尊重历史与现状的原则,特区政府采取循序渐进的方略鼓励港人使用普通话。

香港回归后,中文在立法、行政和司法机构的正式语文地位被加紧落实,中文作为首要工作语言的地位也日益凸显。首先,普通话成为法庭审讯程序的中文口语。前司法机构政务长戴婉莹 1997 年在立法会上曾表示:"司法机构并无界定中文(口语)为粤语或普通话,因为两者均获接纳为可在法庭上使用的法定中文。"后来司法机构政务处向立法会提交的《在法院程序上的法定语文使用问题》(2002 年)[②] 中再次指出:"中文作为法定语文,在口讲的形式来说,通常是指广

---

① 《行政长官施政报告(二零零一年)》,香港特别行政区政府网站,https://www.policyaddress.gov.hk/pa01/。
② 立法会秘书处议会事务部 CB(2)415/02-03(01)号文件(2002),《在法院程序上的法定语文使用问题》,https://www.legco.gov.hk/yr02-03/chinese/panels/ajls/papers/aj1125cb2-415-1c.pdf。

东话，但也包括普通话在内。"随着普通话使用范围进一步扩大，司法机构辖下香港司法学院（前身为"司法人员培训委员会"）自香港回归后便开始为各级法院法官及司法人员提供相应的普通话培训，每年还会派遣司法官员到内地大学进修法律及语言课程。如今，司法机构使用双语处理法政事务的情况越来越普遍，各级法院颁布的中文判决书不计其数。其次，在行政工作层面，通晓"两文三语"成为特区政府对公务员的既定准则。公务员作为政府的形象代言人，在语言政策的支持和维护上都责无旁贷，需做好示范带头作用。此外，公务员培训处每年都会为新入职或在职人员提供普通话培训。普通话在香港特区政府公务活动中的使用率越来越高，包括特首及领导官员就职宣誓、典礼致辞等场合。

整体而言，官方层面的普通话使用多见于对外办公或公共宣传。近年来香港特区政府部门在社会公共事件的处理上拓宽了普通话的使用面：2014年4月，立法会全面推行普通话即时传译服务；2019年4月，香港海关代表在记者会上用普通话发言；2019年8月，香港警方在记者会上首次以普通话回应记者提问；2020年7月，香港卫生防护中心传染病处主任张竹君在新闻发布会上以一口纯正流利的普通话向媒体机构解释与疫情检测有关的事宜。《人民日报》（2017年）[①]曾给予香港公务员很高的评价："特区政府公务员从上至下，从警员到政府高官，普通话、英语和粤语转换自如，应对流利。"

二　教育层面普通话使用发展状况

教育是国家语言文字推广的首要领域。香港回归后，特区政府在首份《施政报告》（1997年10月）中便强调："我们的理想，是所有中学毕业生都能够书写流畅的中文和英文，并有信心用广东话、英语和普通话与人沟通。"回归至今，普通话教育主要经历了两大转变：一是学科地位的转变。回归前，1986年和1988年，普通话先后被纳入小学和中学课程，成为一门"独立科目"（选修科）；回归后，1998年普通话升格成为中小学"核心科目"（必修科），2000年至2011年间，普通话被列为中学会考科目（HKCEE）。二是语言教育功能和目的的转变。2002年，香港课程发展议会在《香港学校课程的整体检视——改革建议》中提出，在中小学的中国语文课程中加入普通话元素，将"用普通话教授中文"（以

---

① 《香港公务员高效专业　17万一流人才提供优质服务》，新华网，2017年6月27日，http://www.xinhuanet.com/gangao/2017-06/27/c_129641750.htm。

下简称"普教中")定为工作目标。语文教育及研究常务委员会[①](以下简称语常会)从2008年开始力推"普教中支援计划",共有160所学校参与(包括132所小学和28所中学)。语常会[②]等机构对中小学"普教中"情况进行了持续调查。调查的整体情况如图7-1所示。

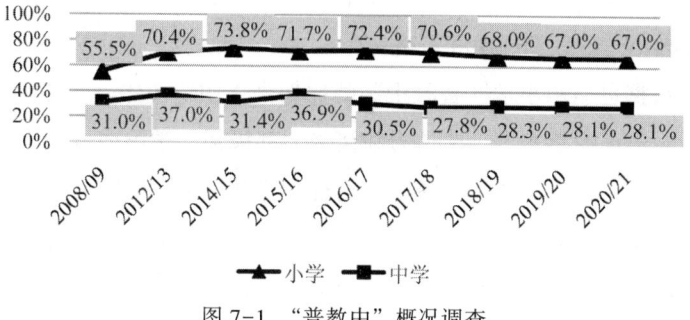

图7-1 "普教中"概况调查

图7-1所展示的"普教中"包括"全面普教中"[③]和"部分普教中"[④]两部分。自2012—2013年度开始至今,小学和中学"普教中"维持在七成和三成上下,其中以"部分普教中"为主。其间数据浮动的主要原因是当前的"普教中"推广计划仍处于探索和适应阶段,影响"普教中"成效的因素太多,大致有学校、教师和学生三方面因素。

从学校因素看,全港现有589所小学和506所日间中学,分为官立、直资、津贴和私立四类。学校的"普教中"只是众多学科发展中的一个项目。学校除了加强学生普通话能力水平外,还需平衡发展其英语及粤方言能力,所以学校每年会调整"普教中"的具体实施计划。从教师的角度来说,首先,在"普教中"计划开展之前,中国语文科与普通话科分属不同科目,前者注重对学生听、说、读、写四项技能的综合训练,兼顾语言文字、文学以及中国传统文化等教学任务,后者则是集中在普通话听、说(语音)的教学上,"普教中"实施之后,教师

[①] 语文教育及研究常务委员会是1996年根据教育统筹委员的建议成立的一家香港公营机构,主要职责是就语文基金的运用及一般语文教育事宜向政府提出建议,通过运用语文基金,配合政府、其他咨询组织和持份者的工作,开展及监督各类与语文教学相关的研究项目,旨在为中英教师专业发展,学校语文教育提供支援,以及为学生和公众营造有利于发展和提升语文能力的环境。

[②] 香港立法会教育事务委员会(2016),2015年4月13日会议就"以普通话教授中国语文科的政策"的跟进资料,http://www.legco.gov.hk/yr15-16/chinese/panels/ed/papers/ed20160702cb4-1181-2-c.pdf,2016-07-02。

[③] 全面普教中:指学校所有班级中有超过50%使用普通话作为中文科的授课语言。

[④] 部分普教中:指学校部分班级中有超过50%使用普通话作为中文科的授课语言。

则需重新编排和调整两科的教学重点。其次,香港教育局对于教科书的使用并无统一规范,只是每年更新"(电子教科书)适用书目表"供学校选择。以"中国语文科"教科书为例,小学教材多达 12 种,中学多达 10 种。教师需要依据学生实际情况定期更新或更换教材。从学生情况来看,每所学校学生的社会背景和学习情况存在很大差异,普通话水平参差不齐,所以学校和教师势必要根据实际情况调整"普教中"的教学规模和策略。

另外,数据也显示小学"普教中"的比例高于中学(中一至中六),这主要是因为学童对语言的感知力、模仿力和接受力都极强,学习内容较中学(尤其是高中)来说更简单,"普教中"实施的可行性和成效性也较为明显。

为了营造多元化的普通话学习氛围,现今大部分香港中小学都会举办各类普通话课外活动,例如一些学校会设立普通话日或普通话周,举行校内普通话朗诵比赛、普通话电影及歌曲欣赏等活动,积极营造校园语言环境,鼓励学生多说多用普通话。同时,为了支援和加强香港市民"两文三语"能力的培养,香港特区政府在 1994 年设立了语文基金(至今注资共 80 亿元),由语常会负责向政府建议基金用途,并监督执行情况。自 2002 年起,语常会将"推普"作为重点工作之一。此外,其他民间"推普"机构每年都会定期举办各种活动,提升学生及市民对普通话的学习兴趣。香港教育局也从 2017—2018 学年起每年提供约 10 万个名额资助中小学生前往内地交流学习,借此加深学生对国情文化和国家通用语言的认知和使用。

三 社会生活层面普通话使用发展状况

根据 2018 年香港 6—65 岁人士的语言使用情况调查[①]:普通话在工作场合(与同事/客户/外界沟通)的使用率高于家庭场合(与配偶/子女/父母/朋友沟通);普通话使用率最高的主要集中在餐饮住宿、金融保险、批发零售等服务类行业;职级越高(专业性越强)、教育水平越高的人士使用普通话的概率就越大[②]。张韵于 2017 年以匿名观察法调查了香港各区街市、商场和银行三大公共场所普通市民的语言使用状况,结果反映:粤方言是高势惯用语(75%),普通话(8.1%)

---

① 香港特别行政区政府统计处《香港的语言使用情况》,《香港统计月刊》专题文章,2020 年 1 月,https://www.censtatd.gov.hk/en/data/stat_report/product/FA100270/att/B72001FB2020XXXXB0100.pdf。
② 梁慧敏《香港普通话使用的实证研究》,《语言文字应用》2017 年第 3 期。

和英语（5.8%）多是作为辅助交际语①。总之，普通话随经济发展和政策调整在社会层面正逐步扩大，但适用语域较粤方言和英语狭窄，实际使用升幅较缓，介乎"从不使用"与"较不常使用"之间。

大众传媒也是人们日常生活的重要组成部分，其中以电视、广播、网络等影响较为广泛。就广播业来说，香港现有一家公营电台——香港电台，和两家商营电台（香港商业电台、香港新城电台），共13个频道。公营电台除了使用粤、普、英广播外，还包括少数族裔语言节目；商营电台主要以粤方言和英语广播为主。公营的香港电台目前提供7个频道，每星期播放1176小时（2020—2021年度）不同种类的节目，其中第七台在1997年更名为普通话台，这是香港首个普通话电台。自2017年9月起，香港电台第六台正式转播中央人民广播电台第十四套广播节目"香港之声"，内容涉及新闻、综艺、财经等多个方面，以普通话、粤方言和粤普交替的方式进行全天24小时播音。两家商营电台也与语常会合作推出一系列的普通话节目，如新城电台制作的《财经点滴》《普通话·行行出状元！》，商业电台制作的《传情达意普通话》颇受听众好评。

从电视业来看，香港现有16家电视节目服务持牌机构，包括4家免费的、2家收费的和10家为非本地电视节目服务的机构（不以香港为主要目标市场），提供800个以上通过不同语言广播的频道，其中以普通话全天广播的频道近100个。免费电视机构的普通话节目主要集中在新闻资讯、影视娱乐、文化历史等内容，在粤方言台和英语台穿插播放。从2011年3月起，中央电视台综合频道开办了面向港澳地区的频道，这也是唯一一个全程以普通话播放的免费电视频道。

四 思考与建议

（一）贯彻《基本法》关于语言文字的相关规定，促进幼儿和中小学阶段"普教中"的进一步实施

《基本法》是香港特区政府制定语言政策和规划的依据，应在《基本法》框架下进一步明确"中文"一词的概念。建议在适当时间采用适当方法，对香港法

---

① 张韵《香港城市公共领域语言生活状况的社会差异——街市、商场以及银行非介入式观察》，《中国语言战略》2017年第1期。

定语言文字之间的关系加以补充说明。同时,进一步促进幼儿和中小学阶段"普教中"的落实。幼儿阶段是学习语言的黄金阶段,这一时期如果能够进一步推广落实"普教中",那就为中小学阶段的"普教中"打下良好基础。

(二)明确政府公务员普通话能力,增强社会表率作用

建议在香港公务员招聘笔试和面试中适当增加普通话考核,考评成绩合格与否不必作为入职或晋升的必需条件,但可获得额外加分,有助增加应聘成功的概率。

(三)以经济合作带动语言推广,由核心拓展至全局

随着近年来国家"一带一路"建设和"粤港澳大湾区"的政策规划,香港与内地的经贸发展进一步深化,香港金融、外贸、旅游等服务性行业一向是与内地高频对接的先锋行业,同时也是普通话使用频率较高的行业。因此,政府可因势利导,加大鼓励和支持与此相关行业的"推普"工作,如提供多元化的语言学习资源或津贴,继而通过部分行业发挥"涟漪效应",将"推普"的经济效能辐射到社会各界。

(四)推广普通话应更多关注全社会普通话水平的提高

当下政府的语文教育资助重点主要是教育和行政层面,今后应从长远考虑适时调拨资源,关注全社会各个层面的普通话需求和提高。协调民间教育机构在"推普"中发挥更大作用;鼓励香港的高校重视这方面的调研,助力香港全社会普通话的推广和普及。

(赵学清、张　翼)

澳门高校语言生活观察*

澳门现有公、私立高等院校 10 所，本文选取其中的三所，包括公立院校中学生规模前两位的澳门大学、澳门理工学院和私立院校中学生规模最大的澳门科技大学[①]，以在读学生的视角，从专业教学、行政管理、校园生活三个场域观察澳门高校的语言生活状况。

一　专业教学

三所高校办学定位虽不尽相同，但都有国际化的基本追求。澳门大学明确定位为国际化，"以英语授课为主"；澳门科技大学将"通晓中英双语"纳入人才培养目标；澳门理工学院的校训包括了"中西融通"。

（一）教学语言

三所高校各专业的教学语言，可分为英语、中文、中英双语三类。澳门大学大部分专业采取英语或中英双语教学，澳门科技大学以中英双语实施教学的专业占比最大，澳门理工学院则以中文为教学语言的专业最多。"也是正式语文"的葡萄牙语（以下简称葡语，葡萄牙文以下简称葡文），主要作为少数"涉葡"专业的教学语言。同类专业不同高校选择的教学语言或有不同。如中药学硕士专业，澳门科技大学采用中文授课，澳门大学则采用中英双语授课；工商管理本科专业，澳门大学、澳门科技大学为英语授课，澳门理工学院则根据不同方向分别采用中文授课或英语授课。详见表 7-1。

---

* 本文为国家语委项目"粤港澳大湾区语言状况及规划研究"（WT135-58）、广东省普通高校创新研究团队"语言服务与汉语传承"（2019WCXTD002）的阶段性成果。

① 《教育统计数据概览（2021）》，澳门特别行政区政府教育及青年发展局，https://portal.dsedj.gov.mo/webdsejspace/internet/Inter_main_page.jsp?id=85814。

表 7-1　澳门三所高校不同专业教学语言状况①

教学语言	办学层次	澳门大学	澳门科技大学	澳门理工学院
中文	本科	中国语言文学、教育（中文）	中医学、生物医学	公共行政学、社会工作学、音乐、视觉艺术、设计、工商管理（博彩与娱乐管理）、管理学、体育教育
	硕士	汉语语言学、中国文学，宪法、基本法与行政法（中文）、刑法与刑事诉讼法（中文）、民法与知识产权法（中文）、国际商法（中文），公共行政	刑事司法、法律、中医学、中药学、中西医结合临床医学	跨领域艺术、运动及体育
中文/英语	本科	历史学，教育（综合科学）、教育（数学）、学前教育、小学教育	理学、中药学、食品与营养科学、药学、国际旅游管理、餐饮管理、商学、款待服务管理、法学、艺术学—艺术设计、新闻传播学、数字媒体艺术、影视制作、表演艺术	中英翻译、生物医学技术（检验技术/药剂技术）、护理、言语语言治疗
	硕士	翻译—英汉，高级管理人员工商管理硕士学位课程，课程与教学、课程与教学—英语教育、教育行政、幼儿教育与儿童发展、教育心理学、体育教学及运动，视觉传播、犯罪学与刑事司法、澳门研究，人工智能应用、市场营销分析、金融科技、数据战略与合规管理、精准医学、计算语言学、教学分析、智慧政务、中药学、医药管理	理学（资讯科技）、应用数学与数据科学，管理学、会计、金融、公益与社会组织管理、商业分析学、应用经济学、工商管理、公共行政管理、高级管理人员工商管理、供应链管理学、法学、国际经济与商法、国际仲裁、金融犯罪与监管，国际旅游管理、酒店管理，传播学、设计系、美术学、电影管理、电影制作、建筑学、互动媒体艺术，护理学、公共卫生学，国际汉语教育，地球与行星科学、空间大数据分析学，智能技术，环境科学与管理	工商管理（博彩管理），护理学

① 表中内容据各高校官网所载专业课程要求及相关公告统计。

(续表)

教学语言	办学层次	澳门大学	澳门科技大学	澳门理工学院
英语	本科	英语研究，会计学、商业智能与数据分析、金融学、工商管理、国际综合度假村管理，教育(英文)，生物信息学、生物医药学，传播学、经济学、政府与公共行政、心理学、社会学，应用物理及化学、计算机科学、土木工程、电机及电脑工程、机电工程、数学	内外全科医学，工商管理、应用经济学、酒店管理，外国语（英语）	会计学，电脑学、电子商务，管理学、工商管理（市场学）
英语	硕士	传播与新媒体、国际关系与公共政策、欧洲事务，土木工程、电子商贸技术、电机及电脑工程、计算机科学、机电工程、数学、金融科技、物联网，微电子学	外国语（英语）	大数据与物联网
葡语	本科	葡语研究		公共行政学（葡文）、葡语
葡语	硕士	葡萄牙语言及跨文化研究—文学与文化研究、葡萄牙语言及跨文化研究—应用语言学		中葡翻译暨传译硕士
中文/葡语	本科			中葡/葡中翻译
中文/葡语	硕士	翻译—葡汉		
葡语/英语	本科			中国与葡语系国家经贸关系
中文/葡语/英语	本科		外国语（葡语）	国际汉语教育
中文/葡语/英语	硕士		外国语（葡语）	
中文/西班牙语/英语	本科/硕士		外国语（西班牙语）	
日语	本科	日本研究		

教学语言的选择因专业特性、课程性质和教学层次差异而各有不同。从专业看，如中国语言文学、中医学、中药学等多为中文或中英双语教学，工商管理、会计学等则为英语教学。从培养层次看，澳门科技大学法学专业本科阶段为中英双语授课，硕士阶段则细分了中文授课和中英双语授课的不同法学类专业；澳门

科技大学工商管理等专业，本科阶段为英语教学，硕士阶段则为中英双语。从培养方向看，澳门大学的教育专业，中文方向以中文教学，数学和综合科学方向以中英双语教学，英文方向以英语教学。

部分法律、行政类专业专门括注教学语言是澳门高校的一个特色。澳门大学有一系列法律类硕士专业括注"中文"教学，澳门理工学院公共行政学专业将葡文教学方向单列。澳门回归前葡语在澳门行政、立法、司法事务中占据主导，回归后中文作为正式语文地位的落实，核心在法律、文件的中文化，需要加强相关专业特定语言能力的人才培养。①

课程考试、研讨汇报、课程论文、学位论文的语言要求，与对应课程、专业使用的教学语言一致。在澳门科技大学，葡语授课课程教师使用的是葡萄牙葡语（以下简称葡葡），但在考试中，无论用巴西葡语（以下简称巴葡）还是葡葡作答，均被允许。

（二）中文样态

因"中文"在澳门至今仍未做明确界定，以中文作为教学语言的课程是使用普通话还是粤方言，是使用繁体字还是简化字，呈现不同样态。表7-2展示了澳门大学部分含中文授课课程的教学语言文字状况。

1. 语言使用

选择使用普通话还是粤方言，很大程度上与教师的背景和教学需要有关。近年来，随着粤港澳大湾区建设的推进，澳门高校的内地学生数量大幅增长，有的私立高校如澳门科技大学，一直以内地学生为主要生源，中文授课课程以普通话为主的比例正在增长。不少以粤方言为语言背景的教师在授课时，也会选择使用普通话进行教学，而使用粤方言教学的课程，也会夹杂部分普通话或英语辅助讲授。

2. 文字使用

书面语言的"中文"目前在澳门高校绝大部分情况下为繁体中文。如澳门科技大学中文授课的课程，教学课件和课程大纲展示全部要求为繁体中文，或英文和繁体中文双文。中文授课专业和课程的研讨汇报、课程论文、学位论文等，一般要求用繁体中文完成。澳门大学部分课程允许使用简体中文做汇报课件或完成课程论文、课程考试（笔试）。澳门科技大学部分课程也允许学生使用简体中文完成课程考试（笔试）；课程汇报若使用简体不会被扣分，但大部分教师仍会建

---

① 魏琳《澳门回归以来的语言状况》，《粤港澳大湾区语言生活状况报告（2021）》，北京：商务印书馆，2021年，第35页。

议使用繁体中文。

表 7-2 澳门大学部分含中文授课课程的教学语言文字状况

课程	教学语言	课前阅读材料	课下交流	课程作业	语言/方言选择倾向
中国语言及文学	中文（粤方言及普通话）	除海外汉学课程外，一般为中文	粤方言或普通话	繁体中文	主要为普通话
教育（中文）	中文（粤方言及普通话）	中文	粤方言或普通话	繁体中文	依据教师的语言背景，粤方言、普通话夹杂
教育（综合科学）	中文（粤方言及普通话），英语	中英文均有	粤方言、普通话、英语	繁体中文或英文	依据教师的语言背景，粤方言、普通话、英语夹杂
学前教育、小学教育	中文（粤方言及普通话）为主，英语为辅	中英文均有	主要为粤方言、普通话	繁体中文或英文	主要为粤方言、普通话，少用英语
教育（数学）	英语，中文（粤方言及普通话）	与授课语言相应，重视英文论文阅读	粤方言、普通话、英语	英文或繁体中文	教师自由选择，英语、粤方言、普通话夹杂
历史学	英语为主，中文（粤方言及普通话）为辅	主要依据中外史区分阅读材料语言	粤方言、普通话、英语	英文或繁体中文	教师自由选择，粤方言居多

二 行政管理

英语是澳门三所高校的主要行政语言。英、中、葡三语并存而英语较占优势。

（一）行政文书

各高校行政部门发出或回复的电子邮件，皆以英文为主。在澳门大学，凡是向学院、学校递交的科研计划、项目申请等文件，均要求全英文撰写，不区分教学语言；物业管理发出的告示，均有繁体中文和英文双文，部分还包含葡文；通知邮件的双语排序，有时是先中文后英文，有时是先英文后中文。在澳门理工学院，若是全校性的通知邮件，基本上为中、葡、英三文。若是学生的咨询来邮，澳门大学的行政部门主要以英文回复，少数情况下也会以繁体中文回复中文邮件。而澳门科技大学和澳门理工学院，则会以繁体中文回复中文（繁体或简体）邮件，以英文回复英文邮件。

三所高校学位（毕业）证书的语言设置均为中、葡、英三文。澳门大学和澳门理工学院证书三文上下分置，由上而下分别为繁体中文、葡文、英文。澳门科技大学证书版式则中文与葡文、英文左右分置，中文在右且竖行，葡文和英文在左半页面，分居上下，校监等也是分设中文印章和手写签名。签名形式大体按签署者习惯，使用英文或中文，如澳门大学校长用简体中文签名，澳门理工学院院长则用繁体中文签名。

（二）服务沟通

1. 提示广播

澳门大学毕业典礼、新冠疫苗接种现场的提示广播通常先用粤方言播报，部分情况下会补充用普通话播报。澳门科技大学的新冠核酸检测点广播采用粤方言和普通话播报，若遇举行大型校内活动时，则会增加英语播报。

2. 介绍说明

澳门大学由社团或宿舍、书院牵头举办的校园介绍会多用普通话、粤方言开展，由学系举办的专业介绍会则视专业教学语言而定。澳门大学校园导赏服务可由预约者自行选择导赏语言，依次有粤方言、普通话、英语。澳门科技大学的图书馆使用介绍讲座，一般采用普通话，有时根据主讲者的用语习惯会辅以粤方言。澳门理工学院若遇规模较大的介绍会或讲座时，会安排同声传译，保证会议覆盖中文普通话、英语和葡语。

3. 典礼活动

澳门科技大学的校庆、开学典礼等大型校级活动，同时安排普通话、英语双语主持，教师、学生代表发言一般也做双语安排。如2021年新生开学典礼安排了三名学生代表分别以普通话、粤方言和英语发言，发言内容各不相同但主题一致。在澳门理工学院，则一般安排粤方言、葡语和英语发言。澳门大学的大型庆典活动通常安排粤方言、英语双语主持，校长致辞则使用英语。2021年澳门大学研究生毕业典礼主持的发言次序是先粤后英，典礼致辞语言则视致辞者而定，如澳门特别行政区行政长官代表、社会文化司司长欧阳瑜女士以粤方言致辞，荣誉博士代表陈凯先教授以普通话致辞，毕业生代表以英语致辞。此外，澳门大学毕业典礼充分尊重毕业生的语言选择，毕业生可提前在线上选择用粤方言或普通话播报姓名。荣誉博士学位获得者的赞词也视其背景选择不同的语言宣读，如中村修二教授为外籍人士，其赞词用英语宣读；李兰娟教授来自中国内地，其赞词以普通话宣读。

4. 电话联系

澳门大学、澳门科技大学的行政人员接听电话首用语言多为普通话，再根据情况切换为粤方言或英语，去电语言则会考虑接听者国籍，如以英语或葡语联系外籍人士。澳门理工学院则默认粤方言接听电话，安排有普通话、粤方言和英语、葡语等多语言/方言支援。

（三）网页系统

1. 学校官网主页

三所澳门高校的官网，均有英文和繁体中文网页，澳门大学和澳门理工学院则兼有葡文网页，澳门科技大学兼有简体中文。其中，澳门大学以英文网页为默认页面；澳门理工学院官网的语言选择顺序虽以英文为首，但默认网页则为中文版面；澳门科技大学以繁体中文版为默认主页。见表7-3。

表7-3 澳门三所高校官网主页的文字种类设置

学校名称	文字种类
澳门大学	英文/繁体中文/葡文
澳门科技大学	繁体中文/简体中文/英文
澳门理工学院	英文/繁体中文/葡文

2. 校内机构网页

除了官网主页，各高校内设部门、院系网页的语言设置各有不同，情况多元。

澳门大学的图书馆、研究生院、各学院主页默认语言均为英文，可选繁体中文。该校的住宿式书院系统和各书院网页均只有英文设置，但部分具体内容则有英文与繁体中文对照，如住宿式书院系统的介绍、正文和图片说明等；各书院网页情况不一，部分内容使用双文或仅繁体中文。见表7-4。

澳门科技大学各学院网页均有繁体中文、简体中文、英文三种选项，以繁体中文为默认语言；网页的部分内容提供葡文，如学校官网首页的新冠肺炎疫情公告，依次显示繁体中文、葡文、英文三种选项。澳门理工学院官网首页的新冠肺炎疫情公告显示的语言依所选页面的语言而相应调整。见表7-5。

表 7-4 澳门大学各书院网页语言文字使用情况

书院名称	院长寄语栏	新闻资讯标题	新闻资讯正文
曹光彪书院	英文+繁中	英+繁中/繁中+英	英+繁中/繁中+英/繁中
吕志和书院	英文	英文/英+繁中/繁中+英/繁中	英文/英+繁中/繁中+英/繁中
张昆仑书院	英文	英文	英文/繁中+英
霍英东珍禧书院	英文	英文	英文/英+繁中
何鸿燊东亚书院	英文	英文	英+繁中/繁中+英
其他5个书院	英文	英文	英文

表 7-5 澳门理工学院官网各版块文字种类设置

官网版块	文字种类	说明
认识理工	英文/繁体中文/葡文	
入读理工	英文/繁体中文/葡文	报名申请页面为繁体中文/英文，默认英文页面
学术单位	英文/繁体中文/葡文	"博彩旅游教学中心"页面为繁体中文/英文
教与学	英文/繁体中文/葡文	
研究	英文/繁体中文/葡文	
防疫专页	英文/繁体中文/葡文	
本科生	英文/繁体中文/葡文	课程、学生手册等文件为繁体中文/英文
研究生	英文/繁体中文/葡文	课程、学生手册等文件为繁体中文/英文
校友	繁体中文/英文	
教职员	繁体中文/英文	
图书馆	繁体中文/英文	
学术辅助及行政部门	英文/繁体中文/葡文	

3. 师生服务系统

澳门三所高校服务系统除英文外，繁体中文也占较大比重，课程管理系统提供多语选择。澳门大学常用的学生系统中，学生信息系统仅用英文，门户网站默认繁体中文、可选英文，网上缴费服务系统默认英文、可选繁体中文，研究生宿舍系统则为繁体中文并下方备注英文。课程管理系统首页默认英文，可选语言依次为英文、葡文、日文、繁体中文、简体中文。

澳门科技大学的学生网上选科系统语言为繁体中文，课程管理系统首页默认语言为英文，语言选择栏则有20个选项，包括英文、美式英文、巴葡、葡葡、日文、法文、繁体中文、简体中文等，见图7-2。

澳门理工学院的学生系统默认繁体中文，提供中、葡、英三文服务，而校友平台、教职员系统、图书馆则只提供繁体中文和英文两种页面。

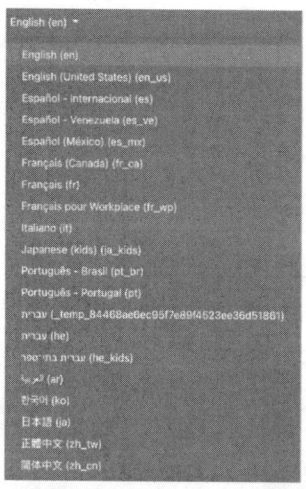

图7-2 澳门科技大学课程管理系统的语言选项

三 校园生活

澳门三所高校的校园生活和服务交流呈现多种语言/方言并列与切换的样态。

（一）标识指示

澳门三所高校校园的标牌多为中文、葡文、英文三文，不同高校的双文/多文标牌比例和语种排序情况各有差异。澳门大学和澳门科技大学树立于校门的校名碑石均为繁体中文与葡文双文，澳门理工学院则为繁体中文、葡文和英文三文。而校名标识，澳门大学和澳门理工学院是繁体中文、葡文、英文三文，澳门科技大学则是繁体中文与英文双文，见图7-3。

澳门大学的校园标牌多为三文，绝大部分为英文、繁体中文、葡文自上而下排列，也存在其他情况。澳门理工学院的校园三文标牌均以繁体中文为首，其次是葡文，英文列最后。澳门科技大学的校园标牌、通知公告大多为繁体中文与英文双文，部分标识则增至中、葡、英三文，如校内银行公告牌、禁烟公告等。见图7-4。

澳门大学标识	澳门理工学院标识

澳门科技大学标识	澳门科技大学校名碑石

图 7-3 澳门三所高校的校名标识

英、中、葡三文的楼栋标识	英、中、葡三文的教室门牌

英、中、葡三文路牌	中、葡双文路牌
英、葡、中三文安全提示	中、葡双文安全提示

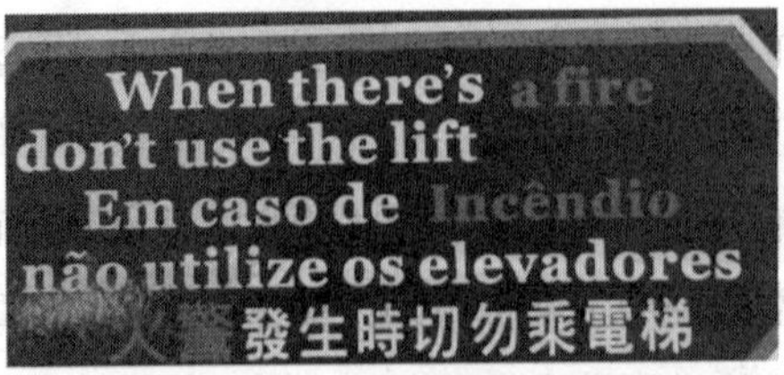

图 7-4 澳门大学标识指示牌举例

澳门理工学院校名的英文缩写MPI和葡文缩写IPM字母排序正好相反，校园里两种缩写都能看到，甚或两种缩写在同一组标牌中并见（见图7-5，校名缩写MPI与IPM并见），一定程度上可能会造成混乱。

图7-5　澳门理工学院海报

（二）生活服务

三所高校大部分的服务工作人员均能使用英语、粤方言和普通话交流。

在澳门大学，宿舍物业人员包括粤方言母语者在内的工作人员，都会首用普通话与学生交流，大部分情况下会因应对方的语言情况，切换粤方言、普通话或英语。保安人员多为外籍人士，但能听懂普通话并进行交流；餐饮、超市工作人员多为内地或澳门本地人，皆可熟练使用普通话和粤方言。有的餐厅工作人员来自韩国、东南亚等地，也能使用中文普通话交流，但更常主动使用英语。

澳门科技大学外籍人员较多，保安人员多为印度籍或菲律宾籍，只能说常用的汉语词，新冠肺炎疫情下也说"请出示健康码""口罩""核酸"。保洁人员以本地为主，主要说粤方言，能听懂普通话但不怎么会说。医院医护人员大多使用英语和粤方言，普通话都能听，但部分人不会说。

（三）师生互动

师生邮件往来语种选择多与教学语言相关，具体情况亦因人而异。以澳门大学中国语言文学系为例，该学系教学语言为中文，师生邮件交流用语多为中文。由于该院系研究生大多来自中国内地，部分教师亦有内地背景，故在邮件交流中使用简体或繁体中文皆可。

在具备多语言/方言能力的前提下,师生课下交谈的语言选择,主要视乎与谈者的语言背景和习惯。普通话在师生交流中占据一定比例。因为内地学生占比较大,普通话使用频率更高,其次为粤方言,外籍人士则主要使用英语。见表 7-6。

表 7-6　澳门大学和澳门科技大学某学院部分教职员语言使用情况观察

学校	教职员	国家/地区	语言/方言掌握情况	课下交流常用语言/方言
澳门大学	A 教授	中国澳门	粤方言、英语、普通话	普通话,偶尔夹杂英语
	B 教授	中国澳门	河南话、普通话、英语	普通话
	C 教授	中国澳门	粤方言、英语、普通话	普通话、粤方言
	D 教授	中国香港	粤方言、闽方言、普通话、英语	普通话、粤方言
	E 教授	中国内地	吴方言、普通话、英语	普通话
	F 教授	中国澳门	粤方言、普通话、英语	普通话、粤方言
	G 教授	美国	英语	英语
	H 教授	英国	英语	英语
	I 教授	印度	印地语、英语、普通话	英语
	J 教授	巴西	英语、葡语	英语、葡语
	K 行政	中国澳门	粤方言、普通话、英语	普通话、粤方言
澳门科技大学	L 教授	中国内地	普通话、英语	普通话
	M 教授	中国内地	北京话、普通话、英语	普通话
	N 教授	中国内地	普通话、山东话	普通话
	O 教授	西班牙	西班牙语、英语	西班牙语
	P 教授	葡萄牙	葡语、英语、普通话	葡语、英语
	Q 教授	中国内地	普通话、葡语、英语	普通话
	R 教授	中国澳门	英语(母语)、波斯语(中级)、阿拉伯语(初级)、葡语(中级)	英语
	S 教授	中国香港	粤方言、普通话、英语	粤方言、英语
	T 行政	中国澳门	粤方言、普通话、英语	普通话、粤方言
	U 行政	中国内地	普通话、英语	普通话
	V 行政	中国澳门	粤方言、普通话、英语	粤方言、英语

四　结　语

总体而言,无论是汉语普通话和粤方言,还是英语、葡语,澳门高校都持开放包容的态度来接纳。

粤方言虽然是澳门的本土方言和优势语言,但与香港高校相比,粤方言在澳门高校校园中的优势并不明显。由于内地学生众多,课下学生之间和师生之间的沟通,普通话渐据主导,粤方言的高频使用一般出现在澳门本地教职工之间。

英语主要通行于课堂和学术活动中,除硬性要求全英语授课的课程外,一般课程教学会以英语与中文并行或作为辅助出现。另外,葡语作为澳门的"正式语文",在校园中使用频率并不高,常出现在标牌指示、网页简介等地方,非涉葡的专业教学和校园生活交流,葡语一般较少使用。

(禤健聪、刘婧妤、戴瑜殷)

《台湾社会变迁基本调查计划》中的语言调查*

　　《台湾社会变迁基本调查计划》是探究台湾社会、文化、政治、宗教长期变迁的实证调查,由台湾"中研院"社会学研究所主持。1985年启动,每五年一期,迄今已进行到第8期。调查根据社会经济6项指标(人口密度、65岁以上人口、15—64岁人口、专科及以上教育人口百分比、工业就业人口、服务业就业人口),将台湾地区乡镇市区分为7层,以分层等概率抽样法入户调查。调查有两份问卷:一份问卷每隔五年重复同样的调查主题,收集含有两个时间点以上的资料供比较分析,以突显社会变迁的趋势;一份问卷有弹性地采用不同的研究主题,提供学术界研究分析台湾社会的长期变迁。《台湾社会变迁基本调查计划》共有综合、家庭、社会阶层、宗教、大众传播、政治文化、宗教休闲家庭、文化价值、人际休闲、性别、"国家认同"、公民权、工作与生活、"公民与国家"、其他等15项主题,其中家庭、社会阶层、大众传播、宗教是固定轮换出现的主题。到2021年7月,《台湾社会变迁基本调查计划》已经累积66份调查,共136 610人次的访谈资料。

一　调查中的语言问题

　　作为一项长期持续的社会变迁调查计划,《台湾社会变迁基本调查计划》并无专门的语言调查问卷,但语言问题经常蕴含在文化、社会阶层、全球化、宗教乃至失业调查问卷之中。表7-7列举了历年调查中的语言相关问题。

---

* 注:"计划"在台湾地区的原文件中写作"计画"。《台湾社会变迁基本调查计划》访问网址为http://www.ios.sinica.edu.tw/sc/。

表7-7 《台湾社会变迁基本调查计划》中的语言问题一览

年份	主题组	问题
1985	综合问卷	会几种外国语？
1992	政治文化组	1. 工作时大部分都讲什么话；2. 和常来往的几个朋友大部分讲什么；3. 对于语言/方言的评分（"国语"、闽南话、客家话）。
1994	文化价值组	是否将闽南话认定为"全台语言"之一？
1998	政治文化组	台湾人会不会说闽南话是不是重要的事？
1999	文化价值组	1. 我们应该在家里教小孩故乡的方言；2. "国语"之外其他日常语言，可以在学校安排课程教授；3. 学校的老师可以用"国语"以外的其他日常语言教课（不只乡土教学）；4. 学校老师可以用闽南话教课。
2001	失业组	1. 请问您使用下列语言/方言的流利程度？"国语"、闽南话、客家话、英语、日语、其他；2. 请问您在家中最常用的语言为何；3. 请问您在过去的工作场合中，最常使用的语言。
2003	"国家认同"组	1. 请问您赞不赞成在中小学加强闽南话、客家话等的语言/方言教育；2. 请问您在家里最常讲"国语"、闽南话、客家话还是哪种语言/方言；3. 请问您在表达私人感情的时候，使用哪一种语言，会让您感到最自然；4. 请问在家里，您最希望您的小孩跟您说哪一种话；5. 如果乡土语言和英语只能选一种，请问您希望您的小孩一定要学会哪一种；6. 如果我们只能有一个共同的语言，请问您偏好我们采用"国语"、闽南话、客家话还是其他语言。
2004	宗教文化组	1. 在台湾，"国语"、闽南话和客家话是主要的日常用语，少数民族也有自己的语言。目前对于各种语言的学习和使用有着以下的一些看法，请您赞不赞成以下的看法：（1）我们应该在家教小孩故乡的方言；（2）学校的老师可以用"国语"以外的其他日常语言教课（不只乡土教学）；（3）学校老师可以用闽南话教课。2. 请问您在家和父母主要以哪种语言/方言交谈。3. 请问您语言/方言的使用状况大约是几分？"国语"、闽南话、客家话、英语。
2007	社会阶层组	关于语言方面，请问你的"国语"、其他外语大约几分？
2008	全球化与文化组	1. 英语的流畅性：（1）阅读英文报纸中的短文；（2）用英语与人聊天；（3）用英文写信。2. 请问您同不同意下列说法：（1）为了提升竞争力，小孩一定要学英文；（2）为了保存本地文化，小孩也要学习"福佬话"、客家话或少数民族语言；（3）禁止东南亚婚姻移民的小孩在学校以越南话或印尼话或其他东南亚语言交谈。
2009	宗教与文化组	1. 在台湾，"国语"、闽南话和客家话是主要的日常用语，少数民族也有自己的语言。目前对于各种语言/方言的学习和使用有着以下的一些看法，请问您赞不赞成以下的看法：（1）我们应该在家教小孩故乡的方言；（2）学校的老师可以用"国语"以外的其他日常语言教课（不只乡土教学）；（3）学校老师可以用闽南话教课。2. 请问您在家和父母主要以哪种语言交谈？

（续表）

年份	主题组	问题
2013	"国家认同"组	1.请问您在家里最常讲"国语"、闽南话、客家话还是哪种语言/方言；2.请问您在表达私人感情的时候，使用哪一种语言，会让您感到最自然；3.请问在家里，您最希望小孩跟您说哪一种话；4.如果乡土语言和英语只选一种，请问您希望您的小孩一定要学会哪一种？
2014	宗教文化组	同 2009 年
2017	社会阶层组	1.请问您在 6 岁时在家里最常讲哪一种语言呢；2.请问您"国"初（高）中毕业或 15 岁时在家里最常讲哪一种语言呢？
2018	全球化与文化组	1.英语的流畅性：（1）阅读英文报纸中的短文；（2）用英语与人聊天；（3）用英文写信。2.请问您同不同意下列说法：（1）为了提升竞争力，小孩一定要学英文；（2）为了保存本地文化，小孩也要学习"福佬话"、客家话或少数民族语言；（3）禁止东南亚婚姻移民的小孩在学校以越南语或印尼语或其他东南亚语言交谈。3.在台湾，"国语"、闽南话和客家话是主要的日常用语，少数民族也有自己的语言。目前对于各种语言/方言的学习和使用有着以下一些看法，请问您赞不赞成以下的看法：（1）我们应该在家教小孩故乡的方言；（2）学校的老师可以用"国语"以外的其他日常语言教课（不只乡土教学）；（3）学校老师可以用闽南话教课。4.请问您在家和父母主要以哪种语言交谈？

二　语言调查数据及其分析

（一）语言调查数据

《台湾社会变迁基本调查计划》中的语言调查数据纷繁复杂。总体上来说，对"国语"、客家话、日语和新住民语言状况的调查较少，对闽南话和英语使用状况的调查居多。以下从家庭用语、学校用语、教学用语、语言能力、语言态度等五个方面梳理出来其中的语言数据。以下表 7-8 至表 7-20，除年份及人次统计数据以外，其他数字均为百分比，各列的百分比合计一般为百分之百，但在原始语言数据中，不管基数如何，1 人次最低也算作 0.1%，因此部分列的百分比合计不完全等于百分之百。表格中的"其他"类别包括"不知道、不愿意回答"或"无意见、无法决定、忘记或不知道、不愿意回答"等选项。

1. 家庭用语

主要调查在家和父母、子女交谈的用语。

表 7-8 在家最常讲的语言/方言

语言/方言类别占比	2001 年	2003 年	2013 年
"国语"/%	23.0	23.4	31.4
闽南话/%	67.7	45.3	44.2
客家话/%	5.4	6.3	1.9
英语/%	0	—	—
日语/%	0	—	—
少数民族语言/%	—	—	0.1
"国语"、闽南话都有/%	—	—	19.5
"国语"、客家话都有/%	—	—	1.5
"国语"、闽南话、客家话都有/%	—	—	0.8
一半一半/%	0	21.5	—
其他/%	4.0	3.6	0.6
总计人次	427	2016	1952

表 7-9 在家和父母主要以哪种语言/方言交谈

语言/方言类别占比	2004 年	2009 年	2014 年	2018 年
"国语"/%	13.3	20.4	25.9	25.3
闽南话/%	73.2	64.5	63.3	55.2
客家话/%	6.7	6.7	6.6	5.9
少数民族语言/%	0.1	1.0	0.3	0.7
家乡话/%	2.1	1.7	1.2	1.2
其他/%	4.7	5.7	2.8	11.6
总计人次	1881	1927	1934	1961

2. 学校用语

表 7-10 是否同意东南亚婚姻移民的孩子在学校以越南语、印尼语或其他东南亚语言交谈

调查类别占比	2008 年	2018 年
非常同意/%	2.2	2.1
同意/%	19.2	11.0
有点同意/%	—	3.2
无所谓/%	22.4	5.8
有点不同意/%	—	7.2
不同意/%	49.7	52.3
非常不同意/%	5.5	16.9

（续表）

调查类别占比	2008年	2018年
其他 /%	1.0	1.5
总计人次	2067	1961

3. 教学用语

表7-11　是否赞成老师用"国语"以外的其他日常语言教课

调查类别占比	1999年	2004年	2009年
很赞成 /%	20.3	39.7	46.2
有点赞成 /%	57.5	37.9	34.5
不太赞成 /%	16.2	14.8	14.3
很不赞成 /%	1.8	5.0	4.0
其他 /%	4.1	2.7	1.2
总计人次	1948	1881	1927

表7-12　是否赞成老师用闽南话教课

调查类别占比	1999年	2004年	2009年	2014年	2018年
很赞成 /%	14.8	33.8	37.8	35.3	10.8
赞成 /%	—	—	—	—	50.1
有点赞成 /%	52.2	36.0	34.3	37.2	7.7
无所谓（无意见）/%	6.3	0.9	0.2	—	4.3
有点不赞成 /%	—	—	—	—	8.3
不赞成（不太赞成）/%	24.0	19.5	21.0	17.1	15.3
很不赞成 /%	2.8	8.5	6.1	6.3	3.3
其他 /%	0.1	1.4	0.7	4.2	0.2
总计人次	1948	1881	1927	1934	1961

4. 语言能力

表7-13　使用语言/方言的流利程度

调查类别占比	"国语"	闽南话	客家话	英语	日语
一点也不会 /%	1.6	2.1	80.3	58.3	78.0
略懂一点 /%	8.0	6.1	9.1	30.7	17.8
普通 /%	25.3	19.2	1.6	9.4	4.0
不错（流利）/%	33.0	25.8	3.3	1.4	0
非常好 /%	32.1	46.8	5.6	0.2	0.2
总计人次	427	427	427	427	427

5. 语言态度

表7-14　如果乡土语言和英语只能选一种，希望您的小孩一定要学会哪一种

调查类别占比	2003年	2013年
乡土语言/%	40.3	44.3
英语/%	56.4	51.8
不一定/%	0.2	—
无意见/%	0.4	2.4
其他/%	2.7	1.5
总计人次	2016	1952

表7-15　是否同意为了提升竞争力，小孩一定要学英语

调查类别占比	2008年	2018年
非常同意/%	34.8	39.5
同意/%	55.3	42.3
有点同意/%	—	7.1
无所谓/%	5.8	2.4
有点不同意/%	—	3.4
不同意/%	3.3	4.2
非常不同意/%	0.2	0.8
其他/%	0.6	0.4
总计人次	2067	1961

表7-16　是否同意为了保存本地文化，小孩也要学习"福佬话"、客家话或少数民族语言

调查类别占比	2008年	2018年
非常同意/%	21.3	25.5
同意/%	55.8	52.4
有点同意/%	—	10.1
无所谓/%	13.0	3.0
有点不同意/%	—	3.4
不同意/%	8.7	4.5
非常不同意/%	0.6	0.8
其他/%	0.6	0.4
总计人次	2067	1961

表 7-17　是否赞成在家教故乡的方言

调查类别占比	1999 年	2004 年	2009 年	2014 年	2018 年
很赞成 /%	33.2	67.6	68.1	63.5	36.8
赞成 /%	—	—	—	—	56.5
有点赞成 /%	59.4	27.2	27.9	29.0	3.4
无所谓（无意见）/%	3.5	0.4	0.4	1.3	1.2
有点不赞成（不太赞成）/%	3.7	3.3	2.9	—	0.7
不赞成 /%	—	—	—	4.2	1.3
很不赞成 /%	0.3	0.6	0.3	0.3	0.1
其他 /%	0	0.5	0.5	1.7	0.1
总计人次	1934	1881	1927	1934	1961

表 7-18　台湾人会不会说闽南话是不是重要的事

调查类别占比	1998 年
很重要 /%	20.7
重要 /%	33.8
不重要 /%	28.8
完全不重要 /%	1.8
其他 /%	14.8
总计人次	1798

表 7-19　请问在家里，最希望您的小孩跟您说哪一种话

语言 / 方言类别占比	2003 年	2013 年
"国语" /%	35.0	36.8
闽南话 /%	42.9	42.8
客家话 /%	8.1	3.9
其他 /%	14.0	16.5
总计人次	2016	1952

表 7-20　在表达私人感情的时候，使用下面哪一种语言 / 方言，会让您感到最自然

语言 / 方言类别占比	2003 年	2013 年
"国语" /%	37.1	40.5
闽南话 /%	46.0	43.7
客家话 /%	5.7	2.5

（续表）

语言 / 方言类别占比	2003 年	2013 年
少数民族语言 /%	—	0.1
"国语"、闽南话都有 /%	—	11.7
"国语"、客家话都有 /%	—	0.3
"国语"、闽南话、客家话都有 /%	—	0.4
日语 /%	0.2	—
其他 /%	11	0.9
总计人次	2016	1952

（二）语言调查数据简析

《台湾社会变迁基本调查计划》历年的语言调查基本围绕着家庭用语、教学语言、学校用语等三方面展开，以此分析民众的语言能力及语言态度。从数值上来看，台湾地区最主要家庭用语逐渐从闽南话转为"国语"。台湾民众能够容忍以闽南话或其他非"国语"的语言/方言作为教学语言，却对新住民在学校使用其自己的语言持明确反对态度。就语言/方言能力来看，台湾民众的"国语"、闽南话能力最好，英语、日语、客家话能力一般。从私人情感来说，台湾地区民众对"国语"及闽南话的认同程度较高，认为族群语言对文化保存有重要作用，也倾向于在家教授孩子母语。不过，为提高自身竞争力，以便更好地在社会立足，英语通常被视作比乡土语言更重要的语言，引起台湾民众广泛的重视。

（通拉嘎）

第八部分

参 考 篇

联合国50年来的语言理念与实践*

2021年是中华人民共和国恢复联合国合法席位50周年。中国是联合国的创始国之一,新中国自成立之日起就申明拥护《联合国宪章》的宗旨和原则,但在美国的操纵下,新中国成立后的22年里都被挡在联合国大门之外,直到1971年,联合国才恢复了中华人民共和国在联合国的合法席位和一切权利。50年来,联合国提出了不少有关语言政策方面的理念,开展了大量与语言相关的活动,主要包括促进语言平等、审查系统内部各组织多语使用实况、规范内部语言使用、重视语言信息技术应用、应对系统内外部语言竞争等,形成了当今联合国内部的语言机制。

一 促进语言平等

50年来,联合国发布了多种公约和宣言,提出了一系列语言理念,涉及公民、儿童、少数民族、妇女、移民等群体的语言权利,并设立了各类语言纪念活动,以倡导文化多样性和促进语言平等。

第一,发布各类公约、宣言,倡导文化多样性和语言平等。1989年,第34届联大通过《儿童权利公约》,要求儿童权利"不因儿童或其父母或法定监护人的种族、肤色、性别、语言、宗教、政治或其他见解、民族、族裔或社会出身、财产、伤残、出生或其他身份而有任何差别"。1993年,联合国大会通过《民族或族裔、宗教和语言上的少数群体人权宣言》,呼吁各国"在各自领土内保护少数群体的存在及其民族或族裔、文化、宗教和语言上的特征"。1999年,联合国通过《和平文化宣言》,提出:"增进所有文明、民族与文化之间,包括对在族裔、宗教和语言上属于少数的群体的理解、容忍和团结。"2001年,联合国通过《世界文化多样性宣言》,指出:"每个人都应当能够用其选

---

* 本文为国家语委2020年度重点项目"语言文明规范与社会治理研究"(ZDI 135-127)的阶段性成果。

择的语言,特别是用自己的母语来表达思想、进行创作和传播作品。"2008年,联合国通过《经济、社会、文化权利国际公约任择议定书》,指出:"人人有资格享受《宣言》所载的一切权利和自由,不分种族、肤色、性别、语言、宗教、政治或其他意见、民族本源或社会出身、财产、出生或其他身份等任何区别。"2015年,联合国发布《变革我们的世界:2030年可持续发展议程》,强调:"尊重、保护和促进所有人的人权和基本自由,不分其种族、肤色、性别、语言、宗教、政治或其他见解、国籍或社会出身、财产、出生、残疾或其他身份等任何区别。"

第二,设立"国际母语日"和"国际语言年"。1999年11月,联合国教科文组织的一般性大会宣布,从2000年起,将每年的2月21日确立为"国际母语日",旨在促进语言和文化的多样性。此外,联合国大会还宣布2008年为"国际语言年",并委托联合国教科文组织协调这一活动,教科文组织为国际语言年提出的口号是:"语言,至关重要!"

第三,开展"联合国语言日"庆祝活动。全球传播部(原新闻部)在2010年提出一项倡议,为联合国6种官方语言各设立一个纪念日,旨在促进6种官方语言在联合国的平等使用。每个纪念日都与该种语言的历史转折点或著名文学人物纪念日有关。其中3月20日是"联合国法文日"(法语国家及地区组织成立纪念日),4月20日是"联合国中文日"(二十四节气之谷雨,以纪念仓颉造字),4月23日是"联合国英文日"(威廉·莎士比亚诞辰),6月6日是"联合国俄文日"(亚历山大·普希金诞辰),10月12日是"联合国西班牙文日"(纪念哥伦布发现美洲大陆;后改为4月23日,塞万提斯逝世日),12月18日是"联合国阿拉伯文日"(纪念联合国大会于1973年12月18日通过决议将阿拉伯语作为第6种官方语文)。联合国在每一个语文日都会举办庆祝活动,并开展一小时的语文强化课,鼓励职员参加语文班学习。

第四,启动"国际土著语言年"。联合国在积极维护官方语言平等的同时,也注重维护少数群体的语言权利。2007年,联合国通过《土著人民权利宣言》,呼吁各国颁布旨在保护和加强土著语言的政策和法律。该宣言第十九条规定:"土著人民有权建立并使用自己语言的媒体,有权不受歧视地利用所有形式的非土著媒体。"为提升人们对濒危语言保护的认识和行动力,2019年,联合国启动了"国际土著语言年",旨在体现对不同语言使用者权益的尊重,促进全球人民深入理解语言与文化多样性的价值,唤起各国政府、民间团体及社会组织的响应。为巩固"国际土著语言年"的成果,联合国将2022—2032年确立为"国际土著语言十年",以应对新冠肺炎疫情对土著语言保护带来的不利影响。

第五,促进语言表述中的性别平等。为了帮助联合国工作人员在交流中都使用性别包容性语言,联合国推出了《性别包容性指南》,并就这一指南编写了一整套培训资料和课程。要求避免使用带有性别定型观念的表述,并以更积极的方式提高妇女的可见度。例如,联合国《中文性别包容性语言指南》中,"女强人""寡妇""妇孺皆知""男人帮忙做家务"等这些包容性弱的说法,建议改成"成功女性""丧偶妇女""众所周知""男人做家务"。

二 审查联合国系统内部多语使用实况

1995年,联合国大会通过了具有里程碑意义的第50/11号决议,决议认为"多语制"是联合国系统所有组织的一项共同承诺,对于实现《联合国宪章》目标意义重大。此后,联合国大会每两年审议一次"多语制"问题。

1999年,联合国开始设立"多语制问题协调员"职位,其职责是确保本组织内不同语言使用的均衡性。协调员的任务是"协调现行措施,提出战略,确保本组织的语言实践符合关于使用多种语言的各项决议的建议和规定。协调员尤其要负责汇总与整个秘书处使用多种语言有关的建议和要求"(A/61/317)。2000年,联合国秘书长指派主管大会和会议管理的助理秘书长担任第一位负责多种语言问题的协调员。2008年,秘书长任命时任主管传播和新闻事务的副秘书长为多语制协调员。2010年,多语制协调员参加了"语文安排、文件和出版物问题"国际年会。

1976年,联合国开始设立联合检查组,并将其作为一个常设附属机构。检查专员对有关各服务机构效率和资金适当运用的所有问题都有最广泛的调查权力,并为此目的进行现场查询和调查。联合检查组每10年审查一次联合国系统使用多种语言的情况,并分别在2002年、2011年和2020年向大会提交了审查报告。2002年,联合检查组发布《联合国系统内实行多种语文》的报告,涉及多语制在联合国各领域、各部门实施的详细状况;2011年,发布《联合国系统各组织的多种语文制度执行情况》的报告,指出联合国内部的语言平等至今尚未实现,对某些语言的明显偏爱尚待消除;2020年,联合检查组发布《联合国系统使用多种语言情况》的报告,基于对联合国系统各组织的问卷、访谈和文献调查,从以下几个方面提出了建议:制定多语战略政策框架、发挥多语问题协调员作用、为语言专业人员的聘用与发展制定新政策、出台多语学习政策、提供经费支持等。

联合检查组在2020年的报告中提出了7条建议,以改进联合国系统各组织多语制的落实情况:(1)制定联合国系统各组织统一的多语战略政策框架。(2)发挥多语问题协调员的作用。任命高级官员为协调员,负责提出有效执行多语制行动计划,定期向立法机构报告这方面取得的进展。(3)为语言专业人员的聘用与发展制定新政策。在招聘工作人员和任命高级官员时,应特别重视语言技能要求;在职期间将语言技能纳入能力、考绩和晋升考量。(4)出台多语学习政策,并提供充足的经费。鼓励工作人员继续学习,提高其运用本组织的官方语言及其他语言的技能,并确保为此提供充足的经费。(5)编写联合国语言框架。设立工作组,负责编写一份联合国系统6种官方语言的教学、评估和认证框架。(6)发挥联合国系统行政首长协调理事会的作用。协调理事会制定全面、协调的办法,将使用多种语言作为联合国系统各组织的核心价值。(7)开展促进使用多种语言的活动,提高认识,促进落实《2030年可持续发展目标》。

三 重视语言规范和语言信息技术

联合国非常重视语言规范问题。文件司设有"名词和参考资料科",配有6个名词员,一种官方语言配一名职员,负责联合国系统词汇的收集、统一、审定、编撰、分发,并负责回答来自联合国内外的词汇查询。"名词和参考资料科"主办的联合国词汇库(UNTERM)[①]在网上向全世界的用户免费开放。各语文翻译处还设有内部专职名词员,为本处的翻译工作服务。另外,联合国教科文组织推动成立了国际术语信息中心(Infoterm)和国际术语网(TermNet),其中国际术语信息中心旨在提供术语服务、支持和协调术语学领域的国际合作,国际术语网旨在促进国际合作和促进国际术语培训及资格认证等。为协商处理各组织的语言规范,联合国系统各组织每年派代表出席"语言安排、文件和出版物国际年会"(IAMLADP),特别是其中的"计算机辅助翻译和术语机构间会议",以便于在计算机辅助术语领域进行合作。

---

① 联合国词汇库(UNTERM)网址为 http://unterm.un.org。

为了提高工作效率，联合国大力促进语言信息技术的应用。语音识别、远距离口笔译和自动及计算机辅助笔译软件等新技术已开始为各组织语文事务人员提供服务。2002年5月，联合国开始使用"银河系"软件，使联合国空缺岗位公告的制作和申请自动化；2004年，联合国向公众开放"正式文件系统"（ODS，Official Documents System），该系统收录联合国会议文件全文，均以联合国6种官方语言保存，可进行全文检索；2014年，联合国专门为内部笔译员和逐字记录员开发了在线机助翻译工具"联合国电子语言"（eLUNa），它提供翻译界面的常用功能，专门用于联合国文件翻译，使用这项工具可即时获取以前翻译过的文件、术语记录、机器翻译系统；2017年联合国发布"规范性文件和会议文件语义互操作性框架"，以创建一个全系统的文件生态系统，促进协作和降低信息管理成本；目前，联合国正在尝试借助人工智能工具"世界产权组织语音转文本"（WIPO Speech-to-Text）将会议视频录像自动生成为6种官方语言的文本记录，减少目前高度耗费资源的会议逐字记录工作；长期以来，联合国新闻中心一直利用传统媒体（广播和电视）来传播联合国的信息，但近年来，数字技术（如网站、社交媒体和移动电话）得到加强。

四 应对联合国系统内外部语言竞争

联合国虽有6种工作语言，但50年来，英语独大的局面却越来越明显，英语成为使用频率远超其他5种语言的事实上的唯一工作语言。一些标准化法律文件只有英文版，有的虽有多语版本，但源语言版本只有英文版，如果出现争议，仍以英文版本为准。许多实体报告称，在联合国全球采购招标中，用英文以外的语言进行采购活动时受到限制。

50年来，法语在联合国的地位相对于英语下降不少。在法语国家看来，只有和英语一样平起平坐（如作为大多数文件的源语言、岗位招聘中的首选语言），才是真正的语言平等和名副其实的多语制。从联合检查组的报告中可以看出法语国家的不满。安理会开会讨论决议草案时，如果法文译文未到，法国常驻代表甚至会要求主席把会停下来，等法文译文到了才开始。法国也常常依托法语国家组织在语言问题上向联合国秘书处施压。

西班牙语和阿拉伯语都是联合国官方语言。但在2001年，西班牙语国家和阿拉伯国家集团会员国常驻联合国代表采取一项前所未有的行动，均致函联合国秘书长,对该语言的使用情况表示关切,他们认为同英文相比,西班牙文和阿拉伯文受到了不平等待遇。

葡萄牙努力促进葡萄牙语的进一步国际化。1976年,葡萄牙向联合国大会提交议案,呼吁联合国承认葡萄牙语为官方语言和工作语言。后来,又分别在1977年、1980年、1988年、1990年、2002年、2008年、2012年、2013年和2014年向大会提交此类议案。2015年9月28日,时任葡萄牙总统席尔瓦在纽约联大一般辩论上讲话称,葡萄牙语非常重要,是全球2.5亿人的日常生活用语,并且也是世界经济贸易的重要沟通工具,因此葡萄牙语应该成为联合国官方语言。

德语也在积极获取官方语言的待遇,但很少体现在口号式申诉上,而是以实效行动为主。根据1974年12月18日联合国大会第3355(XXIX)号决议,联合国设立德文翻译科,将大会和安全理事会的所有决议和决定以及联合国其他重要文件翻译成德文。该科由奥地利、德国、列支敦士登和瑞士捐款的信托基金出资。另外,在语言培训上,联合国总部和日内瓦办事处仅以所有6种官方语言授课,但联合国维也纳办事处也提供德语培训。

日语、印地语也一直在想办法挤入官方语言列表。日本从20世纪60年代开始经济发展迅猛,成为世界第二大经济体,曾经向联合国申请将日语作为联合国的官方语言,但是都被否决了。印度也一直在努力使印地语成为联合国的官方语言。2007年4月19日,印度外交国务部长夏尔马在新德里表示,印度将加快推动印地语成为联合国官方语言。

五 促进联合国与中国的合作

中华人民共和国非常重视中文在联合国的实际地位。联合国建立之初,中文就是其官方语言。按规定,联合国所有的文件都应该翻译成中文,但是在1971年之前,台湾代表并未要求这一权利,只是选择性地将部分文件翻译成中文,甚至以擅长英语为荣,舍弃规定可用的中文不用,在许多场合直接使用英语发表演讲。中文处的译员长期工作量不足,得不到重视。① 这种情况在1971年年底开始改变。1973年,联合国在3189(XXVIII)号决议中将中文提升为

---

① 参见 https://www.un.org/en/node/67223。

联合国大会的工作语言，这离中文成为联合国官方语言已经过去27年的时间。1974年，中文成为联合国安理会的工作语言。借此机会，中国组织全国各地近万名英语教师，经过"十年会战"，将以前那些没有中文版的联合国文件翻译成中文。从此以后，联合国发布的所有正式文件都能检索到中文版。[①]1971—1976年，中文口笔译人员增至97人，其中大多数是从香港、纽约、伦敦、巴黎、日内瓦的华人中招聘的。为能及时征聘所需的口笔译人员，联合国于1979年开始在北京开设译员培训班。同时，中国每年都会在联合国总部举办中文推介活动。1998年11月13日，联合国网站中文版正式上线，成为联合国网站继英文、法文、西班牙文、俄文、阿拉伯文后最后一个推出的官方语言网站。

近年来，中国逐渐走向世界舞台中心，开始参与联合国系列国际组织语言政策的制定工作。2014年6月，中国政府与联合国教科文组织在苏州合作召开"世界语言大会"，并发表《苏州共识》，提出了全面科学的语言能力定义，倡导以科技创新提升语言能力，建议在网络空间保持和促进世界语言多样性。这些共识都是中国学者的智慧结晶。2018年9月，中国政府与联合国教科文组织在长沙举办"世界语言资源保护大会"，通过了《岳麓宣言》——联合国教科文组织首个以"保护语言多样性"为主题的重要永久性文件。《岳麓宣言》明确提出了保护语言资源的最新思想，并为参与国制定保护语言多样性的行动计划提供了指导，倡议制定语言资源保护的国际标准，开发新型"世界语言地图"，建设实体或虚拟的语言文字博物馆等。考察《苏州共识》和《岳麓宣言》的形成机制，发现在将提案转化为国际准则性文书过程中，政府推动和专家贡献起着关键作用。

（方小兵、邬美丽）

[①] 何勇《愿在他乡做使者》，南京：南京大学出版社，2018年。

中东欧国家语言教育规划与国家安全

中东欧地处欧洲内陆，连接东西方世界，具有重要的地缘政治价值，其内部和外部安全问题长期受到国际关注。该地区具有深厚的民族主义思想土壤，民族和语言成分复杂，语言常被用作一种区分社群内外成员的标签和争取支持的旗帜。这导致了该地区独有的所谓"语言表象综合征"（language-oriented surface syndrome），即很多深层次社会政治冲突都借由语言问题爆发，而要平息事端则必须同时解决深层冲突和语言问题。该地区无论是在国家层面还是在区域层面，均将语言政策，尤其是语言教育规划，视为预防和解决地区冲突的重要措施之一。

一 语言教育保障国家安全的逻辑

将语言与国家安全建立联系，主要是将语言与国家面临的某个特定威胁相联系，认为是语言导致了或有助于解决这一威胁。无论是在欧洲还是在世界其他地区，国家安全威胁一般包括涉及军事或政治安全的跨国跨境对抗，也包括由于文化接触、人口迁移、族群对立等导致的境内社会冲突。鉴于语言具有通用工具特征，世界各国政府都在一定程度上将语言规划纳入国家安全领域进行统一考虑，其出发点不仅是将语言作为公共产品开展供求管理，而是将其视为制造或解除安全威胁的手段。

中东欧国家的语言教育规划是基于其对自身安全威胁的独特理解。对于中东欧国家而言，其首要安全目标并非扩张海外利益，而是保全国族存续本身。该地区大部分国家人口规模小，民族成分复杂，语言竞争激烈，大多数国家的官方语言或国家语言即使有国家支持也面临着较大的生存压力。各国一般的共识是，对国语的威胁就是对国家安全本身的威胁，语言安全是国家安全的重要组成部分。因而加强国语教育，增进国民对国语的认同，是其语言教育规划的核心目标之一。

中东欧国家与语言使用相关的安全诉求主要包括三个方面，即融入欧盟、北约等以西欧国家为主要成员国的国际组织寻求安全庇护，处理好与邻国关系防止地区冲突，处理好境内主体民族与小族①群体的关系维护政治稳定。为满足这些需求，中东欧国家需加强各领域西欧语言的教育，以加强与国际组织的对接；在一定程度上保障境内小族群体的语言教育权利以避免与其周围母国发生双边和多边冲突；对不同小族群体给予不同程度的支持以防止语言被用作动员群众发动冲突的旗帜。

二 中东欧国家基于国家安全的语言教育实践

在欧洲，国家主权的概念是基于一种平面空间上的划分，即国家与国家之间有明确的界限以区分"我们"与"他们"，并视国界之外的民族为潜在的威胁。中东欧国家从宪法表述上看大都属于民族国家，各国将国语视为标识民族身份的核心指标和维护社群延续的重要工具，将任何对国语使用及其延续的威胁都视为国家安全威胁。各国常见的国语促进措施包括以下几个方面。

（一）巩固国语教育，强化国家认同

1. 提升法律地位，强化国语象征功能

该地区几乎所有国家都在脱离苏联后，通过某种法律形式对国家语言进行了认定。斯洛伐克在1993年独立后迅速通过《国家语言法》（1995年），将斯洛伐克语提升为"国家语言"兼"官方语言"，要求所有层次的基础教育都将斯洛伐克语作为必修课程。波兰通过《波兰语法》（1999年）规定"波兰语是国家身份和国家文化的基本组成部分"，且在国家课程中规定"学校最重要的任务之一就是波兰语教学"。该地区的匈牙利也在2011年通过新宪法，正式规定匈牙利语为国家官方语言。

2. 修改课程计划，确保国语核心地位

尽管欧盟要求所有成员国在基础教育阶段教授两门外语，中东欧国家都在课程计划中为国语保留了充足的授课时长。比如捷克的《捷克教育课程框架》

---

① 本文行文中所使用的"小族"，指所有在数量或权利地位上处于弱势的少数人群体；为与现有中文文献中的术语保持一致，"少数民族"指经国家认可获得合法地位的小族群体，此类群体一般数量较少，其语言所获得的保障也更为充分。

（2007年）确保了在任何一个教育阶段捷克语的课时量都不低于任何一门外语。匈牙利将"母语教育"视为《国家核心课程》的中心，提出"充分的母语知识可以促进外语的学习"，并要求1—4年级的学生即能区分母语与外语。波兰则因波兰语教学效果不佳多次推进课程改革以强化波兰语在各教育阶段的学习。

3. 加强教材管理，保障国语教学效果

20世纪60到80年代，中东欧国家的教材大都由全国少数甚至唯一的出版机构制作发行，转型之后曾允许自由化发展，但最近又有收归国家管理的趋势。集中化程度最高的是斯洛伐克，其教材的出版、购买和分发及其经费均由教育部负责，教材内容则接受教育部审查，全国每个年级只有1套斯洛伐克语教材，全国也仅有1家教材出版机构。匈牙利在90年代初转型之后曾开放教材市场，2011年通过新宪法之后随即出现了对教材集中化管理的趋势，对主要教材出版公司进行合并和改名，对所有教材内容进行更新和标准化，由国家发布官方认可的少数教材名单。波兰教育部自2017—2018学年起，给予学校补贴购买教材，以加强对教材的控制。在不少官方语言与邻国语言过于相似的国家，各国甚至采取措施强化本国语言与邻国语言的差异。

（二）扩大外语教育，主动融入西欧

中东欧国家大都将加入欧盟与北约，融入欧洲—大西洋势力视为这些国家的主要外交目标，试图以此确保其军事、政治和经济安全，因此在外语教育方面采取相应措施予以支持。

1. 改换第一外语，配合国家政治安全需求

中东欧国家曾将俄语引入教育体系作为第一外语进行教授，但如今大都抛弃俄语而转向英语。以捷克为例，在1949年之前的数百年间，捷克国民都将强大邻国的德语作为第一外语；1948年捷克斯洛伐克将俄语作为第一外语引入国家教育体系；苏联解体之后捷克斯洛伐克政府则立即将俄语从教育体系中去除，重新转向德语；不过鉴于英美在世界范围内的影响力，捷克到1998—1999学年时已将英语推进为第一大外语。以捷克千万人口的体量，遽然改变第一外语并不容易，但为维护国家核心安全利益已将经济和社会成本置之度外。

2. 增加西方语种，增加国家经济发展机遇

中东欧国家为了满足与西方国家交流的需求，均较大幅度地引入了多种西

方语言。到1998—1999学年时，捷克和斯洛伐克已在义务教育阶段提供西班牙语、德语、英语、法语、俄语。波兰提供德语、英语、法语、俄语。匈牙利则不做规定，实际上允许学习任何语言。该地区加入欧盟的国家，均立即强化国内对欧盟所有官方语言的教育，以确保有足够的人才将本国语言资料翻译成所有欧盟官方语言。

3. 增加主要西方国家语种，提升与西欧军事合作效率

中东欧国家谋求在加入欧盟之前先加入北约，以确保自身军事安全。鉴于北约以英语作为训练和指挥语言，各中东欧国家都在军校和军队中大力培训英语。北约以及西欧强国对中东欧的军事援助也包含语言培训，比如武器的使用、人员的培训。法国与乌克兰和捷克的军事合作，就包含在乌克兰和捷克的军事院校中教授法语。像立陶宛这样的小国，其国防力量只能保持较小规模，其国防政策的首要目标，是培训水平合格的人员，与北约进行有效的沟通。鉴于将英语资料翻译成立陶宛语成本较高，立陶宛最终将立陶宛语从其无线电通信系统中移除了。立陶宛同时也在军事院校中教授德语，以加强北约系统内的交流。

（三）强化小族语言教育，维护族际及地区国际关系

在欧洲语境下，"国家安全"的一个重要内涵就是处理主体民族与小族群体的关系。一方面，各国境内的小族语言群体有可能形成较大的政治力量与政府进行博弈，另一方面，小族群体的境外母国会以间接或直接的方式施加影响。各国从国家安全的角度出发，通常采取以下几类常见措施。

1. 较为宽松的隐性融合政策

在国语发展水平较高且民族关系稳定的国家，可以对小族语言教育采取较为宽松的政策。在此类国家，立法机构通过各领域具体法律确保国语的主导地位，而小族群体因在总人口中所占比例较小且人数稳定，不会产生安全威胁。比如波兰的主体民族人口较多且民族纯度较高，尽管其承认境内少数合法的民族群体，但认定条件极为严格，如需在境外有母国，且在波兰境内居住达百年以上等。

2. 较为激进的显性抑制政策

在少数国内存在较大规模小族群体的国家，主体民族所主导的政府倾向于采取此类政策以确保其优势。比如斯洛伐克《公共教育法》（1994年）规定："教育和培训须以官方语言进行。"该国虽然承认波希米亚族（捷克族）、匈牙利族、德

意志族、波兰族和乌克兰族公民有权用其母语进行教育，并承诺在中小学教育中使用匈牙利语等7种语言，但实际只有匈牙利语、保加利亚语、德语以及罗姆语（一定程度上）在中小学教育中有使用。斯洛伐克甚至一度禁止双语学校使用双语成绩单，还曾将相当部分罗姆族儿童送到为智力迟缓儿童开设的特殊小学。斯洛伐克的这一做法激起了境内严重的族际冲突，因此遭到了欧洲委员会等区域国际组织的严厉批评。

3. 较为开放的全面支持政策

少数国家如匈牙利尝试创新制度，为小族语言教育提供充分的保障。匈牙利《公共教育法》（1996年）规定对小族教育提供额外的财政支持。《国家公共教育法》（2011年）规定民族学校可全部或部分使用民族语言；如有8名学生以上的家长要求，地方政府就必须提供小族语言的教育，学校可以开设单独的班级或学习小组。《国家高等教育法》（2011年）也允许小族学生可以使用其民族语言接受高等教育。《欧洲区域或小族语言宪章》（1992年）专家委员会曾表扬匈牙利关于小族语言教育的法律体系较为完善，其小族自治体系有潜力成为欧洲其他国家学习的样板。

三 语言教育保障国家安全的区域实践

中东欧国家在进入转型期后，选择全面融入西方，积极参与西方国家主导的国际事务。欧盟、欧洲委员会和欧洲安全与合作组织（以下简称欧安组织）等西欧国家主导的区域国际组织从理念、法律和实践等层面对中东欧国家的语言教育产生了强力影响。

（一）推进部分国家的国语教育

欧安组织的主要使命是为成员国就欧洲安全事务进行磋商提供平台。欧安组织从地区安全角度出发多次明确提出，官方语言教育是促进民族融合的必要措施，强调小族群体有责任参与国家公共事务，其中包括学习国家语言。该组织提出的《关于少数民族教育权利的海牙建议书》（1996年）充分承认推广国语教育的合法性，将其视为小族群体中部分人群的义务，并对小学、中学、职校等教育阶段的国语教育都提出了要求。《关于少数民族语言权利的奥斯陆建议书》（1998

年）也提出了在涉及公共利益的情况下，少数民族应使用国家语言。

欧安组织对拉脱维亚、爱沙尼亚、立陶宛等波罗的海国家指出，在公民中推广国家语言是重建国家认同的前提。鉴于语言教育是国语推广的重要渠道，欧安组织对拉脱维亚、爱沙尼亚、斯洛伐克、摩尔多瓦、格鲁吉亚、乌克兰、吉尔吉斯斯坦等国提供了立法支持，指导其增强国语教育及社会应用。欧安组织曾专门派出两名专家赴拉脱维亚指导其落实《国家语言法》，强调"长期支持国家促进国内融合的权利和义务，特别是支持国家语言的教学"。欧安组织在格鲁吉亚设立专门项目支持对公务员进行国语培训，并为摩尔多瓦的国语教材开发和教师培训给予资金支持，帮助其加强对小族儿童的国语培训。而在哈萨克斯坦和吉尔吉斯斯坦，欧安组织自2011年开始介入，实施专门项目，促进民族学校使用双语教学，引入官方语言教学，如今这类教学已覆盖从幼儿园到大学所有层次的学校。

（二）促进大部分国家的小族语言教育

鉴于族际冲突是中东欧地区最大的安全威胁之一，欧洲委员会、欧盟和欧安组织等区域国际组织设立了专门的机制来处理这一问题，而其中最重要的措施就是从人权、多语主义等角度促进小族语言教育。

欧洲委员会是欧洲人权保护的最重要机构。该机构设立了《欧洲人权公约》（1950年）机制和《欧洲保护少数民族框架公约》（1994年）机制，旨在促进对小族群体的人权保护，其中包括母语教育等权利。而《欧洲区域或小族语言宪章》（1992年）机制则要求各国对小族语言教育做出明确的承诺，并定期派专家进行实地考察。欧盟从保护欧洲文化多样性的角度出发，通过立法、决议、条例、项目资助等形式要求成员国加强对小族语言的保护和促进，目前已成为欧洲小族语言使用者表达自身诉求的重要平台。

欧安组织的主要使命是为成员国就欧洲安全事务进行磋商提供平台，该组织于1992年设立了"少数民族高级专员"，授权其尽早介入与小族群体相关的冲突，其中最重要的工作之一就是促进小族语言教育。迄今该专员在小族语言保护方面提出了三条较为重要的建议，即关于教育权利保障的"海牙建议书"（1996年）、关于语言权利保护的"奥斯陆建议书"（1998年）和关于小族群体参与公共生活的"隆德建议书"（1999年）。其中"海牙建议书"认为小族群体只有通过教育获得母语的知识才有助于其形成民族认同，指出各国应积极采取措施对待小族群体的教育权利问题（包括获得资源、建立学校等）。

　　从中东欧国家的实践来看，通过语言教育保障国家安全，一般是三种思路：一是加强国语教育确保国家语言的存续安全；二是增加外语教育加强对西方国家社会政治文化的了解，增强与其政治经济和军事协同能力；三是强化或弱化小族群体的母语教育以维护国内稳定的族际关系。2018年，欧安组织专门召开会议，就"语言政策与预防冲突"这一主题进行研讨，邀请各国专家和官员总结其过去20年的经验。需要注意的是，欧洲在区域层面对中东欧地区语言教育的干预，虽然有维护地区安全的考虑，但其立场并不总是一致，而有可能根据需求，在不同的国家选择更为支持国家语言还是小族语言。

（何山华）

字母词语言政策国别比较*

各国语言中都存在非本国语的外来语，各国学者也多有担忧外族语尤其是英语词汇对本族语词汇的影响，总体而言世界范围内对于外族词汇包括英文缩略词的借用存在程度不同的担忧。本文对比不同国家（法、俄、日、荷）对待外族词汇的语言政策，以期对我国字母词的使用规范提供一些启示。

一　法国

法语同英语一样都采用拉丁字母作为书写符号，所以法语在吸收英源缩略词时可以直接使用原形，有时再配以对应的法语全称，例如 VIP（贵宾）、USA（美国）、FBI（美国联邦调查局）、IBM（国际商业机器公司）等。不过，由于语言特征的差异，英源缩略词到了法语里常发生以下三种变化：一是词序的变化。英语是典型的形容词修饰语位于中心语前的语言，法语则是前后均可，尤以置后居多，因此英语中定中结构的缩略词到了法语中往往需要将中心语提前。二是名词中"性"这一语法范畴的增加。英语名词没有"性"，法语名词则分阴阳，因此法语吸收英源缩略词后就需要对其进行阴阳性规范，例如 HIV（人类免疫缺陷病毒）、AIDS（艾滋病）、NATO（北大西洋公约组织）、IMF（国际货币基金组织）这 4 个缩略词使用时就是 "le VIH、le SIDA、la OTAN、le FMI"。三是读音的变化。英源缩略词到了法语中常常要按照法语发音规则来发音，例如 IBM 读为 [ibeˈɛm]，TV（电视）读为 [teˈve]。

法国官方是强调语言纯洁性，花大力气抵制和削弱外国语言"侵袭"法语的典型代表。在语言政策上，法国从法律层面制定了《杜蓬法》(Loi Toubon)，要求政府官方文件、工作场所、公共交通工具、商品说明书、商业广告等都必须使用法语，凡是说明或广告中出现的外语如英语口号、标记和对话等都必须出现相

---

* 本文为国家语委"十三五"科研规划项目"字母词分级规范研究"（YB135-151）、中国传媒大学校级科研项目"'一带一路'沿线国家汉语国际传播研究"（CUC18QB26）的阶段性成果。

应的法语翻译。

法国设立了一系列保卫法语的国家机关和官方学术机构，如法兰西学术院、法语和法国语言总处、法语高级委员会等，它们在控制和规范外来词汇的使用上采取了很多措施。以法兰西学术院为例，保护法语和编纂词典是其两大基本任务。《法兰西学术院词典》第 9 版收录了许多英源缩略词，并对其来源都给出了明确说明，如 RADAR（雷达）的释义为"借自美国英语 radar（雷达），radio detection and rating（无线电探测与评级）的首字母缩写，意为'通过无线电波进行探测和测量'"。另外，学术院官网还专门开辟了"说，不说"（dire, ne pas dire）专栏，用以向普通民众普及规范的法语用法，其中有不少关于英源缩略词的条目。

法国专门成立"丰富法语委员会"，统一规范外语术语所对应的法语表达方式。该委员会归属法国总理府领导，由法语和法国语言总处统一协调，由 15 个政府部门共 19 个小组的科学和技术领域专家共同组成，委员会提出的新术语经法兰西学术院审定后，在官方公报上公布，同时每年出版一本年度报告，报告中分主题对该年度术语进行总结和解释。这些术语一经公布，在国家机关和机构中须强制使用，翻译和科技写作者建议使用。另外，委员会还建立了术语网站"FranceTerme"①，可检索英文缩略词对应的法语规范表达。

此外，在公共媒体领域也有相应的组织负责监管包括英源缩略词在内的外来词使用。例如广告职业监管协会②，负责监管法国广告的道德规范、内容、方式等，也包括广告语言的规范使用。

二 俄罗斯

俄语是俄罗斯的国家通用语言。与英语不同，俄语采用斯拉夫字母书写，因此英源外来词被吸收进俄语后往往都要经过字形转写。近年来，也出现了直接采用英文原词形书写的情况，媒体上最为常见，例如两则新闻的标题"Компьютерам Apple Mac достанется популярная функция iPhone"（苹果 Mac 电脑将获受欢迎的 iPhone 功能）③和"Би-би-си: захваченный танкер Asphalt Princess

---

① 参见 http://www.culture.fr/franceterme。
② 参见 https://www.arpp.org/。
③ 参见 https://ria.ru/20210726/apple-1742986140.html。

направляется в сторону Ирана"（英国广播公司：被挟持的"沥青公主号"油轮驶向伊朗）①。

被吸收进俄语的英源缩略词与此类似，有些已经被转写为相应的俄语字母或音节，如上例中的 BBC（英国广播公司）就变成了"Би-би-си"，每个相应的辅音字母后都加上了元音字母 и [i]；有些会直接使用英文原形，如 COVID-19（新型冠状病毒肺炎）、NASA（美国国家航空航天局），有时这两种情况同时存在，例如在塔斯社 2021 年 8 月 3 日的新闻中，同时出现了 IBM 和 Ай-би-эм。另外，俄语是形态变化十分丰富的语言，有些英源字母词进入俄语后会产生形态变化，比如加上一些指小或表示可爱的后缀（如"-ка"），像 PC → писюшка（个人电脑），SMS → эсэмэска（短信服务），CD → сидюшка（光盘）。

俄罗斯对于外来词的管理相对来说并不像法国那么严格，主要采取的举措有：在法律层面上，颁布了《俄罗斯联邦国家语言法》②，专门规定在书写路标和地标名称、在大众传媒和广告中都必须使用俄语。同时，该法第一条第六款规定："俄语作为俄罗斯联邦国语使用时，不得使用不符合现代俄语标准语规范的词语与表达式，不包括俄语中没有通用对应词的外来语。"这说明，在没有相应的俄语对译词的情况下，媒体直接使用其原形是符合法律的。在《俄罗斯联邦广告法》中也规定，不允许"广告使用可能导致信息含义失真的外来词和表达方式"③，也就是说，含义准确的外来词在必要时是允许使用的。

另外，2014 年俄罗斯国家杜马文化委员会（以下简称俄国家杜马）曾经提交了一份对"不合理"使用外来词汇进行处罚的法律草案，该法律草案规定在以俄罗斯联邦国家语言公开传播信息的情况下，如果俄语词汇与外来词的含义可以互相替代，那么大众媒体和公民应使用俄语词汇，否则公民将面临 2000 至 2500 卢布的罚款，法人主体的罚款金额可能高达 40 000 至 50 000 卢布。不过这一提案提交至俄国家杜马后，被俄国家杜马在 7 月 1 日召开的全体会议中否决了。反对的统一俄罗斯党代表指出，在法律层面已经有了《国家语言法》，不需要再做额外的澄清，而且语言是一个活的有机体，它在不断变化。④

---

① 参见 https://tass.ru/mezhdunarodnaya-panorama/12052817。
② 参见 http://pravo.gov.ru/proxy/ips/?docbody=&prevDoc=102012883&backlink=1&nd=102092715。
③ 参见 http://pravo.gov.ru/proxy/ips/?docbody=&nd=102105292&intelsearch=%EE%F2+13.03.2006+%E3.+%B9+38-%D4%C7。
④ 参见 https://tass.ru/obschestvo/1264758 和 https://tass.ru/obschestvo/1291991。

三　日本

现代日语的文字书写系统主要由三大部分组成：汉字、平假名和片假名，其中片假名的主要功能之一是转写非汉源外来词。历史上日语对英语词汇的吸收可划分为三个阶段：江户时代早期、明治维新时期至二战前、二战后。目前日语中90%的非汉源外来词都是来自英语，媒体中使用的英源外来词更多，而在日本广告中出现的英语外来词恐怕是全世界最多的。

由于文字书写符号的不一，英源外来词被吸纳进日语的方式也比较复杂：历史上部分外来词进入日语后曾被用汉字书写，如paris（巴黎）→巴里；但在当代日语中，非缩略词类外来词大多用片假名书写，如paris→パリ（巴黎），body→ボディー（身体），同时为了适应日语的特征，这些外来词大多要经过语音、形态和句法方面的改造。①

近年来，日本出现了直接用拉丁字母标记外来词的趋势，如OL（白领）、AI（人工智能）、EU（欧盟）等。我们统计了自由国民社公布的2011年至2020年间年度提名新语和流行语（共410个），结果发现直接使用拉丁字母的提名新语和流行语共有31个，其中属于缩略词的共20个，例如2020年度有AI超え（超越人工智能）、BLM運動（黑人人权运动）、PCR検査（聚合酶链反应检测），2019年度有MGC（马拉松大奖赛）②等，有些缩略词其实有对应的片假名全称形式，但由于表达简练的需要和大众接受度的差异，仍然常用拉丁字母缩略的形式，如MGC。

由于历史和现实等各方面的原因，日本对包括缩略词在内的英源外来词，即日本所谓的"外来语"（gairaigo），所采取的语言政策表现出一定的矛盾性。

在语言意识形态上，一方面日本推崇"一种语言，一个民族，一个国家"的显性意识形态，实行单一语言制，另一方面却大力提升英语在日本的地位（如在公立学校加强英语教学），将英语视为国际语言而非日本人的外语，鼓励日本人民学习英语。这是一种有限国际化的意识形态，这种国际化只考虑日本自身的利

---

① Kowner, R. & M. Daliot-Bul. 2008. Japanese: The dialectic relationships between "Westerness" and "Japaneseness" as reflected in English loan words. In J. Rosenhouse & R. Kowner (Eds.), *Globally Speaking: Motives for Adopting English Vocabulary in Other Languages*, 250-275. Clevedon: Multilingual Matters.

② 参见 https://www.jiyu.co.jp/singo/index.php?eid=00037。

益，它鼓励日本人用外语同外国人交流，但是却不希望他们因此影响日本单一语言环境①。

这样的语言意识形态落实到语言管理上，一方面日本官方并不反对包括英源外来词的使用，片假名的存在就是最好的证明，而在另一方面，随着英源外来词在日语中的泛滥，日本官方又开始抵御它的不良影响，比如新冠肺炎疫情期间，日本时任防卫大臣河野太郎就曾在推特上发文质疑日本媒体"为什么不用'集团感染'要用'クラスター'②？为什么不用'感染爆発'要用'オーバーシュート'③？……为什么都是片假名（外来语）？"④

英源外来词监管乏力是因为没有具体负责统筹和规划语言使用的行政机构。2002年，日本国立国语研究所下设立了"国立国语研究所外来语委员会"。该委员会成立后，先后于2003—2006年分4次公布了"外来语替代词提案"，提出了共176个用片假名转写的外来词语的替换表达方式⑤。但是，日本国立国语研究所实际上只是从事语言文字研究的学术机构，提案提出后如果要保证更好地贯彻落实往往需要由相应的国家机关提出相应的政策建议和语言规划方案，并由具体部门来负责相应的实施，日本目前并没有具体负责的行政机构，只是在文化厅下设了文化审议会国语分科会（原国语审议会），后者曾经在1991年颁布内阁训令/告示"外来词的记法"（外来語の表記），要求各行政机关和一般社会生活据此执行，但在"外来语替代词提案"被提出后，尚未见到出台有相应的落实措施。

同时，日本学界关注的重点主要集中在片假名的使用和书写规范，对于用拉丁字母书写的外来词能否使用、应该如何用至今也缺乏相应的规范。日本城市不少商店（如理发店）喜欢同时使用英文单词和片假名，但由于片假名发音的影响，他们所写的英文单词常常是错的，如blow（吹）→ brow，strawberry（草莓）→ storawberry。部分日本商业网站尤其是时尚类商业网站的国内版（非国际版）充斥着各种英文单词。日本广播协会（NHK）在21世纪之前曾经为英源缩略词的规范做出过一定贡献，但是现在，一些商业电视台和广播公司已经比NHK更受年轻人的欢迎，同时由于自由态度和商业需求，它们对英源外来词包括缩略词都持更开放的态度。

---

① Gottlieb, N. 2012. *Language Policy in Japan: The Challenge of Change.* Cambridge: Cambridge University, 12-13.

② 此片假名为英文"cluster"（聚集）的音译。

③ 此片假名为英文"overshoot"（超越）的音译。

④ 《日本防卫大臣吐槽：疫情相关表达为什么都是片假名外来语?！日本网友表示……》，网易，2020年4月6日，https://www.163.com/dy/article/F9FP02AR0518EA51.html。

⑤ 参见 https://www2.ninjal.ac.jp/gairaigo/。

四 荷兰

荷兰语是荷兰的唯一官方语言。与英语一样，荷兰语也使用拉丁字母作为书写符号。从亲属关系来讲，荷兰语与英语同属印欧语系日耳曼语族的西日耳曼语支，它们本身就存在很多同源词。荷兰语中也存在很多来源于英语的借词，占全部借词的 7.6%①。

大多数英源外来词在荷兰语中都保持了英语的拼写和发音，比如字母 a 在荷兰语单词中通常发 [a] 音，但在英源外来词中会发 [ee]，如 "baby"（宝贝），或 [e]，如 "jaguar"（捷豹）。不过，也有部分英语外来词被吸收进荷兰语后，会根据荷兰语的特征发生适应性变化，比如 "quiz"（考试）的复数不是 "quizzes"，而是 "quizzen"（"en" 是荷兰语的复数标记）。

具体到荷兰语中的英源缩略词上，部分缩略词无论是在发音还是写法（会有大小写差异）上都依照英语；有些缩略词词形未变，但读音依照了荷兰语，还有些词发生了词形变化。应该说，荷兰语从古至今对英源缩略词的包容性是很强的，这一方面与荷兰语和英语在语言学上的亲属关系近有关，另一方面与荷兰语超强的词汇同化能力有关，再一方面与荷兰目前对英语所采取的开放性语言政策也有一定的关系。

荷兰在英源外来词使用上所采取的语言政策可归纳为主动接纳加适度引导。荷兰目前没有专门针对外来词的法律，主要依靠荷兰语联盟公布的相关规则。荷兰政府在其 2005 年实施的《拼写法》中明确规定："本法律不再包含拼写规则，但在政府机构、公立教育单位中执行荷兰语联盟的规定。"② 由此可见荷兰语联盟在荷兰语使用和书写规范上的重要作用，而该联盟在外来词使用上的开放态度，我们从其官网对待多语制的看法中可见一斑："多种语言的存在并不一定会对荷兰语本身构成威胁，而且最重要的是可以为社会带来附加值。"③ 当然，像其他国家一样，荷兰国内也存在对于英语词汇泛滥的担忧，成立了一些旨在反对在荷兰语中不必要地使用英语词汇的组织，如荷兰语基金会，它曾出版过一本《有趣的

---

　　① van der Sijs, N. 2009. Loanwords in Dutch. In M. Haspelmath & U. Tadmor (Eds.), *Loanwords in the World's Languages: A Comparative Handbook*, 338-360. Berlin: De Gruyter.

　　② 参见 https://wetten.overheid.nl/BWBR0018784/2010-10-10#Opschrift。

　　③ 参见 http://taalunieversum.org/inhoud/veelgestelde-vragen-over-ons-taalbeleid#t560n4285。

荷兰购物：不必要的英语词汇表》，书中为 4500 个在荷兰语中经常和不必要使用的英语单词和表达提供了 11 000 多个替代词。不过，该基金会已经于 2020 年 6 月解散。

五　启示

每种语言都有来自其他语言的词汇"印记"。关于汉语中的字母词，学界未来要做的，一是继续加强对字母词本身特点的研究，掌握其在汉语中的使用生态；二是加快字母词分级、分领域常用词表的研制，为国家字母词规范使用政策的制定提供切实有效的参考。

第一，汉语字母词语言政策的制定要适应我国国情。每个国家的语言政策各不相同，但都与本国国情相适应，在字母词的使用上也是如此，它本质上是反映一个国家政府对于外来词汇和外来文化的态度，它的形成往往是历史传承、意识形态、现实需要、文化气质等诸多因素共同作用的结果。

第二，汉语字母词语言政策的制定也要兼顾民众态度。国家语言政策"是国家通过立法或者政府手段用来鼓励或阻拦使用某一语言或某些语言的政策"，它确定语言的使用方式和语言技能，以保证个人和群体使用语言的权利[1]。汉语字母词语言政策的制定也要充分考虑民众态度，对于那些人民群众已经习以为常、接受度高的字母词更应采取从宽从俗的规范政策。

第三，倡导汉语字母词分级、分领域规范。公共领域尤其是媒体和广告在字母词的使用和规范中占有非常重要的地位。一方面，广告、媒体等可能成为字母词使用更为频繁的地方，另一方面，凡是注意了字母词监管的国家，比如法国、荷兰、俄罗斯，都将广告和媒体作为规范的关键领域。对汉语字母词分领域进行规范很有必要，日常生活比如即时通信（微信）、网络社交（微博私人账号）与广告、媒体中的字母词规范应该区分开来。另外，汉语字母词的常用程度也不一样，有必要在大规模调查基础上，给出一个分级的常用字母词表，并定期修订[2]。

（张未然、邹　煜）

---

[1] 戴曼纯《语言与国家安全：以苏联语言政策为例》，《语言政策与规划研究》2015 年第 1 期。
[2] 侯敏、滕永林《字母词使用六十年》，《语言战略研究》2016 年第 3 期。

全球手语立法现状和趋势*

聋人群体是残障人群中较为特殊的一类群体：（1）聋人在残障人群中占比较大，根据第六次全国人口普查我国总人口数及第二次全国残疾人抽样调查我国残疾人占全国总人口的比例和各类残疾人占残疾人总数的比例，推算 2010 年年末，我国约有 2050 万听障人士[①]，占残疾人总数的四分之一以上。（2）聋人因失去听力无法用有声语言与主流健听人[②]进行社会沟通。自 20 世纪 80 年代以来，国际上越来越重视帮助聋人将"手语作为和主流社会交流的手段"，呼吁各国从法律上承认手语的语言地位（本文简称为手语立法）。根据《残疾人权利公约》（2007），所有国家都有义务促进对其国家手语的法律承认。据世界聋人联合会（The World Federation of the Deaf）统计，截止到 2021 年 10 月，已有 68 个国家通过了与手语相关的全国性法律[③]，本文基于该数据讨论国家级手语立法的相关情况。

一　手语立法类型及内容

目前世界各国对手语的法律承认差异很大，在某些司法管辖区（国家、州、省或地区），手语被承认为官方语言，在另一些国家，手语在某些领域（如教育）具有受保护的地位。世界聋人联合会汇总的信息图[④]显示，手语立法分为宪法层面的手语法律和一般法，一般法可以分出两大类别：专项手语法和涉及手语的其他法律（如一般语言法、教育法、针对残障人士权利的法律等）。图 8-1 显示了世界聋人联合会统计的世界各大洲手语立法国家的数量及立法类型（作者基于收集资料自制图，下同）。据统计，共有 14 个国家对手语进行宪法层面的规划，28 个

---

* 本文受中国残联项目"手语语言政策及规划：国际比较研究"（CLS2019-05）资助。

① 《2010 年末全国残疾人总数及各类、不同残疾等级人数》，残疾人联合会官网，2021 年 2 月 20 日，https://www.cdpf.org.cn/zwgk/zccx/cjrgk/15e9ac67d7124f3fb4a23b7e2ac739aa.htm。

② 健听人：又称听人，是指拥有正常听力的人群，这个称呼译自英语的 hearing，和"聋人"相对。

③ 参见 https://wfdeaf.org/news/the-legal-recognition-of-national-sign-languages/#

④ 同上。

国家对手语进行专项立法，其余的国家则进行了其他形式的手语立法（其中尼泊尔既有宪法层面的手语立法，也有以残疾人权利法的形式进行的立法）。

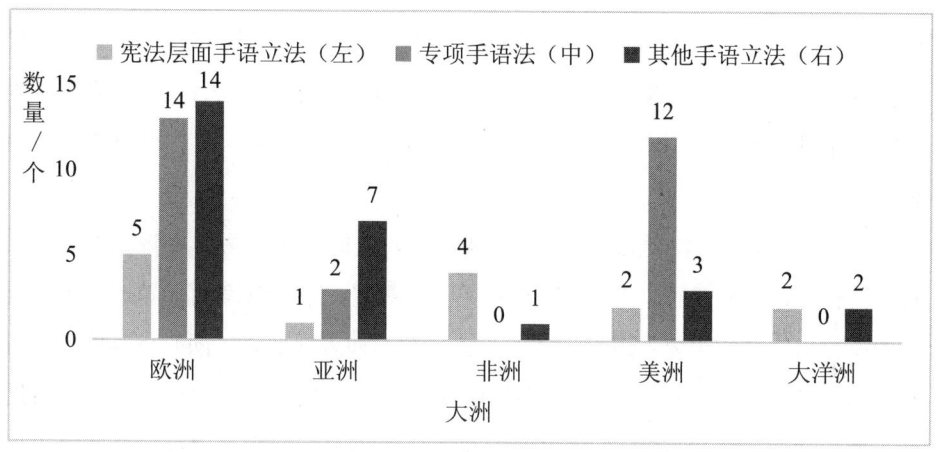

图 8-1　各大洲手语立法类型分布图

（一）宪法

截至 2021 年 10 月，在宪法层面承认手语的国家有 14 个（见图 8-2），分别是奥地利、芬兰、匈牙利、葡萄牙、斯洛文尼亚、尼泊尔、肯尼亚、南非、乌干达、津巴布韦、厄瓜多尔、委内瑞拉、斐济、新西兰。

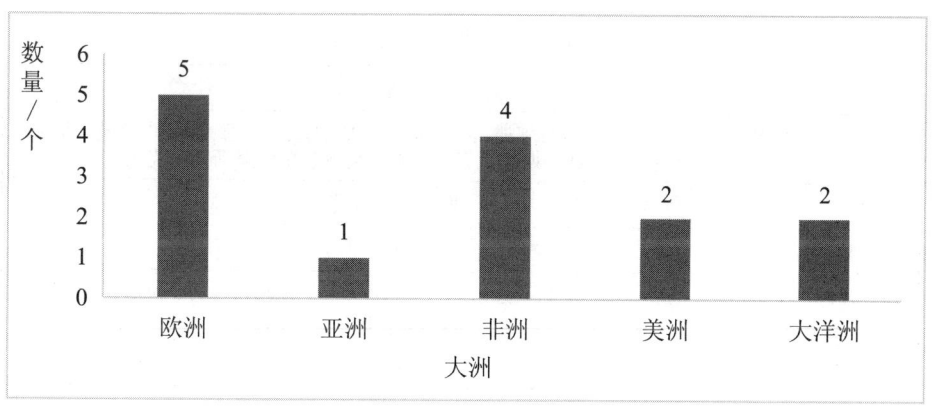

图 8-2　各大洲手语立法（宪法）国家数量图

各个国家对于宪法层面的手语承认表述各有不同。大致有如下两种类型：[①]

---
① 参见 https://en.wikipedia.org/wiki/Legal_recognition_of_sign_languages。

第一，承认手语的官方地位。奥地利手语在宪法中被称为"独立的语言"。2010年肯尼亚宪法承认肯尼亚手语被赋予"官方语言"的地位，同时提出议会议事可以使用英语、斯瓦希里语和肯尼亚手语。2013年《津巴布韦宪法》中认定津巴布韦手语为津巴布韦官方认可的16种语言之一。新西兰在2006年通过的法案承认新西兰手语是继英语和毛利语之后的第三种官方语言。可以看到，宪法层面承认该国家手语的表述字眼略有不同，有"独立语言"，也有"官方语言"。

第二，规定具体功能或权利。一部分国家侧重于在宪法中展现"教育、文化、权利"这三个方面。比如葡萄牙在宪法中规定："在制定教育政策时，国家应负责保护和发展葡萄牙手语，将其作为文化的一种表现形式，同时将其作为获得教育和平等机会的工具。"芬兰在宪法中规定："由于残疾而需要口译或翻译帮助的人的权利应由法律保障。"委内瑞拉和厄瓜多尔则是把相关内容放在残疾人保护方面。匈牙利则提到"保护作为匈牙利文化一部分的匈牙利手语"。尼泊尔在2015年颁布的宪法中特别提到了聋人接受手语教育的权利。

（二）专项手语法

专项手语法对手语的规划以及推广等都有相应较为明确的规定，颁布专项手语法的国家见表8-1。

表8-1 专项手语立法国家

地区	国家
欧洲	比利时、波斯尼亚和黑塞哥维那、保加利亚、希腊、爱尔兰、意大利、卢森堡、马耳他、荷兰、挪威、斯洛伐克、斯洛文尼亚、塞浦路斯、乌克兰
亚洲	菲律宾、韩国
非洲	无
美洲	玻利维亚、巴西、智利、哥斯达黎加、萨尔瓦多、危地马拉、洪都拉斯、尼加拉瓜、巴拿马、巴拉圭、秘鲁、乌拉圭
大洋洲	无

以《爱尔兰手语法》[①]为例。该法提到："国家承认爱尔兰手语使用者将爱尔兰手语作为其母语的权利，且所有公共机构都有相应的义务，当爱尔兰手语使用者在利用或寻求获得法定权利和服务时，向其提供免费翻译……使用爱尔兰手语

---

① 参见 https://www.irishstatutebook.ie/eli/2017/act/40/enacted/en/print.html。

的群体应有权使用、发展和保护爱尔兰手语。"《爱尔兰手语法》分别提出法律诉讼、教育、公共机构中的爱尔兰手语使用规定。在法律诉讼中明确"一个人可以在任何法庭或者任何法庭中的任何诉状中使用爱尔兰手语",同时提出要采取一切合理措施,以确保有能力使用爱尔兰手语且无法听懂英语或者爱尔兰语的这类人群不会因此而处于不利地位。

该法还涉及手语的习得规划:需保证有足够的经过爱尔兰手语培训的教师以及学校,确保耳聋或重听儿童的教育支持服务。同时也明确规定,针对有需求的爱尔兰手语使用者提供免费的手语翻译服务。当然,该法中也明确规定所有爱尔兰手语翻译人员必须经过相关部门认可。

可以看到,《爱尔兰手语法》中详细地规定了爱尔兰聋人的语言权利和应享有的语言服务,明确法律、教育、公共机构三大领域中的手语使用规定,且强调了相关部门需保证爱尔兰手语使用者的权利和提供相应的服务。可见专项手语法的出台明确保障了更多的法律权利,且提供了更好地获得公共服务的机会,包括教育、法律、公共行业等。

此外,每个国家的专项手语法都会根据该国国情进行制定。比如捷克在其专项手语法中,除了承认捷克手语之外,还对手势捷克语、捷克指拼性质及用法进行区分性说明,这反映了捷克对其手语立法时,已经较为明确清晰地了解手语的属性以及相关变体情况,体现了专项手语法能全面考虑手语相关人群利益的优势。

由上可见,专项手语法相较于宪法层面的手语立法,对于手语的规定会更加全面、具体。

(三)其他形式的手语立法

其他形式的手语立法一般分为残疾人权利法、一般语言法或其他形式的立法(如教育法)。其中以残疾人权利法形式立法的国家有20个,以一般语言法形式立法的有4个(拉脱维亚、爱沙尼亚、瑞典、冰岛),见图8-3。

在以残疾人权利法这一形式立法的国家中,尼泊尔先后在宪法层面及残疾人保护法层面承认手语。尼泊尔在2015年颁布的宪法中特别提到了聋人接受手语教育的权利。之后在2017年通过的《残疾人权利法案2072(2017)》中提到"'语言'是指口语和手语以及其他形式的无声语言",这在实践中得到了教育部、社会福利部的承认,并且在聋哑学校中使用。① 再如土耳其国民议会颁布了关于手语的《残疾人法》(第5378号),其中规定聋人教育要使用手语以及应向聋人提供手语翻译。②

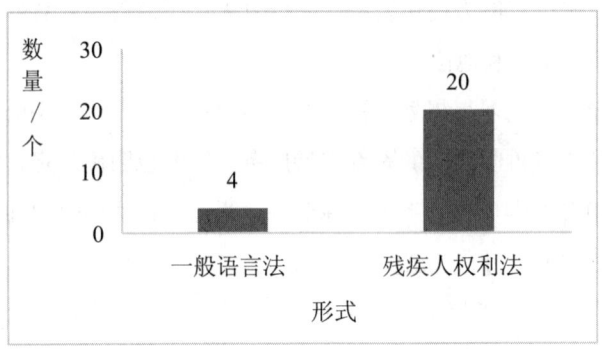

图 8-3　其他形式手语立法国家数量图

可以看出,与较为完善的专项手语法相比,残疾人保护法、教育法等其他类型的立法形式更注重聋人群体应享有的权利。

二　近五年各国手语立法情况

2016年至今(包括2016年)颁布手语相关法令的国家有22个,其中也包括对手语相关法令进行再修订的国家,各大洲分布情况如图8-4所示。

从地区分布来看,仍然是欧洲地区出台手语法数量最多,共有11个国家。这得益于欧洲聋人联盟的积极推动,欧洲聋人联盟是目前唯一的在欧洲层面上代表聋人的超国家非营利性组织。总而言之,欧洲地区的聋人发展和有组织有规划的发展是密不可分的。

近五年的手语立法基本以专项手语法这一形式为主,仅有斯洛文尼亚在宪法层面对手语进行立法。可以看到,建立专项手语法的国家有15个,占比约68%,其中欧洲数量最多,非洲和大洋洲近五年尚未出台国家级别的专项手语法,见图8-5。亚洲地区仅有菲律宾出台专项手语法。手语立法呈现出了全球发展不平衡的现象。

---

① 参见 https://en.wikipedia.org/wiki/Nepali_Sign_Language。
② 参见 https://en.wikipedia.org/wiki/Legal_recognition_of_sign_languages#Turkey。

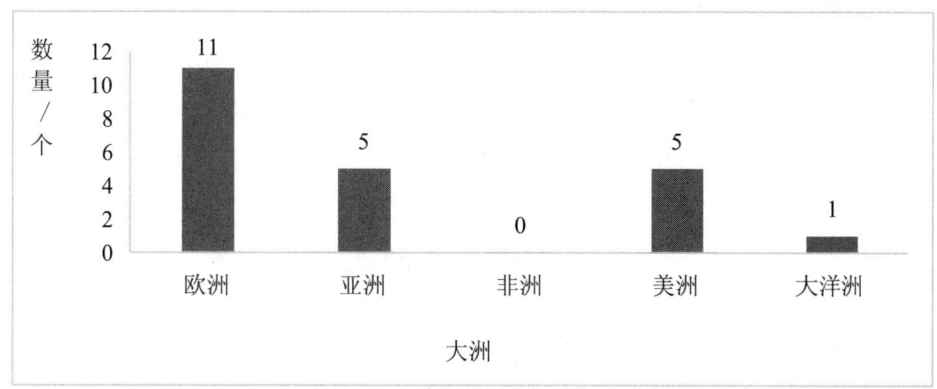

图 8-4　手语立法国家数量分布图（2016 年至今）

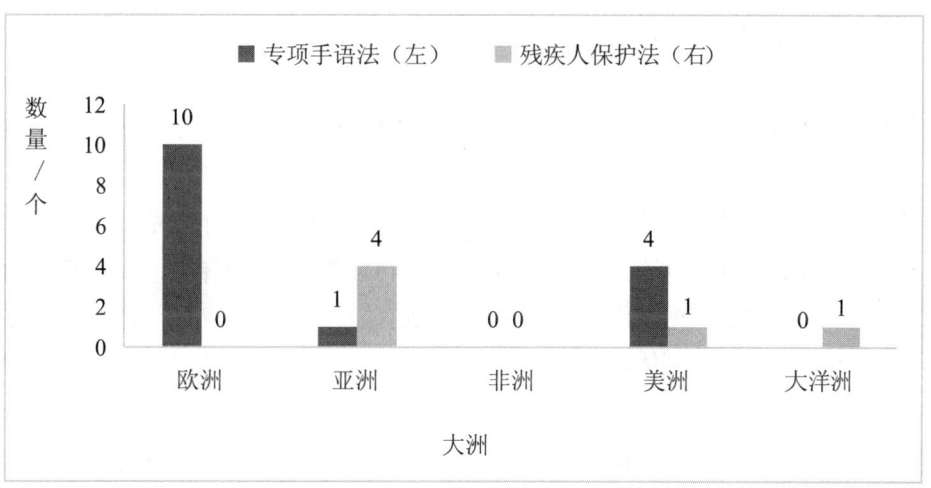

图 8-5　手语立法类型分布图（2016 年至今）

以上展示了明确承认手语立法的国家，同时，也有一些国家虽然并未提出明确的手语立法规定，但也"隐性承认"其手语，即通过解决该群体实际问题的措施来隐性承认其手语地位。

以美国手语为例。早有学者指出，美国"州一级的明确承认与国家一级的隐性承认相结合使得确保美国手语在美国社会的知名度方面相当成功"[①]。州一级对美国手语的认可具体表现为认可美国手语作为一门语言学科，在教育领域中获得学分。比如得克萨斯州承认美国手语作为一种语言的地位，且规定该语言可以获得大学学分。可以看到，虽然联邦政府没有在法律层面明确承认美国手语，但是使用美国手语获得公共服务的情况在美国相当普遍。

---

① de Meulder, M. 2015. The legal recognition of sign languages. *Sign Language Studies* 15(4).

总之，当前美国存在着大量的州法及联邦法律，隐性地承认了美国手语的地位，并赋予聋人美国手语的使用权利，而这些权利主要通过《美国残疾人法》来保障。此外，美国更多地视美国手语为一种工具，且将其纳入主流的教育环境中，这也使聋人在社会中获得了更广泛的空间。

三 手语立法的趋势

上述统计显示，2000年以前的手语立法国家有12个，2000—2015年手语立法的有41个（该数量包含同一国家在不同年份出台不同手语法的情况，如尼泊尔），2016年至今的手语立法国家有22个。由此可见，手语立法正成为一个新的趋势，越来越多的国家加入手语立法的行列。

不少国家选择进行专项手语立法（28个，占比约40%），尤其是近五年的趋势更反映了这一点（新增22个中有15个颁布专项手语法）。宪法作为国家根本大法，对手语予以承认可以确保其法律地位。将手语置于一般语言法（主要是涉及口语或书面语）保护中，有可能提供更为具体的保护，但由于部分语言法本身是不具备强制性的软法，聋人的手语权益也可能得不到切实保障，如将手语纳入教育法等具体领域的法律中，会缩小受益群体，导致大量成年聋人在社会工作和生活中的保障得不到体现。如将手语纳入残疾人权利法中，可以提高法律的硬度，便于细化执行，但是这种情况下更多体现的是残障视角的"缺失"，无法凸显手语的"资源"优势。相较之下，出台专门的手语法，一方面凸显了手语作为资源的重要性，让手语获得平等的地位；另一方面有利于将手语相关政策全面地纳入和集中规定。近年来的手语立法渐趋专业化、精准化和科学化，对手语及聋人群体有了更精确的认识，并考虑到手语群体内部各种细分人群的利益诉求。例如2017年苏格兰对英国手语立法，将应用于盲聋人的触摸式手语这一特殊类型也写入保护条文中。

中华人民共和国自成立以来就非常重视聋人的手语工作，并通过编纂手语词典、创办手语节目等方式，积极推动手语的标准化。但这些工作还远远不够，我国手语相关人才（包括手语语言学研究者、手语翻译等）还较为缺乏，尤其是聋人专家更是少之又少。借鉴国际上的不同做法，吸纳手语专家，特别是聋人手语专家参与手语立法的讨论，是一项值得推进的重要工作。

（左逸菲、林　皓）

"语言政策与规划"类国际期刊扫描（2021）

本文以国际上有重要影响且主要发表语言政策与规划研究成果的6种英文期刊为扫描对象，通过综述年度发文要旨并翻译研究类文章的标题，梳理2021年该领域国际学界研究的焦点问题。此次扫描按照期刊的创刊顺序逐一介绍内容，概述年度刊文特色。介绍中列出每种期刊各期学术文章专文标题并括注作者，为读者提供一个直观的总体概貌，便于参考。①

《国际语言社会学期刊》
（*International Journal of the Sociology of Language*）

《国际语言社会学期刊》2021年共出版6期（第267—272期），发表学术文章63篇，涉及语言社会学知识生产、英国跨国移民社区内部多样性、不同职业劳动力分化、语言意识形态等议题。

第267期和第268期为"展望语言社会学知识生产"的二合一专刊。文章论及《国际语言社会学期刊》的历史经验与未来设想、学科理论建设与发展、学术发表及社会语言生活中的公平问题，探讨了语言社会学知识生产面临的挑战及应对策略。文章提出期刊建设应当创新，理论革新当加强跨学科合作，均衡知识生产渠道与传播途径需重视小族语言及边缘群体的语言生活。该专刊共刊文31篇：《欢迎加入！展望语言社会学的知识生产》（Alexandre Duchêne et al.）、《审稿与语言政治：阿拉伯世界称他们的斗争为"革命"而非"阿拉伯之春"》（Ashraf Abdelhay，Cristine Severo与Sinfree Makoni）、《（社会）语言学合作发表的署名管理》（Nana Aba Appiah Amfo）、《从喀麦隆高校女学人的经历看性别化的学界》（Lilian Lem Atanga）、《博茨瓦纳的教育、多语现象与双语现象》（Mompoloki Mmangaka Bagwasi）、《应急线上会议》（Brook Bolander与Julia

---

① 文中涉及中国语言规划的文章题目用楷体标示。

Fine)、《社会变迁话语分析：话语、能动性及展望》(Juan Eduardo Bonnin)、《〈国际语言社会学期刊〉的未来：开展跨学科多维度合作，破除知识生产、分配和传播的结构性限制》(José del Valle)、《撒哈拉以南非洲国家社会语言学研究中的空白》(Paulin G. Djité)、《学术发表的规章制度：制衡学术不公》(Nicole Dołowy-Rybińska)、《再论语言与全球化：新冠肺炎疫情下的边缘人生》(Jie Dong)、《种族语言系谱学作为语言社会学的研究方法》(Nelson Flores)、《语言新经济中的话语风格》(Ilana Gershon 与 Michael M. Prentice)、《危机时刻》(Monica Heller)、《对言语社区界限的再划分：语言的历史因素和物质因素、空间与地点之分影响新定义的方式和缘由》(Miyako Inoue)、《传承过去，继往开来》(David Karlander)、《西班牙语话语管控》(Daniela Lauria)、《关键是谁在听——社会语言中的语境与感悟》(Adrienne Lo)、《学术知识的生产与学术政治的前瞻性》(Beatriz P. Lorente)、《学术中的霸权与不公》(Luisa Martín Rojo)、《社会语言学研究去殖民化：会走方法上的回头路吗？》(Finex Ndhlovu)、《渴望"专注"研究》(Sandra Nossik)、《跨国时代的国际期刊》(Joseph Sung-Yul Park)、《语言教育政策中的语言认识消除、语言意识形态缺失与（去）殖民化》(Prem Phyak)、《用组合来驱动：靠语言来多样》(Sari Pietikäinen)、《不平等的话语与马来西亚裔印度学术的象征资本》(Shanthini Pillai)、《语言学术政治：没有真正的世界情怀》(Harshana Rambukwella)、《语言社会学研究的南移与去殖民化：研究非洲的重要性》(Stephanie Rudwick 与 Sinfree Makoni)、《语言政策有时是不够的》(Juldyz Smagulova)、《语言与社会能动性的再思考》(Lionel Wee)、《社会语言研究的过程和物质性》(Virginia Zavala)。

第 269 期为"英国移民社区的动态面貌"专刊。文章重点关注英国不同移民社区中语言与移民群体的经历、教育背景、自我认同等内部多样性及更广泛的社会、文化、政治环境之间的互动关系。研究表明，移民群体借助移民的经历改变了社区语言格局；语言与教育背景的差异造成了不同的语言偏好；基于移民群体身份建构的多语及超语实践加速了社区内语言地位及权势关系的分化，跨国移民社区已演化为移民群体语言、身份以及社会阶层的角力场。另外，还有研究涉及了语言混合及语音变异等主题。该期刊文 10 篇：《导读：英国移民社区的动态面貌》(Xiao Lan Curdt-Christiansen, Zhu Hua 与 Li Wei)、《生而有异，活而不同：英国索马里社区语言与身份认同代际差异》(Sahra Bashir Abdullahi 与 Li Wei)、《"优异"与"收益"：英国华人社区社会语言生活概貌》(Xiao Lan Curdt-

Christiansen 与 Jing Huang)、《"标准波兰语":单语观念、多语现实与波兰组织在英国》(Kinga Kozminska 与 Zhu Hua)、《在英侨民状况变迁:漫谈 2010 年以来希腊语补习学校中的族群语言异质性》(Petros Karatsareas)、《"说泰米尔语!"——斯里兰卡泰米尔人经由欧洲移民英国会影响泰米尔语在英国的语言保持吗?》(Lavanya Sankaran)、《不被认可的社区:伦敦新一代意大利移民案例研究》(Giulia Pepe)、《在英黎巴嫩人社区的语言态度与语言实践》(Zeina Eid 与 Julia Sallabank)、《语言混用在新加坡学生社交网络中的功能》(Werner Botha)、《语言在不断降级中本土化:纳米比亚阿非利堪语语音变异背后的语言观念》(Gerald Stell)。

第 270 期为"不同职业劳动力的语言分化"专刊。文章分别探讨数字信息时代背景下多语能力、翻译技巧、交际策略等相关语言能力对劳动力职业分工的影响。语言在人力资本中的地位不断上升,语言的文化属性决定了劳动力市场能够赋予其不同价值。该期刊文 7 篇:《双语有优势吗?英语之外的语言技能对移民及本族人职业成就的影响》(Josep Ubalde 与 Josiah Heyman)、《机器自动翻译是否在改变翻译行业?》(Anthony Pym 与 Ester Torres-Simón)、《语言沟通技巧有回报,但并非人人需要》(Jiří Balcar 与 Lucie Dokoupilová)、《美-墨边境语言产生的职业隔离:采用差别指数测量单语人和西-英双语人就业中的不平等》(Maria Cristina Morales)、《不同职业劳动力语言分化:一个有待进一步讨论的问题》(David Block)、《中英语码转换态度的个体差异》(Hong Liu)、《新加坡华裔老年人的多语主义:口述实录》(Vanessa Ellen Mei Yin Nah et al.)。

第 271 期为"英语意识形态在亚洲"专刊。文章主要探讨东方主义和西方主义二元体系在中国、韩国、日本、新加坡、塔吉克斯坦和巴基斯坦等亚洲国家如何对英语与其他语言意识形态互动产生影响。该期刊文 7 篇:《用英语打造白人面具:东方主义中对自身的误认》(Jinhyun Cho)、《英语之于东方:全球化中国诸语言排序中的壮语、蒙古语、汉语和英语》(Alexandra Grey 与 Gegentuul Baioud)、《语言意识形态与自我东方主义:英语在〈中国日报〉旅游版块中的呈现》(Xiaoxiao Chen)、《英语众声:语言与巴基斯坦和塔吉克斯坦的伊斯玛仪派穆斯林的宗教认同建构》(Brook Bolander)、《2020 年日本奥运会之前的英语教育改革:教师谈教学变革》(Michiko Weinmann,Ryo Kanaizumi 与 Ruth Arber)、《新加坡优秀学生的分化:非标准英语变体的视角》(Luke Lu)、《加利西亚语标准化过程中的语言指向性、贵族化和社会不均现象》(Montserrat Recalde)。

第 272 期为"语言意识形态和社会定位：结构、等级与实践"专刊。该期文章突破语言意识形态作为纯粹元语言话语的思维模式，探讨人格特征分析、殖民语言影响及个人与社会制度互动等社会实践中的语言意识形态。该期刊文 8 篇：《语言意识形态与社会定位：缺失的关联亟待重建》（Jürgen Spitzmüller et al.）、《指示性符号阐释的辩证问题：从"现实"到"虚拟"的拓展》（Michael Silverstein）、《人格形象：时间、空间和情感对元语用分析的启发》（Joseph Sung-Yul Park）、《难民咨询中心的（元）语言交流：话语的重复、删减与主观能动性》（Jonas Hassemer）、《话语的反叛：挑战语言殖民》（Ana Deumert）、《语言指向性的界限：陈词滥调的社会语言层级》（Brigitta Busch 与 Jürgen Spitzmüller）、《时代变迁中语言资源的获取：社会语言不均的理论探讨》（Anna-Christine Weirich）、《马来西亚槟城华裔青少年对闽南话活力的认识》（Su-Hie Ting 与 Jonathan Zie-Ming Teng）。

《语言问题与语言规划》
（Language Problems and Language Planning）

《语言问题与语言规划》2021 年（第 45 卷）共出版 3 期，发表学术论文 14 篇，主要围绕语言优势与语言转用、语言与属地关系、翻译语种的包容性、语言学习与学科教学和语言正义等几个主题展开论述。

第 1 期主要关注双语学生语言态度、一语发展趋势、语言优势与语言转用、语言一体化等四个方面。文章基于丰富数据展开分析和讨论，涉及中国、西班牙、伊朗和加拿大，以期揭示语言演变及代际传承的基本规律。该期刊文 4 篇：《双语学生藏语态度研究》（Yongtao Gan 与 Sude Sude）、《加泰罗尼亚地区一语的新发展：介于小族化与语言保持之间》（Avel·lí Flors-Mas et al.）、《伊朗多语背景下卡尔胡里部落库尔德人的语言优势与语言转用：语言自亡还是他亡？》（HiwaWeisi）、《蒙特利尔多语背景下移民的语言一体化》（Ibrahim Bousmah 与 Gilles Grenier）。

第 2 期为语言与属地关系专刊。文章用具体例证讨论属地原则和属人原则，涉及波罗的海国家、罗马尼亚、瑞士、比利时和爱尔兰，探讨两大原则在解读欧洲社会语言复杂性、语言政策动态变化及社会文化效应方面的价值。该期刊文 6 篇：《从欧洲语言视角看压力下的语言属地原则》（Till Burckhardt, John Coakley 与 László Marácz）、《多族群语言环境下语言属地性与非属地性的约定问题：以波罗的海国家为例》(Ádám Németh)、《属地原则的经济效应：来自罗马尼亚特兰西瓦尼亚地区的证据》(Zsombor Csata et al.)、《瑞士的语言属地性：探索宪法原则的基础》(Till Burckhardt)、《属人原则和属地原则理论及其在比利时的应用》(Helder de Schutter)、《语言使用空间的让渡与象征地位的提升：爱尔兰的语言政策》(John Coakley)。

第3期主要关注翻译语种的包容性、语言性别差异、外语学习与学科教学、语言正义等不同方面。文章采用个案研究法，探究国际组织、教学领域和语言规范研制中的相关问题。该期刊文4篇：《翻译需要语种包容性吗？国际非政府组织翻译政策文件解析》(Wine Tesseur)、《经济合作与发展组织成员国的职场语言性别差异：定量分析及其争议》(Amado Alarcón et al.)、《教课程学外语：内容-语言融合式教学中的教师角色》(Silvia Minardi)、《多元中心语言正义在魁北克：法语规范研制中的政治理念态度调查》(Leigh Oakes与Yael Peled)。

《多元语言与文化发展期刊》

(*Journal of Multilingual and Multicultural Development*)

《多元语言与文化发展期刊》2021年（第42卷）共出版10期，发表学术论文64篇，论题广泛，包括语言选择、语言转用、语言态度、标准语言观念、家庭语言政策、语言复兴等。

第1期主要探讨罗兴亚难民、乌干达族群、毛里求斯中学生、跨国移民家庭等不同群体的语言选择问题，揭示了语言态度、语言使用域及族群多样性对语言选择的影响。有的文章还探讨了语言习得、身份认同等话题。该期刊文7篇：《语言媒介图谱的应用：多语家庭语言媒介资源合作式研究》(Kristin Vold Lexander与Jannis Androutsopoulos)、《英语冠词的二语习得和三语习得：二语水平对二语向三语正迁移的影响》(Derya Şekerci Arıbaş与Filiz Cele)、《麦加二、三代罗兴亚难民的语言水平及使用》(Morad Alsahafi)、《乌干达族群多样性以及专题课程实施中面临的挑战》(Charles Amone)、《毛里求斯中学生的语言及语言态度转变》(Anu Bissoonauth)、《安达卢西亚大学生欧洲身份的认知：海外经历与国际视野》(María del Carmen Méndez García et al.)、《群际相依交流模型检验：以美-加关系为例》(Matt Giles et al.)。

第2期为"语言标准"专刊。文章探讨了英国、爱尔兰、意大利、瑞典、乌克兰及瑞士的标准语言及标准语言观，突破了以往语言标准化研究聚焦单语的窠臼,转向基于语言实践、关注多语现实的语言标准化研究。该期刊文6篇:《从瑞士语言政策看语言多样性的选择性问题》(Raphael Berthele)、《自评以及对标准语言的认识:瑞典双语青少年关于自身语言能力的思考》(Julia Forsberg et al.)、《多语环境下的标准乌克兰语:语言认识及当前教育实践》(Natalia Kudriavtseva)、《变化中的标准:伯明翰某中文补习学校存在语言认识的多层级现象》(Jing Huang)、《俄语使用者和"俄语"在爱尔兰:统一、杂糅、标准和变异》(Feargus Denman)、《将意大利语阿拉伯语化?跨国文学作为多语交流场域》(Jennifer Burns)。

第3期主要关注语言态度。文章采用问卷、访谈等研究方法,调查了中国、澳大利亚、斯洛文尼亚、韩国等国家不同群体的语言态度,揭示了语言的多重价值,如工具价值、身份认同、情感归属等。该期刊文7篇:《二语自我认知偏差、动机及留学环境:以学期国际交流生为例》(Xujia Du 与 Jane Jackson)、《韩国精英英语教育背后隐藏的意识形态》(Chunhwa Lee)、《厘清儿童语言态度:LANGattMini量表的建构与检验》(Silva Bratož et al.)、《中国某高校英语外教身份建构的伦理分析》[Xiaoyan(Grace)Guo,Gong Chen 与 Ya Sun]、《自我效能在调节情绪不稳定性和二语成绩关系中的作用》(Ewa Piechurska-Kuciel)、《意大利裔澳大利亚青年的语言能力、语言选择和语言态度》(Antonia Rubino)、《中国蒙古族大学生三语态度调查》(Rining Wei,He Jiang 与 Mengxia Kong)。

第4期主要关注英语教育。文章通过分析蒙古族初中英语教科书、全英授课国际课程、香港某大学语言冲突事件等案例,揭示了知识再生产的不平衡、权力关系的不平等及语言帝国主义。另有文章讨论了俄语移民家庭祖语传承及阿塞拜疆双语人的语言选择。该期刊文5篇:《英语教科书、文化和权力:对中国蒙古族初中生英语教科书内容的辩证分析》(Rong Xiang 与 Vivian Yenika-Agbaw)、《审视中国高校全英语授课国际课程办学"结果不均衡"现象》(Yang Song)、《从塞浦路斯、爱尔兰、以色列和瑞典的俄语家庭看祖语及其读写的传承》(Agnieszka Otwinowska et al.)、《阿塞拜疆双语者在家庭生活和交友中的语言选择和身份构建》(Mahtab Taqavi 与 Amir Rezaei)、《英语新帝国主义——以香港为例》(Mee Ling Lai)。

第5期主题为跨国家庭语言实践。文章调查了侨居英国、瑞典、挪威与芬兰的波兰语家庭日常语言使用,从个人、家庭和社会三个层面探寻影响语言实践变化的因素,包括移民经历、语言偏好、代际关系、社会政治环境与数字通信技术

的使用等。该期刊文4篇:《两个多代同堂波兰语-瑞典语家庭的内部语言选择》（Dorota Lubińska）、《保持联系值得吗？挪威波兰裔青少年畅想未来的语言及社会文化生活》（Maria Obojska）、《多语制的承诺与回弹：英国脱欧公投后波兰语移民的语言认识与实践》（Kinga Kozminska 与 Zhu Hua）、《虚拟的亲近感与跨国家庭生活：侨居芬兰的波兰人数字通信行为案例研究》（Joanna Kędra）。

第6期主要关注外语教育。文章对南非、瑞典、韩国和中国学生的二语交流意愿、母语角色及母语思想进行了研究。此外，还有文章探讨了新模态中的语言使用、国际学生社会交往模式、外语能力测试、移民语言等议题。该期刊文7篇:《多语电影的波斯语配音策略》（Mahtab Ebrahimzadeh Poustchi 与 Zahra Amirian）、《国际学生社会交往模式及其对学业适应的影响》（Hanh Pho 与 A. Schartner）、《多语科学课中学习与语言依存关系新论》（Erasmos Charamba）、《从跨文化视角看韩国和瑞典中学生的二语交流意愿》（Ju Seong Lee，Liss Kerstin Sylvén 与 Kilryoung Lee）、《韩国国家英语能力测试及相关政策》（Dongil Shin 与 Eunhae Cho）、《从文化图式看英语学习中母语思想与文化认同的协商》（Fang Gao）、《多伦多猛龙队VS流浪瘾君子巴克提：索马里语对多伦多俚语的影响》（Derek Denis）。

第7期采用文本分析、田野调查和访谈等方法，探讨了菲律宾、泰国、韩国、越南、美国、中国等国家的语言与政治、语言实践、语言态度、语言学习能动性、语言观念、文化适应等问题。该期刊文7篇:《英语诺言：菲律宾的亲善同化、教育及民族主义》（Dana Osborne）、《泰国小族语青年的语言实践与语言态度》（Stefanie Siebenhütter）、《"这用阿拉伯语、希伯来语、英语怎么说？"深入了解儿童在学习新语言中的能动行为》（Mila Schwartz et al.）、《韩国学前儿童母亲的语言观念：攀比、砸钱及幼儿英语教育》（Mun Woo Lee，Haemee Kim 与 Moon-sub Han）、《从社会进化分析看欧框作为越南的一项国家语言政策》（van Huy Nguyen 与 M. Obaidul Hamid）、《获奖儿童绘本中的西班牙语使用情况》（Laura Beth Kelly）、《跨语言测试的国际比较：同题翻译审校过程中的文化适应》（Xueyu Zhao 与 Guillermo Solano-Flores）。

第8期包括4项实证研究，主要聚焦于多语家庭的语言政策与实践，采用社会语言学民族志及传记的研究方法，考察了多语核心家庭或大家族在不同情境中（如度假、虚拟世界）的语言观念及实践，涉及阿拉伯语、丹麦语、荷兰语、国际手语、印地语、英国手语等16种语言。该期刊文6篇:《多语家庭语言资源民族志研究》(Luk van Mensel 与 Maartje de Meulder)、《假期家庭语言政策：手、口语兼备型四家人同游记》(Annelies Kusters et al.)、《"我家的猫也有权"：第三语言在家人互动中制衡权力、维护团结的多重意义》(Cassie Smith-Christmas)、《引导家人的部分共享语言资源：试解家庭语言政策的核心与外围内容》(Judith Purkarthofer)、《"我每天晚饭时都跟她用 Skype 聊天"：科技支持家庭语言学习及管理》(Fatma F. S. Said)、《家庭作为语言使用空间：多语资源、语言实践及生活经历》(Elizabeth Lanza)。

第 9 期为"标准语言观念"专刊，探讨了特定族群的语言使用错误、小族语言使用者对标准语和非标准语的态度、移民居住环境变动引起的语言观念变化、地方语言变体和小族语言的多元中心性及合法性等问题，为此类研究提供了新的视角。该期刊文 9 篇：《导读：蒙标准之荫——关于标准语的思想认识及对非标准变体和用法的态度》(Olivia Walsh)、《蔬果商、体育评论员、房地产经纪和电视节目主持人：咬文嚼字"咬"了谁？为什么？》(Ingrid Tieken-Boon van Ostade)、《文化多元的伦敦英语及其使用者：基于语料库的标准语观念和社会刻板印象的话语研究》(Ruth Kircher 与 Sue Fox)、《标准语观念：以伦敦土耳其语学校的塞浦路斯裔土耳其人为例》(Çise Çavuşoğlu)、《从乡言到俚语：城市散居人群非标准变体的再语域化》(Petros Karatsareas)、《阿塔图尔克的深远影响：标准土耳其语使用者比带库尔德口音的使用者更年轻、更成功、更有吸引力》(Anne Ambler Schluter)、《多元中心语言标准合法性的理论构建：法国的欧西坦语及加泰罗尼亚语》(James Hawkey 与 Damien Mooney)、《法语：单一中心还是多元中心？标准语观念及 20 世纪魁北克语言专栏中关于法语的态度》(Olivia Walsh)、《从微博看（标准）语言观念及中文社交媒体中的地方普通话》(Hui Zhao 与 Hong Liu)。

第 10 期为"21 世纪语言复兴"专刊。世界多语及多元文化背景下，21 世纪的语言复兴研究面临挑战。文章在语言复兴理论及实践基础上，从宏观及微观视角出发，结合自上而下与自下而上的研究路径，提出了新的语言复兴研究理论模型，并采用个案分析法探讨土著语言和小族语言振兴及其对多元文化和多语发展的影响、教育在语言振兴中的积极作用等议题。该期刊文 6 篇：《21 世纪的语言复兴怎么样？新趋势及新框架》(Llorenç Comajoan-Colomé 与 Serafín M. Coronel-Molina)、《语言复兴新论》(Lenore A. Grenoble 与 Lindsay J. Whaley)、《教育在土著语言复兴和振兴中的整体效益》(Teresa L. McCarty)、《语言复/振兴回顾：媒体及艺术领域的近期相关工作》(José Antonio Flores Farfán 与 Josep Cru)、《拉丁美洲当前跨文化双语教育：成绩与挑战》(Luis Enrique López)、《当今法属加泰罗尼亚地区的加泰罗尼亚语再口语化？身份恢复及语言传承之路》(Joan Peytaví Deixona)。

《语言规划中的现实问题》
(*Current Issues in Language Planning*)

《语言规划中的现实问题》2021年（第23卷）共出版5期，刊文29篇，主要围绕语言政策与规划的能动性问题、社区语言使用、中国家庭语言政策与规划、语言教育政策及实践、语言政策成效等五个方面展开论述。

第1期和第2期为合并专刊，聚焦语言政策与语言规划中的能动性问题，以个体主观能动作用为主线，采用半结构访谈、混合式研究、个案研究等方法，分别从微观、中观、宏观层面对不同国家教师、学生、校方决策层、地方机构、语言政策制定和实施层的能动作用及构成要素进行分析，揭示了主观能动性在语言政策与规划中的复杂性及其重要作用。两期共刊文13篇：《语言规划与语言政策中的能动性研究》(Anthony J. Liddicoat 与 Kerry Taylor-Leech)、《生态视角下香港回归后中文教师能动性研究》(Samuel C. S. Tsang)、《看得见/看不见的学生：明尼苏达州级非传统教学项目》(Miranda Lee Schornack 与 A. Karlsson)、《校级语言规划决策中的分层、权力和能动性》(Miranda Weinberg)、《政策制定者能动性与结构：以多语国家尼泊尔的教学语言政策为例》(Prem Prasad Poudel 与 Tae-Hee Choi)、《教育语言规划中的能动性：突尼斯高等教育面面观》(Khawla Badwan)、《个体主观能动作用和中国语言教育政策的变化：对新大学英语教学指南的回应》(Jingyan Cheng 与 Li Wei)、《宏观政策调整下中观层面语言政策规划中的能动性：以中国某高校的多语教育为例》(Xiuwen Chen，Jian Tao 与 Ke Zhao)、《国家语言政策中地方机构的能动性：巴西某院校高等教育国际化》(Kyria Rebeca Finardi 与 Felipe Furtado Guimarães)、《对中层实施者能动性的层级制约：来自越南教育语言政策改革的证据》(Elizabeth Shepherd 与 Lisa McEntee-Atalianis)、《语言政策转变中小学英语教师落实教改的能动性：越南案例研究》(Manh Duc Le et al.)、《学前教育负责人在语言政策实施中的能动作用：政策接受与抵制的案例研究》(Naashia Mohamed)、《能动性反应：印度境内学生的英语使用态度研究》(R. Vennela 与 K. M. C. Kandharaja)。

第3期主要关注英国语言政策以及巴基斯坦英语教学改革。文章采用民族志、田野调查、半结构访谈、历史结构分析等方法，研究北爱尔兰、苏格兰关于社区语言使用的相关政策及实践；另有研究关注教师能动性在巴基斯坦英语教学改革中的作用。该期刊文4篇:《支持社区语言使用者:以小学语言政策和实践为例》（Janice Carruthers 与 Anik Nandi）、《应对唯英语论者:透过公共空间看教师的能动作用》（Syed Abdul Manana et al.）、《〈爱尔兰语言法〉路在何方？论北爱尔兰语言政策》（Abhimanyu Sharma）、《局外视角看社区语言学习与苏格兰1+2语言战略》（Andy Hancock 与 Jonathan Hancock）。

第4期为"变化中的语言状况:中国家庭语言政策与规划"专刊，聚焦公共领域语言政策和家庭领域语言规划的关系。刊文以普通话、方言、少数民族语言的使用为调查对象，从社会政治学、生态学、社会历史等角度对中国不同家庭的语言生活、语言态度和语言传承等问题进行了探讨。该期刊文8篇:《中国家庭语言政策与规划:变化中的语言状况》[Xiao Lan Curdt-Christiansen 与 Xuesong（Andy）Gao]、《译失:家长在跨代语言传承中的译者身份》（Weihong Wan 与 Xiao Lan Curdt-Christiansen）、《一座城市两个世界:社会政治学视角下的中国城市家庭语言规划》（Yongyan Zheng 与 Ziwen Mei）、《冲突的语言身份:农民工家庭家长与子女的语言选择》（Hongyan Yang 与 Xiao Lan Curdt-Christiansen）、《生态学视角下的家庭语言政策研究:以中国苗族家庭为例》[Qi Shen, Lian Wang 与 Xuesong（Andy）Gao]、《语言凝聚力、语言活力和语言地位:中国西北部锡伯族的家庭语言态度》（Xiaorong Yin 与 Guofang Li）、《透过社会历史看香港少数族裔家庭语言政策与规划》（Mingyue Michelle Gu 与 Yawen Han）、《中国家庭语言政策与规划多层级研究述评》（Patricia A. Duff）。

第5期主要关注语言教育政策实践和实际语言政策，采用民族志、访谈、问卷调查等研究方法，从家长、教师、校方等不同视角对多语学习、双语教育和全英教学进行探讨，研究范围涉及中国、阿联酋、哈萨克斯坦。该期刊文4篇:《"寄宿生家长儿女情":国际学校中国家长语言观及其在子女语言学习中的作用》[Zhongyan Wan 与 Xuesong（Andy）Gao]、《台湾双语教育政策述评:教师经历路线图视角》（Keith M. Graham, W. Y. Pan 与 Z. R. Eslami）、《闲话两个咖啡馆:空间生产作为事实语言政策》（William Robert Amilan Cook）、《哈萨克斯坦全英教学改革:两种语境下的教育变革比较研究》（Laura Karabassova）。

《语言政策》

(*Language Policy*)

《语言政策》2021年（第20卷）共出版4期，发表学术论文24篇，主要围绕东帝汶语言政策进程、双语制或多语制产生的问题、双语教育贵族化现象和领域语言政策、规划及实施等话题展开论述。

第1期为"东帝汶语言政策"专刊。文章大多采用批判性民族志研究方法探析东帝汶语言政策与规划，揭示教育系统的语言政策及实践、社会阶层的语言纠葛。该期刊文6篇：《发展中国家语言政策的批判性民族志研究：对东帝汶语言政策研究的思考》（Estêvão Cabral 与 Marilyn Martin-Jones）、《从教育语言政策研究到课堂语言生活：东帝汶不同层级的语言民族志研究》（Ildegrada da Costa Cabral）、《要制定通用教育语言政策吗？葡萄牙、巴西与东帝汶三方合作将葡萄牙语重新引入东帝汶教育体系》（Alan Silvio Ribeiro Carneiro）、《学术德顿语：大学教师在德顿语学术研究中的作用》（Trent Newman）、《东帝汶成人识字班及各地不同语言价值与语言生活对语言政策制定的启示》（Danielle Boon et al.）、《后殖民时代东帝汶语言政策与规划进程：阶层内外的斗争及联盟》（Feliciano Chimbutane）。

第2期主要关注语言文明现象、双语制或多语制所带来的问题。文章采用个案研究法和语言民族志，分别探讨了瑞典、法国、马来西亚、阿联酋、芬兰及欧洲北部边缘地区涉及的上述问题。该期刊文6篇：《对语言文明的不同反应：瑞典某高中语言净化行为的影响》（Henning Årman）、《推进多语制：中学法语课程设置与科西嘉语课程设置中的导向性对立》（Alexander Mendes）、《语言政策、语言思想定位与理论思想》（Nathan John Albury）、《阿联酋高等教育中的语言政策：语言水平、语言选择及阿拉伯语的未来》（Afaf Al-Bataineh）、《教师的担当及对语言的推广：芬兰某校语言教师的政策制定角色》（Marika K. Criss）、《欧洲北部边缘地区避难者语言政策引争议：Tailor F. 现身说法》（Sari Pöyhönen 与 James Simpson）。

第3期聚焦于双语教育、沉浸式教育中的语言贵族化现象。文章主要采用民族志、批评话语分析等方法，基于扎根理论、批判种族理论等，探讨当前双语教育中的语言贵族化现象及相关问题。该期刊文7篇：《"现在打听学校情况的全是上层社会的家长"：贵族化在双向双语教育政策实施中的殖民性》（Lisa M. Dorner，Claudia G. Cervantes-Soon，Daniel Heiman 与 Deborah Palmer）、《双语教育"五五开"模式的语言分配"公平性"及无视公正的"实用性"问题》(Juan A. Freire 与 M. Garrett Delavan)、《"生活就是选择":校方管理层、方案选择及双语教育模式的定型》(Katie A. Bernstein et al.)、《双语教育与贵族化图景:解读视觉媒体及其与语言政策的关联》(Edmund T. Hamann 与 Theresa Catalano)、《培育双向沉浸式教育:语言贵族化、移民及新自由派学校改革》(Sofía E. Chaparro)、《从一位黑人母亲的故事反观双语教育中的棕-白二分做法:旨在打破白人独享的局面》(Andrea Blanton et al.)、《"研究表明,我来这里陪他们":双向双语教育贵族化时代背景下教师陪读行为作为语言政策的落实手段》(Daniel Heiman 与 Mariela Nuñez-Janes)。

第 4 期主要关注领域语言政策。文章大多采用文本分析法与语言民族志,探析孟加拉国、加拿大、英国、新加坡等国家以及荷德边境地区领域语言政策的制定与实施,包括语言意识问题、政策解读、语言不平等现象。该期刊文 5 篇:《英语教学发展援助的受益者谈伦理、认识与政治》(M. Obaidul Hamid 与 Iffat Jahan)、《安大略省教师教育中的手语规划与政策》(Kristin Snoddon)、《英国小学的语法测试、客观语言政策及教学强制手段》(Ian Cushing)、《公共政策的间断平衡模型:新加坡母语政策中的惯性解读》(Luke Lu)、《荷德边境地区当代蓝领工作场所的语言政策与语言景观现象》(Daan Hovens)。

《欧洲语言政策期刊》
(European Journal of Language Policy)

《欧洲语言政策期刊》2021 年(第 13 卷)共出版 2 期,发表学术文章 17 篇,主要围绕语言与科学、全英语教育等方面展开论述。

第 1 期为"语言与科学"专刊,围绕多语实践与科学实践中的动态变化和具体问题,从历史、数学、语言认知类型学、社会语言学等视角展开讨论。该期刊文 10 篇:《对语言的科学思考:历史观察》(法语)(Jürgen Trabant)、《语言与数学创造》(法语)(Henri Volken)、《单一通用语在科学研究中的作用:益处与风险》(Ekkehard König)、《英语在学术界的霸权地位:科学双言制抑或学术通用语》(F. Xavier Vila)、《科学国际化还是知识多语化:以科研评价为例》(Laurent Gajo,Gabriela Steffen 与 Patchareerat Yanaprasart)、《导论》(Michael Kelly)、《语言在全球的重要性:国际行动倡议》(British Academy)、《欧洲议会关于语言政策的情况说明》(Pierre Hériard)、《欧洲语言教育展望:创新实践的案例研究》

（Emmanuelle le Pichon-Vorstman et al.）、《畅想多语主义的未来——转折关头的教育与社会：欧洲语言理事会线上论坛简讯暨会评》（Piet van de Craen）。

第 2 期聚焦全英语教育，从横向、纵向和历时角度对高校教育实践、教育政策、国际化所涉的英语教育问题进行探讨，呼吁整合高等教育国际化和全英语教育这两个学科。该期刊文 7 篇：《国际化大学的全英语教育：探索前进道路——专刊导读》（Patrick Studer 与 Ute Smit）、《再论全英语教育：国际化大学时代大理论之辩》（Emma Dafouz 与 Ute Smit）、《对全英语教学的两种认识》（René Gabriëls 与 Robert Wilkinson）、《应用语言学研究中英语的常见用法：全英语教育会议摘要中的惯用表达分析》（Patrick Studer）、《全英语教学、国际知名度及竞争力：西班牙高等教育国际化方案的语料库话语研究》（Rosana Villares）、《教育的全球本土化实践与国际化接轨：以全英教育促进优质教育》（Karin Båge，Albin Gaunt 与 Jennifer Valcke）、《从打造形象到开拓进取：维也纳经济大学施行全英语教育背后的动因》（Miya Komori-Glatz 与 Barbara Schmidt-Unterberger）。

综上，从统计数据上看，前述 6 种期刊在 2021 年度共发表原创性学术文章 211 篇（不含书评、纪念性和信息性等非研究性文章）；刊文语言有 3 种，除了 2 篇法语文章和 2 篇西班牙语文章以外，其余均用英文撰写；就发表形式而言，共有 19 期 151 篇文章以专刊形式发表，约占总发文量的 71.6%；涉及中国语言规划的文章有 25 篇，约占 11.8%。

（戴曼纯）

附 录

2021年语言生活大事记

1月

1月4日,"中国语言文字"学习强国号上线。

1月5日,由中国残联教育就业部主办、南京特殊教育师范学院中国盲文手语推广服务中心承办,青海省残联宣文部协办的第八期国家通用手语骨干教师培训班在青海省西宁市开班。

1月5日,2020年十大语文差错公布,分别是"新冠"的"冠"误读为guàn,"戴口罩"误为"带口罩","共渡难关"误为"共度难关","杏林"误为"杏坛","宵禁"误为"霄禁","挤兑"误为"挤对","副作用"误为"负作用",误用"叹为观止"形容疫情失控,"科创板"误为"科创版"。

1月5日,语言资源高精尖创新中心联合国家语言资源监测与研究平面媒体中心、北京语言大学、中国传媒大学、华中师范大学、中国新闻技术工作者联合会、中国中文信息学会、商务印书馆、《中国科技术语》杂志社等发布2020年18个中国科技焦点名词。

1月20日,由中国社会科学院语言研究所、北京语言大学、商务印书馆和人民舆情监测室联合主办的2020中青年语言学者沙龙在商务印书馆举行。本次沙龙议题为"语言学与新媒体"。

1月23日,央视中文国际频道(CCTV-4)《中国地名大会》第二季首播。

2月

2月,《装台》《山海情》等方言版电视剧及部分春节档电影戏剧方言版引起广泛关注。

2月2日,2021年全国语言文字工作会议以视频会议形式在京召开。

2月4日，教育部网站发布《教育部2021年工作要点》，提出"发挥国家通用语言文字教育在铸牢中华民族共同体意识方面的作用"，明确"坚定不移推广普及国家通用语言文字，全面加强国家通用语言文字教育教学。促进中华优秀语言文化传承弘扬。推动语言文字规范标准体系和信息化建设"目标任务。

2月13日，央视大型诗词文化节目《中国诗词大会》第六季首播。

3月

3月，以"传承中华经典，庆祝建党百年"为主题的第三届中华经典诵写讲大赛启动。

3月1日，国家语委语言文字规范《〈中华人民共和国国歌〉国家通用手语方案》（GF0024—2020）和《通用规范汉字笔顺规范》（GF0023—2020）正式实施。

3月初，外语中文译写规范部际联席会议专家委员会召开第十次审议会，审议通过了第十一批向社会发布并推荐使用的外语词规范中文译名。此次发布并推荐的译名共7组，主要是信息技术和金融财经领域与社会生活密切相关、媒体使用频次较高的外语词。

3月4日至11日，十三届全国人大四次会议和全国政协十三届四次会议在京召开。人大代表和政协委员们纷纷建言献策，针对推广普及国家通用语言文字、语文教学、弘扬中华优秀语言文化、加强国际中文教育等方面提出诸多建议。

3月16日，教育部办公厅印发通知，启动第三届中华经典诵写讲大赛。

3月23日，教育部办公厅发布《关于举办第三届中华经典诵写讲大赛的通知》。

3月24日，教育部、国家语委发布《国际中文教育中文水平等级标准》（GF0025—2021）。

4月

4月19日，中国语言资源保护工程建设推进会在京召开。会议系统总结语保工程一期建设经验，表彰"中国语言资源保护奖"先进集体和先进个人，部署语保工程二期建设工作。

4月20日,《国际中文教育中文水平等级标准》新书发布会暨国际学术研讨会在北京语言大学召开。

4月22日,教育部办公厅印发《关于第一批入选"古文字与中华文明传承发展工程"协同攻关创新平台的通知》,确定12家高校和科研院所入选第一批古文字工程协同攻关创新平台组成单位。

4月22日,国家语委印发《省级语委语言文字工作报告制度(试行)》。

4月23日,中国新闻出版研究院发布第十八次全国国民阅读调查结果。

4月27日,《北京冬奥会语言服务行动计划》重点任务现场推进会在张家口市召开。

4月27日,以"智汇世界 声动未来"为主题的2021"中国声谷"语音产业发展高峰论坛在安徽省创新馆举办。

5月

5月,在央视新闻、财经频道播出的多档新闻节目中,多位主播将六安读作"liù'ān",引起社会热议。

5月1日,由合肥工业大学外国语学院主办的"第二届全球语言治理论坛"在合肥工业大学宣城校区举办,会议主题为"语言安全"。

5月11日,教育部语言文字信息管理司印发《关于全面推进新时代国家语委科研机构高质量发展的意见》。

5月29日至30日,首届"新时代中国外语教育的国家意识话语体系构建研讨会"在山东省泰安市举行。

5月29日至30日,汉考国际与新加坡科思达孔子课堂等联合主办第二届国际中文教学云端研讨会,会议主题为"国际中文云端教学技能、技巧和技术"。

5月29日至30日,中国华侨华人研究所、温州大学等联合主办第一届欧洲华文教育学术研讨会,会议主题为"新形势下的欧洲华文教育与发展"。

5月31日,教育部办公厅、文化和旅游部办公厅、国家文物局办公室印发《关于第一批入选"古文字与中华文明传承发展工程"协同攻关创新平台的通知》,确定故宫博物院、中国国家博物馆、中国国家图书馆、中国文化遗产研究院等4家文博单位入选第一批古文字工程协同攻关创新平台组成单位。

附录

6月

6月2日,教育部、国家语委在京发布2020年中国语言文字事业和语言生活状况,发布年度《中国语言生活状况报告》《中国语言文字事业发展报告》《中国语言政策研究报告》《世界语言生活状况报告》《粤港澳大湾区语言生活状况报告》。

6月6日,教育部、国家语委会同中央广播电视总台等共同策划打造的"全国大学生党史知识竞答大会"在央视综合频道黄金档推出。

6月6日,第四届国家安全话语体系建设高峰论坛在上海交通大学召开。

6月7日,教育部办公厅印发《"古文字与中华文明传承发展工程"实施办法》(教语信厅函〔2021〕5号)。

6月11日,中国残联、中央宣传部、教育部、国家语委、科技部、工业和信息化部、文化和旅游部、国家广播电视总局联合印发《第二期国家手语和盲文规范化行动计划(2021—2025年)》。

6月21日,第二届全国语言文字标准化技术委员会2021年度工作会议在京召开,宣读国家标准委关于重新组建语标委的公告及语标委组成方案,审议语标委章程和秘书处工作细则,研究第二届语标委工作计划。

6月22日,《人间正道是沧桑——百年红色印迹手绘本》新书发布暨出版座谈会在商务印书馆召开。

6月27日,由北京北大方正电子有限公司、中国书法出版传媒有限责任公司、中国文字字体设计与研究中心主办的"字美中华——中华精品字库工程公益应用计划二期发布会"在京召开。

7月

7月,多地开展语言文字活动庆祝中国共产党成立100周年。

7月5日,国务院办公厅发文调整国家语言文字工作委员会委员单位和委员。

7月5日,《中国语言生活状况报告·语言政策篇》(俄文版)新书首发仪式在北京语言大学举行。

7月5日至9日，由中国常驻维也纳联合国代表团主办的2021年维也纳联合国中文日活动以视频方式举行，活动主题为"传承历史，续写华章"。

7月9日至11日，由北京语言大学、内蒙古大学、呼伦贝尔学院联合主办的"第五届边疆语言文化暨第七届中国周边语言文化论坛"在呼伦贝尔学院召开。

7月10日，国家语委中国东北亚语言研究中心揭牌仪式在大连外国语大学举行。该中心由教育部语言文字信息管理司、辽宁省教育厅和大连外国语大学三方共建共管。

7月15日，国家语委科研规划领导小组发布2021年度科研项目申报工作的通知。

7月16日，由华侨大学与中国外文局当代中国与世界研究院联合主办的新媒体时代增强中国国际话语权研究暨"讲好中国故事"学术研讨会在京举行。

7月17日，由中国翻译协会、中国翻译研究院、全国翻译专业学位研究生教育指导委员会、教育部高等学校翻译专业教学协作组联合主办的2021全国高等院校翻译专业师资在线培训开幕。

7月21日，教育部发布《关于实施学前儿童普通话教育"童语同音"计划的通知》。

7月26日，国家语言资源监测与研究平面媒体中心发布"2021年春夏季中国主流报纸流行语"。

8 月

8月，教育部发布《中国语言文字概况（2021年版）》。

8月11日，教育部语言文字信息管理司印发《中国语言资源保护工程二期建设规划（2021—2025年）》（教语信司函〔2021〕22号）。

8月22日，2021中华思想文化术语大赛全国决赛落下帷幕。

8月26日至29日，由南京大学文学院、南京大学中国语言战略研究中心、国际城市语言学会联合主办的第十八届国际城市语言学会年会在线上召开。

8月27日，国际标准化组织（ISO）和国际电工协会（IEC）正式发布汉信码国际标准——ISO/IEC 20830：2021《信息技术自动识别与数据采集技术汉信码条码符号规范》。该国际标准是中国提出并主导制定的第一个二维码码制国际标准，填补了我国国际标准制修订领域的空白。

9月

9月1日,北京外国语大学与全球治理高等研究院举行"指数全球2021系列指数"发布会,全球首发国家语言能力指数。

9月初,澳门大学、北京外国语大学和里斯本大学三方代表于线上签署《关于组建中国葡语教育高校联盟的协议》,正式组建中国葡语教育高校联盟。

9月10日,国家语委印发《关于公布第二批国家语言文字推广基地名单的通知》。

9月10日,由广东广播电视台与佛山市委宣传部、佛山市文化广电旅游体育局三方共建的岭南方言文化博物馆在佛山市图书馆开馆,这是经广东省委宣传部批准设立的全国首家省级实体语言类博物馆。

9月12日至18日,全国推普周领导小组九部门以"普通话诵百年伟业,规范字写时代新篇"为主题,举办第24届全国推普周活动。

9月17日,全国推普周领导小组与江西省人民政府在南昌师范学院共同举行第24届全国推广普通话宣传周重点活动启动仪式,并发布第六期中华经典资源库项目成果。

9月23日至24日,由教育部语言文字应用管理司指导、北京师范大学主办的高校语言文字工作论坛在北京师范大学召开。

9月24日,"党的语言文字事业百年光辉历程"在教育部开展。

9月25日,由教育部语言文字信息管理司指导,中国教育国际交流协会和中国—东盟中心主办,贵州大学承办,北京外国语大学国家语言能力发展研究中心和上海外国语大学中国外语战略研究中心协办的首届中国—东盟语言文化论坛在贵州省贵阳市举行,论坛主题为"面向社会发展和国际理解的语言文化"。

10月

10月,教育部印发《中小学少数民族文字教材管理办法》。

10月,北京2022年冬奥会和冬残奥会口号艺术字体(冬奥专用艺术字体)正式亮相并投入使用。

10月1日，全球中文学习平台作为国内唯一参展的语言学习平台，代表中国智慧教育亮相迪拜世博会，重点展示人工智能助力下语言学习的新变化。

10月9日至10日，北京外国语大学中国外语与教育研究中心、国家语言能力发展研究中心与中国英汉语比较研究会生态语言学专业委员会联合主办"第六届全国生态语言学研讨会"。

10月10日，教育部党组成员、副部长、国家语委主任田学军在《光明日报》发表署名文章《推动国家通用语言文字高质量推广普及》。

10月11日，国家市场监督管理总局、国家标准化管理委员会发布国家标准《古籍印刷通用字规范字形表》(GB/Z 40637—2021)。该标准由教育部、国家语委组织研制，国家语委语言文字规范标准审定委员会审定。

10月16日至17日，由中山大学中国语言文学系（珠海）主办，郑州大学汉字文明研究中心和上海交通大学海外汉字文化研究中心协办的"第三届跨文化汉字研讨会"在中山大学珠海校区举办。

10月16日至17日，"国际中文教育学科建设高端论坛（2021）"在中国人民大学举办。论坛由商务印书馆和中国人民大学国际文化交流学院联合主办，由世界汉语教学学会提供学术支持，纳入学会"2020年全球中文教育主题学术活动资助计划"。

10月22日，国家语委印发关于成立第三届科研规划领导小组的通知。

10月22日，由首都师范大学中国语言产业研究院主办，广西中华民族共同体意识研究院承办的第七届中国语言产业论坛（2021）在广西民族大学召开。

10月22日，第二十届"汉语桥"世界大学生中文比赛全球总决赛在"云端"举行。

10月25日至29日，第68期国家级普通话水平测试员培训考核班（第一阶段）以线上直播授课方式在京举办。

10月26日，广州、香港、澳门线上线下实时联动、共同举办的第六届中华经典诵读港澳展演交流活动结束。

10月27日，在北京冬奥会倒计时100天之际，教育部、国家语委与北京冬奥组委在京举办《冬奥会体育项目名词》发布暨冬奥术语平台V3版交付仪式。《冬奥会体育项目名词》是全球第一部多语种对齐的与冬奥会相关的词典，所收录的名词涉及北京冬奥会和冬残奥会全部竞赛项目，覆盖中、英、法、日、韩、俄、德、西班牙8个语种。

10月27日至29日，由武汉大学中国语情与社会发展研究中心、湖北文理学院文学与传媒学院、商务印书馆中国语言资源开发应用中心、《语言战略研究》编辑部联合主办的第三届语言与国家学术研讨会以线上线下相结合的方式在湖北襄阳召开。

11 月

11月5日至7日，由中国认知神经语言学研究会主办，同济大学外国语学院、同济大学言语–语言加工研究中心及同济大学老龄语言与看护研究中心承办的第九届全国认知神经语言学大会通过线上方式在同济大学举行。

11月6日，由世界汉语教学学会、南开大学、美国威斯康星大学麦迪逊分校共同举办并资助，南开大学汉语言文化学院承办的世界汉语教学学会语言理论与语言教育研究分会"语言理论与语言教学专题国际研讨会"通过线上线下相结合的形式举行。

11月6日，由教育部语言文字信息管理司指导，广州大学和教育部语言文字应用研究所主办，国家语委国家语言服务与粤港澳大湾区语言研究中心和广州大学人文学院承办的第六届语言服务高级论坛在广州举行，论坛主题为"粤港澳大湾区语言服务研究"。

11月9日，国家语委"十四五"科研工作会议在京召开。

11月20日，2021年汉字应用水平测试在上海、湖南、重庆、云南四地同时进行。

11月20日，中国辞书学会第十三届年会暨学术研讨会在京举行。来自全国各地的高校、科研机构和出版社的近400位辞书学界和语言学界的专家学者分别在线上线下参加会议。

11月24日，"十四五"国家手语和盲文工作部署视频会在京召开。

11月25日，第十四届"汉语桥"世界中学生中文比赛全球总决赛在"云端"举行。

11月26日，北京市第十五届人民代表大会常务委员会第三十五次会议通过《北京市国际交往语言环境建设条例》。这是我国首部关于语言环境建设的地方性法规。

11月27日，教育部颁布新修订的《普通话水平测试管理规定》。

11月28日,由教育部语言文字信息管理司指导,中国语言学会语言政策与规划专业委员会主办,由扬州大学外国语学院和扬州大学人文社科处承办的"第七届中国语言政策及语言规划学术研讨会"在线上举办,会议主题是"移动互联时代的语言生活"。

11月30日,国务院办公厅发布《关于全面加强新时代语言文字工作的意见》。这是新中国成立以来第一次以国办名义下发的全面加强语言文字工作的指导性文件,对当前和今后一个时期的语言文字工作做出了全面系统的部署。

12 月

12月,北京地铁车站站名启用翻译新标准一事引发了广泛讨论。改用新标准后,北京地铁车站站名普遍翻译为汉语拼音,之前的××Station改为××Zhan。

12月2日,国家语委印发《中华经典诵写讲大赛管理办法(试行)》。

12月6日,国家语委印发《国家语言文字工作委员会委员单位职责分工》和《国家语言文字工作委员会议事规则(修订)》(国语〔2021〕3号)。

12月7日,由教育部语言文字信息管理司组织有关专家和语言文字工作者编写的中国语言资源保护工程建设纪实《语保故事》在京发布。

12月8日,外语中文译写规范部际联席会议专家委员会召开第十一次审议会,决定拟向社会推荐发布第十二批外语词中文译名共21组。

12月11日至20日,以"携手合作、共创未来"为主题的2021国际中文教育交流周在京举办,通过线上线下相结合的方式举办近40场精彩活动,展示成果、分享经验、加强协作、谋划未来,推动国际中文教育可持续高质量发展。

12月14日,由中外语言交流合作中心和北京语言大学联合主办的"国际中文教育教学资源建设研讨会"在线下线上同步举行。

12月20日,由国家语言资源监测与研究中心、商务印书馆、光明网、腾讯公司联合主办的"汉语盘点2021"揭晓仪式在京举行。同时发布年度十大流行语、十大网络用语、十大新词语。

12月20日,由教育部中外语言交流合作中心主办、中国传媒大学承办的"汉语桥"20周年庆祝活动在中国传媒大学举行。

12月23日,教育部、国家乡村振兴局、国家语委印发《国家通用语言文字普及提升工程和推普助力乡村振兴计划实施方案》。

12月24日,外语中文译写规范和中华思想文化术语传播部际联席会议在京召开。

12月30日,2021年国家语委全体委员会议在京召开。

2021年度媒体用字总表
2021年度媒体高频词语表
2021年度媒体成语表
2021年度媒体新词语表

说明：为满足更多读者的需求，体现新技术和环保的考虑，从 2020 年起，改变以前后附光盘内容的做法，采用手机扫描二维码的形式读取，每个文件对应一个二维码。

2021年度媒体用字总表

2021年度媒体高频词语表

2021年度媒体成语表

2021年度媒体新词语表

图表目录

表 4-1　工作地点在粤港澳大湾区的数字经济企业招聘信息数量及占比……064
表 4-2　提出语言能力要求的招聘信息数量及占比……064
表 4-3　提出沟通表达能力要求的招聘信息数量及占比……065
表 4-4　各地招聘信息中语言/方言能力要求的数量及占比……066
表 4-5　各地招聘信息中中英文语言技能要求的数量及占比……066
表 4-6　各地招聘信息中计算机能力要求的数量及占比……068
表 4-7　长三角四地"一网通办"官网信息无障碍功能配置……071
表 4-8　长三角四地政务服务平台的适老语言服务功能配置……072
表 4-9　长三角四地多语种信息服务的语种分布……072
表 4-10　长三角四地智能客服语言功能配置……073
表 4-11　延安红色旅游行业导游语言使用情况……078
表 4-12　延安红色旅游行业导游普通话及外语水平……078
表 4-13　延安红色旅游行业导游对文明用语和服务忌语的使用态度……079
表 4-14　延安红色旅游景点讲解员语言使用情况……080
表 4-15　延安红色旅游景点讲解员普通话及外语水平……081
表 4-16　延安红色旅游景点讲解员对文明用语和服务忌语的使用态度……081
表 4-17　延安红色旅游行业服务员语言使用情况……083
表 4-18　延安红色旅游行业服务员普通话及外语水平……083
表 4-19　延安红色旅游行业服务员对文明用语和服务忌语的使用态度……083
表 4-20　游客对延安红色旅游满意度及"语言服务对了解红色文化是否有帮助"调查结果……084
表 4-21　游客对红色旅游行业使用文明用语和禁用服务忌语的态度……085
表 4-22　智能信息平台语言服务适老化问卷调查样本的年龄分布……112
表 4-23　"河南村"河南人家庭样本信息（N=215）……119
表 4-24　"河南村"河南人个人样本信息（N=384）……119
表 4-25　"河南村"河南人来厦前后语言能力状况及变化趋势……121

表 4-26	"河南村"河南人家庭内部语言使用状况	121
表 4-27	"河南村"河南人随迁子女在学校的语言使用状况	122
表 4-28	"河南村"河南人在工作场所的语言使用状况	123
表 4-29	"河南村"河南人在社区公共场所的语言使用状况	123
表 4-30	"河南村"河南人对河南话、普通话、闽南话的评价	124
表 4-31	新市民普通话和家乡话的使用频率	128
表 4-32	新市民外语使用情况	128
表 4-33	新市民普通话水平情况	129
表 4-34	新市民家乡话水平情况	129
表 4-35	新市民外语水平情况	130
表 4-36	新市民对普通话的主观评价	131
表 4-37	新市民对自身普通话水平的期望程度	131
表 4-38	新市民对家乡话的主观评价	132
表 4-39	新市民对自己和下一代保持家乡话的态度	132
表 4-40	新市民对"方言是否会消失、需要抢救"的看法	133
表 4-41	新市民对英语的主观评价	133
表 4-42	新市民语言学习需求情况	134
表 4-43	新市民对子女会说普通话和英语的期望程度	134
表 4-44	东莞巴西成年人样本年龄分布（N=46）	138
表 4-45	东莞巴西成年人已婚样本配偶国籍情况（N=44）	138
表 4-46	东莞巴西成年人样本在莞时长情况（N=46）	138
表 4-47	东莞巴西成年人样本职业情况（N=46）	138
表 4-48	东莞巴西成年人交际语码种类掌握情况（多选，N=46）	139
表 4-49	东莞巴西成年人交际语码熟练程度（多选，N=46）	139
表 4-50	东莞巴西未成年人交际语码种类掌握情况（多选，N=21）	140
表 4-51	东莞巴西成年人在家庭领域的语码使用情况（多选，N=46）	140
表 4-52	东莞巴西成年人在工作领域的语码使用情况（多选，N=46）	141
表 4-53	2021年度线上海外华文师资培训项目情况	152
表 4-54	2021年度国内主办华语文赛事活动信息一览	157
表 4-55	国内地铁播报语言/方言在三种以上的城市	168
表 5-1	强调接种效果的新冠疫苗标语	198
表 5-2	宣传接种政策和措施的新冠疫苗标语	199

附 录

表 5-3　强调受益人或责任人的新冠疫苗标语……200
表 6-1　"祝融""祝融号"在主流媒体中的使用情况……253
表 6-2　近两年中国航天器名称在主流媒体中的使用情况……255
表 7-1　澳门三所高校不同专业教学语言状况……266
表 7-2　澳门大学部分含中文授课课程的教学语言文字状况……269
表 7-3　澳门三所高校官网主页的文字种类设置……271
表 7-4　澳门大学各书院网页语言文字使用情况……272
表 7-5　澳门理工学院官网各版块文字种类设置……272
表 7-6　澳门大学和澳门科技大学某学院部分教职员语言使用情况观察……276
表 7-7　《台湾社会变迁基本调查计划》中的语言问题一览……279
表 7-8　在家最常讲的语言/方言……281
表 7-9　在家和父母主要以哪种语言/方言交谈……281
表 7-10　是否同意东南亚婚姻移民的孩子在学校以越南语、印尼语或其他东南亚语言交谈……281
表 7-11　是否赞成老师用"国语"以外的其他日常语言教课……282
表 7-12　是否赞成老师用闽南话教课……282
表 7-13　使用语言/方言的流利程度……282
表 7-14　如果乡土语言和英语只能选一种，希望您的小孩一定要学会哪一种……283
表 7-15　是否同意为了提升竞争力，小孩一定要学英语……283
表 7-16　是否同意为了保存本地文化，小孩也要学习"福佬话"、客家话或少数民族语言……283
表 7-17　是否赞成在家教故乡的方言……284
表 7-18　台湾人会不会说闽南话是不是重要的事……284
表 7-19　请问在家里，最希望您的小孩跟您说哪一种话……284
表 7-20　在表达私人感情的时候，使用下面哪一种语言/方言，会让您感到最自然……284
表 8-1　专项手语立法国家……312

图 4-1　延安红色旅游行业导游基本情况统计……078
图 4-2　延安红色旅游景点讲解员基本情况统计……080
图 4-3　延安红色旅游行业服务员基本情况统计……082

图 4-4　参加延安红色旅游的游客基本情况统计 ……………………………… 084
图 4-5　游客认为延安红色旅游语言服务能力有待提高的方面 ……………… 085
图 4-6　中扎村街景 ……………………………………………………………… 087
图 4-7　中扎村校园标语 ………………………………………………………… 089
图 4-8　中扎村村民活动中心广场标语 ………………………………………… 089
图 4-9　中扎村临时标语 ………………………………………………………… 090
图 4-10　拉波乡双语幼儿园、拉波乡中扎小学、中共理塘县拉波片区学校联合党支部 …………………………………………………………… 091
图 4-11　达吉茶楼汉藏双语标牌 ……………………………………………… 091
图 4-12　松茸收购点 …………………………………………………………… 094
图 4-13　国歌国家通用手语全图 ……………………………………………… 102
图 4-14　爱奇艺3D智能手语主播"奈奈" ………………………………… 105
图 4-15　"奈奈"升级版 ……………………………………………………… 105
图 4-16　智能手语主播"千语" ……………………………………………… 105
图 4-17　智能手语主播"小聪" ……………………………………………… 106
图 4-18　智能手语主播"聆语" ……………………………………………… 107
图 4-19　"千语"在电视新闻中进行手语播报 ……………………………… 108
图 4-20　用手语播报北京冬奥会的"聆语" ………………………………… 108
图 4-21　央视智能手语主播"聆语"丰富的手势动作 ……………………… 109
图 4-22　央视智能手语主播"聆语"的精准口型及丰富表情 ……………… 110
图 4-23　各年龄段老年人在输入方面遇到的问题比例 ……………………… 114
图 4-24　各类智能信息平台的老年人使用比例 ……………………………… 115
图 4-25　《国家通用语言文字学习词典（藏文对照）》 ……………………… 171
图 4-26　《（汉藏词汇对照）现代汉语词典》 ………………………………… 171
图 4-27　第一部综合性藏汉双解大型辞书《藏汉大辞典》 ………………… 172
图 4-28　第一台少数民族语言实体电子词典《文曲星蒙汉英三向手持电子词典》 …………………………………………………………………… 173
图 4-29　少数民族专科辞书《内蒙古种子植物科属词典》 ………………… 174
图 5-1　中国空间站布局图 …………………………………………………… 180
图 5-2　中国空间站系统状态 ………………………………………………… 180
图 5-3　中国空间站机械臂状态与操作界面 ………………………………… 180
图 5-4　中国空间站机柜设备标签 …………………………………………… 180

附 录

图 5-5 "祝融号"火星车后轮痕迹上的"中"字 ·················180
图 5-6 "祝融号"火星车桅杆云台上的"火"字 ·················180
图 5-7 五代闽南话"讲古"人同台献艺宣讲党史 ·················187
图 5-8 海口琼山区"益•老爸茶"方言讲党史微故事比赛 ·················188
图 5-9 "清朗行动"百度搜索指数 ·················193
图 5-10 "清朗行动"抖音指数 ·················193
图 5-11 "清朗"行动相关表情包 ·················197
图 5-12 抖音账号"魅力洛浦"的新冠疫苗标语 ·················201
图 5-13 龙门石窟文创新冠疫苗标语 ·················201
图 5-14 标语"我们一起打疫苗 一起苗苗苗苗苗" ·················202
图 5-15 标语"今天是个好日子 打开了家门咱打疫苗" ·················202
图 5-16 标语"疫苗接种不止有眼前的你,还有爱和远方" ·················203
图 5-17 图形型反诈标语口号 ·················209
图 5-18 利津公安反诈海报 ·················211
图 5-19 沈阳方言反诈海报 ·················211
图 5-20 反诈动画片《反诈风云:谁是卧底》·················217
图 5-21 反诈动画片《你吓唬不了我》·················217
图 6-1 "汉语盘点 2021"揭晓仪式深度访谈 ·················222
图 6-2 2021 法兰西年度汉字——熬 ·················225
图 6-3 "建党百年"使用情况 ·················236
图 6-4 "2020 东京奥运会"使用情况 ·················236
图 6-5 "中国航天"使用情况 ·················237
图 6-6 "双碳"使用情况 ·················237
图 6-7 "疫苗接种"使用情况 ·················237
图 6-8 "双减"使用情况 ·················237
图 6-9 "北交所"使用情况 ·················238
图 6-10 "'清朗'行动"使用情况 ·················238
图 6-11 "疫苗援助"使用情况 ·················239
图 6-12 "《生物多样性公约》"使用情况 ·················239
图 6-13 "觉醒年代"使用情况 ·················245
图 6-14 "YYDS"使用情况 ·················245
图 6-15 "双减"使用情况 ·················246

图 6-16 "破防"使用情况 ………………………………………… 246
图 6-17 "元宇宙"使用情况 ……………………………………… 246
图 6-18 "绝绝子"使用情况 ……………………………………… 246
图 6-19 "躺平"使用情况 ………………………………………… 247
图 6-20 "伤害性不高,侮辱性极强"使用情况 ………………… 247
图 6-21 "我看不懂,但我大受震撼"使用情况 ………………… 248
图 6-22 "强国有我"使用情况 …………………………………… 248
图 6-23 "祝融""祝融号"的百度指数趋势图 ………………… 253
图 6-24 "祝融""祝融号"的360指数趋势图 ………………… 254
图 7-1 "普教中"概况调查 ……………………………………… 261
图 7-2 澳门科技大学课程管理系统的语言选项 ………………… 273
图 7-3 澳门三所高校的校名标识 ………………………………… 274
图 7-4 澳门大学标识指示牌举例 ………………………………… 274
图 7-5 澳门理工学院海报 ………………………………………… 275
图 8-1 各大洲手语立法类型分布图 ……………………………… 311
图 8-2 各大洲手语立法（宪法）国家数量图 …………………… 311
图 8-3 其他形式手语立法国家数量图 …………………………… 314
图 8-4 手语立法国家数量分布图（2016年至今）……………… 315
图 8-5 手语立法类型分布图（2016年至今）…………………… 315

术 语 索 引

A

"爱国者治港" 239, 240
爱国主义教育示范基地 76
奥密克戎 232, 240
奥运会 194, 197, 222—224, 232, 235, 236, 242, 244, 245, 249, 319
澳门大学 265—276
澳门科技大学 265—276
澳门理工学院 265—275

B

巴西葡语 138, 268
白波边境难民危机 240
白话文运动 25
百年未有之大变局 19, 29, 32, 239
半结构访谈 325, 326
蚌埠住了 249
保障性租赁住房 227, 228, 232, 242
北交所 235, 238
北京冬奥会倒计时 239, 240
北京冬奥会语言服务行动计划 30, 59
北京环球度假区 241, 242
本土方言 188, 277
标准语言观念 321, 324

表情包 74, 191, 194, 195, 197, 249
濒危语言方言 160, 161
病毒溯源政治化 240
播报信息量 165—167
播音主持 43, 44

C

财政部 40, 41, 43
残疾人权利法 311, 313, 314, 316
长江保护法 242
长津湖 241, 242
长三角 14, 22, 59, 70—75, 240
沉浸式教育 327, 328
城中村 118, 125, 126
触摸式手语 316
创意标语 201, 203—205
词表 16, 55, 99, 309

D

答卷人 239, 240
大运河文化 155, 241, 242
代际传承 132, 320
单一语言制 306
党的语言文字事业百年光辉历程展 51
党史教育 185, 188, 190
党史学习教育 51, 52, 57, 185—190, 231, 239, 244

党史展览馆 241
稻城话 91
德尔塔 222, 227, 230, 232, 240
地名文化遗产 8
地铁播报语言 165, 168—170
第24届全国推广普通话宣传周 11, 54
《第二期国家手语和盲文规范化行动计划（2021—2025年）》 36
第一外语 143, 298
电动无人驾驶货轮 241
电子词典软件 176
东帝汶 327
冬奥会 17, 30, 58, 59, 104, 106—108, 157, 232, 239, 240
冬奥体育项目名词专书 15
"懂了，但没完全懂" 250
动态清零 227, 229, 230, 233
《杜蓬法》 303
短视频 95, 156, 194, 198, 201, 204, 233, 249
多文 273
多语服务 144
多语制 291—293, 308, 323, 327

多语种信息服务 72, 73
《多元语言与文化发展期刊》 321

E

emo 249
2020 东京奥运会 235, 236
《2021 年对省级人民政府履行教育职责的评价方案》 40
俄罗斯国家杜马文化委员会 305
《俄罗斯联邦国家语言法》 305
二码联查 233

F

法兰西学术院 304
法律援助 43
法语 72, 73, 139, 290, 293, 299, 303, 304, 321, 324, 327—329
繁体中文 268—273, 275
反诈宣传 207—217
饭圈 191, 192, 194—197
方言版党课 189
房地产税改革试点 240
非汉源外来词 306
废话文学 250
丰富法语委员会 304
福岛核废水 240
"福建图书角" 156
辅助交际语 263

G

甘孜藏族 87
高空抛物罪 242

高势惯用语 263
《革命传统进中小学课程教材指南》 39
格局 12, 19, 32, 54, 156, 173, 175, 239, 240, 242, 250, 256, 318
个案分析法 324
个人信息保护法 36, 242, 243
工业互联网平台 241
共同富裕 12, 222, 231, 239, 240
共同富裕示范区 231, 239, 240
古文字与中华文明传承发展工程 15, 30, 56
《关于推动现代职业教育高质量发展的意见》 35, 147
《关于推动学术期刊繁荣发展的意见》 35
广播电视总局 43, 46, 48, 110
归属感 132
国际词 59, 221—223
国际空间站 179, 181, 183
国际母语日 290
国际土著语言年 290, 291
国际语言年 290
《国际语言社会学期刊》 317
国际月球科研站 243
国际中文教育 6—8, 30, 36, 55, 57, 145—151, 158
《国际中文教育中文水平等级标准》 30, 55, 150, 151
国际字 59, 221—223
国家安全 12, 18, 40, 159, 296, 297, 299, 300, 302, 309

国家公园 242
国家监察委员会 35, 38
国家认同 278—280, 297, 301
《国家手语和盲文规范化行动计划（2015—2020年）》 97
国家通用盲文 7, 16, 30, 36—38
国家通用手语 7, 16, 30, 36—38, 96—103, 106, 107, 109
国家通用语言文字 3—7, 9—13, 18, 20, 28, 29, 35—37, 39—43, 45, 48, 52—55, 58, 69, 95, 160, 171, 174
国家通用语言文字法 9, 10, 28, 42, 52
《国家通用语言文字普及提升工程和推普助力乡村振兴计划实施方案》 39, 54
《国家通用语言文字学习词典（藏文对照）》 171
国家移民管理局 50
《国家义务教育质量监测方案（2021 年修订版）》 40
国家语委"十四五"科研工作会议 14, 59
《国家语委"十四五"科研规划》 14, 20, 53
国家语委语言文字规范标准审定委员会 100
国家语言发展规划 7, 30
《国家语言文字事业"十四五"发展规划》 12, 14, 18, 52, 53
国家语言战略高峰论坛 17

附　录

国家语言资源数据库　8, 160

"国立国语研究所外来语委员会"　307

国内词　59, 221—223

国内字　59, 221—223

国务院　3, 10, 11, 13, 18, 21, 27—30, 35—38, 40, 52, 63, 70, 111, 137, 145, 147, 152, 154—156, 158, 160, 228, 231, 237, 238, 240

"国语"　167, 279—282, 284, 285

国语教育　296, 297, 300—302

H

HSK 居家网考　146

海外华文教师培训　8, 158

海外华文教育　152, 153, 158

海外华文师资培训　152, 154

海外华语传承　145, 152, 158

汉语盘点　16, 59, 221, 222, 227, 235, 244, 252

《汉语拼音方案》　26, 27

汉字全息资源应用系统　15, 30

"河南村"　118—125

荷兰语　308, 309, 323

核心家庭　323

横琴粤澳方案　144

横琴粤澳深度合作区　68, 137, 240

红色旅游　46, 76—86, 240

虹桥国际开放枢纽　240

后疫情时代　149, 223

华坪女高　241

话术　191, 194, 223

J

机器翻译　109, 293

《基本法》　259, 263

基础教育精品课　42

加强针　237, 242

家庭用语　280, 285

家庭语言政策　321, 324—326

甲骨文　8, 15, 16, 29, 30

减污降碳　227, 229, 232

简化汉字　26

简体中文　268, 270—273

健康码　93, 111, 115—117, 233, 242, 275

"讲古"　186

讲解员　46, 76, 77, 79—82, 86

交际语码　139, 140

交通运输部　17, 44, 45, 168, 170

教师专项计划　41

教学用语　280, 282

教学语言　265—270, 275, 285, 325

教育部　11, 14, 28, 35, 38—43, 48, 51, 53, 54, 59, 63, 96, 97, 99, 100, 145, 147, 149, 152, 153, 158, 159, 162, 241, 298, 314

教育部语合中心　147, 149, 153

教育督导问责　40, 241

《教育督导问责办法》　40, 241

教育整顿　239, 240

经典润乡土计划　8, 40, 56

"九章二号"　241

觉醒年代　244, 245, 248, 250

绝绝子　232, 244, 246, 249

K

可达性　75

客家话　167, 168, 279, 280—282, 284, 285

跨国家庭　322, 323

跨国移民社区　317, 318

跨境语言　160

跨省通办　242

跨周期调节　227, 229, 232

L

拉波话　91, 92

拉丁字母　303, 306—308

劳动力分化　317

老龄化　17, 76

理塘话　91

历史结构分析　326

"莲花"　186

联合国　15, 16, 159, 228, 289—295

联合国官方语言　293—295

联合国中文日　290

"两文三语"　260, 262

量子计算机模拟重子　241

"聆语"　106—110

聋人　96—99, 101, 104, 310, 312—314, 316

录播　145, 155

术语索引

M

麻了 250
盲聋人 316
盲文 7, 16, 17, 30, 36—38, 43, 97, 100
美国手语 315, 316
民汉对照词典 174
民族国家 297
民族身份 297
民族语文教育 7
民族志 323, 326—328
闽南话 120—125, 167, 168, 187, 188, 279—282, 284, 285, 320
默克尔卸任 240
母语 91, 93, 138, 139, 143, 182, 259, 275, 276, 285, 290, 298, 300—302, 312, 323, 328
母语教育 298, 301, 302

N

"奈奈" 104, 105, 108
"南向通" 240, 241
能动性 318, 320, 323, 325, 326
你礼貌吗 249
年度媒体十大新词语 251
农民工 127—132, 135, 326

O

欧安组织 300—302
欧洲安全与合作组织 300
欧洲聋人联盟 314
欧洲委员会 300, 301
《欧洲语言政策期刊》 328

P

批判性民族志 327
批判种族理论 327
批评话语分析 327
片假名 306, 307
平假名 306
破防 227, 230, 231, 234, 244—246, 249
葡萄牙葡语 138, 268
"普教中" 260—264
普却信 249
普通话播报 116, 165, 270
普通话水平测试 6, 8, 10, 19, 28—30, 41, 52, 55, 81
普通话水平测试管理规定 28, 41, 52

Q

七一勋章 227, 231, 239, 240
"千语" 105, 107—109
强国有我 231, 244, 247, 248, 250
强势语言 277
"亲情中华·为你讲故事" 154, 155
"清朗"行动 191, 192, 195—197, 235, 238, 248, 250
情景剧 215, 216
全国大学生党史知识竞答大会 51
全国人民代表大会 35, 36
全国推广普通话宣传周 5, 11, 54
全国性语言资源调查 159
全国一体化政务服务平台移动端建设指南 38
全球抗疫 239, 240
全球中文学习平台 6, 30, 40, 55, 146
全英语教育 328, 329
全中文操作界面 179—181
泉州湾跨海大桥 242, 243

R

人工合成淀粉 241
人工智能 3, 6, 18, 21, 36, 37, 55, 75, 104—107, 109, 110, 146, 223, 234, 246, 266, 293, 306
日本国立国语研究所 307
日耳曼语族 308
融媒体 6, 54, 56, 107, 158, 176, 187, 227

S

3D 数字人 106
4D 扫描 106, 109
"三班一盟一论坛" 17, 20
三孩 231, 242
"三句半" 186, 188, 190
三俗信息 193
三文 269, 273, 274
三星堆遗址 241, 242
"伤害性不高,侮辱性极强" 244, 247, 250
商务部 45, 59
少数民族辞书 171—175
社区语言 7, 318, 325, 326
什么是快乐星球 249
"神舟" 254—256
神舟十二号 179, 181, 184, 233, 236, 243, 255

附 录

生态保护补偿 240, 241
《生物多样性公约》
　　232, 235, 239
十大流行语 59, 134, 191,
　　221, 235, 252
十大网络用语 59, 134,
　　221, 234, 244
十大新词语 59, 221, 227,
　　251, 252
"十四五"国家应急体系
　　规划 37
"十四五"科研规划 14,
　　20, 53
"十四五"旅游业发展规
　　划 37
"十四五"数字经济发展
　　规划 37, 63
"十四五"特殊教育发展
　　提升行动计划 38
"十四五"文物保护和科
　　技创新规划 38
"十四五"县域普通高中
　　发展提升行动计划 41
"十四五"学前教育发展
　　提升行动计划 41
世界记忆名录 15, 30
世界语言大会 30, 295
适老语言服务 71, 72, 75
手语 7, 16, 17, 30, 36—
　　38, 43, 47, 71, 75, 96—
　　110, 310—316, 323, 328
手语翻译 43, 98, 104,
　　105, 107, 109, 110, 313,
　　314, 316
手语翻译引擎 104, 109
手语立法 310—316
手语识别 106
手语信息化 110
首届世界语言资源保护大
　　会 16, 159
暑期托管 241

戍边英雄 242
数据安全法 242, 243
数智化 241
数字经济 6, 37, 63, 64,
　　67—69
数字湾区 68
数字文明新时代 241
数字政务 70, 74, 75
"双减" 155, 223, 228,
　　231, 237, 238, 244—246,
　　248, 250
双碳 227—229, 232,
　　235—237, 241, 248, 250
双文 268, 269, 271, 273,
　　274
双循环 240, 248, 250
双言能力 121
双语制 327
税务总局 47
说唱 Rap 214
司法部 35, 43
斯拉夫字母 304
四川话 92
"四史"教育 52
送培下乡 43
搜索指数 192, 193, 254
《苏州共识》 30, 295
缩略词 114, 303—308

T

"她力量" 243
《台湾社会变迁基本调查
　　计划》 278—280, 285
太空快递 254, 255
太空语言 181—183
泰国教育部职业教育委员
　　会 147
碳达峰 228, 232, 236,
　　237, 248
碳交易 240, 241

碳中和 222, 228, 232,
　　236, 237, 248
躺平 196, 244, 246, 247
体育总局 48
"天宫"空间站 179,
　　181—183
天和 236, 243, 254, 255
天问 179, 183, 233, 236,
　　252, 254—256
天舟 243, 254, 255
田野调查 118, 162, 323,
　　326
听障人士 71, 104—110,
　　310
同源词 308
"童语同音"计划 41
土著语言 290, 291, 324
推普周 11, 12, 54

W

5G 云控物流 241
外来语 173, 303, 305—
　　307
"外来语替代词提案"
　　307
外语教育 7, 28, 298, 302,
　　323
外族词汇 303
网暴 197
网上直播 94
微表情 106
微电影 215
卫生健康委 44, 46
文本分析 323, 328
文化传承 3, 7, 8, 15, 20,
　　30, 53, 56, 152, 160, 161
文化多样性 289, 290, 301
文化和旅游部 45, 46
文化适应 323

文盲　25—27, 37, 87
文字方案　27
稳中求进　4, 12, 13, 239—241
稳字当头　240, 241
我不李姐　249
"我看不懂，但我大受震撼"　234, 244, 247—249

X

羲和　179, 233, 236, 243, 254, 255
习得规划　313
线上教学　145, 146
乡村产业语言问题　94
《乡村"法律明白人"培养工作规范（试行）》　35
乡村语言教育问题　94
乡村振兴计划　29, 39, 40, 54, 137
乡村振兴局　35, 39, 40, 54, 231, 242
乡村振兴战略　8, 55, 60
乡音乡语　185, 188—190
消博会　240, 241
小丑竟是我自己　250
"小聪"　106, 109
小族群体　297, 299, 300—302
小族语言教育　299—301
"笑死，根本笑不死"　250
校外教育培训监管司　241
芯片　222
新词术语系列辞书　172
新发展格局　19, 32, 239, 240
新时代语言文字工作　3, 4, 11, 18, 29, 145, 158, 160
新市民　127—136, 228, 232
新文化运动　25
新住民　125, 280, 285
新住民语言　280
信息无障碍　70, 71, 75, 105, 108
行政文书　269
"雪飞燕"　232
"雪游龙"　232
学校用语　122, 280, 281, 285

Y

YYDS　222, 232, 244, 245, 249
亚文化团体　194
药监局　48, 49
一般语言法　310, 313, 314, 316
"一带一路"建设　7, 264
一码通行　242
《义勇军进行曲》　96
疫苗标语　198—201, 203—206
"疫苗互认"　233
"疫苗护照"　233
疫苗援助　233, 235, 238, 239
疫情防控常态化　233, 242
银行保险监督管理委员会　49
印欧语系　143, 308
英语播报　165, 166, 270
英源缩略词　303—305, 307, 308
英源外来词　304, 306—308
应急管理部　44, 47, 48

应急语言服务　7, 16, 38, 144
语保工程　16, 19, 57, 159—164
语保工程二期规划　159
语常会　261—263
语料标注　163
语文辞书　172, 175
语言标准　150, 151, 321, 322, 324
语言标准化　321, 322
语言表象综合征　296
语言产业规划　7
语言冲突　322
语言创意　7
语言纯洁性　303
语言帝国主义　322
语言调查　137, 165, 278, 280, 285
语言翻译　7, 43, 86, 109
语言方言调查　159, 160
语言扶贫　14
语言服务　4, 7, 14—16, 22, 30, 31, 38, 45, 47, 53, 58—60, 63, 68, 70—72, 74—77, 79, 82, 84—86, 111—117, 136, 137, 142—144, 265, 313
语言复兴　321, 324
语言观念　319, 321, 323, 324
语言规范　292, 321
语言规划　15, 22, 32, 59, 63, 69, 70, 76, 95, 159, 165, 296, 307, 317, 320, 325, 326, 329
《语言规划中的现实问题》　325
语言贵族化　327, 328
语言国情　4, 16, 63, 159, 162

355

语言机制 289
语言教育 6, 7, 20, 31, 94, 95, 133—136, 148, 150, 158, 260, 296, 297, 299—302, 318, 325, 326, 328
语言教育规划 296
语言景观 87, 88, 328
语言竞争 289, 293, 296
语言康复 16
语言理念 289
语言乱象 193, 194, 196, 197
语言能力 4, 6, 16, 17, 43, 63—69, 76, 77, 79—81, 83, 95, 111—113, 117, 120, 121, 135, 136, 268, 280, 282, 285, 295, 319, 322
语言平等 289—291, 293
语言权利 289, 290, 300, 301, 313
语言社会学 317, 318
语言生活系列皮书 16, 59
语言生活状况 7, 16, 22, 59, 64, 118, 263, 265, 268
语言生态 195
语言使用 50, 71, 74, 78, 80, 83, 84, 91, 113, 121—124, 127, 137, 139, 140—144, 165, 169, 170, 259, 262, 263, 268, 276, 289—291, 297, 301, 307, 321—326
语言使用域 321
语言市民化 127, 135
语言属地 320, 321
语言水平 129, 321, 327
语言态度 77, 92, 124, 125, 130, 142, 143, 280, 283, 285, 319—323, 326
语言推广 264

语言文明 6, 37, 170, 191, 197, 289, 327
语言文字工作治理体系 3, 4, 9, 60
语言文字规范标准体系 30, 55
语言文字规范化标准化 6, 7, 13, 28, 30, 53, 55
语言文字事业 3, 4, 9—14, 16, 18—20, 22, 25—27, 29—32, 51—53, 59, 60
语言文字信息化 6, 28, 56, 159
语言文字信息技术创新 3, 6
语言文字应用能力 5, 6, 43, 53
《语言文字智库测评指标体系》 17, 60
《语言问题与语言规划》 320
语言性别差异 321
语言需求 7, 22, 95, 133, 135, 144, 184
语言选择 270, 271, 273, 276, 321—323, 326, 327
语言一体化 320
语言意识形态 306, 307, 317—320
语言优势 320
语言与科学 328
语言障碍 16, 47, 94
语言振兴 324
语言正义 320, 321
语言政策 7, 9, 15—17, 26—28, 30, 148, 159, 166, 169, 259, 260, 263, 289, 295, 296, 302, 303, 306, 308—310, 317, 318, 320—328

《语言政策》 327
语言政策与规划 17, 148, 309, 317, 325—327
语言志愿服务 7, 58
语言智能 7, 37, 75
语言转用 320, 321
语言资源 7, 8, 15—17, 28, 30, 31, 56, 57, 118, 134, 144, 159—164, 191, 221, 227, 235, 244, 252, 295, 320, 323, 324
语言资源库 15, 159, 161
语音服务 73, 116
语音识别 75, 104, 107, 109, 116, 293
语种能力 65, 66, 74
元宇宙 59, 221—223, 233, 234, 242, 244—246, 250
袁隆平 242
"原年人" 242
月球样品 243
《岳麓宣言》 16, 30, 57, 159, 162, 295
粤方言 65, 66, 68, 69, 138—143, 166—170, 259, 261, 263, 268—271, 275—277
粤港澳大湾区 7, 59, 63, 64, 68, 137, 144, 264, 265, 268
云南象群 242

Z

在线教育研究 149
藏传佛教通用语 91, 92
藏语变体 92
扎根理论 327
职业技能+普通话 5, 12, 58
智能客服 73—75, 86

智能手语主播 104—110
智能数字虚拟人 104
智能信息平台 111—116
中东欧国家 296—300, 302
《中共中央关于党的百年奋斗重大成就和历史经验的决议》 29, 235
中国濒危语言志 57, 159, 161
中国—东盟语言文化论坛 59
中国儿童发展纲要 37
"中国飞人" 241, 242
中国妇女发展纲要 37
中国航天 179, 181—184, 221, 222, 235—237, 243, 252, 255
中国聋协手语研究与推广委员会 97
中国人民警察节 242
"中国少数民族古文字信息化建设与应用推广" 58
中国诗词大会 12, 30, 56
中国天眼全球开放 241
《中国语言生活状况报告》 16, 59
中国语言文化典藏 57, 159, 161
中国语言资源保护工程 8, 15, 30, 57, 159, 160, 164
中国语言资源保护奖 57, 159
中国语言资源博物馆 161
《中国语言资源集》 161
中国语言资源知识图谱 56, 161
中国语言资源智能服务 161
中华经典诵读工程 7, 15, 30, 40, 56
中华民族共同体 3, 11—14, 29, 53, 58, 95, 160, 164
《〈中华人民共和国国歌〉国家通用手语方案》 96, 98, 99, 101, 102
《中华人民共和国国民经济和社会发展第十四个五年规划和2035年远景目标纲要》 36, 229
《中华人民共和国监察法实施条例》 38
中华思想文化术语 8, 15, 30, 57
中华思想文化术语传播工程 15, 30, 57
"中华文化大乐园" 154, 155
《中华优秀传统文化进中小学课程教材指南》 39
中老铁路 240
中美高层战略对话 240
中泰语言与职业教育学院 147
中文国际传播能力 148
中文联盟 145, 146
中文＋职业教育 147, 148, 153
《中小学少数民族文字教材管理办法》 40
中央专项彩票公益金 43
终身学习活动周 42
"祝融号" 180, 183, 228, 229, 233, 243, 251—254, 256
"祝融号"火星车 180, 229, 233, 243
"专精特新" 240
专科词典 173, 175
专项汉语考试 146
专项手语法 310—316
资源库建设 149
自动语音识别技术 109
自然动作引擎 109
自然语言处理 6, 104, 107, 109
自由贸易试验区 7
字母词 6, 303, 305, 309
族群多样性 321
"祖冲之二号" 241

（白　娟）

后　记

又到了《中国语言生活状况报告》的"后记"时刻。跟往常一样，我脑海里又开始就这一年语言生活和语言生活状况报告"过电影"——这个词在当下的语言生活中可能已经很少使用了，而我，记忆里闪过的的确还是一幅幅电影画面：

全国人民隆重庆祝中国共产党建党100周年。电视剧《觉醒年代》。国务院办公厅发布《关于全面加强新时代语言文字工作的意见》。国家语委召开"十四五"科研工作会议。新冠肺炎疫情持续。各式各样的疫苗接种标语。中文进太空。乡音乡语助力党史教育。提升语言文明的网络"清朗"行动。出新又入心的反诈宣传语。《〈中华人民共和国国歌〉国家通用手语方案》。智能手语主播。各种各样的国际中文教育活动。多方助力海外华语传承。

还有一些画面：疫情中，绿皮书的作者线上线下结合，走进粤港澳大湾区，调查数字经济行业语言能力需求；在长三角，调查数字政务中的语言服务；走到基层，调查延安红色旅游的语言服务，体察乡村中藏民语言生活。另有一系列的针对性调查，如智能信息平台语言服务适老化情况、城市化进程中"新市民"的语言生活、在粤巴西人语言使用及语言服务需求、地铁播报语言等，也都一一掠过我的脑海。

一些语言文字领域很新颖的提法给我留下了深刻的印象。党的十九届六中全会通过的《中共中央关于党的百年奋斗重大成就和历史经验的决议》特别提到"全面推行国家通用语言文字教育教学"，引发我不少思考。我还注意到，过去的一年中，有更多的中央部委关注语言文字问题。我粗略统计了一下，除专门的语言文字工作文件外，中共中央、全国人大、国务院和10多个中央部委发布的文件中，涉及语言文字问题的部分有120处以上。这些无不在影响着中国的语言生活。

《中国语言生活状况报告》主编团队年轻化又向前走了一步。老队友侯敏教授、周洪波总编辑、苏新春教授改任常务编委；年富力强的余桂林副总编辑和方小兵教授、赫琳教授担任副主编，祝晓宏参与领域篇主持，这些新生力量给绿皮书编写注入了新的活力，形成了老中青结合的新的绿皮书梯队。我们期待着不久的将来有进一步的新老更替。

新团队带来了新气象。今年的《报告》第一次通过网络公开征集选题，得到了新老朋友的热烈响应和大力支持。主编组对《中国语言生活状况报告（2022）》的话题认真策划，确定送审篇目并实时跟进。在以"动态清零"为方针的抗疫常态化情况下，今年的审稿工作全部移到了线上，往年线下面对面的热烈讨论，仍一丝不苟地在线上屏幕中隔空进行，最大限度地保证了时效和准确沟通。

因防疫需要，今年的终审会改为在线举行。3月26日，语信司刘宏副司长、李强处长，审订陆俭明教授、戴庆厦教授和周庆生教授，名誉主编李宇明教授，特邀审稿专家赵世举教授、张日培研究员，以及课题组有关成员聚会"云端"。遗憾的是，自绿皮书创始起一次不少地参与年度审稿的审订陈章太先生再也不能参与这一年一度的"欢聚时刻"。

终审会上，语信司领导、各位审订和特邀专家严格把关，就篇目取舍、内容安排、材料甄别、文字校对等，提出了很好的意见和建议，有一些稿子基于多种原因被撤下。4月20日，田立新司长亲自听取了各皮书的汇报，绿皮书审稿中遇到的问题得到解决。

我们要感谢所有作者、栏目主持人、主编组同人和各位审订，是大家的共同努力，保证了《报告》的质量和目标的实现。

主编组分工和栏目主持分工如下：特稿篇，李强；专题篇，李强；工作篇，李强；领域篇，汪磊、王春辉、祝晓宏；热点篇，赫琳、李佳、王宇波；字词语篇，杨尔弘、邹煜；港澳台篇，余桂林；参考篇，方小兵、何山华。

教育部语信司田立新司长、刘宏副司长和《报告》名誉主编李宇明教授，从方向指引、框架建构到细节把关，给予大力的支持和帮助；语信司李强处长全程参与审读；商务印书馆韩畅编辑细心审稿编校；课题组秘书李春风负责应对项目工作中的各种繁杂事务；白娟编写了大事记，并做了许多编务工作，继续担任幕后功臣角色。我们在此一并表示感谢。

期待着读者的批评和关注。

郭　熙

2022年5月1日　国际劳动节　于羊城

图书在版编目(CIP)数据

中国语言生活状况报告.2022/国家语言文字工作委员会组编;郭熙主编.—北京:商务印书馆,2022
(语言生活皮书)
ISBN 978-7-100-21075-1

Ⅰ.①中… Ⅱ.①国…②郭… Ⅲ.①社会语言学—研究报告—中国—2022 Ⅳ.①H1

中国版本图书馆 CIP 数据核字(2022)第 070163 号

权利保留,侵权必究。

中国语言生活状况报告(2022)
国家语言文字工作委员会 组编
郭 熙 主编

商 务 印 书 馆 出 版
(北京王府井大街36号 邮政编码 100710)
商 务 印 书 馆 发 行
北京新华印刷有限公司印刷
ISBN 978-7-100-21075-1

2022年11月第1版　　开本 787×1092　1/16
2022年11月北京第1次印刷　印张 23¼
定价:98.00元